古典文獻研究輯刊

二十編

潘美月・杜潔祥 主編

第 **24** 冊

《寒山詩集》之流傳與影響

葉珠紅 著

國家圖書館出版品預行編目資料

《寒山詩集》之流傳與影響／葉珠紅 著 -- 初版 -- 新北市：花木蘭文化出版社，2015〔民104〕

序 4+ 目 4+274 面；19×26 公分

（古典文獻研究輯刊 二十編；第 24 冊）

ISBN 978-986-404-105-3（精裝）

1.（唐）釋寒山 2.唐詩 3.詩評

011.08　　　　　　　　　　　　　　　　103027414

古典文獻研究輯刊

二十編　第二四冊　　　　　ISBN：978-986-404-105-3

《寒山詩集》之流傳與影響

作　　者　葉珠紅
主　　編　潘美月　杜潔祥
總 編 輯　杜潔祥
副總編輯　楊嘉樂
編　　輯　許郁翎
企劃出版　北京大學文化資源研究中心
出　　版　花木蘭文化出版社
社　　長　高小娟
聯絡地址　235 新北市中和區中安街七二號十三樓
　　　　　電話：02-2923-1455／傳真：02-2923-1452
網　　址　http://www.huamulan.tw 信箱 hml 810518@gmail.com
印　　刷　普羅文化出版廣告事業
初　　版　2015 年 3 月
定　　價　二十編 24 冊（精裝）台幣 42,000 元

《寒山詩集》之流傳與影響

葉珠紅　著

作者簡介

葉珠紅，臺灣省台南縣人，逢甲大學中文研究所博士。
著有：

　　《唐代僧俗交涉之研究》，台北，花木蘭文化出版社。

寒山研究專書：

　　《寒山詩集校考》，台北，文史哲出版社。

　　《寒山資料類編》，台北，秀威科技公司。

　　《寒山詩集論叢》，台北，秀威科技公司。

　　《寒山資料考辨》，台北，花木蘭文化出版社。

論文集：

　　《絳雲集》，台北，秀威科技公司。

考古記遊散文：

　　《流光千里芰荷香——吳越江南三十天紀行》，台北，秀威科技公司。

提　　要

　　唐代詩人寒山，《全唐詩》列為釋氏詩人之首，於大曆年間隱於浙江天台山國清寺附近的寒巖，以山為名，自稱「寒山」，寒山與拾得，詩風相近且為道交，世傳之《寒山子詩集》（《寒山詩集》）因而多附有拾得詩。活動於天台山的道侶，宋以後成為名動禪林、文苑的詩人；在元、明二朝，被奉為江南地區家喻戶曉的「和合二仙」；清初，被雍正敕封為「和合二聖」，探討寒山、拾得詩之真精神，及其在各朝代的影響，乃本書之寫作緣起。論文共分十章，首章〈緒論〉，說明寒山研究之概況、成果，與文獻回顧；第二章〈寒山本事與交遊〉，試還原寒山的真實身分，並試推寒山之生、卒年；第三章〈寒山詩之集結與版本〉，說明寒山詩在宋以前的集結情形，以及重要版本之比較；第四章〈「國清三隱」傳說——論志南〈天台山國清禪寺三隱集記〉〉，由國清寺僧志南〈三隱集記〉與《景德傳燈錄》、《聯燈會要》所記之寒山、拾得、豐干傳說，勾勒出「國清三隱」（天台三聖）之芻型；第五章〈宋代寒山詩之流傳概況〉，從晚唐、五代寒山詩之流傳，繼論宋代文苑及禪林對傳播寒山詩的貢獻；第六章〈寒山、拾得詩之影響——以歷代詩話、文集、語錄為例〉，由歷代詩話、文集對寒山、拾得詩之評議，以及歷代禪師「憶寒山」之作，參「寒山子作麼生」，論寒山之「散聖」形象；第七章〈歷代禪師語錄對寒山、拾得詩之評議〉，說明寒山、拾得詩，由宋至清，在禪林的重要地位；第八章〈「天台三聖圖」與〈四睡圖〉〉，論「天台三聖」之定名，以及因「天台三聖」之詩而產生的語錄、畫作及和詩；第九章〈和合二仙與和合二聖〉，由寒山、拾得在民間的神仙化，試論雍正敕封二人為「和合二聖」的背景因素；第十章〈結論〉，經由以上各章之論述，確認寒山、拾得詩從晚唐至清，經由釋子不斷的刊刻流傳，以及文人作擬、和詩以廣佈，從禪林到文苑，擴大至民間工藝、繪畫、信仰，從百姓到帝王，多知寒山、拾得。

《〈寒山詩集〉之流傳與影響》序

羅時進

　　在唐代文化史和文學史上，一直有不少複雜繁難而又充滿魅力的問題吸引人們去不斷探討。唐代文化史和文學史研究在近三十年多間，之所以能夠全方位推進並取得創新性的成就，從一定意義上說，正是由於有一批忠誠於學術的學者，堅持不懈地用各種方法對一些學術難題加以探究，並對基本文獻進行紮實的整理和研究。這種良好的學風至今仍然得到保持和發揚。

　　當我們回視唐代文化、文學史上的那些研究難度較大而又頗受關注的課題時，不能不注意到寒山和《寒山詩集》的形成和流傳問題。說這一問題難度較大，是因為在「他是誰」等一系列最基礎性的知識點上，我們至今都無法得出具有穿透感和說服力，能為學人一致認同的看法。有相當長一段時間，人們在託名唐貞觀年間台州刺史閭丘胤所作的《寒山子詩集序》的影响下，在對寒山到底屬於李唐何時代人物的辨識上，一直都處於雲遮霧障中。現在，人們根據余嘉錫先生的發現和紮實考證，在這個問題上的認識終於逐步集中了，但由於《寒山詩集》三百多首詩中除「拾得」、「豐干」外，竟然沒有可靠的與時人互動的記錄，而時人與他的交遊記載也甚為鮮見。這使得對寒山其人生平的認知仍然非常複雜而困難。同樣的現象也表現在《寒山詩集》的形成問題上。根據寒山自述和有限的文獻記載，可知其詩集中的作品最初乃「一例書巖石」，後來是由桐柏觀道士徐靈府搜而集之的。這一過程確實為後人辨識、研究增加了很大的難度，各種爭訟不斷實屬難免了。

　　寒山和《寒山詩集》確乎可稱唐代最奇之人和最奇之集。但正是如此之人、之詩，在後代產生了奇跡般的傳播和接收狀況，傳播面不僅涉及佛教和道教界，在知識階層和下層民眾中同樣有非同尋常的反響。「一卷寒山詩，恰

稱幽人讀」，「中有如意珠，明光遍地燭」（彭定求《題寒山詩集》），它不僅是佛教堂上法語，也形于士人筆端，化爲百姓勸勵。寒山體寫作已經成爲詩史上一個典型現象，各個界別和階層的作者實難計其數，擬效幾十首的非常多見，甚至擬作二、三百首的也可列舉多人。寒山詩版本亦稱特殊，除本土以外，東亞鄰邦也有多種，價值頗高，其中有些版本中的部分作品，尚可補本土傳世版本所遺佚。另外寒山其人，在宗教化的同時，又演化爲民間傳說，甚至成爲某種信仰對象。而作爲一個具有豐富內容和意味的形象，寒山成爲歷代繪畫的重要題材，無論在本土和日本，都有眾多作者。大量的寒山題材繪畫與寒山詩相輝映，彙聚爲一筆寶貴的文化遺產。

這種傳播和接收的情況，正凸顯出寒山及其《寒山詩集》的研究價值。寒山研究自鍾玲先生《寒山在東方和西方文學界的地位》一文面世後，海峽兩岸的學者相繼發表了不少論文和論著，其中項楚、孫昌武、陳慧劍、錢學烈諸先生的成果具有代表性。然而他們在將研究推向了一個高峰後，也自然將如何持續深入研究的期待顯示在學術界面前。對此我在十多年前的一篇相關論文中曾提出要認眞從事寒山詩研究資料的整理彙編工作：「這項工作面廣量大，非得投入人力、物力，假以時日不可，但對於寒山研究來說，這是一項承前啓後的工作，是奠定寒山研究學術史地位的基石。」（日本京都大學《中國文學報》第 60 冊《八十年來中國寒山詩集的整理和研究》）

近些年來，在海峽兩岸都有一些學者孜孜不倦地進行著這項工作，而且成績斐然，其中臺灣學者葉珠紅女士是貢獻最突出的一位。她自讀大學起就發願研讀寒山詩，十多年來隨著攻讀碩士、博士的不斷晉階，先後整理研究並出版了《寒山詩集校考》、《寒山資料考辨》、《寒山資料類編》、《寒山詩集論叢》四部著作。可以說，在寒山相關文獻資料的搜集整理和研究方面，她是最抱有信念，最富於堅持精神的。眞正的基礎研究可謂艱苦卓絕，而從包括大量佛教典籍在內的海量的資料中爬梳出如此豐富的專題性學術史料，非甘於寂寞，寸積銖累，實不能有如此收穫。僅此，今天和今後從事寒山和《寒山詩集》研究的學者，都應該感謝她那些樸實無華卻意義重大的耕耘勞動。

這些寒山研究的文獻史料研究工作也使作者本人層磊而上，發心將寒山和寒山詩的傳播和接收問題在學理性層面上更推進一步，這本《〈寒山詩集〉之流傳與影響》就是她近期完成的成果。關於寒山詩，四庫館臣認爲「其詩有工語，有率語，有莊語，有諧語。至云『不煩鄭氏箋，豈待毛公解』，又似

儒生語。大抵佛語、菩薩語也。今觀所作，皆信手拈弄，全作禪門偈語，不
可複以詩格繩之，而機趣橫溢，多足以資勸戒。」這一分析具有高度概括性
而又切中肯綮，故長期以來爲學者們所接收和憑依，並進一步對寒山詩直指
社會、直指人心的意義加以分析，對其佛理哲思和審美價值以及白話語言表
現的樸野風格進行闡發。這些成果多有精彩篇章，應予充分肯定。

　　但對寒山及《寒山詩集》，如果不僅將其看作一種特殊文學現象，同時也
看作一種特殊文化現象的話，我們的研究就應該在不同視閾展開，而不應以
知識層面的研究代替文化層面的研究。這一點不少學者已經敏銳地意識到
了，葉珠紅女士的這本著作便顯示出鮮明的从文化角度探尋的特點——包括
禪林文化、民間傳說、塑像繪畫等，這些論述充滿灼灼新意和盎然生氣。需
要提示的是，這本著作是對寒山其人及其《寒山詩集》的形成與傳播進行的
多維性、綜合性、立體性研究，成就是多方面的，其知識涵蓋之豐富，學術
視野之宏闊，問題探討之深入，皆極爲突出，非用力之勤、守道不渝，決難
臻此境。這是她在連續推出四部寒山研究著作以後，爲讀者提供的又一片精
神棲息的清涼地，爲學人拓展的又一個探究「千年寒山」的新空間。其標誌
意義是：臺灣寒山研究在經過了上世紀 70 年代至 90 年代繁榮後的一度沉靜，
新的學術力量重新崛起，其研究在向更沉潛、更扎實、更多元的方向發展。

　　記得 2006 年我在臺灣東吳大學任客座教授時，葉珠紅女士將她出版的寒
山研究著作托逢甲大學的學者贈送給我，當時就留下了很深的印象。前年在
蘇州寒山寺文化研究院主辦的「寒山寺文化論壇」上我們見了面，這兩年在
學術上也不時有些聯繫，承她信任邀我爲其新著作序。對於她的誠意，特別
對於這份唐代文化和唐代文學研究的重要創獲、最新成果，我想不必推辭，
應該寫點文字，向更多讀者推薦。

2014 年 8 月於吳門

目次

第一章 緒 論

第一節 寒山研究概況

　　有關寒山的最早文獻有二：一、託名唐貞觀年間，台州刺史閭丘胤所作之〈寒山子詩集序〉，言寒山爲文殊化身；二、唐末天台道士杜光庭《仙傳拾遺·寒山子》，描述寒山爲自在變化的神仙。署名唐貞觀年間，台州刺史閭丘胤所作的〈寒山子詩集序〉，首言寒山爲文殊轉世，宋代寒山詩的刊刻，多成於僧人之手，且多將〈寒山子詩集序〉置於頁首，千餘年來，隨著詩集的流傳，寒山因而被視爲與閭丘胤同時，即初唐貞觀時人，其身分爲詩僧。唐末天台道士杜光庭《仙傳拾遺·寒山子》，描述寒山爲一長者，渡化道士李褐，行徑類似自在變化的神仙，以上爲有關寒山最早的資料，然均非眞正的寒山樣貌，今之寒山研究者的共識爲：寒山乃盛、中唐時活動於天台山，與國清寺有甚深因緣，長期隱居在寒巖的詩人。

一、寒山非貞觀詩僧

　　寒山是否爲「詩僧」的問題，可由寒山內證詩以及相關文獻來探討。〈寒山子詩集序〉述寒山往來國清寺，與國清寺僧豐干、拾得交好，此說在三人詩中均可得證：

　　寒山詩：「慣居幽隱處，乍向國清眾。時訪豐干道，仍來看拾公。獨迴上寒巖，無人話合同。尋究無源水，源窮水不窮。」

　　拾得詩：「寒山住寒山，拾得自拾得。凡愚豈見知，豐干卻相識。見時不可見，覓時何處覓。借問有何緣，向道無爲力。」「從來是拾得，

　　　　不是偶然稱。別無親眷屬，寒山是我兄。兩人心相似，誰能徇
　　　　俗情。若問年多少，黃河幾度清。」

　　豐干詩：「……霓光瞥然起，生死紛塵埃。寒山特相訪，拾得常往
　　　　來。……。」〔註1〕

前述三人的年紀，以豐干爲長，次爲寒山、拾得，〈寒山子詩集序〉記寒山是
隱居天台的「貧人風狂之士」，被國清寺僧「捉罵打趁」，此亦與寒山詩中所
述一致，可爲寒山非國清寺僧的旁證，最有力的內證，是寒山自述獨自隱居
在寒巖三十年，到國清寺訪豐干、拾得，時間至少長達二十年，寒山詩〈憶
得二十年〉：

　　　　憶得二十年，徐步國清歸。國清寺中人，盡道寒山癡。癡人何用疑，
　　　　疑不解尋思。我尚自不識，是伊爭得知。低頭不用問，問得復何爲。

　　　　有人來罵我，分明明了了知。雖然不應對，卻是得便宜。〔註2〕

寒山「徐步國清歸」，是由國清寺回到隱居地寒巖，二十年內不知幾回，〈寒
山子詩集序〉與〈拾得錄〉均記拾得收貯殘餘飯菜於竹筒予寒山，可知寒山
絕非國清寺僧人。除了「詩僧」的問題，學界長期以寒山爲貞觀時人，原因
是自宋朝開始，各個版本的寒山詩（《永樂大典》本例外），多將署名唐貞觀年間，
時任台州刺史的閭丘胤，所作的〈寒山子詩集序〉列於卷首，學界因而視寒
山爲初唐貞觀人，上述宋僧贊寧雖曾對豐干、寒山、拾得的年代有過懷疑，
然對三聖事蹟，卻以「爲年壽彌長耶？爲隱顯不恒耶？」二語加以迴護，近
人余嘉錫費時半世紀完成的鉅著——《四庫提要辨證》卷二十〈寒山子詩集
二卷附豐干拾得詩一卷〉，已證明〈寒山子詩集序〉爲僞作，然在《四庫提要
辨證》問世（1974）不久，多數文學史的作者與近代學者，受〈寒山子詩集序〉
的影響，仍以寒山爲貞觀人。〔註3〕

　　〈寒山子詩集序〉載：「詳夫寒山子者，……隱居天台唐興縣西七十里，

〔註1〕《寒山子詩一卷附豐干拾得詩一卷》，《四部叢刊》，初編，集部。（上海：商
　　　　務印書館，1926年），頁9、55、49。按：此版本係上海涵芬樓借印建德周氏
　　　　景宋刻本，頁首有「宋本」、「甲」、「天祿繼鑑」以及「乾隆御覽之寶」等印，
　　　　卷末有「天祿琳琅」以及「乾隆御覽之寶」二印，以下簡稱《天祿》宋本。
　　　　本書所引〈寒山子詩集序〉、〈豐干禪師錄〉、〈拾得錄〉，以及寒山、豐干、拾
　　　　得詩，均據此版本。寒山、豐干、拾得詩並無詩題，本書概以首句爲題。
〔註2〕《寒山子詩一卷附豐干拾得詩一卷》，頁43。
〔註3〕詳見：葉珠紅，〈1962～1980年大陸以外地區之寒山研究概況——以《寒山子傳
　　　　記資料》爲主〉，《寒山詩集論叢》（台北：秀威科技出版，2006年），頁53～96。

號爲寒巖，每於茲地，時還國清寺。」〔註4〕余嘉錫據徐靈府《天台山記》與李吉甫《元和郡縣圖志》，二書均言唐肅宗上元二年（761）以後，才有「唐興」縣名，證〈寒山子詩集序〉中的「天台唐興縣」非初唐時有，貞觀十六年至貞觀二十年（642～646），時任台州刺使的閭丘胤，不可能知道肅宗上元二年，唐興縣改名之事（唐興縣原名始豐縣）。〔註5〕余嘉錫除考證出「唐興」縣名，另以年代在武后、玄宗朝的萬迴師、吳道子，出現於寒山詩中，進一步證明寒山非初唐貞觀時人，判署名閭丘胤所作之〈寒山子詩集序〉爲僞作。〔註6〕

除余嘉錫之外，陳慧劍先生的《寒山子研究》，指出閭丘胤的官銜是「朝議大夫使持節台州諸軍事守刺史上柱國賜緋魚袋」，「使持節」猶全權印信；「緋魚袋」乃防止召命詐出的魚形符，陳慧劍言：「使持節」爲高宗永徽年間（650～655）才有，又據《唐書・車服志》與《唐會要》，得出「緋魚袋」也是唐高宗永徽年間的產物〔註7〕，貞觀朝的閭丘胤不可能有此二物。

余、陳二位先生的考證，於寒山研究有蓽路藍縷之功，然亦有不足之處；〈寒山子詩集序〉言閭丘胤經由國清寺僧寶德道翹的帶領，於廚中訪寒、拾二人，道翹乃關鍵人物，《宋高僧傳》卷十九〈唐天台封干師傳〉，與《新唐書・藝文志・道家類》卷三，均採信〈寒山子詩集序〉記閭丘胤「令僧道翹

〔註4〕《寒山子詩一卷附豐干拾得詩一卷》，頁1。
〔註5〕余嘉錫，《四庫提要辨證》卷二十〈集部一・寒山子詩集二卷附豐干拾得詩一卷〉（香港：中華書局，1974年），頁1246～1247。下引版本同。按：余嘉錫據宋・陳耆卿，《嘉定赤城志》卷八〈秩官表〉，確定貞觀十六年至二十年，台州刺史爲閭丘胤；筆者查閱台北：台灣商務印書館景印文淵閣《四庫全書》（1986年，第486冊，頁569。）陳耆卿《嘉定赤城志》卷八〈秩官表〉，貞觀十六年台州刺史，其下並無注明是「閭丘胤」，貞觀二十年的台州刺史注明爲「徐永」；台北：大化出版社（1980年）出版之《宋元地方志叢書》，《嘉定赤城志》卷八〈秩官門・歷代郡守〉，貞觀十六之郡守爲「閭丘胤」（頁7122）。其次，考「上元」年號，唐高宗、肅宗均有之，錢學烈認爲《新唐書・地理志》卷四十一：「高宗上元二年更名」（按：指始豐縣改爲唐興縣），乃因《舊唐書・地理志》卷四十及宋・樂史《太平寰宇記》二書，均只言「上元二年改爲唐興」，而未言明是哪個「上元」所導致。參見錢學烈《寒山拾得詩校評・前言》，頁14。以上資料，足證貞觀年間，任台州刺史的閭丘胤，不可能知道肅宗上元二年（761），唐興縣改名之事，至於貞觀十六年至貞觀二十年（642～646），閭丘胤是否眞爲台州刺史，有待詳考。
〔註6〕余嘉錫，《四庫提要辨證》卷二十〈集部一・寒山子詩集二卷附豐干拾得詩一卷〉，頁1247。
〔註7〕陳慧劍，〈寒山時代內證考〉，《寒山子研究》（台北：東大圖書公司，1991年），頁18～22。下引版本同。

尋其（寒山）往日行狀，……，所書文句三百餘首，……，纂集成卷。」按：
李邕〈國清寺碑並序〉載：「寺主道翹，都維那首那法師法忍等，三歸法空，
一處心淨，景式諸子，大濟群生。」〔註8〕以李邕（678～747）的年代來推算，
道翹應在天寶六年（747）之前尚存，並非如余嘉錫所言，是「子虛烏有之人。」
〔註9〕活動於天寶年間的寶德道翹，不可能奉貞觀朝閭丘胤的命令收集寒山
詩，〈寒山子詩集序〉言道翹集寒山詩，是真正的子虛烏有。

　　〈寒山子詩集序〉雖已被余嘉錫證為偽作，流傳了千餘年的「天台三聖」
事蹟，卻多被僧傳及禪師語錄所採，「天台三聖」事蹟之不被懷疑，最主要的
原因是歷史上確有閭丘胤其人，有關閭丘胤的生平記載，僅道宣《續高僧傳》
卷二十，記閭丘胤尋訪跟隨寶月禪師出家的故友釋智巖，〈丹陽沙門釋智巖
傳〉：

> 武德四年，（智巖）從（張）鎮州南定淮海，……，遂棄入舒州皖公山。……
> 昔同軍戎有睦州刺史嚴撰、衢州刺史張綽、麗州刺史閭丘胤、威州刺
> 史李詢，聞巖出家，在山修道，乃尋之。……。謂巖曰：「郎將癲邪，
> 何為住此？」答曰：「我癲欲醒，君癲正發，何由可救？汝若不癲，
> 何為追逐聲已，規度榮位，……，一旦死至，慌忙何計？此而不悟，
> 非癲如何？貞觀十七年，……，還歸建業，依山結草。〔註10〕

牛頭宗初祖法融（594～657）傳法於智巖，世傳智巖是牛頭宗（牛頭禪）二祖，
此說雖可疑〔註11〕，閭丘胤為初唐貞觀時人則是可以確定的；武德四年（621）
智巖出家時，閭丘胤時任麗州刺史，「麗州」一名在歷史上存在了五年〔註12〕，
然貞觀十六年，台州刺史是否為閭丘胤，亦為一問題，余嘉錫據陳耆卿《嘉

〔註8〕清・董誥等編，《全唐文》卷262（台北：大通書局，1975年），頁3365。

〔註9〕余嘉錫，《四庫提要辨證》卷二十〈集部一・寒山子詩集二卷附豐干拾得詩一
卷〉，頁1258。

〔註10〕唐・釋道宣，《續高僧傳》卷二十五〈丹陽沙門釋智巖傳〉。《大正新修大藏經》
（以下稱《大正藏》）（台北：新文豐出版，1985年），冊50，第2060號，頁
602中10～下1。下引版本同。

〔註11〕唐・釋道宣，《續高僧傳》卷二十〈丹陽沙門釋智巖傳〉：「永徽五年二月二十
七日，終於癘所。……，年七十八矣。」《大正藏》冊50，第2060號，頁602
下5～7。智巖卒於高宗永徽五年（654），比牛頭初祖法融還要早去世三年，
則智巖不可能嗣位為二祖。參見：南懷瑾，〈法融一系的禪心與文佛索引表〉，
《禪話》（台北：老古文化事業股份有限公司，1998年），頁143。

〔註12〕郁賢皓，《唐刺史考全編》〈附編〉：「武德四年以永康置麗州，又分置縉雲縣。
八年廢麗州及縉雲縣，以永康屬婺州。」（安徽大學出版，2001年），頁3458。

定赤城志》卷八〈秩官表〉，認爲貞觀十六年至二十年，台州刺史爲閭丘胤，余嘉錫言：「耆卿此表，係據咸平間知州事曾會所作壁記。」〔註13〕按：曾會所作之〈台州郡治廳壁記〉：「自武德後，至於混一區宇之始，凡刺史名姓，謹列于后。」〔註14〕林表民言〈台州郡治廳壁記〉，記唐高祖武德至宋太祖一統天下，所列台州歷代郡守十分詳盡，曾會此文收於林表民《赤城集》卷二，《赤城集》共十八卷，然卷二與卷十八，並未見曾會之台州刺史名姓表，余嘉錫認爲陳耆卿《嘉定赤城志》卷八〈秩官表〉，是根據曾會之「壁記」，筆者查閱影印文淵閣本《四庫全書》，《嘉定赤城志》卷八之「歷代郡守」，卻有多處注明「壁記」（按：〈台州郡治廳壁記〉）所記之人名爲誤，卷八〈歷代郡守〉記貞觀二十年的台州刺史並非「閭丘胤」，而是「徐永」，「歷代郡守」欄亦從未見閭丘胤之名，然《宋元地方志叢書》之《嘉定赤城志》卷八〈秩官門〉一，貞觀十六年之郡守爲「閭邱」，其下注：「太祖御諱下一字。」〔註15〕余嘉錫言曾會所列之台州刺史名姓表，究於何處得見，值得進一步研究，然由道宣《續高僧傳》卷二十所記，明閭丘胤確爲貞觀時人。

　　臺灣地區之寒山研究始於六○年代，繼余嘉錫、陳慧劍二位先生之後，對寒山研究起到里程碑作用的，是鍾玲先生的〈寒山在東方和西方文學界的地位〉一文，鍾玲認爲自 1958 年起，寒山詩在美國大學校園的流行，使披頭一代（The Beat Generation）奉寒山爲精神領袖，鍾玲言寒山：「在國際文壇上，是一個突出的特例。」而在同時期的臺灣，一個中文系出身的大學生「也不見得讀過一首寒山的詩。」〔註16〕鍾文發表之後，胡鈍俞主編的《中國詩》季刊，發行了兩期寒山詩專號，胡先生本人除了有和寒山之作，亦號召對寒山詩有興趣的讀者共同擬、和寒山詩；1985 年，臺灣天一出版社將 1966 至 1980 年，大陸以外地區之寒山研究，集文共三百餘萬字，編爲七冊，定名爲《寒山子傳記資料》，將收集的寒山研究專文，分爲：寒山研究、寒山詩之哲理、寒山詩評估、有關寒山研究論著及館藏，此資料是台灣地區首度且唯一大量收集有關寒山研究的專輯，十之八九的作者，對〈寒山子詩集序〉幾乎

〔註13〕余嘉錫，《四庫提要辨證》卷二十〈集部一・寒山子詩集二卷附豐干拾得詩一卷〉，頁 1247。

〔註14〕宋・林表民編，《赤城集》卷二。《四庫全書》文淵閣本，第 1356 冊，集部，總集類，頁 627。

〔註15〕宋・陳耆卿，《嘉定赤城志》卷八〈秩官門〉（台北：大化出版社，1980 年），頁 7122。

〔註16〕鍾玲，〈寒山在東方和西方文學界的地位〉，《中國詩季刊》3 卷 4 期，1972 年。

深信不疑，亦多未注意到余嘉錫的考證，僅陳慧劍先生獨具隻眼，就「使持節」、「緋魚袋」證寒山非貞觀時人，余、陳二位先生將寒山研究帶入全新領域的同時，亦透露出寒山研究的瓶頸，即：寒山生卒年爲何？

二、寒山生卒年概說

　　寒山年歲逾百，其壽究爲幾何，是所有寒山研究者同感興趣的議題，各家之所以看法不一，如前所述，皆因寒山交遊過少，以及內證詩中，對於身世鮮少披露所致，有關寒山的年代，近代學者的研究，大致有「貞觀」、「先天」、「大曆」三種說法〔註17〕，此外，錢穆《讀書散記兩篇‧讀寒山詩》，據《宋高僧傳》卷十九，言寒山與豐干相遇於國清寺，當在豐干於先天年間（712）行化於京兆前，認爲《仙傳拾遺‧寒山子》記大曆年間（766～780）隱居寒巖的寒山，應生於高宗末年（約680）〔註18〕；胡適《白話文學史》舉五代時風穴延沼禪師（卒於973）所引之寒山詩，以及杜光庭《仙傳拾遺‧寒山子》言寒山於大曆中隱於寒巖，以寒山爲盛唐時人（700～780）〔註19〕；陳慧劍先生以寒山生於睿宗嗣聖十七年，卒於憲宗元和十五年（700～820）〔註20〕；錢學烈以寒山生於玄宗開元年間（725～730）卒於文宗寶曆、太和年間（825～830）〔註21〕；羅時進先生以至德元載（756）的「遷移潮」上推三十年，定爲寒山生年，即開元十四年（726），以徐靈府（約761～843）遷居桐柏方瀛，編《寒山子集》的時間爲寶曆二年（826），定爲寒山卒年。〔註22〕

〔註17〕持「貞觀說」的有：宋‧志南〈三隱集記〉、志磐《佛祖統記》、本覺《釋氏通鑑》、元‧熙仲《釋氏資鑑》、加地哲定《中國佛教文學》；持「先天說」的有：宋‧贊寧《宋高僧傳》、元‧曇噩《科分六學蠲傳》；持「大曆說」的有：宋‧李昉《太平廣記》引唐‧杜光庭《仙傳拾遺》、清‧紀昀《四庫提要》、胡適《白話文學史》、余嘉錫《四庫提要辨證》卷二十、任繼愈《宗教詞典》、孫望、郁賢皓《中國大百科全書‧宗教卷》、任道斌《佛教文化辭典》、陳慧劍《寒山子研究》。參見：連曉鳴、周琦〈試論寒山子的生活年代〉，《東南文化》，1994 年第二期。

〔註18〕錢穆，〈讀書散記兩篇‧讀寒山詩〉。香港：《新亞書院學術年刊》第 1 期，1959年 10 月。轉引自朱傳譽主編，《寒山子傳記資料》第三冊，頁 112。

〔註19〕胡適，《白話文學史》（上卷）（台北：胡適紀念館出版，1974 年），頁 207～208。下引版本同。

〔註20〕陳慧劍，〈寒山時代內證考〉，《寒山子研究》，頁 28。

〔註21〕錢學烈，〈寒山子年代的再考證〉，《深圳大學學報》，15 卷 2 期，1998 年。

〔註22〕羅時進，〈寒山生卒年新考〉，《唐詩演進論》（江蘇古籍出版社，2001 年），頁204～210。下引版本同。

　　按：上述有關寒山生年的考證，由高宗末年（約680）至開元十四年（726）不等，有將近半個世紀的差距，其關鍵處，在寒山參加科考的時間；開元二十二年（734）吏部始置南院，開元二十八年（740）「以置選人文書，或謂之選院。」吏部南院自此改爲吏部選院，其放榜也在「南院」，寒山於〈箇是何措大〉一詩寫道：「年可三十餘，曾經四、五選。」三十多歲仍到南院看榜；「時來省南院」的寒山，在京城的時間至少六年（開元二十二年至開元二十八年），這六年的時間應是如《新唐書‧選舉志》所載：「初，吏部歲常集人，其後三數歲一集。」〔註23〕〈書判全非弱〉一詩寫道：「今冬更試看。」寒山應是參加一年一次，「歲常集人」的「冬集」（按：在冬天舉行的吏部銓試），而非三年一次的「冬集」〔註24〕，以吏部由「南院」改名爲「選院」（開元二十八年，740），作爲寒山時年三十來推算，則寒山生年最晚應在睿宗景雲元年（710）。

　　再論寒山卒年，寒山在天台的隱居生活，前述內證詩提到：「仙書一兩卷，樹下讀喃喃。」「喃喃讀黃老。」後來雖感嘆：「鍊藥空求仙」、「神仙不可得」〔註25〕，言漢武帝、秦始皇：「俱好神仙術，延年竟不長。」〔註26〕知寒山確實有過一段踐履仙道的生活，嘗試求仙之人，本就較爲長壽，寒山最後放棄求仙的願望，時間當在晚年，〈老病殘年百有餘〉寫道：

　　　老病殘年百有餘，面黃頭白好山居。

　　　布裘擁質隨緣過，豈羨人間巧模樣。

　　　心神用盡爲名利，百種貪婪進己軀。

　　　浮生幻化如燈燼，塚內埋身是有無。〔註27〕

〔註23〕　宋‧歐陽脩、宋祁，《新唐書‧選舉志》（台北：鼎文書局，1976年），頁1179。下引版本同。

〔註24〕　錢學烈，〈寒山子年代的再考證〉：「以詩人15歲參加科舉考試並到南院看榜，那麼從740年上推15年，則寒山子的生年最早也須在725年之後，即玄宗開元年間，否則不能知南院之稱。」《深圳大學學報》15卷2期，1998年5月。按：錢學烈認爲「冬集」是三年一次，而忽略了吏部「南院」的名稱只維持了六年，寒山「曾經四、五選」，並非考了十二、十五年，應是一年參加一次（共四、五次）吏部的銓選試較爲合理。

〔註25〕　《寒山子詩一卷附豐干拾得詩一卷》：「人生在塵蒙，恰似盆中蟲。終日行遶遶，不離其盆中。神仙不可得，煩惱計無窮。歲月如流水，須臾作老翁。」頁37。

〔註26〕　《寒山子詩一卷附豐干拾得詩一卷》：「常聞漢武帝，爰及秦始皇。俱好神仙術，延年竟不長。金臺既摧折，沙丘遂滅亡。茂陵與驪嶽，今日草茫茫。」頁43。

〔註27〕　《寒山子詩一卷附豐干拾得詩一卷》，頁31。

項楚先生認爲「百有餘」：「猶云『百事有餘』、『凡百有餘』，形容百無聊賴。『百』泛稱一切。」〔註28〕羅時進先生認爲此說有待斟酌〔註29〕，筆者認爲此詩是寒山活至百歲的明證，「老病殘年百有餘」的「百有餘」，上承「老病殘年」，下接「面黃頭白好山居」，從「好山居」一語來看，寒山的生活絕非「百無聊賴」，在心態上，寒山：「布裘擁質隨緣過，豈羨人間巧模樣。」「老病殘年」還能活到百有餘歲，就在心存「隨緣」，才能活出眞正的「人間巧模樣」。

百有餘歲的寒山，學者定其卒年頗爲接近，大多推翻余嘉錫以寒山：「貞元九年，遂不復見。」的看法，陳慧劍認爲徐凝〈天台獨夜〉與〈送寒巖歸士〉二詩，可能作於白居易在長慶二年至長慶四年（822～824），於杭州擔任刺史之前的元和年間，或更早些。〔註30〕筆者認爲徐凝這兩首有關寒山的詩，由詩題〈送寒巖歸士〉來看，徐凝送寒山，可見寒山仍有行動力，此二詩當不會早於白居易在長慶四年卸任前，長慶年間（821～824），寒山仍在天台活動，由生年下限的睿宗景雲元年（710），下推長慶四年（824），推估寒山之壽約百有二十。

第二節　文獻回顧

閭丘胤〈寒山子詩集序〉，經今人余嘉錫、陳慧劍之考證，確定爲僞作之後，研究寒山的第一手資料，只剩下唐末天台道士杜光庭《仙傳拾遺・寒山子》，不論是佛化或仙化了的寒山，對於呈現寒山的眞實樣貌，亦有片縷之功。

一、〈寒山子詩集序〉、〈豐干禪師錄〉、〈拾得錄〉

今之浙江天台國清寺、明岩寺，與蘇州寒山寺，三地均有供奉寒山、拾得、豐干之「三賢堂」，「三賢堂」究其緣起，除了寒山、拾得之詩於歷代備受釋徒、文人青睞之外，記載寒山、拾得、豐干轉世傳說的〈寒山子詩集序〉，伴隨著寒山詩的刊刻，流傳了一千多年，〈寒山子詩集序〉所述寒山、拾得、豐干事蹟，大意如下。

〈寒山子詩集序〉記寒山：「不知何許人也，自古老見之，皆謂貧人風狂

〔註28〕項楚，《寒山詩注》（北京：中華書局，2000年），頁511。下引版本同。

〔註29〕羅時進，〈寒山及其《寒山子集》〉：「『百』固然有『凡百』、『一切』之義項，然而在『百有餘』這樣的搭配關係中，『百』是否應該理解爲『凡百』、『一切』是可斟酌的。」《唐詩演進論》，頁135。

〔註30〕陳慧劍，〈全唐詩裡見寒山〉，《寒山子研究》，頁40。

之士。」拾得知食堂，將剩餘菜飯收貯於竹筒內，交給來訪的寒山攜回寒巖，寒山的外貌是：「樺皮爲冠，布裘破弊，木屐履地。」寒山到國清寺，除了訪拾得，在國清寺的行徑是：「或長廊徐行，叫喚快活，獨言獨笑。」國清寺僧因而對他「捉罵打趁」；描述寒山於國清寺的行止後，下接閭丘胤訪寒山、拾得。閭丘胤將赴任台州刺史，行前適患頭疾，來自天台山國清寺的豐干禪師主動登門，以噀水唸咒的方式醫治，閭丘胤疾癒後，問豐干：「未審彼地，當有何賢，堪爲師仰？」豐干言：「見之不識，識之不見。若欲見之，不得取相，迺可見之。寒山文殊，遯迹國清；拾得普賢，狀如貧子，又似風狂。」閭丘胤到任台州三天後，先向禪宿打聽，明豐干所言不假，接著由縣令口中獲悉在寒巖中，「有貧士頻往國清寺止宿，寺庫中有一行者，名曰『拾得』。」閭丘胤至國清，先是詢問寺僧寶德道翹，得知在外雲遊的豐干禪師，所住之豐干禪師院，「每有一虎，時來此吼。」道翹接著引閭丘胤至廚中竈前見寒山、拾得，閭丘胤禮拜後，寒、拾二人「自相把手，呵呵大笑叫喚，乃云：『豐干饒舌！饒舌！彌陀不識，禮我何爲？』」此舉引起國清寺群僧騷動，紛紛議論：「何故尊官禮二貧士？」寒、拾把手出寺後同歸寒巖，不受閭丘胤的淨衣、香、藥供養，在退入巖穴前，寒山對追至寒巖者說道：「報汝諸人，各各努力。」閭丘胤未能親近寒、拾，於是命道翹將寒山「於竹木石壁書詩並村墅人家廳壁上所書文句三百餘首。及拾得於土地堂壁上書言偈，並纂集成卷。」並自爲三十八句五言讚語，附於序文之後。〔註31〕

　　上述〈寒山子詩集序〉的內容是以寒山爲主，作者安排由豐干一手主導三賢出現的經過，豐干先主動爲閭丘胤療頭疾，並建議至天台後訪寒、拾，目的在點出「寒山文殊」與「拾得普賢」，再由寒山透露豐干係彌陀再來，傳世最廣的《天祿》宋本《寒山子詩一卷附豐干拾得詩一卷》，在寒山詩前，有閭丘胤〈寒山子詩集序〉；在豐干詩二首之前，有〈豐干禪師錄〉；拾得詩之前，有〈拾得錄〉，〈豐干禪師錄〉與〈拾得錄〉的內容，與〈寒山子詩集序〉所述「三賢」事蹟迴環相扣，其間大有因果關係。

　　〈豐干禪師錄〉描述豐干禪師：「居于天台山國清寺，剪髮齊眉，毳裘擁質，緇素問鞠，乃云『隨時』。」豐干昂藏七尺，白天在國清寺負責舂米的工作，夜晚則關起房門「吟詠自樂」，在常人眼中是位「風僧」（按：「風」即「瘋」）。一日，豐干騎虎由松徑直入國清寺，眾人始知其「異於常流」，〈豐干禪師錄〉

〔註31〕《寒山子詩一卷附豐干拾得詩一卷》，頁 1～3。

載豐干：「昔京輦與胤救疾」〔註32〕，係指〈寒山子詩集序〉所述對閭丘胤噀水療疾一事；〈豐干禪師錄〉言豐干騎虎入國清寺，則是爲〈寒山子詩集序〉言豐干禪師院時有虎吼一事預作伏筆，〈豐干禪師錄〉雖未明指豐干爲彌陀化身，二文的作者或爲同一人。

〈拾得錄〉所述拾得事蹟，可視爲拾得本傳，賦予拾得一個非同常人的身世：豐干禪師遊松徑時，於赤城（天台山區）道側，遇年約十歲的小孩，豐干初認爲是牧牛之子，自云：「我無舍無姓」，豐干攜至國清寺，久之無人來認，因路側拾得，爲之取名「拾得」，「令（拾得）事知庫僧靈熠，經于三祀，頗會人言。」〈拾得錄〉繼而描述拾得在國清寺，展現其爲普賢轉世的非常行爲，共有三則，其一：拾得在知庫僧靈熠的帶領下，先是知食堂香燈供養，一日，拾得「與像對坐，佛盤同餐。復于聖僧前云：『小果之位』。」「聖僧」指尊者憍陳如〔註33〕，憍陳如是佛陀悟道後，初轉法輪時所度五比丘之一，憍陳如爲上座比丘，拾得卻說他是小果聲聞，並無錯誤，然在國清寺僧眼中，「小僧」拾得沒有資格批評「聖僧」，靈熠自然以拾得爲「心風」，爲阻止拾得大不敬的舉止，令拾得負責「廚內洗濾器物」，由香燈師變爲火頭的拾得，因經常口唸：「我有一珠，埋在陰中，無人別者。」被眾僧目爲「癡子」；拾得讓國清寺僧驚異的第二件非常舉動，是杖打伽藍神一事，起因爲廚內「食物多被鳥所耗」，國清寺的穀物曬於各處殿、院之前，筆者於 2007 年 7 月至國清寺，仍見多處殿、院前曬著穀物，仍有群鳥就食，千年同景，備感親切；拾得怪伽藍神護穀無力，白受人參奉供養，因而責打伽藍，此事首驗於全寺僧人人同一夢，均夢見伽藍哀訴：「拾得打我。」繼驗於靈熠隔天見伽藍的「土身」上果有杖痕，眾僧始知拾得非凡間之子，靈熠因此「具狀申州報縣，符下：『賢士遁跡，菩薩化身，宜令號爲拾得賢士。』」成了「賢士」的拾得，其第三件驚世作爲，是在法事場牧牛經過，口占一絕：「無瞋即是戒，心淨即出家。我性與汝合，一切法無差。」爲老宿律德叱逐，拾得言：「我不放牛也。此群牛皆是前生大德知事人，咸有法號，喚者皆認。」拾得言畢將前生是律師、典座、直歲、知事的「法號」，一一叫喚，只見白牛、黑牛、牯牛相繼應

〔註32〕《寒山子詩一卷附豐干拾得詩一卷》，頁 49。

〔註33〕宋·贊寧，《宋高僧傳》卷十九〈唐天台封干師傳〉：「後沙門靈熠攝受之，令知食堂香燈。忽於一日，見其登座，與像對槃而飡，復呼憍陳如曰：『小果聲聞。』」《大正藏》冊 50，第 2061 號，頁 832 上 9～11。

聲而出，拾得因此又被上報州縣，〈拾得錄〉載：「盡代人仰，因此顯現。寺眾徬徨，咸歎菩薩，來於人世。」

　　〈拾得錄〉載拾得負責「廚內洗濾器物」時，「每澄食滓而以筒盛，寒山子來，負之而去。」顯示他與寒山非同一般的交情，〈寒山子詩集序〉載：「寺有拾得知食堂，尋常收貯餘殘菜滓於竹筒內，寒山若來，即負而去。」〔註34〕二文何其相似，由〈豐干禪師錄〉載豐干：「昔京輦與胤救疾」，以及〈拾得錄〉、〈寒山子詩集序〉同載拾得收貯餘殘菜滓與寒山，〈寒山子詩集序〉的作者，有可能就是〈豐干禪師錄〉、〈拾得錄〉的作者。寒山、拾得、豐干同被後人認爲是菩薩應身，拜〈寒山子詩集序〉於歷代刊刻時均被保留之賜，且一直未被考證出是偽作（詳見後）；此外，寒山詩有許多首被誤植爲拾得詩，歷代刊刻者一概並收，在教化詩的部分，形成二人詩風近似，「神格」亦相同的情況；最重要的，如前所述，歷代的寒山詩版本，以同時收錄有〈寒山子詩集序〉、〈豐干禪師錄〉、〈拾得錄〉的《天祿》宋本流傳最廣〔註35〕，此外，歷代禪師與文人受到〈寒山子詩集序〉的影響，喜愛寒山詩並加以擬作，無形中廣傳了寒山、拾得的影響力，以上四點，使〈寒山子詩集序〉中有關「三賢」的轉世傳說，流傳了一千多年。

二、杜光庭《仙傳拾遺‧寒山子》

　　除〈寒山子詩集序〉外，寒山研究的另一重要資料爲《太平廣記》卷五十五，引唐末天台道士杜光庭（850～933）《仙傳拾遺‧寒山子》。杜光庭，字聖賓，號東瀛子，唐僖宗賜號「廣成先生」，浙江處州縉雲人，生於唐宣宗大中四年，卒於後唐明宗長興四年（850～933）。杜光庭二十歲時，因考場不遂，入天台山從應夷節學《上清經》與天師道科儀，乾符二年（875）任金錄齋主祭，爲唐僖宗注意，杜光庭在二十五歲即開始其「皇家道士」的生涯，直至黃巢軍隊攻進長安，杜光庭皇家道士的身分暫時消失；光啓初年（885）〔註36〕，杜光庭隱於四川青城山白雲溪，從「乞游成都」到再度

〔註34〕《寒山子詩一卷附豐干拾得詩一卷》，頁49～52、1。

〔註35〕詳見：葉珠紅，〈《寒山詩集》版本問題探究〉，國立中興大學文學院《人文學報》第36期，2006年3月。

〔註36〕羅爭鳴，〈杜光庭兩度入蜀考〉：「第二次是在扈從僖宗回京以後不久，因王重榮、李克用兵逼長安，遂從僖宗幸興元，隨後「乞游成都」，時在光啓初年，前修時彥均有誤作中和初年事。」《宗教學研究》第1期，2002年。王瑛，〈杜

成為「皇家道士」——前蜀王建的顧問，並為太子的老師（915年），這三十年左右的時間（885～915），是《仙傳拾遺》最可能的寫作期。

杜光庭在蜀地，除了使青城山成為「五岳」之首，尚置力於寫作道教鉅著〔註37〕，奠定他在道教史上「承唐啓宋」的地位，《崇文總目》卷四〈道書類〉二，收有杜光庭《仙傳拾遺》四十卷；《玉海》卷四十八引《中興館閣書目》，有「杜光庭《仙傳拾遺》四十卷，凡四百二十九事。」明正統《道藏》則未收，《仙傳拾遺》四十卷，或在明時已佚〔註38〕，所幸宋朝初年輯成的《太平廣記》，尚能見到《仙傳拾遺》的部分內容，其〈寒山子〉條，寒山首度登上道教舞台，《仙傳拾遺·寒山子》載：

> 寒山子者，不知其名氏。大曆中（766～779），隱居天台翠屏山。其山深邃，當暑有雪，亦名寒巖，因自號為寒山子。好為詩，每得一篇一句，輒題樹間石上，有好事者隨而錄之，凡三百餘首，多述山林幽隱之興，或譏諷時態，能警勵流俗。桐柏徵君徐靈府，序而集之，分為三卷，行於人間。〔註39〕

杜光庭此記，有兩大要點：一、寒山活動於中唐大曆年間，與〈寒山子詩集序〉記寒山為與閭丘胤同為貞觀人大不相同；二、杜光庭言收集寒山詩並為之作序者，乃天台桐柏觀道士徐靈府，此為寒山詩被集結成詩集的最早資料。在〈寒山子詩集序〉未被考證出是偽作以前，學界咸認為寒山是活動於貞觀朝的詩僧，是研究寒山、拾得其人及其詩的第一手資料，在〈寒山子詩集序〉被考證出是偽作之後，《仙傳拾遺·寒山子》成了寒山研究的重要資料，〈寒山子詩集序〉描述寒、拾為菩薩應身，《仙傳拾遺》卻大不同，〈寒山子〉載寒山：

光庭入蜀時間小考〉認為：「杜光庭一生曾三度入蜀。第一次入蜀是在876年春季至877年夏季之間，第二次入蜀是在881，在蜀中滯留四年後，於885年返回長安，又於886年（按：僖宗光啓2年）第三次入蜀，從此再沒離開過蜀境。」《宗教學研究》第1期，1995年。按：以王説為是。

〔註37〕杜光庭於事前蜀期間還完成了《道教靈驗記》、《神仙感遇傳》、《洞天福地岳瀆名山記》、《老子注》等大型著作。參見（法國）梅尼爾（Evelyne Mesnil）著，呂鵬志、常虹譯，〈傅飛嵐著《杜光庭——中古末葉的皇家道士》評介〉，《宗教學研究》第2期，2002年。

〔註38〕參見：張亞平，〈杜光庭著述序錄〉，《四川文物》第6期，1999年。

〔註39〕宋·李昉等編，《太平廣記》卷五十五〈寒山子〉（北京：中華書局，2003年），頁338。下引版本同。

> 十餘年忽不復見。咸通十二年，毘陵道士李褐，性褊急，好凌侮人。
> 忽有貧士詣褐乞食，褐不之與，加以叱責，貧者唯唯而去。數日，
> 有白馬從白衣者六、七人詣褐，褐禮接之。因問褐曰：「頗相記乎？」
> 褐視其狀貌，乃前之貧士也。逡巡欲謝之，慚未發言。〔註40〕

杜光庭此記使寒山名列仙班，寒山被描寫成於人間自在變化，隨緣渡化道士
李褐的「神仙」，其「十餘年忽不復見」一語，大有可議處；北宋四大奇書之
一的《太平廣記》〔註41〕，由李昉帶頭編輯，編輯成員有：徐鉉、吳淑、張
泊，都是傳奇小說的作者〔註42〕，其作意好奇之初衷，不言可喻，寒山渡化
李褐一事，銜接在徐靈府輯寒山詩之後，是徐靈府所輯的寒山詩，「十餘年忽
不復見」，還是「寒山」入巖穴後，「十餘年忽不復見」，值得探討。

　　徐靈府所輯寒山詩，杜光庭言：「序而集之，分爲三卷，行於人間。」既
已「行於人間。」不可能「十餘年忽不復見」；〈寒山子詩集序〉載寒山是「入
穴而去」，未明言寒山最後去向，《仙傳拾遺‧寒山子》的「十餘年忽不復見。」
是爲大曆時（766～779）即隱於寒巖的寒山，在交代「下落」的同時，也引出「下
文」，寒山對李褐說道：

> ……。修生之道，除嗜去欲，嗇神抱和，所以無累也。内抑其心，
> 外檢其身，所以無過也。先人後己，知柔守謙，所以安身也。善推
> 於人，不善歸諸身，所以積德也。功不在大，立之無怠，過不在大
> （惡不在小）去而不貳，所以積功也。然後内行充而外丹至，可以冀
> 道於髣髴耳。子之三毒未剪，以冠簪爲飾，可謂虎豹之鞹而犬豕之
> 質也。〔註43〕

咸通十二年（871），寒山以「道氣」十足的口吻，對毘陵道士李褐一番「敬衣
不敬人」的教訓，頗有自初唐以來，儒、釋、道合流的況味；杜光庭安排寒
山於咸通十二年復出人間，目的是讓李褐遇寒山，使寒山正式神仙化，於「自
神其教」的觀點，無可非議，然卻爲學術研究旁出枝節，陳耀文爲明神宗萬

〔註40〕宋‧李昉等編，《太平廣記》卷五十五〈寒山子〉。頁338。

〔註41〕《太平廣記》與《太平御覽》、《文苑英華》、《冊府元龜》合稱北宋四大奇書，
　　　　成於宋太宗、宋眞宗二朝。

〔註42〕徐鉉，《稽神錄》6卷，記唐末五代異聞；吳淑，《江淮異人錄》2卷，記道流
　　　　俠客術士之事；張泊，《賈氏談錄》1卷，爲志人小說，記台閣異聞。參見：
　　　　魏明安，〈從藝術史料上窺探《太平廣記》〉，《唐代文學研究》第一輯（山西
　　　　人民出版社，1988年），頁415。

〔註43〕宋‧李昉等編，《太平廣記》卷五十五〈寒山子〉，頁338。

曆三十八年（1610）進士，其所著《天中記》言李褐遇寒山出自《仙傳拾遺》
〔註44〕；王士禎《居易錄》言李褐遇寒山出自出自南唐沈汾《續仙傳》〔註45〕，
查今本《續仙傳》，並無毘陵道士李褐見寒山的記載，王士禎所據不知爲何。

　　不論〈寒山子詩集序〉言寒山爲文殊化身，或《仙傳拾遺》之神仙寒山，
「傳說」於學術研究，可存而不論，需要探討的兩點是：一、寒山是否眞出
家，是否眞如學界長期以來認爲的，是一名與國清寺有甚深淵源的「詩僧」；
二、〈寒山子詩集序〉眞正的作者爲何？亦即：寒山是否爲多數文學史所記，
爲初唐貞觀時人？以上兩個問題，近代之寒山研究具體成果如上述，即：寒
山並非生於貞觀年間的詩僧。

〔註44〕明・陳耀文，《天中記》卷三十六〈道士〉。王雲五主編，《四庫全書》珍本十
　　　　一集（台北：台灣商務印書館，1968年），頁96～97。下引版本同。

〔註45〕清・王士禎，《居易錄》卷二十三：「寒山子有二，皆載《天台山志》，其一即
　　　　寒山、拾得，文殊化身；其一道士李褐遇貧士，去數日復乘白馬來，謂褐曰：
　　　　『頗知寒山子乎？即吾是也。』見《續仙傳》。」《四庫筆記小說叢書》（上海
　　　　古籍出版社，1993年），頁588。下引版本同。

第二章　寒山本事與交遊

　　本章以《寒山子詩集》中，有關寒山之本事詩，以及附於詩集之〈寒山子詩集序〉、〈拾得錄〉、〈豐干禪師錄〉，試呈現寒山的生平，特別是寒山中年後於天台山修行，與豐干、拾得的交遊概況，另及僧傳所載寒山見趙州從諗與溈山靈祐、《全唐詩》之徐凝〈送寒巖歸士〉一詩，以見寒山於中唐元和、長慶年間，仍在天台活動。

第一節　寒山本事

　　寒山一生的經歷大致如下：祖籍咸陽的儒生，於長安久不第，漫遊到湖北、浙江，最後選擇浙江天台山爲終老之所，在天台郊外有過一段室家之樂的耕讀生活，中年曾浸淫於仙書，嘗試過煉丹，晚年到寒巖隱居，經常前往國清寺，足跡還遍及天台山的佛寺、道觀，大量的禪悅詩成於此時，後由寒巖轉至明巖附近終隱，走完其由儒而道而佛的一生。

一、咸陽儒生

　　寒山在詩中提到其祖籍地，僅〈去年春鳥鳴〉一詩：

　　　　去年春鳥鳴，此時思弟兄。今年秋菊爛，此時思發生。

　　　　淥水千場咽，黃雲四面平。哀哉百年內，腸斷憶咸京。〔註1〕

唐人習於以漢代唐，秦、漢均都咸陽，「咸京」即咸陽，指都城「長安」；此

〔註 1〕　《寒山子詩一卷附豐干拾得詩一卷》，頁 29。

詩乃百歲寒山，在天台懷念長安弟兄的思鄉之作，鋪陳思鄉情懷的「淥水千場咽，黃雲四面平。」《天祿》宋本之「淥水」，項楚、錢學烈均認為是形容水聲〔註2〕，按：「淥水」位在湖南東部，流經醴陵、株州等要地，古稱「吳楚咽喉」，寒山不可能老來出天台，到湖南東部的「淥水」思鄉。在寒山隱居的寒巖前，「洞前山坡下有一條寬約四十米的『岩前溪』汩汩流過，水量充沛，清澈見底。」〔註3〕「《永樂大典》本」、日本「宮內省本」等其他版本，「淥水」均作「綠水」〔註4〕，詩中描寫的「綠水」當是指「岩前溪」。寒山懷念親人的鄉愁詩，尚有〈弟兄同五郡〉：

> 弟兄同五郡，父子本三州。欲驗飛鳧集，須旌白兔遊。
>
> 靈瓜夢裏受，神橘座中收。鄉國何迢遞，同魚寄水流。〔註5〕

寒山詩多數如白話，即「俗」的部份，其運用典故之詩，顯示寒山確實如他自己所描述，年輕時即「博覽諸經史」〔註6〕，然也易令讀者因不解而多所附會，〈弟兄同五郡〉一詩即為代表。〔註7〕寒山此詩引孝子故事，抒發他內心的思親感受，八句詩中共引了六個典故〔註8〕，屬於「雅」的平仄、對仗，以

〔註2〕項楚，《寒山詩注》：「形容淥水潺湲不止。以『咽』形容水聲。」，頁472。錢學烈《寒山拾得詩校評》：「謂淥水潺潺，如千百次鳴咽。」（天津古籍出版社，1998年），頁313。下引版本同。

〔註3〕錢學烈，《寒山拾得詩校評‧前言》，頁62。

〔註4〕葉珠紅，《寒山詩集校考》（台北：文史哲出版社，2005年），頁104。按：拙著以傳世之《寒山詩集》九大版本作異文比對，分別是：《四部叢刊》景《天祿琳琅》宋刻本《寒山子詩一卷附豐干拾得詩一卷》、《四部叢刊》景高麗本《寒山詩一卷豐干拾得詩一卷附慈受擬寒山詩一卷》、朝鮮本《寒山子詩集》、永樂大典《寒山詩集》、明刊白口八行本《寒山子詩集一卷附拾得詩及豐干詩一卷》、明嘉靖四年天台國清寺道會刊本《寒山詩集一卷附豐干拾得詩》、四庫全書本《寒山詩集》、日本宮內廳書陵部《寒山詩集豐干拾得詩附》、《全唐詩》本《寒山詩集》。本書論寒山、豐干、拾得詩之異文，均據《寒山詩集校考》。

〔註5〕《寒山子詩一卷附豐干拾得詩一卷》，頁4。

〔註6〕《寒山子詩一卷附豐干拾得詩一卷》：「雍容美少年，博覽諸經史。盡號曰先生，皆稱為學士。未能得官職，不解秉耒耜。冬披破布衫，蓋是書誤己。」，頁21。

〔註7〕程兆熊，《寒山子與寒山詩》，認為〈弟兄同五郡〉一詩，是：「寒山子本是有一大家庭，此一大家庭竟能「弟兄同五郡，父子本三州。」……著非屬於一大貴族或皇族，亦當為一非凡之仕族。」（台北：大林出版社，1960年），頁16。

〔註8〕寒山所引六件孝感典故，項楚言：「弟兄同五郡」典出《太平御覽》卷三七二引蕭廣濟《孝子傳》，言五郡孝子結為兄弟，共同侍奉太守之母：「父子本三

及信手拈來的典故，是寒山詩之所以引起黃庭堅、王安石等北宋文人注意的主因；寒山思親除弟兄之外，最耐人尋味的是有關妻子的部分，〈昨夜夢還家〉寫道：

> 昨夜夢還家，見婦機中織。駐梭如有思，擎梭似無力。
>
> 呼之迴面視，況復不相識。應是別多年，鬢毛非舊色。〔註9〕

六○、七○年代的寒山研究學者，受〈寒山子詩集序〉言寒山爲文殊化身的影響，相信青年寒山在咸陽老家曾娶過妻子，但無法接受寒山到天台後再娶的事實（寒山天台之室家樂詳見下文），按：寒山所描寫的女人，有三月採花的天眞妙齡女〔註10〕、妊紫嫣紅，貌似神仙的城中女〔註11〕、夕陽中綴金插玉的富家女〔註12〕、舊名莫愁的盧家女〔註13〕、各衒容儀的春女、洛陽女〔註14〕，更特別的是，寒山還寫出神女生涯的蛾眉女〔註15〕，以及淚灑秋風的遲暮美

州」典出《太平御覽》卷六一引蕭廣濟《孝子傳》，來自不同州之三人，與老者相約爲父子；「欲驗飛鳧集」，典出《太平御覽》卷六七引《廣州先賢傳》，丁密爲父守喪，雙鳧來集；「須旌白兔遊」典出《太平御覽》卷九十，引謝承《後漢書》與《隋書》，載方儲與華秋爲母守喪，有白兔宿廬；「靈瓜夢裏受」典出《太平御覽》卷四一一引《齊春秋》，焦華夢神人遺瓜治父病；「神橘座中收」典出《三國志・吳志・陸績傳》，陸績懷橘遺母。參見：項楚，《寒山詩注》，頁28～35。

〔註9〕 《寒山子詩一卷附豐干拾得詩一卷》，頁22。

〔註10〕 《寒山子詩一卷附豐干拾得詩一卷》：「三月蠶猶小，女人來采花。隈牆弄蝴蝶，臨水擲蝦蟆。羅袖盛梅子，金篦挑筍芽。鬥論多物色，此地勝余家。」頁8。

〔註11〕 《寒山子詩一卷附豐干拾得詩一卷》：「儂家暫下山，入到城隍裏。逢見一群女，端正容貌美。頭戴蜀樣花，燕脂塗粉膩。金釧鏤銀朵，羅衣緋紅紫。朱顏類神仙，香帶氛氳氣。時人皆顧眄，癡愛染心意。……。」，頁27。

〔註12〕 《寒山子詩一卷附豐干拾得詩一卷》：「群女戲夕陽，風來滿路香。綴裙金蛺蝶，插髻玉鴛鴦。角婢紅羅縝，閹奴紫錦裳。爲觀失道者，鬢白心惶惶。」頁12。

〔註13〕 《寒山子詩一卷附豐干拾得詩一卷》：「璨璨盧家女，舊來名莫愁。貪乘摘花馬，樂榜采蓮舟。膝坐綠熊席，身披青鳳裘。哀傷百年內，不免歸山丘。」頁9。

〔註14〕 《寒山子詩一卷附豐干拾得詩一卷》：「春女衒容儀，相將南陌陲。看花愁日晚，隱樹怕風吹。年少從傍來，白馬黃金羈。何須久相弄，兒家夫婿知。」「洛陽多女兒，春日逞華麗。共折路邊花，各持插高髻。髻高花匝匝，人見皆睥睨。別求西參西參憐，將歸見夫婿。」，頁12。

〔註15〕 《寒山子詩一卷附豐干拾得詩一卷》：「城中蛾眉女，珠珮柯珊珊。鸚鵡花前弄，琵琶月下彈。長歌三月響，短舞萬人看。未必長如此，芙蓉不耐寒。」，頁5。

人〔註16〕，欣賞寒山帶有憐惜意味的女人詩，以及細膩的「情詩」〔註17〕，〈昨夜夢還家〉所懷念的應是咸陽髮妻，寒山不僅對妻子多情，對親友更是俗情難斷，另一首懷人之作〈一向寒山坐〉：

> 一向寒山坐，淹留三十年。昨來訪親友，太半入黃泉。
>
> 漸減如殘燭，長流似逝川。今朝對孤影，不覺淚雙懸。〔註18〕

「淹留三十年」，知此詩距離寒山入寒巖隱居已屆三十年，寒山所訪之人，應是天台而非咸陽老家的親友；寒山為何要背井離鄉到天台，〈少小帶經鋤〉一詩道出離家的原因是：「緣遭他輩責，剩被自妻疏。」〔註19〕「他輩責」與「自妻疏」，肇因於寒山「常游好閱書」，卻終不能得一官職，寒山在〈尋思少年日〉寫道：

> 尋思少年日，遊獵向平陵。國使職非願，神仙未足稱。
>
> 聯翩騎白馬，喝兔放蒼鷹。不覺大流落，皤皤誰見矜。〔註20〕

寒山老來感嘆流落，是因年輕時經歷過長期蹭蹬的科考生涯，寒山自認「博覽諸經史」，堪稱為「先生」、「學士」〔註21〕，幾次參加冬集，卻「未能得官職」〔註

〔註16〕《寒山子詩一卷附豐干拾得詩一卷》：「花上黃鶯子，口官口官聲可憐。美人顏似玉，對此弄鳴絃。翫之能不足，眷戀在齠年。花飛鳥亦散，灑淚秋風前。」「玉堂掛珠簾，中有嬋娟子。其貌勝神仙，容華若桃李。東家春霧合，西舍秋風起。更過三十年，還成甘蔗滓。」，頁46、5。

〔註17〕《寒山子詩一卷附豐干拾得詩一卷》：「相喚采芙蓉，可憐清江裡。遊戲不覺暮，屢見狂風起。浪捧鴛鴦兒，波搖鸂鶒子。此時居舟楫，浩蕩情無已。」「垂柳暗如烟，飛花飄似霞。夫居離婦州，婦住思夫縣。各在天一涯，何時得相見。寄語明月樓，莫貯雙飛燕。」，頁10～11。

〔註18〕《寒山子詩一卷附豐干拾得詩一卷》，頁10。

〔註19〕《寒山子詩一卷附豐干拾得詩一卷》：「少小帶經鋤，本將兄共居。緣遭他輩責，剩被自妻疏。拋絕紅塵境，常遊好閱書。誰能借斗水，活取轍中魚。」頁19。

〔註20〕《寒山子詩一卷附豐干拾得詩一卷》，頁17。

〔註21〕《寒山子詩一卷附豐干拾得詩一卷》：「雍容美少年，博覽諸經史。盡號曰先生，皆稱為學士。未能得官職，不解秉未耜。冬披破布衫，蓋是書誤己。」，頁21。

〔註22〕《首書寒山詩》是日本最早的寒山詩註釋本，成於日本後西天皇寬文十一年（1671，約清聖祖康熙十年。）寒山詩的最後一首是：「少年懶讀書，三十業猶未。白首始得官，不過十鄉尉。不如多種黍，供此伏家費。打酒詠詩眠，百年期髣髴。」其下注：「此詩不載舊本。」原藏台北帝國大學（台灣大學），昭和九年（1934年），《首書寒山詩》（中），頁47。下引版本同。另：項楚《寒山詩注》載寒山這首佚詩，「見於日本白隱禪師《寒山詩闡提記聞》卷三，載於全部寒山詩之末，有說明云：『抄此詩，不載舊本，有說檢異本得之。異本，隋州大洪住山慶預序並劉覺先跋有之。』」，頁814。羅時進先生認為這首寒山佚詩可能是徐靈府所收，後為釋子刪去。參見：羅時進《唐詩演進論》，頁208。

22），在「他輩責」與「自妻疏」的情況下，決定離開老家到長安，寒山怨儒冠誤身之詩，乃唐代舉子科考不第的血淚之作。

二、長安不第

韓愈自貞元二年（786）起，四次參加進士考試，三次參加吏部博學考試（博學宏詞科，落榜），韓愈在〈與李翱書〉寫道：

> 僕在京城八、九年，無所取資，日求於人，以度時月。當時行之不覺也，今而思之，如痛定之人，思當痛之時，不知何能自處也。
> 〔註23〕

不知如何自處的韓愈，最終仍及第得官，而似韓愈般八、九年中無所取資，必須日求於人，道盡求第舉子辛酸的，莫如杜甫，杜甫在長安十餘年，〈奉贈韋左丞丈二十二韻〉寫道：「……。朝扣富兒門，暮隨肥馬塵。殘杯與冷炙，到處潛悲辛。……。」〔註24〕寒山的科考生涯，約與杜甫同時，不同的是，寒山面臨的是「舉士」之後的「選官」〔註25〕，〈箇是何措大〉與〈富貴疏親聚〉二詩，是寒山求仕生涯的實錄：

> 箇是何措大，時來省南院。年可三十餘，曾經四五選。
> 囊裡無青蚨，篋中有黃卷。行到食店前，不敢暫迴面。
> 富貴疏親聚，只為多錢米。貧賤骨肉離，非關少兄弟。
> 急須歸去來，招賢閣未啓。浪行朱雀街，踏破皮鞋底。〔註26〕

唐代貢舉考試於二月在貢院舉行（此為後代「禮闈」又稱「春闈」的原因），貢院在禮部南院，在南院東牆放榜；吏部銓選考試是在吏部南院，在冬天考試的吏部銓試，也在南院放榜，由〈箇是何措大〉一詩，可以推測出寒山參與科舉

〔註23〕 蔣抱玄註釋、評點，《韓昌黎文全集》卷四（台北：廣文書局，1973 年），頁252。

〔註24〕 清・季振宜等編，《全唐詩》卷 216（台北：文史哲出版社，1978 年），頁 2252。下引版本同。

〔註25〕 唐代科舉制的「舉」跟「選」不同，科舉制，嚴格來說應稱為「舉制」，因為吏部只負責將縣、州、府通過的舉子拔舉出來（開元二十五年由禮部負責），再來就由負責銓選的吏部將通過身、言、書、判考試的「選人」選出，授予官職，稱「選制」。「舉士」與「選官」分開進行，不同於一舉立即授官的漢代察舉以及宋代科舉。參見：王勛成《唐代銓選與文學・緒論》（北京：中華書局，2001 年），頁 1。下引版本同。

〔註26〕 《寒山子詩一卷附豐干拾得詩一卷》，頁 20～21。

的時間﹝註27﹞；「年可三十餘」，三十多歲的寒山已是「曾經四、五選」，由「時來省南院」看不出寒山參加的是禮部的貢舉試，還是吏部授官的銓試，「曾經四、五選」則透露了寒山是通過吏部「關試」，具有「選人」資格的「前進士」。﹝註28﹞

　　寒山在前往尚書省吏部南院看榜所必經的「朱雀大街」上，「踏破皮鞋底」，「永樂大典本」作「踏破芒鞋底」﹝註29﹞，似較接近寒山當時的貧境；寒山芒鞋踏破，求仕之路屢屢不第，「行到食店前，不敢暫迴面。」是因破衫弊鞋，食宿無著，此窘境具現於〈大有飢寒客〉：

　　　　大有飢寒客，生將獸魚殊。長存磨石下，時哭路邊隅。

　　　　累日空思飯，經冬不識襦。唯齎一束草，并帶五升麩。﹝註30﹞

「生將獸魚殊」，除《天祿》宋本、朝鮮本、高麗本、《全唐詩》本，餘均作「生將獸魚誅」；「長存磨石下」，除《天祿》宋本外，均作「長存廟石下」；「經冬不識襦」，除《天祿》宋本、《全唐詩》本，餘均作「終冬不識襦」；「時笑路邊隅」明顯為「時哭路邊隅」之形近而誤。﹝註31﹞項楚認為：「生將獸魚殊」指的是「生來不同於獸魚等動物。」﹝註32﹞錢學烈認為：「生將獸魚殊」乃「一生與魚肉斷絕，即從未食魚肉。」﹝註33﹞按：「經冬不識襦」的寒山，在飢寒交迫下，應不會考慮到人和「獸、魚」是否相同的問題，亦不可能如胎裡素

﹝註27﹞錢學烈，〈寒山子年代的再考證〉：「以詩人15歲參加科舉考試並到南院看榜，那麼從740年上推15年，則寒山子的生年最早也須在725年之後，即玄宗開元年間，否則不能知南院之稱。」《深圳大學學報》15卷2期，1998年5月。按：錢學烈認為「冬集」是三年一次，而忽略了吏部「南院」的名稱只維持了六年，寒山「曾經四、五選」，並非考了十二、十五年，應是一年參加一次（共四、五次）吏部的銓選試較為合理。

﹝註28﹞唐代通過吏部「關試」的「前進士」，獲得了「出身」，具備了做官的資格，取得出身文憑「春關」之後，一直到「釋褐」（脫去士子標誌的「麻衣」），這期間未能馬上有官做，必須在家等候吏部的銓選期限滿了，才可以參加吏部的授官考試，這個時期叫做「守選」。進士及第要守選三年，明經（明二經）及第守選七年，明法及第守選五年，童子科及要守選十一年。除了及第舉子外，守選的主要對象，也包括六品以下考課期滿，停官待選的「前資官」。參見：王勛成，《唐代銓選與文學·緒論》，頁2。

﹝註29﹞《寒山詩集校考》，頁79。

﹝註30﹞《寒山子詩一卷附豐干拾得詩一卷》，頁19。

﹝註31﹞《寒山詩集校考》，頁76。

﹝註32﹞項楚，《寒山詩注》，頁305。

﹝註33﹞錢學烈，《寒山拾得詩校評》，頁238。

般，生來即與葷腥不沾，相傳明太祖朱元璋忌諱「歹」、「朱」合起來的「殊」，「特殊」二字在當時必須寫成「特蘇」，明嘉靖本、萬曆本是唯一獨作「生將獸魚疎」，想來應有此顧忌在。此詩是寒山窮到無魚、肉可吃，只能在廟旁棲身，仍不願求助他人的眞實生活，其年代可能從吏部始置南院的開元二十年（732）〔註34〕，到天寶六年（747），由李林甫所主導，結果無一人得第的考試〔註35〕，在李林甫擅權銓選的十五年當中，寒山有詩點出當代舉子的共同心聲，〈赫赫誰壚肆〉寫道：

> 赫赫誰壚肆，其酒甚濃厚。可憐高幡幟，極目平升斗。
>
> 何意訝不售，其家多惡狗。童子欲來沽，狗咬便是走。〔註36〕

元稹記天寶六年，李林甫於朝廷言：「舉人多卑賤愚瞶，不識禮度。」其隻手遮天，使布衣無有得第者，寒山詩中的「壚肆」、「惡狗」、「童子」之喻，或許正因此事而發。在唐代，應制舉的士人可以是郡守推舉，也可以自行薦舉，但都要有現任的官員作保人，從寒山「浪行朱雀街」的自述，以及〈吁嗟貧復病〉、〈昔時可可貧〉二詩來看〔註37〕，寒山在京城有保人關照的可能性不大，應制舉的可能也相對減小，以寒山對「三史」、「五經」的熟悉程度〔註38〕，前述〈雍容美少年〉一詩，寒山言自幼即「博覽諸經史。」應非自誇之辭，寒山無奈於仕途的努力，其反省與鞭策，具現於〈書判全非弱〉一詩：

〔註34〕唐・李肇，《唐國史補》卷下：「自開元二十二年，吏部置南院，始縣長名，以定留放。時李林甫知選，寧王私謁十人，林甫曰：『就中乞一人貴之。』於是放選牓云：『據其書判，自合得留。緣囑寧王，且放冬集。』」（台北：世界書局，1991年），頁80。下引版本同。

〔註35〕唐・元稹，《元次山文集》卷八〈喻友〉：「天寶丁亥中（按：即天寶六年），詔徵天下士人，有一藝者，皆得詣京師就選。相國晉公林甫，以草野之士猥多，恐洩漏當時之機，議於朝廷曰：『舉人多卑賤愚瞶，不識禮度，恐有言汙濁聖聽。』於是奏待制者，悉令尚書長官考試，御史中丞監之，試如常吏。已而布衣之士，無有第者。遂表賀人主，以爲野無遺賢。……。」《四部叢刊》，初編，集部。上海商務印書館縮印江安傅氏雙鑑樓藏明刊本，1965年，頁44。

〔註36〕《寒山子詩一卷附豐干拾得詩一卷》，頁19～20。

〔註37〕《寒山子詩一卷附豐干拾得詩一卷》：「昔時可可貧，今日最貧凍。作事不諧和，觸途成佋偬。行泥屢腳屈，坐社頻腹痛。失卻斑貓兒，老鼠圍飯甕。」「吁嗟貧復病，爲人絕友親。甕裡長無飯，甑中屢生塵。蓬庵不免雨，漏榻劣容身。莫怪今顦悴，多愁定損人。」，頁25～28。

〔註38〕《寒山子詩一卷附豐干拾得詩一卷》：「徒勞說三史，浪自看五經。泊老撿黃籍，依前住白丁。筮遭連蹇卦，生主虛危星。不及河邊樹，年年一度青。」，頁14。

書判全非弱,嫌身不得官。銓曹被拗折,洗垢覓瘡瘢。

必也關天命,今冬更試看。盲兒射雀目,偶中亦非難。〔註39〕

此詩或能證明寒山久試不第的,正是吏部以「身、言、書、判」爲標準的授官考試,寒山這首唯一考後總檢討的詩,可以確定他不得官的原因,是在「身」試未達標準,寒山雖已通過「書、判」爲留放標準的兩大關卡〔註40〕,卻敗在體貌不夠豐偉的「身試」,除了:「銓曹被拗折,洗垢覓瘡瘢。」確實難以找出其他原因;「今冬更試看」,指的是參加「冬集」,亦即吏部的銓選考試,寒山以「盲兒射雀目」比喻希望渺茫,相較於唐人視「紗籠中人」爲「天命」的說法〔註41〕,寒山「偶中亦非難」的反諷,更加突顯出對現實的無奈。

三、天台農耕

唐人慣將突厥、吐蕃、回紇等外族稱爲「匈奴」,與外族的接觸,除了爲了解外族所布署的各項守備與兵力,需要邊將的配合,兩國通好的情形,如經濟貿易、告知先王駕崩、新王即位,以及和親、援戰的要求,都需要大量科舉不第或銓選落敗的士人,擔任邊將的幕僚人員;唐代不第舉子自稱在各地尋找工作機會的情形爲「漫遊」或「壯遊」,寒山長安不第之後,經歷了一段邊關漫遊期,足跡可能到過山東地區,〈元非隱逸士〉寫道:

元非隱逸士,自號山林人。仕魯蒙幘帛,且愛裹疏巾。

道有巢許操,恥爲堯舜臣。獼猴罩帽子,學人避風塵。〔註42〕

寒山提到與「出仕」有關的詩僅此一首,本非隱逸之士,卻自號山林之人,戴幘帛出入公門的同時,仍不忘裹疏巾的自在,寒山以「獼猴罩帽子,學人

〔註39〕《寒山子詩一卷附豐干拾得詩一卷》,頁19。

〔註40〕宋‧歐陽脩、宋祈,《新唐書‧選舉志》:「凡擇人之法有四:一曰身,體貌豐偉;二曰言,言辭辯正;三曰書,楷法道美;四曰判,文理優良。」,頁1171。按:唐代吏部選官的標準是:「身、言、書、判」,書法與判文優良,爲選官的優勢條件,此制開始於貞觀,定型於武則天。

〔註41〕唐代文人畢生的夢想,是成爲「紗籠中人」,乃宰相的代稱,或作「紗籠中事」。宋‧李昉等編,《太平廣記》卷一五三〈李藩〉引《逸史》:「宰相,冥司必潛紗籠護之,恐爲異物所擾,餘官即不得也。」,頁1099~1100。又:卷一五五〈李固言〉引《補錄記傳》,記李固言問聖壽寺僧有關紗籠中之事,僧曰:「吾常於陰府往來,有爲相者,皆以形貌,用碧紗籠於廡下,故所以知。」,頁1112。

〔註42〕《寒山子詩一卷附豐干拾得詩一卷》,頁44。

避風塵。」來形容這種處境，除了在山東留下足跡，選擇到浙江天台農隱之前，寒山還曾經到過湖北，〈少年學書劍〉寫道：

> 少年學書劍，叱馭到荊州。聞伐匈奴盡，婆娑無處游。
>
> 歸來翠巖下，席草枕清流。壯士志未騁，獼猴騎土牛。〔註43〕

此詩被誤植爲拾得詩〔註44〕，「少年學書劍」的擊劍讀書生活，決不是自小在國清寺長大的拾得會有的經歷。詩中的「聞伐匈奴盡」，可以確定寒山經歷過邊關漫遊；「壯士志未騁」，《天祿》宋本之「未騁」，其他版本均作「朱紱」〔註45〕，更具體描述出寒山「獼猴騎土牛」，於仕途不遂的無奈；與「叱馭到荊州」同樣顯示寒山曾到過湖北，另有〈憶昔遇逢處〉一詩：

> 憶昔遇逢處，人間逐勝遊。樂山登萬仞，愛水汎千舟。
>
> 送客琵琶谷，攜琴鸚鵡洲。焉知松樹下，抱膝冷颼颼。〔註46〕

這是一首以昔日山水之樂，對照今日影單形隻的懷舊詩，贊成寒山爲中唐之人者，以「琵琶谷」爲據，認定此詩當在白居易作〈琵琶行〉之後〔註47〕，忽略了〈琵琶行〉（作於元和十年，815。）問世時，年近百歲的寒山已樂隱於寒巖，應不會仍眷戀昔日的逐勝之遊；除了〈憶昔遇逢處〉之「琵琶谷」、「鸚鵡洲」，證明寒山曾在湖北有過停留，尚有〈白雲高嵯峨〉：

> 白雲高嵯峨，淥水蕩潭波。此處聞漁父，時時鼓棹歌。
>
> 聲聲不可聽，令我愁思多。誰謂雀無角，其如穿屋何。〔註48〕

羅耀松引《圖經》：「漢水經琵琶谷，至滄浪洲即漁父棹歌處。」認爲：「大致可定古之滄浪在武當山腳下。」〔註49〕漁父棹歌的地點，在湖北武當山下，寒山此詩提到屈原與漁父的對話，是引《詩經・召南・行露》的「誰謂雀無角，何以穿我屋？」寒山或許正爲回長安老家，抑或前往他方，內心交戰不

〔註43〕《寒山子詩一卷附豐干拾得詩一卷》，頁56。

〔註44〕有關寒山詩被誤植爲拾得詩，詳見：葉珠紅，〈《天祿琳琅》續編本寒山、拾得詩辨僞〉，中興大學文學院《興大人文學報》第37期，2006年9月。

〔註45〕《寒山詩集校考》，頁176。

〔註46〕《寒山子詩一卷附豐干拾得詩一卷》，頁28。

〔註47〕項楚，《寒山詩注》：「按：白居易〈琵琶行〉有『潯陽江頭夜送客』之句，寒山詩『送客琵琶谷』或即由此產生聯想乎？」，頁469。

〔註48〕《寒山子詩一卷附豐干拾得詩一卷》，頁8。

〔註49〕羅耀松，〈文化與歷史的對話——論北宋文人與武當山的關係〉，《鄖陽師範高等專科學校學報》20卷4期，2000年。

已〔註50〕，最後決定順長江而下，經江西到浙江，〈出生三十年〉寫道：

> 出生三十年，當遊千萬里。行江青草合，入塞紅塵起。
>
> 鍊藥空求仙，讀書兼詠史。今日歸寒山，枕流兼洗耳。〔註51〕

〈少年學書劍〉的「歸來翠巖下」，與〈出生三十年〉的「今日歸寒山」，難以遽定是否爲寒山初抵天台之作，但兩首詩所透露的壯志心歇，則頗爲一致；寒山到天台的生活主調是求仙與讀書，〈家住綠巖下〉寫道：

> 家住綠巖下，庭蕪更不芟。新藤垂繚繞，古石豎巉嵒。
>
> 山果獼猴摘，池魚白鷺啣。仙書一兩卷，樹下讀喃喃。〔註52〕

詩中的「綠巖」是「庭蕪更不芟」，「綠巖」應非後來隱居的「寒巖」，此詩是寒山的天台農隱圖，除了求仙與讀書，寒山在天台，還組織了家庭，試看〈茅棟野人居〉：

> 茅棟野人居，門前車馬疏。林幽偏聚鳥，谿闊本藏魚。
>
> 山果攜兒摘，皋田共婦鋤。家中何所有，唯有一床書。〔註53〕

「皋田共婦鋤」的「婦」，絕非〈少小帶經鋤〉一詩中，寒山坦言「剩被自妻疏」的咸陽髮妻，應是寒山至天台後再娶的妻子，除了共同從事農作的妻子，由「山果攜兒摘」，亦可見寒山天台再婚的農耕生活，其樂無窮，此樂具現於〈田家避暑月〉與〈父母續經多〉：

> 田家避暑月，斗酒共誰歡。雜雜排山果，疏疏圍酒罇。
>
> 蘆莦將代席，蕉葉且充盤。醉後搘頤坐，須彌小彈丸。
>
> 父母續經多，田園不羨他。婦搖機軋軋，兒弄口喎喎。
>
> 拍手催花舞，搘頤聽鳥歌。誰當來歡賀，樵客屢經過。〔註54〕

「田家避暑月」，山果、酒罇交錯的場面，以及樵客經過時忍不住歡賀的天倫樂，寒山在天台從事農耕，再婚且育有後代，是可以確定的；此外，〈父母續經多〉之「續經」，「續」疑爲「讀」之形近而誤，從〈出生三十年〉的「讀

〔註50〕 《詩經·召南·行露》：「誰謂雀無角，何以穿我屋？」項楚認爲：「寒山詩此二句謂雀雖無角，而竟穿屋，以喻漁父混泥揚波、餔糟歠醨之論，而竟令『我』愁思孔多、難以排遣也。」《寒山詩注》，頁85。錢學烈認爲此二句：「喻女子應該有家。詩中引用，喻天涯游客思念家鄉與親人，轉添愁思。」《寒山拾得詩校評》，頁139。

〔註51〕 《寒山子詩一卷附豐干拾得詩一卷》，頁47。

〔註52〕 《寒山子詩一卷附豐干拾得詩一卷》，頁6。

〔註53〕 《寒山子詩一卷附豐干拾得詩一卷》，頁7。

〔註54〕 《寒山子詩一卷附豐干拾得詩一卷》，頁20、5～6。

書兼詠史」，與〈茅棟野人居〉的「唯有一床書」，知寒山在天台享受過一段有妻子兒女為伴的耕讀生活，而導致寒山由儒轉道的關鍵，是伴隨著農耕生活時，親自踐履的「鍊藥空求仙」，寒山求仙的過程在詩中有極為翔實的記載，除了前述之鍊藥求仙、樹下讀仙書之外，尚有歸隱寒巖十年後，仍苦讀黃老之書，〈欲得安身處〉寫道：

> 欲得安身處，寒山可長保。微風吹幽松，近聽聲逾好。
>
> 下有斑白人，喃喃讀黃老。十年歸不得，忘卻來時道。〔註55〕

髮已斑白的寒山，隱居生活的初期，對於求仙仍無法忘情，除了「辛勤采芝朮」的切身經歷〔註56〕，還願教人唱秦始皇時，據說是商山四皓所作，避世求仙的「紫芝歌」〔註57〕，與人談論益精、易形等問題〔註58〕，以上均顯示寒山在未深入佛藏之前，確實有過一段鍊形求長生的生活，這也是寒山能以近百歲之身閒逛天台（詳見後），遇見行腳的趙州和尚，與參訪國清寺的溈山靈佑禪師。

四、寒巖歸隱

寒山隱居前苦讀仙書、黃老書，隱居後轉而向內心尋求解脫之道，其由道向佛的改變，與距離國清寺不遠的隱居地——寒巖，有密切關係，〈自從出家後〉寫道：

> 自從出家後，漸得養生趣。伸縮四肢全，勤聽六根具。
>
> 褐衣隨春冬，糲食供朝暮。今日懇懇修，願與佛相遇。〔註59〕

寒山之「出家」，並非遁入空門，詩中的「出家」意指「離家」，由「漸得養生趣」，可體會到寒山將求仙願望，付諸實踐後的雀躍之情；寒山之「離家」，

〔註55〕《寒山子詩一卷附豐干拾得詩一卷》，頁6。

〔註56〕《寒山子詩一卷附豐干拾得詩一卷》：「山客心悄悄，常嗟歲序遷。辛勤采芝朮，披斥詎成仙。庭廓雲初卷，林明月正圓。不歸何所為，桂樹相留連。」，頁13。

〔註57〕《寒山子詩一卷附豐干拾得詩一卷》：「手筆大縱橫，身材極王襄瑋。生為有限身，死作無名鬼。自古如此多，君今爭奈何。可來白雲裏，教爾紫芝歌。」，頁6。

〔註58〕《寒山子詩一卷附豐干拾得詩一卷》：「益者益其精，可名為有益。易者易其形，是名之有易。能益復能易，當得上仙籍。無益復無易，終不免死厄。」，頁14。

〔註59〕《寒山子詩一卷附豐干拾得詩一卷》，頁42。

由「褐衣」與「糲食」，應是得到天台家人的同意與資助，錢穆〈讀書散記兩篇〉之一〈讀寒山詩〉，據寒山的「出家」二字，認爲寒山是眞出家。〔註60〕按：寒山之「漸得養生趣」，詩中未說明他是以華陀發明的「五禽戲」，或練習《莊子‧刻意》之「熊經鳥伸」，作爲其「養生」之道，「伸縮四肢全，勤聽六根具。」以氣息導引來伸縮四肢，以呼吸吐納來勤聽眼、耳、鼻等六根消息，乃寒山之「漸得養生趣」，體會到導引與呼吸吐納帶給四肢與六根的全新感受，深諳求仙之道的寒山，能領略並享受其樂趣；其次，寒山若是眞出家，於出家人而言，養生之道似不應放在首位，「褐衣隨春冬，糲食供朝暮。」寒山描述生活上的自給自足，並不是在國清寺或任何寺院過僧團生活，最重要的，「願與佛相遇」之「願」，點出寒山的隱居修行，確實是經歷過長期希冀鍊形求長生，最後決定由「道」而入「佛」。

　　錢穆先生另舉寒山〈余家本住在天台〉、〈我家本住在寒山〉二詩，認爲是：「寒山出家後離去寒山之證」〔註61〕，寒山〈余家本住在天台〉：

　　　　余家本住在天台，雲路煙深絕客來。

　　　　千仞巖巒深可遯，萬重谿澗石樓臺。

　　　　樺巾木屐沿流步，布裘藜杖繞山迴。

　　　　自覺浮生幻化事，逍遙快樂實善哉。〔註62〕

「雲路煙深」、「千仞巖巒」、「萬重谿澗」，可以看出寒巖的確少有人跡，寒山於其中沿流、繞山，深感浮生若幻，體驗何謂逍遙快樂，在此心情下，似不可能離開寒巖再去出家，試看〈我家本住在寒山〉：

　　　　我家本住在寒山，石巖棲息離煩緣。

　　　　泯時萬象無痕跡，舒處周流遍大千。

　　　　光影騰輝照心地，無有一法當現前。

　　　　方知摩尼一顆珠，解用無方處處圓。〔註63〕

寒山這首詩應作於晚年，「我家本住在寒山」與「余家本住在天台」，意無兩般，均爲寒山隱於巖洞，自觀心地少與人往來的描述；寒山先在寒巖繼至明

〔註60〕錢穆，〈讀書散記兩篇〉之一〈讀寒山詩〉作於 1959 年 4 月，發表於香港新亞書院學術年刊第一期。轉引自：朱傳譽主編，《寒山子傳記資料》第五冊。台北：天一出版社，1982 年。下引版本同。
〔註61〕朱傳譽主編，《寒山子傳記資料》第五冊，頁 110。
〔註62〕《寒山子詩一卷附豐干拾得詩一卷》，頁 32。
〔註63〕《寒山子詩一卷附豐干拾得詩一卷》，頁 32。

巖附近隱居，在寒巖至少待了三十年以上的時間〔註64〕，往來國清寺超過二十年〔註65〕，「摩尼珠」之喻，可見寒山對佛法深有所得，要離開寒巖再去出家似不可能，錢穆先生以寒山自言：「本住在寒山」、「本住在天台」的「本住」，言寒山在寒巖隱居後再去出家，此結論的前提是：確定寒山已出家，上述〈自從出家後〉的「出家」，其誤解或因此而生。寒山描寫寒巖隱居之樂的詩，以〈棲遲寒巖下〉爲代表：

> 棲遲寒巖下，偏訝最幽奇。攜籃采山茹，挈籠摘果歸。
>
> 蔬齋敷茅坐，啜啄食紫芝。清沼濯瓢缽，雜和煮稠稀。
>
> 當陽擁裘坐，閒讀古人詩。〔註66〕

寒巖之「幽奇」，寒山在〈寒巖深更好〉的形容是：「白雲高岫閑，青嶂孤猿嘯。我更何所親，暢志自宜老。」〔註67〕〈粤自居寒山〉寫道：「細草作臥褥，青天爲被蓋。快活枕石頭，天地任變改。」〔註68〕任天地變改，也要終老寒巖，甚至在與拾得相契的二十年中，獨居寒巖的寒山也沒有離開的打算〔註69〕，幽居之樂，使寒山吟出：「長爲象外人」〔註70〕，而對寒巖的最高禮讚，表現在〈寒山無漏巖〉：

> 寒山無漏巖，其巖甚濟要。八風吹不動，萬古人傳妙。
>
> 寂寂好安居，空空離譏誚。孤月夜長明，圓日常來照。

〔註64〕《寒山子詩一卷附豐干拾得詩一卷》：「一向寒山坐，淹留三十年。昨來訪親友，太半入黃泉。漸減如殘燭，長流似逝川。今朝對孤影，不覺淚雙懸。」，頁10。

〔註65〕《寒山子詩一卷附豐干拾得詩一卷》：「憶得二十年，徐步國清歸。國清寺中人，盡道寒山癡。癡人何用疑，疑不解尋思。我尚自不識，是伊爭得知。低頭不用問，問得復何爲。有人來罵我，分明了了知。雖然不應對，卻是得便宜。」，頁43。

〔註66〕《寒山子詩一卷附豐干拾得詩一卷》，頁46。

〔註67〕《寒山子詩一卷附豐干拾得詩一卷》：「寒巖深更好，無人行此道。白雲高岫閑，青嶂孤猿嘯。我更何所親，暢志自宜老。形容寒暑遷，心珠甚可保。」，頁43～44。

〔註68〕《寒山子詩一卷附豐干拾得詩一卷》：「粤自居寒山，曾經幾萬載。任運遯林泉，棲遲觀自在。寒巖人不到，白雲常靉靆。細草作臥褥，青天爲被蓋。快活枕石頭，天地任變改。」，頁26。

〔註69〕《寒山子詩一卷附豐干拾得詩一卷》：「慣居幽隱處，乍相國清眾。時訪豐干道，仍來看拾公。獨迴上寒巖，無人話合同。尋究無源水，源窮水不窮。」，頁9。

〔註70〕《寒山子詩一卷附豐干拾得詩一卷》：「寒山唯白雲，寂寂絕埃塵。草座山家有，孤燈明月輪。石床臨碧沼，虎鹿每爲鄰。自羨幽居樂，長爲象外人。」，頁46。

虎丘兼虎谿，不用相呼召。世間有王傳，莫把同周邵。

我自遯寒巖，快活長歌笑。〔註71〕

心境以「無漏」形容，來自寒山在寒巖對「月」的啓發，寒山不僅體悟到寒巖明月的千年之美〔註72〕，更將明月喻爲「心珠」〔註73〕，「心珠」即眾生本具之「清淨心」，亦即「佛性」，寒山以月指心的代表作，當推〈吾心似秋月〉：

吾心似秋月，碧潭清皎潔。無物堪比倫，教我如何說。〔註74〕

〈吾心似秋月〉一詩，以及寒山詩中以「心珠」爲喻的作品，廣受宋以後的禪師所喜，於上堂時多予引用。〔註75〕寒山在寒巖有感於心似明月〔註76〕，對於佛理的體會，除了以月喻心，還表現在對「心珠」的描繪，如將「心珠」喻爲「摩尼珠」，如前述〈我家本住在寒山〉：「解用無方處處圓」的「摩尼珠」，「摩尼」，意譯爲「寶珠」、「珠」，佛經所載之「摩尼珠」，具有不可思議之神奇力，寒山在〈昔年曾到大海游〉寫道：

昔年曾到大海游，爲采摩尼誓懇求。

直到龍宮深密處，金關鎖斷主神愁。

龍王守護安耳裡，劍客星揮無處搜。

賈客卻歸門內去，明珠元在我心頭。〔註77〕

摩尼珠是菩薩舍利散在諸方世界所變現，眾生見之、觸之，能不墮「三惡道」〔註78〕；大海龍王左耳內之如意摩尼寶珠，能「稱意給足一切眾生。」〔註79〕

〔註71〕《寒山子詩一卷附豐干拾得詩一卷》，頁47。

〔註72〕《寒山子詩一卷附豐干拾得詩一卷》：「千年石上古人蹤，萬丈巖前一點空。明月照時常皎潔，不勞尋討問西東。」，頁32。

〔註73〕《寒山子詩一卷附豐干拾得詩一卷》：「眾星羅列夜深明，巖點孤燈月未沉。圓滿光華不磨瑩，挂在青天是我心。」，頁32。

〔註74〕《寒山子詩一卷附豐干拾得詩一卷》，頁10。

〔註75〕詳見：葉珠紅，《寒山資料類編》（台北：秀威科技出版，2005年），頁309～335。下引版本同。

〔註76〕《寒山子詩一卷附豐干拾得詩一卷》：「寒山頂上月輪孤，照見晴空一物無。可貴天然無價寶，埋在五陰溺身軀。」，頁32。

〔註77〕《寒山子詩一卷附豐干拾得詩一卷》，頁31。

〔註78〕北涼・曇無讖譯，《悲華經》卷四：「若諸菩薩，命終之時，結跏趺坐，入於火定，自燒其身，燒其身已，四方清風來吹其身，舍利散在諸方無佛世界，尋時變作摩尼寶珠。」《大正藏》，冊3，第157號，頁190下2～5。

〔註79〕《寒山子詩一卷附豐干拾得詩一卷》：「昔年曾到大海遊，爲采摩尼誓懇求。直到龍宮深密處，金關鎖斷主神愁。龍王守護安耳裏，劍客星揮無處搜。賈客卻歸門內去，明珠元在我心頭。」頁31。寒山此處言入海求摩尼寶，是據

此外，摩尼珠還能治一切疾病〔註 80〕，在寒山詩中，摩尼寶珠的同意詞，有「明珠」、「水晶珠」、「真珠」，深受寒山影響的拾得，在詩中亦出現「真珠」、「神珠」〔註 81〕，均是對「心珠」——佛性即本心的體會。寒山在寒巖寫下廣為後人傳頌的禪悅詩，詩中有時逕以「寒山」稱寒巖，在寒巖隱居所寫下的，發明本心的〈吾心似秋月〉一詩，以及強調月是心要〔註 82〕，因指見月、因月明心，特別是解讀心珠的作品，對宋以後的禪林有重要影響。

第二節　寒山交遊

　　寒山本事詩，是窺其生平的首要入手處，寒山研究雖已走向國際，但就有限的寒山詩內證，以及詩集中，除豐干禪師與拾得，並無提及其他交遊，使近代研究者難以呈現寒山完整的生平事蹟，姓氏、交遊的不確定，則難以考證真正的生卒年。本節首論寒山之交遊，試由內證詩勾勒其生平，進而由曾經與寒山謀面之人，推測寒山之生卒年。在《寒山詩集》中，與寒山交遊者，僅國清寺僧豐干禪師與拾得二人，研究三人事蹟的第一手資料即其內證詩，惜詩中均未透露其生活年代與年紀；僧傳載與寒山、拾得謀面者，有趙

《大方便佛報恩經》卷四：「復有一大臣言：『世間求利，莫先入海採取妙寶，若得摩尼寶珠者，便能稱意給足一切眾生。』」《大正藏》冊 3，第 156 號，頁 143 中 27～29。

〔註 80〕 後秦・鳩摩羅什譯，《摩訶般若波羅蜜經》卷十：「世尊，譬如無價摩尼珠寶，在所住處，非人不得其便，若男子女人有熱病，以是寶著身上，熱病即時除愈；若有風病，若有冷病，若有雜熱風冷病，以寶著身上，皆悉除愈。」《大正藏》冊 8，第 223 號，頁 291 下 10～14。

〔註 81〕 《寒山子詩一卷附豐干拾得詩一卷》：「昔日極貧苦，夜夜數他寶。今日審思量，自家須營造。掘得一寶藏，純是『水精（晶）珠』。大有碧眼胡，密擬買將去。余即報渠言，此珠無價數。」〈余家有一宅〉：「余家有一宅，其宅無正主。地生一寸草，水垂一滴露。火燒六箇賊，風吹黑雲雨。子細尋本人，布裹『真珠』爾。」〈寒巖深更好〉：「寒巖深更好，無人行此道。白雲高岫閒，青嶂孤猿嘯。我更何所親，暢志自宜老。形容寒暑邊，『心珠』甚可保。」拾得〈若解捉老鼠〉：「若解捉老鼠，不在五白貓。若能悟理性，那由錦繡包。『真珠』入席袋，佛性止蓬茆。一群取相漢，用意總無交。」〈左手握驪珠〉：「左手握驪珠，右手執慧劍。先破無明賊，『神珠』自吐燄。傷嗟愚癡人，貪愛那生猒。一墮三途間，始覺前程險。」頁 38、39、43～44、55、58。

〔註 82〕 《寒山子詩一卷附豐干拾得詩一卷》：「巖前獨靜坐，圓月當天耀。萬象影現中，一輪本無照。廓然神自清，含虛洞玄妙。因指見其月，月是心樞要。」頁 44。

州從諗與溈山靈祐，趙州與靈祐遇寒山，多被宋以後的禪師作爲公案來探討；而在《全唐詩》中，徐凝〈送寒巖歸士〉一詩，「歸士」疑指寒山，「歸士」所歸之處直指寒山隱居地「寒巖」，徐凝當與寒山有往來，寒山與中唐之僧人、文士交遊，是寒山絕非貞觀時人的力證。以下據寒山、拾得、豐干之內證詩，參以〈寒山子詩集序〉所記三人之交遊概況，並及僧傳記趙州與靈祐到天台遇寒山的時間，參以徐凝之詩，試推寒山卒年。

一、豐干、拾得

　　寒山、拾得、豐干之內證詩，除了顯示三人確爲莫逆，更可見其輩份高低，寒山於詩中稱豐干爲「豐干老」，稱拾得爲「拾公」；拾得詩寫道：「寒山是我兄」，知三人年紀由高至低，依序爲豐干、寒山、拾得，寒山〈慣居幽隱處〉：

> 慣居幽隱處，乍向國清眾。時訪豐干道，仍來看拾公。
>
> 獨迴上寒巖，無人話合同。尋究無源水，源窮水不窮。〔註83〕

此詩對於寒山研究十分重要，是寒山晚年的生活剪影；寒山獨居寒巖，興致來時到國清寺訪拾得，「豐干道」是國清寺附近的大片松林，乃進入國清寺的主要道路，筆者於 2007 年盛夏七月，於國清寺最高點翹首四望，古刹遺風〔註84〕，松林依舊，千年以前之「豐干道」已不復得見。寒山作此詩時，最年長的豐干想必已辭世，「豐干道」以「豐干」爲名，主要與豐干二事有關，〈拾得錄〉載：

> 豐干禪師因遊松徑，徐步於赤城道路側，偶而聞啼，乃尋其由。見
>
> 一子年可十歲，初謂彼村牧牛之子。委問逗遛云：「我無舍無姓。」
>
> 遂引至寺，付庫院，候人來認。〔註85〕

拾得乃豐干禪師於國清寺旁的松徑拾得，故名「拾得」，因無人來認，因而留在

〔註83〕《寒山子詩一卷附豐干拾得詩一卷》，頁9。

〔註84〕陳耆卿《嘉定赤城志》卷二八〈寺觀門〉二，載：「定光告曰：『寺若成，國則清。大業中，遂改名『國清』。……後毀於寇。……建炎三年重新之，上有「三賢堂」。』《宋元地方志叢書》（台北：大化出版，1980 年），頁 7281。下引版本同。按：天台大師智顗受教於慧思禪師，國清寺最早叫「天台山寺」，「國清」寺名乃智者大師「因夢題寺」，智顗弟子灌頂承智顗遺願建寺，於開皇十八年（598）受晉王楊廣（隋煬帝）援助而寺成。

〔註85〕《寒山子詩一卷附豐干拾得詩一卷·拾得錄》，頁 49〜50。

國清寺爲僧，此松徑即「豐干道」；此外，〈豐干禪師錄〉載豐干：「忽爾一日，騎虎松徑來入國清，巡廊唱道。眾皆驚訝，怕懼惶然，並欽其德。」〔註86〕豐干騎虎入國清一事，在〈寒山子詩集序〉中亦有提及，序中載閭丘胤於台州赴任，三日後到國清寺，問：「此寺先有豐干禪師，院在何處？……時僧道翹答曰：『豐干禪師院在經藏後，即今無人住得，每有一虎時來此吼。』」〔註87〕由〈拾得錄〉載拾得成爲國清寺僧的經過，〈豐干禪師錄〉載豐干騎虎入國清之事，以及〈寒山子詩集序〉載豐干介紹閭丘胤至國清訪寒、拾，明顯可見〈拾得錄〉、〈豐干禪師錄〉、〈寒山子詩集序〉，三文之刻意佈局，作者或爲同一人。

　　另一顯示寒山與拾得交遊甚密，即「集詩」的問題，〈寒山子詩集序〉言閭丘胤未得寒、拾接見，命國清寺僧道翹收集寒山詩，以及「拾得於土地堂壁上書言偈。」〔註88〕〈拾得錄〉載拾得：「兼於土地堂壁上書語數聯，貴示後人。乃集語曰：……。」〔註89〕拾得作於土地堂壁上之「集語」，共四十九句，二百四十五言，全爲「偈」的形式〔註90〕，此應是最早的「拾得偈」，然今所見各版本之拾得作品，卻多爲詩的形式，今之拾得詩，有 43、54、56、57 首的不同版本，其中不乏寒山詩誤植爲拾得詩者，拾得詩論及寒山，見於〈寒山住寒山〉：

　　　寒山住寒山，拾得自拾得。凡愚豈見知，豐干卻相識。

　　　見時不可見，覓時何處覓。借問有何緣，向道無爲力。〔註91〕

此詩與寒山〈慣居幽隱處〉：「時訪豐干道，仍來看拾公。」是三人互爲莫逆的證明，〈寒山住寒山〉的下一首詩爲〈從來是拾得〉：

〔註86〕《寒山子詩一卷附豐干拾得詩一卷・豐干禪師錄》，頁 49。
〔註87〕《寒山子詩一卷附豐干拾得詩一卷》，頁 2。
〔註88〕《寒山子詩一卷附豐干拾得詩一卷》，頁 3。
〔註89〕《寒山子詩一卷附豐干拾得詩一卷》，頁 51。
〔註90〕《寒山子詩一卷附豐干拾得詩一卷・拾得錄》：「東洋海水清，水清復見底。靈源涌法泉，斫水無刀痕。我見頑囂士，燈心柱須彌。寸樵煮大海，足抹大地石。蒸砂豈成飯，磨磚將作鏡。說食終不飽，直須著力行。恢恢大丈夫，堂堂六尺士。柱死埋冢間，可惜孤標物。不見日光明，照耀於天下。太清廓落洞，明月可然貴。余本住無方，盤泊無爲理。時陟涅槃山，徐步香林裡。左手握驪珠，右手執摩尼。莫耶未足刃，智劍斬六賊。般若酒清冷，飲啄澄神思。余閒來天台，尋人人不至。寒山同爲侶，松風水月間。何事最幽遐，唯有遯居人。悠悠三界主，古佛路棲棲。無人行至此，今跡誰不蹢。旋機滯凡累，可畏生死輪。輪之未曾息，嗟彼六趣中。茫茫諸迷子，人懷天真佛。大寶心珠祕，迷盲沈沈流。汩沒何時出。」，頁 51～52。
〔註91〕《寒山子詩一卷附豐干拾得詩一卷》，頁 55。

從來是拾得，不是偶然稱。別無親眷屬，寒山是我兄。

兩人心相似，誰能徇俗情。若問年多少，黃河幾度清。〔註92〕

此詩與〈寒山住寒山〉，同爲幾近白話的口吻，與「集語」不同，可見拾得詩受寒山詩的影響，觀此二詩，當是拾得晚年的作品；豐干詩的問題，至今仍爲學界所爭論，〈豐干禪師錄〉記閭丘胤至豐干禪院，見豐干房中壁上書曰：

余自來天台，凡經幾萬迴。一身如雲水，悠悠任去來。逍遙絕無鬧，忘機隆佛道。世間歧路心，眾生多煩惱。兀兀沉浪海，漂漂輪三界。

可惜一靈物，無始被境埋。電光瞥然起，生死紛塵埃。寒山特相訪，拾得罕期來。論心話明月，大虛廓無礙。法界即無邊，一法普遍該。

本來無一物，亦無塵可拂。若能了達此，不用坐兀兀。〔註93〕

此二首豐干房中壁上詩，一偈一詩共二首，「永樂大典本」《寒山詩集》析爲五言四句共六首，余嘉錫認爲豐干之房中壁上詩，乃：「宋之俗僧，又僞撰豐干詩附入其中，謂之三隱。」〔註94〕即：〈豐干禪師錄〉所載之豐干房中壁上詩，爲宋之俗僧僞作，豐干無詩傳世。

按：豐干詩若爲僞作，僞作豐干詩者，必在《天祿》宋本問世前，因《天祿》宋本之豐干詩在拾得詩前，篇首之〈寒山子詩集序〉言：「寒山文殊，遯跡國清：拾得普賢，狀如貧子。……彌陀不識，禮我何爲？」〔註95〕「三隱」已隱然成型，而至遲在志南〈三隱集記〉（成於淳熙十六年，1189。）以前，因「三隱」一名已正式出現，亦即：應先有「三隱」詩，之後才有「三隱」之名，反之，則豐干詩非宋俗僧之僞作。《全唐詩》之題壁詩爲數頗多，壁上題詩乃唐人普遍的活動，〈豐干禪師錄〉言豐干：「夜則扃房，吟詠自樂。」吟詩自樂的豐干於房中壁上題詩，一如寒山題詩於巖石、石壁，拾得於土地堂壁上書一樣，乃自然之舉。

除余嘉錫外，錢學烈亦認爲豐干不會作詩，房中壁上詩爲後人僞作，《寒山拾得詩校評‧前言》：

豐干詩二首，乃題於天台國清寺豐干禪院壁上者，則此二詩當作於先天之前。在慧能死後二十年，其晚年弟子神會在河南洛陽等地與

〔註92〕《寒山子詩一卷附豐干拾得詩一卷》，頁55。
〔註93〕《寒山子詩一卷附豐干拾得詩一卷‧豐干禪師錄》，頁49。
〔註94〕余嘉錫，《四庫提要辨證》卷二十〈集部一‧寒山子詩集二卷附豐干拾得詩一卷〉，頁1259。
〔註95〕《寒山子詩一卷附豐干拾得詩一卷》，頁1～2。

北派禪宗神秀展開大規模辯論，並取得南北正統之爭的勝利，南宗神會被公認爲禪宗七祖，這樣六祖慧能的學說和詩偈才得以流傳京洛。而與慧能同時代的豐干怎能抄襲到他的詩偈呢？可見豐干此詩純屬後人僞造。〔註96〕

錢學烈據《宋高僧傳》載豐干於先天中在京兆行化，以及神會將惠能（卒於先天二年，713。）的詩偈流傳京洛，錢學烈認爲豐干詩：「本來無一物，亦無塵可拂。」必然作於先天前，否則即爲後人僞作。羅時進先生認爲豐干會作詩，理由一、〈寒山子詩集序〉裡的「豐干」，與《宋高僧傳》提到的「封干」實爲二人〔註97〕，與慧能之詩是否爲豐干盜襲仍須進一步證明；二、《景德傳燈錄》卷二十七，承《宋高僧傳》及〈寒山子詩集序〉，均有豐干「閒則諷詠」的記載；三、日僧成尋的《參天台五台山記》第一卷，已記載豐干詩：「余自來天台，凡經幾萬回。一身如雲水，悠悠任去來。」〔註98〕

　　按：《六祖大師法寶壇經》：「本來無一物，何處惹塵埃。」惠能此開悟偈，在禪門間廣爲流行，卒於大中年間的黃檗希運禪師（約853），裴休集其語錄，有：「本來無一物。何處有塵埃。若得此中意。逍遙何所論。」〔註99〕年代稍晚於黃檗希運的洞山良价，卒於咸通十年（869），已將惠能之偈引爲上堂之開示法語〔註100〕，黃檗希運與洞山良价年代雖都在豐干之後，活動於盛唐的豐干，其詩：「本來無一物，亦無塵可拂。」可視爲如黃檗希運、洞山良价，均是對惠能之偈的進一步發揮。再論「先天之前」的問題，余嘉錫認爲：

〔註96〕 錢學烈認爲豐干詩全係僞作，因此在其《寒山拾得詩校評》一書中全未收豐干詩。參見：《寒山拾得詩校評‧前言》，頁34。

〔註97〕 宋‧贊寧，《宋高僧傳》卷十九〈唐天台封干師傳〉載：「次有木（水＊貢）師者，多游京邑市塵間，亦類封干。封、豐二字，出沒不同。韋述史官，作封疆之封，閭丘三賢，作豐稔之豐，未知孰是。」《大正藏》冊50，第2061號，頁831下5～8。按：〈寒山子詩集序〉言豐干於京兆行化一事，贊寧亦存疑。

〔註98〕 羅時進，〈寒山及其《寒山子集》〉，《唐詩演進論》，頁121。

〔註99〕 唐‧裴休集，《黃檗斷際禪師宛陵錄》卷一。《大正藏》冊48，第2012B號，頁385中11～13。

〔註100〕〔日〕慧印校，《筠州洞山悟本禪師語錄》：「垂語曰：『直道本來無一物，猶未消得他鉢袋子。』僧便問：『時時勤拂拭，爲甚麼不得他衣鉢？未審甚麼人合得。』師曰：『不入門者，云只如不入門者。』『還得也無？』師曰：『雖然如此，不得不與他。』」《大正藏》冊47，第1986號，頁510下11～15。

> 贊寧所述封干形態，及先天中行化之事，蓋采自韋述所撰之《兩京
> 新記》……，贊寧之敘寒、拾，則純取之閭丘之序。〔註101〕

《宋高僧傳》是根據韋述《兩京新記》，記「封干」於先天年間在京兆行化，
贊寧是誤將《兩京新記》的「封干」，與〈寒山子詩集序〉的「豐干」視為同
一人；〈寒山子詩集序〉記豐干見閭丘胤，建議閭丘胤往國清寺訪寒山、拾得，
此乃證成「三隱」之緣起，是〈寒山子詩集序〉的作者精心安排的情節，余
嘉錫與贊寧相同的「先天之前」的問題，可不予考慮，值得注意的是：日僧
成尋《參天台五台山記》(1072)，已載有豐干詩，較志南〈三隱集記〉(1189)
首揭「三隱」一名，要早上百餘年，此為豐干有詩的證明。由豐干房中壁上
詩：「寒山特相訪，拾得罕期來。」〔註102〕可知在寒山眼中，視之為「道侶」
的「豐干老」及「拾公」，得知寒山與拾得同輩，而豐干較為年長。

二、趙州、靈祐、徐凝

《宋高僧傳》卷十一〈唐趙州東院從諗傳〉載：

> 釋從諗，青州臨淄人也。童稚之歲，孤介弗群……乃投州龍興伽
> 籃，從師翦落。……後於趙郡開悟化迷，大行禪道。……凡所舉揚，
> 天下傳之，號趙州法道。《語錄》大行，為世所貴也。〔註103〕

趙州從諗，生於唐大曆十三年（778），卒於乾寧四年（897），受法於南泉普願禪
師，諡「真際禪師」，世稱趙州和尚、趙州古佛。趙州十八歲出家，到了八十
歲仍四處行腳，到過南、北七省，參訪過六祖慧能門下的「二甘露門」——
青原行思與南嶽懷讓，以及神秀門人、無數深山古剎、不知名的禪宗大德，
趙州行腳事見《趙州真際禪師語錄》，載趙州遊天台遇寒山、拾得：

> 師因到天台國清寺見寒山、拾得。師云：「久嚮寒山、拾得，來到只
> 見兩頭水牯牛。」寒山、拾得便作牛鬥。師云：「叱！叱！」寒山、
> 拾得咬齒相看，師便歸堂。二人來堂內問師：「適來因緣作麼生？」
> 師乃呵呵大笑。一日，二人問師：「什麼處去來？」師云：「禮拜五

〔註101〕余嘉錫，《四庫提要辨證》卷二十〈集部一·寒山子詩集二卷附豐干拾得詩一
卷〉，頁 1248。
〔註102〕《寒山子詩一卷附豐干拾得詩一卷·豐干禪師錄》，頁 49。
〔註103〕宋·賾藏主集，《古尊宿語錄》卷十四《趙州真際禪師語錄之餘》。《佛光大藏
經》禪藏，語錄部。（高雄縣：佛光出版社，1994 年），頁 630。下引版本同。

百尊者來。」二人云：「五百頭水牯牛躉尊者！」師云：「爲什麼作

五百頭水牯牛去？」山云：「蒼天！蒼天！」師呵呵大笑。〔註104〕

贊寧言：「《語錄》大行，爲世所貴也。」《宋高僧傳·唐趙州東院從諗傳》並無提及趙州遇寒山、拾得之事，趙州和寒山一樣，活得忒長，本身也是個老壽翁，他的多年行腳〔註105〕，不易得知其交遊全貌；趙州遇寒山的時間，關係到寒山的卒年，余嘉錫認爲：

> 從大曆中下數十餘年，正當貞元間，與吾所考靈祐以貞元九年遇寒、
>
> 拾者，適相吻合。……蓋寒山即以此時出天台，遂不復見。〔註106〕

余嘉錫言「大曆中」，係根據杜光庭《仙傳拾遺·寒山子》：「寒山子者，不知其名氏。大曆中（約766～779），隱居天台翠屏山。」〔註107〕余嘉錫考證出潙山靈祐在貞元九年遇寒、拾（詳見後），洵爲的論，言寒山於貞元九年遇靈祐後即出天台，「遂不復見。」此則有待商榷。按：《景德傳燈錄》載趙州：「唐乾寧四年十一月二十日，右脅而寂，壽一百二十。」〔註108〕趙州《語錄》載趙州見寒、拾後，又參百丈懷海〔註109〕，雖未載參百丈的時間，以百丈卒於元和九年（814）來推算〔註110〕，上推趙州卒於乾寧四年（897）壽一百二十，則生於大曆十三年（778）的趙州，至遲在三十七歲以前參百丈。羅時進先生認爲：

〔註104〕宋·贊寧，《宋高僧傳》卷十一〈唐趙州東院從諗傳〉。《大正藏》冊50，第2061號，頁775下17～18。

〔註105〕陳星橋，〈廣參苦行存典範，古柏千年播禪風──趙州和尚生平化跡與趙州禪得歷史影響〉一文，統計出趙州共行腳過山東、河北、江西、湖南、湖北、浙江、安徽；參訪過江西的百丈懷海、黃檗希運、雲居道膺，河北的寶壽沼和尚、臨濟義玄，湖南的道吾圓智、潙山靈祐、藥山惟儼、鹽官和尚、夾山善會，湖北的茱萸，浙江的大慈寰中，安徽的投子大同。《法音》第8期，2002年。

〔註106〕余嘉錫，《四庫提要辨證》卷二十〈集部一·寒山子詩集二卷附豐干拾得詩一卷〉，頁1255。

〔註107〕宋·李昉等編，《太平廣記》卷第五十五〈寒山子〉，頁338。

〔註108〕宋·道原，《景德傳燈錄》卷十。《大正藏》冊51，第2076號，頁278中11～12。

〔註109〕宋·賾藏主集，《古尊宿語錄》卷一四：「師到百丈。百丈問：『從什麼處來？』云：『南泉來。』百丈云：『南泉有何言句示人？』師云：『有時道，未得之人亦須峭然去。』百丈叱之，師容愕然。百丈云：『大好峭然。』師便作舞而出。」《佛光大藏經》，頁633。

〔註110〕宋·贊寧，《宋高僧傳》卷十〈唐新吳百丈山懷海傳〉：「以元和九年甲午歲正月十七日歸寂，享年九十五矣。」《大正藏》冊50，第2061號，頁771上4～5。

「寒山遇從諗當在 798 年前後。」〔註111〕798 年即德宗貞元十四年，否定了余嘉錫認為寒山在德宗貞元九年（793）之後「遂不復見」。

潙山靈祐，俗姓趙，福州長溪人，生於代宗大曆六年（771），卒於宣宗大中七年（853），《宋高僧傳》載靈祐：

> 冠年剃髮，三年具戒。……及入天台，遇寒山子於途中，乃謂祐曰：
> 「千山萬水，遇潭即止。獲無價寶，賑卹諸子。」祐順途而念，危
> 坐以思。旋造國清寺，遇異人拾得。申繫前意，信若合符，遂詣泐
> 潭謁大智師，頓了祖意。……以大中癸酉歲正月九日，盥漱畢，敷
> 座瞑目而歸滅焉。享年八十三，僧臘五十九。〔註112〕

「冠年剃髮，三年具戒。」則靈祐在二十三歲遇寒山、拾得，以靈祐卒年大中癸酉歲（即大中七年，853）向下推，則靈祐於貞元九年（793）遇寒、拾；大智師即百丈懷海，靈祐蒙寒山指示去參百丈懷海，此事釋書多有所記〔註113〕，有「僧之董狐」之稱的贊寧，是首位對寒山的年紀產生懷疑者，《宋高僧傳》卷十九〈唐天台封干師傳〉：

> 又大潙祐公于憲宗朝遇寒山子，指其泐潭，仍逢拾得于國清，知三
> 人（按：指寒山、拾得、豐干）是唐季葉時猶存。……。寒、拾也，先
> 天在而元和逢，為年壽彌長耶？為隱顯不恆耶？〔註114〕

按：贊寧認為靈祐在憲宗朝（約806～820）還遇到寒山，依《宋高僧傳》卷十一：「（靈祐）冠年剃髮，三年具戒。……。及入天台，遇寒山子於途中。」生於德宗大曆六年（771）的靈祐，不可能在德宗、憲宗二朝，兩度遇寒山，「大潙祐公于憲宗朝遇寒山子」的「憲宗朝」明顯為誤，應從卷十一的說法。上述豐干「先天年間」的問題，贊寧先是誤將活動於「先天」年間的京兆「封干」，誤以為是與寒山交好的天台「豐干」，卷十九言：「大潙祐公于憲宗朝遇寒山子。」贊寧

〔註111〕羅時進，〈寒山生卒年新考〉：「寒山說：『這廝兒宛有大人之作』的口氣來看，顯然兩人年齡相差很大。稱『這廝兒』，似其時從諗在弱冠前後，以其生年（778）推之，寒山遇從諗當在 798 年前後，亦即靈祐遇寒山、拾得後不久幾年。」《唐詩演進論》，頁 200。

〔註112〕宋·贊寧，《宋高僧傳》卷十一〈唐大潙山靈祐傳〉，《大正藏》冊50，第2061號，頁 777 中 23～下 10。

〔註113〕按：除了《祖堂集》卷十六，記靈祐遇寒山，尚見於《宋高僧傳》卷十一、《景德傳燈錄》卷九、《古尊宿語錄》卷十四、〈三隱集記〉、《五燈會元》卷二。

〔註114〕宋·贊寧，《宋高僧傳》卷十九〈唐天台封干師傳〉，《大正藏》冊50，第2061號，頁 832 中 4～8。

繼而以靈祐在憲宗元和年間遇寒山，「先天在而元和逢」便是基於以上兩重誤解，此誤解肇因於相信〈寒山子詩集序〉，言寒山、拾得、豐干的轉世傳說。

　　余嘉錫認爲寒山於德宗貞元九年（793）之後再無行跡，上述趙州與靈祐見寒山的時間，知貞元九年之後，寒山仍在天台活動，證明寒山在貞元九年之後仍漫遊天台，尚有《全唐詩》中，唯一點出寒山隱居地「寒巖」的詩──徐凝〈送寒巖歸士〉，陳慧劍先生認爲：「寒巖」之於寒山，「就好像白居易的『香山』，蘇東坡的『東坡』一樣，不容與他人相混淆。」〔註115〕由上述寒山描述寒巖歸隱之樂的詩，以及明標「寒巖」的詩多達五首〔註116〕，「寒巖」確爲寒山所專用；徐凝之生卒年雖未見載，仍可從有限的交遊得知其活動時間，《唐才子傳》卷六載：

> 凝，睦州人。元和間，有詩名。……無進取之意，交眷悉激勉，始游長安。忍自衒鬻，竟不成名，將歸。以詩（按：即：〈自鄂渚至河南將歸江外留辭侍郎〉）辭韓吏部云：「一生所遇惟元白，天下無人重布衣；欲別朱門淚先盡，白頭遊子白身歸。」知者憐之，遂歸舊隱。潛心詩酒，人間榮耀，徐山人不復貯齒頰中也。老病且貧，意泊無惱，優悠自終，集一卷。〔註117〕

徐凝〈自鄂渚至河南將歸江外留辭侍郎〉，傅璇琮認爲：「乃辭別白居易南歸之作。」〔註118〕由白居易稱徐凝爲「徐處士」〔註119〕，以及徐凝〈寄白司馬〉

〔註115〕陳慧劍，〈全唐詩裡見寒山〉，《寒山子研究》，頁41。

〔註116〕清・季振宜等編，《全唐詩》卷806，寒山共有五首明標「寒巖」的詩，分別是〈慣居幽隱處〉：「慣居幽隱處，乍向國清中。時訪豐干道（一作老），仍來看拾公。獨迴上寒巖，無人話合同。尋究無源水，源窮水不窮。」〈粵自居寒山〉：「粵自居寒山，曾經幾萬載。任運遯林泉，棲遲觀自在。寒巖人不到，白雲常靉靆。細草作臥褥，青天爲被蓋。快活枕石頭，天地任變改。」〈寒巖深更好〉：「寒巖深更好，無人行此道。白雲高岫閒，青嶂孤猿嘯。我更何所親，暢志自宜老。形容寒暑遷，心珠甚可保。」〈棲遲寒巖下〉：「棲遲寒巖下，偏訝最幽奇。攜籃采山茹，挈籠摘果歸。咬齎敷茅坐，啜啄食紫芝。清沼濯瓢缽，雜和煮稠稀。當陽擁裘坐，閒讀古人詩。」〈寒山無漏巖〉：「寒山無漏巖，其巖甚濟要。八風吹不動，萬古人傳妙。寂寂好安居，空空離譏誚。孤月夜長明，圓日常來照。虎丘兼虎谿，不用相呼召。世間有王傅，莫把同周邵。我自遯寒巖，快活長歌笑。」，頁23。

〔註117〕元・辛文房，《唐才子傳》，《叢書集成初編》（北京：中華書局，1991年），頁80～81。

〔註118〕唐・徐凝，〈自鄂渚至河南將歸江外留辭侍郎〉，《全唐詩》卷474，頁5383～5384。按：《唐才子傳》卷六載徐凝：「以詩辭韓吏部」，言〈自鄂渚至河南

一詩〔註120〕，知二人確有往來；白居易以「江州司馬」聞名於世，時在元和十年貶江州時，元和十五年白居易回到長安，長慶二年至長慶四年，白居易時任杭州刺史，《雲溪友議》載：「樂天薦徐凝，屈張祜。」的「求才」佳話〔註121〕，《唐詩紀事》承《雲溪友議》，記徐凝「自富春來，未識白。」亦即在「樂天薦徐凝，屈張祜。」之前，徐凝未識白居易〔註122〕，然由徐凝〈寄白司馬〉一詩，知徐凝於元和年間早已認識白居易；徐凝〈題開元寺牡丹〉，應作於白居易任杭州刺史的長慶二年至四年（821～824），乃徐凝白頭將歸隱所作。

在家而未仕於朝，謂之「處士」，徐凝的「處士」生涯有其辛酸，「一生所遇惟元白，天下無人重布衣。」知其以「布衣」終老；徐凝好友雍陶，同樣有「無媒」之苦〔註123〕，《唐才子傳》記雍陶：「與賈島、殷堯蕃、無可、徐凝、章孝標友善。以琴樽詩翰相娛，留長安中。」〔註124〕雍陶〈送徐山人歸睦州舊隱〉〔註125〕，應作於和徐凝俱「留長安中」，亦即會昌四年（844）前後，則徐凝〈自鄂渚至河南將歸江外留辭侍郎〉，應作於大和四年（830）至大和六年（832），遊洛陽與白居易交往時，雍陶作〈送徐山人歸睦州舊隱〉在會昌四年前後，徐凝遇寒山，其〈天台獨夜〉與〈送寒巖歸士〉：

將歸江外留辭侍郎〉的「侍郎」為韓愈，傅璇琮認為該詩：「乃辭別白居易南歸之作」，大和二年（828），白居易任刑部侍郎，三年即罷，「以詩辭韓吏部」，洪邁《容齋隨筆》卷十，將該詩題作〈將歸江外辭韓侍郎〉，傅璇琮認為：「《才子傳》謂「以詩辭韓吏部」，或即承洪邁之誤而又訛「侍郎」為「吏部」。參見傅璇琮，《唐才子傳校箋》第三冊（北京：中華書局，2000年），頁96～97。

〔註119〕唐·白居易，〈憑李睦州訪徐凝山人〉：「郡守輕詩客，鄉人薄釣翁。解憐徐處士，惟有李郎中。」《全唐詩》卷457，頁5192。

〔註120〕唐·徐凝，〈寄白司馬〉：「三條九陌花時節，萬戶千車看牡丹。爭遣江州白司馬，五年風景憶長安。」《全唐詩》卷474，頁5378。

〔註121〕參見：唐·范攄，《雲溪友議》卷四（台北：廣文書局，1971年），頁38～42。

〔註122〕宋·計有功，《唐詩紀事》卷五二：「曾凝自富春來，未識白，先題詩曰：『此花南地知難種，慙愧閑僧用意栽。海燕解憐頻睥睨，胡蜂未識更徘徊。盧生芍藥徒勞妒，羞殺玫瑰不敢開。唯有數苞紅萼在，含芳只待舍人來。』白尋到寺看花，乃命徐同醉而歸。」（台北：木鐸出版社，1982年），頁790。按：徐凝此詩作〈題開元寺牡丹〉，見《全唐詩》卷474，頁5374～5375。

〔註123〕唐·雍陶，〈離家後作〉：「世上無媒似我稀，一身唯有影相隨。出門便作焚舟計，生不成名死不歸。」《全唐詩》卷518，頁5921。

〔註124〕元·辛文房，《唐才子傳》卷七，頁91。

〔註125〕唐·雍陶，〈送徐山人歸睦州舊隱〉：「君在桐廬何處住？草堂應與戴家鄰。初歸山犬翻驚主，久別江鷗卻避人。終日欲為相逐計，臨岐（時）空（又）羨獨身行。秋風釣艇遙相憶，七里灘西片月新。」《全唐詩》卷518，頁5914。

銀地秋月色，石梁夜溪聲。誰知屐齒盡，爲破煙（蒼）苔行。

〈天台獨夜〉

不挂絲纊衣，歸向寒巖棲。寒巖風雪夜，又過巖前溪。〈送寒巖歸士〉

〔註126〕

〈天台獨夜〉之「屐齒盡」，明顯是因「煙苔行」，詩中的「天台」、「石梁」，以及〈送寒巖歸士〉裡的「寒巖」、「巖前溪」，無不指向寒山的隱居地——寒巖，陳慧劍先生認爲徐凝此二詩可能作於白居易在長慶二年至長慶四年，於杭州擔任刺史之前的元和年間，或更早些〔註127〕，筆者以爲，徐凝此二詩，最早作於白居易任杭州刺史時的長慶年間（821～824），可定爲寒山遇徐凝的上限；雍陶〈送徐山人歸睦州舊隱〉一詩，則作於會昌四年（844）前後，可定爲寒山遇徐凝的下限，徐凝於長慶二年至長慶四年，與當時擔任杭州刺史的白居易唱和，其詩〈送寒巖歸士〉，否定余嘉錫認爲寒山：「貞元九年，……，遂不復見。」的看法，徐凝這兩首詩，亦爲寒山活到穆宗長慶年間，百有餘歲的證明。由趙州、靈祐遇寒山的時間，以及徐凝〈送寒巖歸士〉一詩，知元和、長慶年間，寒山仍在天台活動。

〔註126〕清·季振宜等編，《全唐詩》卷474，頁5375。

〔註127〕陳慧劍，〈全唐詩裡見寒山〉，《寒山子研究》，頁40。

第三章　寒山詩之集結與版本

　　佛教以寒山爲文殊化身，道教視寒山爲轉世神仙，由唐末至今，在兩教並行的歷朝歷代，寒山被佛、道二教爭以爲寵，此與集結、刻印寒山詩者爲道士、僧人，有絕大的關係；中、晚唐時，已有道士徐靈府、僧人曹山本寂，於天台山國清寺附近發現寒山詩並加以收集；北宋初年，蒙帝王敕編之書收有寒山詩，可知遲至宋初，寒山詩集已爲儒、釋、道所留意；朱熹向國清寺僧志南去函索取寒山詩「好本」，對寒山詩「好本」的需求，側面反映出寒山詩的流行，陸游改正寒山詩楚辭體要求附入新刻《寒山詩集》，顯示遲至南宋，已有不同的寒山詩版本。宋代寒山詩的集結，上承唐末、五代寒山詩的流行，下啓宋以後各寒山詩版本的定型，第一個寒山詩的版本爲何，關係到〈寒山子詩集序〉眞正作者的年代。本章首論宋以前有關寒山詩集結的文獻，次論宋代寒山詩的集結，分別爲：《天祿》宋本系統與「國清寺本」系統，此外，就《天祿》宋本在異文、字形、字音，以及編者刻意雅化的情形，校以「《永樂大典》本」《寒山詩集》，以見「《永樂大典》本」所根據的「山中舊本」，其源爲《天祿》宋本系統與「國清寺本」系統之外的另一宋版本。

第一節　宋以前寒山詩之集結

　　寒山詩〈五言五百篇〉：「五言五百篇，七字七十九。三字二十一，都來六百首。」〔註1〕此詩見於寒山詩各版本，可知最早收集寒山詩者，乃寒山本人，然傳世之寒山詩版本，並非如寒山所言「都來六百首。」而是三百餘首，

〔註1〕《寒山子詩一卷附豐干拾得詩一卷》，頁42。

寒山言其詩：「一例書巖石，自誇云好手。」「閑書石壁題詩句。」〔註2〕寒山將其詩書於巖石、石壁，一般來說，三位數開始有誤差本爲平常，六百之數可視爲寒山對書於巖石、石壁之詩的粗略估計，非寒山蓄意誇大；贊寧言：「至有『庭際何所有，白雲抱幽石。』句，歷然雅體。今巖下有石亭亭而立，號幽石焉。」〔註3〕可見在北宋初年，在國清寺附近的石壁上，仍可見到寒山詩，近三百首寒山詩未被收錄，問題出在繼寒山之後的集詩者，此關係到第一部《寒山詩集》的集結時間，杜光庭《仙傳拾遺・寒山子》言天台桐柏觀道士徐靈府集寒山詩並爲之作序；贊寧言曹山本寂禪師集寒山詩，作《對寒山子詩》，中唐時期一僧一道收集寒山詩的情形，以下試論。

一、天台桐柏觀道士徐靈府

寒山詩共六百首，此數目見於寒山詩中，此外並無其他佐證資料，有關寒山詩集結的第一手資料，爲天台道士杜光庭《仙傳拾遺・寒山子》：

> 寒山子者，……。好爲詩，每得一篇一句，輒題於樹間石上，有好事者，隨而錄之，凡三百餘首。多述山林幽隱之興，或譏諷時態，能警勵流俗。桐柏徵君徐靈府，序而集之，分爲三卷，行於人間。
> 〔註4〕

《台州府志》載天台翠屏山：「在靈巖之右，山如屏障，俗呼翠屏。」〔註5〕《太平御覽》載「翠屏山」：「本名石城山，天寶五載改爲翠屏山。」〔註6〕石城山於天寶五年改名爲「翠屏山」，亦可爲寒山非貞觀時人的證明。杜光庭言首位集寒山詩者爲徐靈府，乃錢塘人，號默希子，趙璘《因話錄》記徐靈府爲南嶽道士田良逸弟子，品第堪比其師。〔註7〕「徵君」原是指朝廷對著名隱

〔註2〕《寒山子詩一卷附豐干拾得詩一卷》，頁42、29。

〔註3〕宋・贊寧，《宋高僧傳》卷十九〈唐天台封干師傳〉。《大正藏》冊50，第2061號，頁832上2～4。

〔註4〕宋・李昉等編，《太平廣記》卷五十五〈寒山子〉，頁338。

〔註5〕沈翼機等撰，《敕修浙江通志》卷十六〈山川八・台州府〉「翠屏山」條，引《台州府志》，《中國省志彙編》第二冊（台北：華文出版社，1967年），頁385。下引版本同。

〔註6〕宋・李昉等編，《太平御覽》卷四八〈地部・十三〉（台北：台灣商務印書館，1968年），頁362。下引版本同。

〔註7〕唐・趙璘，《因話錄》卷四：「桐柏山陳寡言、徐靈府、馮雲翼三人，皆田之弟子也。……陳、徐在東南，品第比田、蔣（按：蔣含弘）。」楊家駱主編，《唐國史補等八種》（台北：世界書局，1991年），頁27。下引版本同。

士的徵聘，後來凡被徵聘者皆稱爲「徵君」，陳耆卿《嘉定赤城志》載徐靈府：
「會昌初，頻詔不起，但獻〈言志〉。」〔註8〕言徐靈府不赴唐武宗徵辟，曾作〈言志獻浙東廉訪辭召〉以明其志，詩曰：

　　　野性歌三樂，皇恩出九重。那煩紫宸命，遠下白雲峰。

　　　多愧書傳鶴，深慚紙畫龍。將何佐明主，甘老在巖松。〔註9〕

會昌五年八月，武宗毀佛達到最高潮，徐靈府頻詔不起，之後絕粒而死，代表徐靈府甘老於巖松的作品，爲〈自詠〉詩：「今生不了無生理，縱復生知那處生。」〔註10〕道士徐靈府亦佛亦道，觀其對佛教「無生理」的追求，與寒山可謂同路人。就地域關係而言，桐柏觀在天台縣北二十五里，距離國清寺不過十五里，徐靈府見到國清寺附近，書於巖石、石壁上的寒山詩，留意並收集且爲之作序，是極自然之事，徐靈府《天台山記》載：

　　　靈府以元和十年，自衡岳移居台嶺，定室方瀛。至寶曆初歲，已逾
　　　再閏，修真之暇，聊採經誥，以述斯記，用彰靈焉。〔註11〕

徐靈府於元和十年到天台（815），初住於「方瀛」（方瀛山），陳耆卿《赤城志·天台·方瀛山》載：「長慶中，靈府居此，寶曆元年賜今名。」〔註12〕徐靈府留意到寒山詩，極有可能在元和十年（815）至寶曆元年（825）的十年間，徐靈府於寶曆元年撰寫《天台山記》，書中並未提到寒山詩，《西天目志》載徐靈府：

　　　由天目趨天台，憩雲蓋二十餘年，俄結廬，……。名以方瀛，修煉
　　　其間，作言志詩，辭武宗之徵。絕粒久之，凝寂而化。著《元鑑》
　　　五卷及《三洞要略》。〔註13〕

雲蓋，即徐靈府長居之所——雲蓋峯〔註14〕，明章之采輯《東西天目志》共

〔註8〕宋·陳耆卿，《嘉定赤城志》卷三十五〈人物門〉四，頁7340。
〔註9〕清·季振宜等編，《全唐詩》卷852，頁9639。
〔註10〕唐·徐靈府，〈自詠〉二首：「寂寂凝神太極初，無心應物等空虛。性修自性非求得，欲識真人祇是渠。學道全真在此生，何須待死更求生。今生不了無生理，縱復生知那處生。」《全唐詩》卷852，頁9640。
〔註11〕唐·徐靈府，《天台山記》，《大正藏》冊51，第2096號，頁1055中26～28。
〔註12〕宋·陳耆卿，《嘉定赤城志》卷二一〈山水門〉三，頁7225。
〔註13〕敕修《浙江通志》卷一百九十八〈仙釋一·徐靈府〉，頁3275。
〔註14〕宋·陳耆卿，《嘉定赤城志》卷二一〈山水門〉三：「方瀛山，在縣西北二十八里。按：徐靈府小錄云：『由桐栢北上一峰，可五里許，上有平疇餘十畝。間以陂池，前眺蒼峰，後即雲蓋峯也。』」，頁7225。

八卷，未言徐靈府卒年，有關徐靈府的卒年，約有會昌三年至大中初年（約843～847）三種說法〔註15〕，杜光庭敬稱徐靈府為「桐柏徵君」，則徐靈府應卒於桐柏觀，徐靈府在太和三年（829）重修桐柏觀，則收集寒山詩的上限，當在太和三年（829），下限則在會昌年間（841～846）絕粒拒召以前。

杜光庭言徐靈府將寒山詩：「序而集之，分為三卷，行於人間。」惜徐靈府之序今已佚，所集之三卷「行於人間」的寒山詩，杜光庭或有見之；此外，杜光庭二十歲左右在天台山習道（約咸通末年，870），言寒山詩是「題於樹間石上」，此亦當為杜光庭所親見，咸通末上距徐靈府卒年近三十年，三十年間除徐靈府之外，應該還有「隨而錄之」的「好事者」，亦不排除有喜歡寒山詩的「好事者」，仿效寒山詩而將自己所作之詩題於「樹間石上」，與杜光庭年代相近的晚唐詩人李山甫，詩僧貫休、齊己，於詩中均論及寒山詩、寒山偈（詳見第三章），可知杜光庭言當時已有好事者，對寒山詩「隨而錄之」，當非虛語，此乃寒山詩向外流傳的主因，同時也旁證徐靈府所集之三卷寒山詩，於晚唐確實已「行於人間」。

杜光庭記天台山桐柏觀道士徐靈府，是第一位留意到寒山的道門中人，杜光庭則是使寒山仙化的第一人，寒山在道教史上的地位由此發端，到宋代，已出現嫁名寒山所作的道教經典，《宋史》卷二百五〈藝文〉四，載「寒山子《大還心鑑》一卷。」〔註16〕張君房《雲笈七籤》卷七三《大還心鏡》所引之《寒山子至訣》〔註17〕，明顯為道教徒托名寒山之作，《雲笈七籤》在北宋祥符年間（約1012），因崇尚道教的宋真宗敕編而成；除《雲笈七籤》外，臨安佑聖觀道士陳顯微《周易參同契解》（成於端平元年，1234），是道藏中最早引寒

〔註15〕徐靈府卒年的說法計有：一、元·趙道一，《歷世真仙體道通鑒》（《僊鑒》）卷四十，記徐靈府享年八十四，將徐靈府的卒年，訂為會昌五年（845）（南京：廣陵古籍刻印社，1993年），頁1368。二、明·無盡，《天台山方外志》記徐靈府享年八十二，即會昌三年（843）。《四庫全書存目叢書》史部，二三二。據首都圖書館藏明萬曆幽溪講堂刻本，齊魯書社，1996年，頁724。三、民國《台州府志》卷一三九〈方外記〉（上），亦載徐靈府享年八十二。喻長霖等纂修，《中國方志叢書》華中地方第七四號，台北：成文出版社據民國二五年鉛印本影印，1970年，頁1853。

〔註16〕按：鄭樵，《通志》卷六十七〈藝文略〉第五，載「《大還心鑑》一卷」，為張元德撰。（台北：新興書局，1963年），頁792。

〔註17〕宋·張君房編，《雲笈七籤》卷第七三《大還心鏡》：「《寒山子至訣》云：但悟鉛真，藥必自神；但記錄正，藥如自聖。修之合聖，天地同慶。得因師傳，為道之經。」（北京：齊魯書社，1988年），頁416。下引版本同。

山詩者〔註18〕，佛、道二教的奉敕之作，是將寒山詩在宋代的影響力推向高峰，不可忽視的主力，宋僧贊寧言道翹奉閭丘胤之命集寒山詩〔註19〕，《新唐書‧藝文志》卷三載「《對寒山子詩》七卷」，下注云：「台州刺史閭丘胤序，僧道翹集。」〔註20〕二說言道翹集寒山詩，均根據〈閭丘偽序〉，序中言寒山將詩寫在竹木、石壁、村墅人家廳壁，拾得將詩題於國清寺之土地堂壁上，此範圍已超出寒山詩中，寒山言將其詩「一例書巖石」，以及《仙傳拾遺‧寒山子》載寒山將詩寫在「樹間石上」，以此知〈閭丘偽序〉作者的年代，當晚於杜光庭；此外，杜光庭言徐靈府所集，在晚唐已「行於人間」的三卷寒山詩，並未提到拾得詩，〈閭丘偽序〉卻提及拾得偈，可知為兩個不同的集詩系統，唯一的相同點是，所集之寒山詩均為三百餘首，與今所見之《寒山詩集》相同。

二、曹山本寂《對寒山子詩》

杜光庭《仙傳拾遺‧寒山子》載：「有好事者，隨而錄之。」此「好事者」，是指徐靈府之外的其他「好事者」，後世寒山詩主要有三大不同詩序排列的版本系統〔註21〕，即肇因於此；除了徐靈府，與寒山詩之集結有關者，尚有曹山本寂禪師《對寒山子詩》，《宋高僧傳‧梁撫州曹山本寂傳》載：

> 釋本寂，姓黃氏，泉州蒲田人也。其邑唐季多衣冠士子僑寓，儒風振起，號稷下焉。寂少染魯風，率多強學，自爾淳粹獨凝，道性天

〔註18〕 宋‧陳顯微，《周易參同契解》卷中：「……。故利用安身，隱形而藏，卻自箕斗之鄉，嘔輪吐萌，發散精光可也。寒山子詩云：『不得露其根，根子自墜。』蓋體用不同，施功亦異故也。」《四庫全書》文淵閣本，第1058冊，子部，道家類，頁605。按：陳顯微所引乃寒山詩〈國以人為本〉：「國以人為本，猶如樹因地。地厚樹扶疎，地薄樹顦顇。不得露其根，枝枯子先墜。決陂以取魚，是取一期利。」《寒山子詩一卷附豐干拾得詩一卷》，頁35。

〔註19〕 宋‧贊寧，《宋高僧傳》卷十九〈唐天台封干師傳〉：「初閭丘入寺訪問寒山，……，寺僧見太守拜之，驚曰：『大官何禮風狂夫耶？』二人連臂笑傲出寺。閭丘復往寒巖謁問，并送衣裳藥物。……，乃令僧道翹尋其遺物，唯於林間綴葉書詞頌，并村墅人家屋壁所抄錄得二百餘首（按：二應作三），今編成一集人多諷誦。」《大正藏》冊50，第2061號，頁831下18～29。

〔註20〕 宋‧歐陽脩、宋祁，《新唐書》，頁1531。

〔註21〕 拙著，《寒山詩集校考》以寒山詩九大版本比對，發現共有三大不同的詩序排列，分別是：《天祿》宋本系統、「國清寺本」系統、《永樂大典》本。台北：文史哲出版社，2005年。

發。年惟十九，二親始聽出家。……，年二十五，登於戒足，凡諸
舉措，若老苾蒭。咸通之初，禪宗興盛，風起於大潙也。……，寂
處眾如愚，發言若訥，後被請往臨川曹山，參問之者堂盈室滿，其
所酬對，激射匪停。……，復注《對寒山子詩》。流行寓內，蓋以寂
素修舉業之優也，文辭遒麗，號富有法才焉。尋示疾，終於山，春
秋六十二，僧臘三十七。〔註22〕

贊寧是首位言《對寒山子詩》的作者爲曹山本寂者，王堯臣、王洙、歐陽脩
等奉敕編撰的《崇文總目》卷四錄有：「寒山子詩七卷。」〔註23〕《新唐書‧
藝文志》卷三，有「《對寒山子詩》七卷」〔註24〕，《崇文總目》（成於1041）及
《新唐書‧藝文志》（成於1044～1060），均未言曹山本寂是《對寒山子詩》的作
者，余嘉錫認爲：

> 本寂，《宋高僧傳》雖題爲梁人，然《傳燈錄》卷十七，稱其以天復
> 辛酉季夏告寂，壽六十二，則實死於唐昭宗之世，未嘗入梁，由此上
> 推六十二年，當生於文宗開成五年（840～901），徐靈府於元和十年（815）
> 已至天台，年輩遠在其前（余嘉錫注：靈府至天台二十五年，本寂始生），寂
> 之所注，當即根據徐本。……輯寒山詩者，莫早於靈府。〔註25〕

余嘉錫認爲最早輯寒山詩者是徐靈府，曹山本寂《對寒山子詩》是根據徐本。
按：從杜光庭記徐靈府收集寒山詩，當時已經「有好事者，隨而錄之。」的
情形來看，好事者若非專指一人（如託名閭丘胤者），而是一群人，那麼，本

〔註22〕 宋‧贊寧，《宋高僧傳》卷十三〈梁撫州曹山本寂傳〉。《大正藏》冊50，第
　　　　 2061號，頁786中17～下2。

〔註23〕 宋‧王堯臣等編次，《崇文總目》。嚴一萍選輯《粵雅堂叢書》第十八函，原
　　　　 刻影印《百部叢書集成》（台北：藝文印書館，1965年），頁77。按：《崇文
　　　　 總目》載「寒山子詩七卷」，下注：「錫鬯按《唐志》作釋智昇對寒山子詩。」
　　　　 余嘉錫認爲：「《崇文總目》釋書類有寒山子詩七卷，當即本寂注解之本，故
　　　　 卷數相同。云：『金錫鬯《輯釋》謂《唐志》作釋智昇《對寒山子詩》，蓋因
　　　　 《唐志》上文有智昇所撰三書而誤。』」《四庫提要辨證》卷二十〈集部一‧
　　　　 寒山子詩集二卷附豐干拾得詩一卷〉，頁1253。拙作《《寒山詩集》版本問題
　　　　 探究》，指出智昇開元十八年（730）撰《開元釋教錄》，此時的寒山尚未進入
　　　　 天台隱居（寒山於大曆年（766～779）始隱於天台），智昇作《對寒山子詩》
　　　　 顯然不可能。國立中興大學文學院《人文學報》第36期，2006年3月。

〔註24〕 宋‧歐陽脩、宋祈，《新唐書‧藝文志》，頁1531。

〔註25〕 余嘉錫，《四庫提要辨證》卷二十〈集部一‧寒山子詩集二卷附豐干拾得詩一
　　　　 卷〉，頁1258。

寂所據之本，除了據徐靈府之本，也有可能是其他「好事者」的版本，余嘉錫還認為曹山本寂是〈閭丘偽序〉的作者，「天台三聖」傳說乃本寂所為，余嘉錫認為本寂作《對寒山子詩》：

> 喜其多言佛理，足為彼教張目。……，依託閭丘別作一序以冠其首。……，於是閭丘遇三僧之說，盛傳於世。〔註26〕

余嘉錫認為「佛道相爭」的原因，使本寂托名閭丘胤作〈寒山子詩集序〉，筆者認為：若以「佛道相爭」而論，本寂「道性天發」，且為道門所重，身為洞山良价的高徒，本寂似無必要惡靈府之序，托名閭丘胤別作一序；黃博仁認為：「即如本寂注據徐本，杜光庭何不言之，以光大道士之功耶？」〔註27〕黃博仁認為本寂不可能是〈閭丘偽序〉的作者，認為本寂之注乃據〈閭丘偽序〉，非據徐靈府。按：「注據徐本」與「作〈閭丘偽序〉」不必為同一事，與杜光庭同時的本寂，「注據徐本」並非不可能，更何況在徐靈府序而集之之前，已經是「有好事者，隨而錄之。」的情形，本寂若有集詩，以本寂的年代來看（840～901），本寂有可能也是杜光庭所謂的「好事者」之一。孫昌武先生認為寒山詩非寒山一人所作，「應另有一個寒山詩的作者群。」〔註28〕筆者認為：從晚唐開始，已經「有好事者，隨而錄之。」這些抄錄寒山詩者，或許亦留下自己的觀詩心得，即〈閭丘偽序〉提到的，書於竹木及村墅人家廳壁之詩，以及《宋高僧傳》提到的：「林間綴葉書詞頌。」後之抄錄者有可能一併當作是寒山詩而予以抄錄，今所傳《寒山詩集》的內容，之所以風格多有不同，或可說明此一現象。

　　曹山本寂作《對寒山子詩》，與徐靈府的寒山詩序，於今均已佚，《崇文總目》及《新唐書》均未言《對寒山子詩》的作者乃曹山本寂，或跟參與成書的歐陽脩，個人不喜佛教的心態有關〔註29〕，《新唐書‧藝文志》在「《對寒山子

〔註26〕余嘉錫，《四庫提要辨證》卷二十〈集部一‧寒山子詩集二卷附豐干拾得詩一卷〉，頁1259。

〔註27〕黃博仁，〈寒山子年代的探討〉，《寒山及其詩》（台北：新文豐出版公司，1980年），頁15。

〔註28〕孫昌武，〈寒山傳說與寒山詩〉，《詩與禪》。（台北：東大圖書公司，1994年），頁230。

〔註29〕按：貞觀四年五月，唐太宗在昔日定天下時「手誅千餘人」，為懺此殺業，太宗命令在各個戰場建寺超渡亡魂，寺成之後，敕李百藥、許敬宗、朱子奢、褚遂良、虞世南、顏師古、岑文本七人為撰碑文。太宗於戰場建七寺，參見：釋道宣，《廣弘明集》卷28〈唐太宗於行陣所立七寺詔〉（《大正藏》冊52，第2103號，頁328下12～329上6。）太宗命大臣撰碑文，詳見：宋‧釋志磐，《佛祖統紀》卷39：「戰場建寺成，勅群臣撰碑。破劉武周於汾州，立弘

詩》七卷」下，注有道翹收集寒山詩，此亦根據〈閭丘僞序〉的說法，《新唐書》於佛教之事多所不記〔註30〕，贊寧《宋高僧傳》之記，則爲十分重要的資料，贊寧言本寂：「文辭遒麗，號富有法才焉。」「注《對寒山子詩》。流行寰內，……。尋示疾，終於山。」本寂在離開其師洞山良价後，回吉水山說法，將吉水山改名爲「曹山」，晚年時，「參問之者堂盈室滿」，爲道門所重的本寂，似無必要僞托閭丘之名作序，余嘉錫據贊寧云本寂「注《對寒山子詩》」，即認定：「本寂託名閭丘胤作〈僞序〉」，卻未提出任何證明，贊寧言：「曹山本寂注《對寒山子詩》七卷。」筆者認爲：從曹洞宗人只傳本寂語錄二卷，未傳本寂《對寒山子詩》七卷，且《撫州曹山本寂禪師語錄》中，甚少有與寒山、拾得、豐干或寒山詩相關的記載〔註31〕，「富有法才」的本寂，若眞有集寒山詩並注詩，當爲曹洞宗徒所保存，余嘉錫言本寂托名閭丘胤作〈僞序〉，一手打造「天台三聖」傳說，此說有待海內外古籍研究之同好，共同發掘。

另外，有關曹山本寂「《對寒山子詩》七卷」，尙有誤記的情形，錢侗《崇文總目輯釋》載：「《對寒山子詩》七卷。按：唐志作釋志昇《對寒山子詩》。」錢侗所提之釋志昇，即《開元釋教錄》作者釋智昇，活動於盛唐玄宗朝，於開元十八年（730）撰《開元釋教錄》，此時的寒山尙未入天台隱居，智昇作《對寒山子詩》，明顯爲誤抄所致。〔註32〕

濟寺，李百藥撰：破宋老生於莒州，立普濟寺，許敬宗撰：破薛舉於幽州，立昭仁寺，朱子奢撰：破宋金剛於晉州，立慈雲寺，諸遂良撰；破王世充於邙山，立昭覺寺，虞世南撰；破竇建德於汜水，立等慈寺，顏師古撰；破劉黑闥於洺州，立昭福寺，岑文本撰。」《大正藏》冊49，第2035號，頁363下10～17。觀朱子奢〈昭仁寺碑銘并序〉以及顏師古〈等慈寺碑〉，均洋洋灑灑千餘言，謂之應制文可也。參見：《全唐文》卷135、148，頁1362～1366、1497～1499。太宗之消災邀福，下令建寺，勅群臣撰碑文之事，歐陽脩《新唐書》卻將此事逕刪不錄。

〔註30〕宋・志磐，《佛祖統紀》卷39引「鎧庵」之言：「歐陽氏之修唐書、五代史也，於佛老之事則刪之。夫唐書，唐家之正史，非歐陽之私書也。借使不足法，論之可也。豈當以己所不好，而悉刪之耶。」《大正藏》冊49，第2035號，頁364上4～7。

〔註31〕參見：明・郭凝之編（卷上）、〔日〕玄契編次（卷下），《撫州曹山本寂禪師語錄》（上海古籍出版社，1992年），頁42～50。

〔註32〕余嘉錫認爲：「《崇文總目》釋書類有寒山子詩七卷，當即本寂注解之本，故卷數相同。云：『金錫鬯《輯釋》謂《唐志》作釋智昇《對寒山子詩》，蓋因《唐志》上文有智昇所撰三書而誤。』」《四庫提要辨證》卷二十〈集部一・寒山子詩集二卷附豐干拾得詩一卷〉，頁1253。余嘉錫此說足供參考。

第二節　寒山詩版本概說

　　寒山詩版本，主要以《寒山詩集》、《寒山子詩集》、《三隱詩集》爲名，前二種版本，大都有「豐干拾得詩附」，或「附豐干拾得詩」，在宋代，寒山詩的刊刻流傳，主要成於僧人之手，爲宋以後刊刻之所本，以下概括爲兩大系統：「《天祿》宋本」系統與「國清寺本」系統，遠傳至韓國、日本的寒山詩版本，即以之爲據；此外，在編排上與前述兩大系統多有不同的《永樂大典》本《寒山詩集》，爲另一個寒山詩版本，以下分述。

一、《天祿》宋本與國清寺本

　　朱熹曾向國清寺僧志南索取寒山詩「好本」，陸游改正寒山詩楚辭體，要求僧可明附入集內，此二事除了說明北宋時寒山詩的流行，亦可見「國清寺本」寒山詩（成於淳熙十六年，1189）在刊刻以前，寒山詩的版本不一；流傳於後世的寒山詩集，大成於南宋時，依國清寺僧志南的「國清寺本」翻刻者，有東皋寺僧無隱的「東皋寺本」、觀音比丘無我慧身的「無我慧身本」，另一迴異於「國清寺本」系統的版本，爲釋行果根據《天祿》宋本刊刻的「寶祐本」。此外，遠傳至韓國的「朝鮮本」、「高麗本」；至日本的「宮內省本」、「寬文本」，均是傳自中國的版本。

（一）《天祿》宋本系統

　　《天祿琳琅》續編《寒山子詩一卷附豐干拾得詩一卷》，上海涵芬樓借印建德周氏景宋刻本，頁首有〈寒山子詩集序〉，「宋本」、「甲」、「天祿繼鑑」以及「乾隆御覽之寶」等印，下有「毛晉私印」、「子晉」、「汲古主人」三印；寒山詩後有「毛晉之印」、「毛氏子晉」、「曾在周叔弢處」三印；拾得詩前亦有「毛晉私印」、「子晉」、「汲古主人」三印；卷末有「天祿琳琅」以及「乾隆御覽之寶」二印；收載寒山詩 305 首，五、七言不分，三字詩 6 首，拾遺二首新添，總計 311 首；〈豐干禪師錄〉（包括詩 2 首）、〈拾得錄〉（包括長偈一首），拾得詩 54 首，〈豐干禪師錄〉在〈拾得錄〉前，寒山詩之楚辭體未經改動。此書爲明代毛晉汲古閣所藏，後藏於清宮，爲《天祿琳琅》續編著錄本，本書簡稱《天祿》宋本。

　　除了涵芬樓借印建德周氏景宋刻本，《四部叢刊》初編集部景宋刻本之寒山詩，另有上海商務印書館縮印建德周氏景宋本《寒山子詩附拾得詩》，除了

沒有「宋本」、「甲」、「天祿繼鑑」以及「乾隆御覽之寶」四印，餘均與《天祿》宋本同。《天祿》宋本第一首寒山詩爲〈凡讀我詩者〉，「國清寺本」第一首詩爲〈重巖我卜居〉，此爲兩大系統最大的不同，《四部叢刊》景高麗本《寒山詩一卷豐干拾得詩一卷附慈受擬寒山詩一卷》，第一首寒山詩爲〈凡讀我詩者〉，屬《天祿》宋本系統，乃上海涵芬樓借常熟瞿氏鐵琴銅劍樓藏高麗刊本影印，原書版匡高營造尺五寸三分寬四寸二分，明正德九年（1514）誰月軒人玉峰刊刻，爲「朝鮮本」之翻印；宋理宗寶祐三年（1255），釋行果據江東漕司本重鑴，是爲「寶祐本」，日人島田翰認爲「寶祐本」於元代時傳入朝鮮，即朴景亮等刊行之高麗覆宋本。〔註33〕頁首有閭丘胤〈寒山子詩集序〉，下有「稽瑞樓」、「鐵琴銅劍樓」、「士禮居藏」三印；寒山詩首頁，上有「稽瑞樓」、「鐵琴銅劍樓」、「虞山瞿紹基藏書之印」等五印。

　　高麗本除了頁首有閭丘胤〈寒山子詩集序〉，尚有〈豐干禪師錄〉、〈拾得錄〉，此與《天祿》宋本同；與《天祿》宋本異者，《天祿》宋本五、七言不分，「高麗本」則將全部的七言排在詩集的最後，五言及三言詩的編排順序與天祿宋本幾乎全同；此外，高麗本標明「五言」、「七字」、「三字」，「五言」共285首（加上「三字詩」之後的〈不須攻人惡〉一詩）、「七字」20首、「三字」6首，版心有「三隱」，第84首〈貪人好聚財〉一詩，該頁版心爲「寒山」，詩後有「寒山詩終」及「杭州錢塘門裡車橋南大街郭宅紙鋪印行」等字，收載寒山詩共311首，豐干詩2首，拾得詩57首（第55、56首，《天祿》宋本作「拾遺二首新添」，第57首爲寒山詩〈聞自訪高僧〉之增作），詩集總數較《天祿》宋本多了1首；在拾得詩後，爲志南〈天台山國清禪寺三隱集記〉、〈錄陸放翁與明老帖〉、「比丘可立募眾刊行」，接著是慈受懷深和尚作於南宋建炎四年（1130）的詩序，及慈受懷深擬寒山詩、〈戒殺偈〉十首，詩後有「誰月軒人玉峰跋」，以及黃丕烈之題識，誰月軒人玉峰是據金剛山正陽庵隱溪禪翁所存之寒山詩刊刻，爲「士禮居叢書」之重裝本。

　　標明「五言」、「七字」、「三字」的「高麗本」，乃源於《天祿》宋本，島田翰言：「元時有高麗覆宋本，蓋據東皋寺本所改上梓。」〔註34〕按：就高麗本與《天祿》宋本相似的程度，「據東皋寺本」（按：「東皋寺本」爲「國清寺本」系統），應改爲「據《天祿》宋本」。「高麗本」與「朝鮮本」均源於《天

〔註33〕轉引自：項楚，《寒山詩注》附錄二〈序跋、序錄〉，頁954。
〔註34〕轉引自：項楚，《寒山詩注》附錄二〈序跋、序錄〉，頁954。

祿》宋本的證明，是寒山詩楚辭體未經更改。（按：「東皋寺本」與「無我慧身本」的楚辭體均已改正。）

　　元代傳入朝鮮的「寶祐本」，其刊刻情形如下：一刻於南宋杭州錢塘門裡車橋南大街郭宅紙鋪；二刻於元代元貞二年丙申（1296）郭（上本下中）；三刻於朝鮮朴景亮；四刻於朝鮮僧人及信徒；五刻於明正德九年（1514）誰月軒人玉峰；六刻於咸豐六年，廣州奉恩寺。郭（上本下中）書載：「夫寒山詩者，昔天台國清南老將前太守閭丘采集詩卷重新刊本流通，此本年遠不存。元貞間余偶得之於錢塘，謹自重書，用以流傳，……。」〔註35〕「此本年遠不存」，此說或有誤，因「寶祐本」並未收志南之〈三隱集記〉，明嘉靖四年的國清寺道會刊本，其母本才是志南所刻之本，本書列為「國清寺本」；「寶祐本」之母本，應是《天祿》宋本，同樣源自《天祿》宋本的「高麗本」，有慈受懷深作於南宋建炎四年（1130）的擬寒山詩與〈戒殺偈〉，較志南的「國清寺本」（淳熙十六年，1189）為早，宋理宗寶祐三年（1255），釋行果據江東漕司本重鐫的「寶祐本」，亦收有慈受懷深作於南宋建炎四年（1130）的擬寒山詩，以此知今之「高麗本」（或高麗覆宋本），乃據「寶祐本」。由上可知，在志南「國清寺本」問世以前，收有慈受懷深擬寒山詩的版本，以及該版本所據的《天祿》宋本，應是南宋初年頗為流行的寒山詩版本，亦應是志南應朱熹刊刻寒山詩「好本」的要求時，手中所讎校的版本。

　　源自《天祿》宋本的「高麗本」，是寒山詩的「最全」之本，除了收有慈受懷深作於南宋建炎四年（1130）的擬寒山詩，亦收志南作於淳熙十六年（1189）的〈三隱集記〉，「高麗本」在編排上，將《天祿》宋本雜於五言詩的七言詩，依序挑出，收七言詩共20首，五言詩的詩序，除了〈不須攻人惡〉一詩置於三字詩之後，其餘均與《天祿》宋本同，此亦「高麗本」乃源自《天祿》宋本最明顯之處。

　　如上所述，元代傳入朝鮮的「高麗本」，乃源自《天祿》宋本，傳入日本最早的寒山詩版本則較為複雜，日僧成尋在《參天台五台山記》，提到北宋熙寧五年（1072），國清寺僧禹珪「舍與寒山詩一帖。」錢學烈認為：

> 可能就是北宋時到中國參拜天台山的日本僧人成尋從國清寺得到的
> 寒山詩集。……。這個 1072 年以前的北宋刊本，可能即被譯為日文，
> 成為最早流傳於於日本的寒山詩集版本。〔註36〕

────────────────

〔註35〕轉引自：咸豐六年廣州奉恩寺版本，台灣大學楊雲萍文庫收藏。
〔註36〕錢學烈，《寒山拾得詩校評・前言》，頁38。

傳入日本的首部《寒山詩集》，是成尋巡禮天台山的成果之一，成尋於北宋熙寧五年（1027）三月啓程入宋，一如日僧圓仁的《入唐求法巡禮行記》，成尋將所見所聞以日記的方式記載下來，回國後整理成《參天台五台山記》，成尋參訪國清寺時，寺僧禹珪曾贈予「寒山子詩一帖」，翌年一月（1073），成尋擬將得自中國的書籍分送日本「有關部門」，囑咐弟子回國後，將「寒山子詩一帖」進「上治部卿殿」，此乃日本藏書家通憲入道（1106～1159）的藏書目錄，之所以錄有「寒山子詩一帖」的由來。〔註37〕日本國共立女子大學、宮內廳書陵部與中國教育部全國高等院校古籍整理工作委員會共同合作，複製日本宮內廳書陵部所藏宋元版漢籍予中國，寒山詩亦在其內（本書稱爲「宮內省本」，列爲「國清寺本」系統），與《天祿》宋本相較，在編排順序上大有不同（詳見後）；宋神宗熙寧五年（1072），國清寺僧禹珪贈予成尋的「寒山子詩一帖」，比志南「國清寺本」《寒山詩集》（1189）更早 117 年，期盼中國全國高等院校古籍整理研究工作委員會的研究員們，致力於《宋元版漢籍影印叢書》的推動人士，能對此加以追蹤，則海內外最早的寒山詩版本，是《天祿》宋本抑或是日本「宮內省本」，將有一個較可信從之定論。

（二）「國清寺本」系統

　　成於明世宗嘉靖四年（1525）的國清寺道會刊本，篇首附有閭丘胤〈寒山子詩集序〉、〈朱晦庵與南老索寒山子詩帖〉、〈陸放翁與明老改正寒山子詩〉，拾得詩後有「按語」，最後是志南〈天台山國清禪寺三隱集記〉；版心有「寒山」二字，標有「三字詩」、「豐干禪師詩」、「拾得詩」，在志南〈三隱集記〉後，有住持道會及助刊人的姓名；寒山詩不分五、七言，共 303 首，三字詩 6 首、拾遺 2 首，豐干詩 2 首，拾得詩 49 首。

　　贊寧《宋高僧傳》（成於宋太宗端拱元年，988），卷十九〈唐天台山封干師傳〉與卷十三〈梁撫州曹山本寂傳〉，首言曹山本寂注《對寒山子詩》七卷，道原《景德傳燈錄》（成於宋眞宗祥符二年，1009），卷二十七所載寒山、拾得、豐干事蹟，係據《宋高僧傳》，惜二書均未提及唐末杜光庭《仙傳拾遺・寒山子》記徐靈府「行於人間」的「三卷」寒山詩，既「行於人間」，則有可能爲南宋刻本所據，此外，朱熹欲得一寒山詩「好本」，以及陸游對寒山詩楚辭體進行改正，要求附入新刻本，亦可旁證南宋初年的寒山詩版本已不只二種，朱熹〈朱子與南老帖〉：

〔註37〕參見：周琦、王佐才，〈成尋與天台山文化〉，《佛學研究》2002 年。

寒山子詩彼可有好本否？如未有，能爲讎校刊刻，令字畫稍大，便
於觀覽，亦佳也。寄惠黃精簡乾紫菜多品，尤荷厚意。偶得安樂茶，
分去廿餅，并雜碑刻及唐詩三冊，……。熹再啓：清眾各安佳，兒
輩附問，……。〈出師表〉未暇寫，俟寫得轉寄去未晚也。寒山詩刻
成幸早見寄。〔註38〕

南老即國清寺僧志南，由信中所送之物與「兒輩附問」其他僧人，知志南與
朱熹交情匪淺；「國清寺本」是志南應朱熹要求寒山詩「好本」而刊刻，志
南是否有辱朱熹所託，讎校出一寒山詩好本呢？日人島田翰認爲志南所刻的
國清寺本「竄改易置最多」〔註39〕，「錯誤最多，甚不稱晦庵先生丁寧流布
之意。」〔註40〕按：志南當時手中至少應有四個版本可供讎校：一、徐靈府
「行於人間」的「三卷」寒山詩版本；二、熙寧五年（1072），日僧成尋訪國
清寺，國清寺僧禹珪贈成尋「寒山子詩一帖」的版本；三、《天祿》宋本之
母本；四、據《天祿》宋本之母本翻刻，附有慈受懷深《擬寒山詩》的版本。
島田翰言：「竄改易置最多」，是指對《天祿》宋本的「竄改易置」，就《天
祿》宋本與明嘉靖四年的國清寺道會刊本作一比較，《天祿》宋本之閭丘胤
〈寒山子詩集序〉、〈豐干禪師錄〉、〈拾得錄〉，國清寺道會刊本僅保留了〈寒
山子詩集序〉，後附志南集寒山、豐干、拾得傳說之大成的〈三隱集記〉，〈三
隱集記〉的內容係來自〈寒山子詩集序〉、〈豐干禪師錄〉、〈拾得錄〉，〈三隱
集記〉除了是寒山、豐干、拾得事蹟的「濃縮版」，還加上《天祿》宋本所
沒有的，有關「國清三隱」的六項傳說（詳見第三章），因此可以說，國清寺道
會刊本的母本，應是志南的「國清寺本」；此外，在詩序的排列上，道會刊
本寒山詩第一首寒山詩爲〈重巖我卜居〉，異於《天祿》宋本第一首寒山詩
〈凡讀我詩者〉，以上兩點，即島田翰所言的「竄改易置最多」，然就《天祿》
宋本與道會刊本，以及其他版本作比較，《天祿》宋本的錯謬字居所有版本
之冠〔註41〕，就此而論，志南「國清寺本」並未負朱熹所託，確實有努力在
各版本中讎校出一寒山詩好本。

〔註38〕《宋板寒山詩集》，上海望平街有正書局發行。出版年代不詳。下引版本同。
〔註39〕〔日〕島田翰，〈刻宋本寒山詩集序〉，日本明治38年刊本《宋大字本寒山詩
　　　　集》卷首，轉引自：項楚，《寒山詩注》附錄二〈序跋、序錄〉，頁954。
〔註40〕正中本《寒山詩集》卷首，轉引自：項楚，《寒山詩注》附錄二〈序跋、序錄〉，
　　　　頁948。
〔註41〕葉珠紅，〈《四部叢刊》景《天祿琳琅》宋刻本《寒山子詩一卷附豐干拾得詩
　　　　一卷》校後記〉，《寒山詩集校考》。頁189～196。

　　道會刊本除了收有朱熹的〈朱晦庵與南老索寒山子詩帖〉，還收了另一位成就寒山詩「好本」的功臣，陸游的〈陸放翁與明老改正寒山子詩〉，《天祿》宋本有寒山詩唯一一首楚辭體〈有人坐山楹〉：

　　有人坐山楹，雲卷兮霞瓔。秉芳兮欲寄，路漫漫難征。

　　心惆悵狐疑，年老已無成。眾喔咿斯，寒獨立兮忠貞。〔註42〕

陸游〈陸放翁與明老帖〉載：

　　「有人兮山陘，雲卷兮霞纓。秉芳兮欲寄，路漫兮難征。心惆悵兮狐疑，寒獨立兮忠貞。」此寒山子所作楚辭也，今亦在集中，妄人竄改附益，至不可讀。放翁書寄天封明公，或以刻之山中也。〔註43〕

陸游希望將「妄人竄改附益，至不可讀。」的寒山詩楚辭體改正，道會刊本之寒山詩楚辭體與陸游所改完全相同〔註44〕，此即道會刊本源自志南「國清寺本」的證明，需要說明的是，道會刊本在拾得詩後有一段《天祿》宋本所沒有的「按語」：「按《三隱詩》山中舊本如此，不復校正，博古君子，兩眼如月，政要觀『雪中芭蕉』畫耳。」〔註45〕此「按語」成了「國清寺本」系統的最大特色（有關「按語」的相關問題詳見後）。

　　國清寺道會刊本屬於志南「國清寺本」系統，相較於翻印自有日本「慶福院」一印的宋版《寒山詩集》（本書簡稱「宮內省本」），最能看出「國清寺本」系統的刊刻經過；日本宮內廳書陵部，創建於文武天皇大寶元年（701），是天皇的皇家圖書館，當時稱為「圖書寮」，由中務省管轄；1884 年改名為「宮內省圖書寮」，1949 年更名為「宮內廳書陵部」，經十三個世紀的累積，已公開的中國古籍宋刊本 75 種、元刊本 69 種、明刊本 336 種；另有唐寫本 6 種、元鈔本 5 種、明鈔本 30 種，其中有中國未收藏的版本，有的是中國所藏為殘本，而書陵部所藏為全本，有的較中國版本之刻印年代較早。〔註46〕日本宮

〔註42〕《寒山子詩一卷附豐干拾得詩一卷》，頁 13。

〔註43〕《宋板寒山詩集》。上海望平街有正書局發行。

〔註44〕明嘉靖四年天台國清寺道會刊本，頁 13～14。

〔註45〕明嘉靖四年天台國清寺道會刊本，頁 49。

〔註46〕參見：安平秋，《宋元版漢籍影印叢書・編纂緣起》，日本宮內廳書陵部藏《宋元版漢籍影印叢書》（北京：線裝書局，2001 年），頁 7。下引版本同。按：自 1997 年 12 月起，中、日兩國共同合作，複製宮內廳書陵部的工作，議定將書陵部所藏 144 種宋元版（刻本）漢籍，全部複製給中國全國高等院校古籍整理研究工作委員會。

內廳書陵部所藏宋本《寒山詩集》，卷首有觀音比丘無我慧身所作，共六行十二字的「序詩」，內容如下：

> 若人何鄉姓何氏，隋季唐初豪傑士。屠龍技癢無所施，東守西征徒萬里。天厭荒淫羿（羊加歷）君，大地山河移姓李。滿眼清賢登廟堂，書生分合山林死。揭來寒山三十年，不堪回首紅塵市。遨戲千巖萬水間，駕言足躡龜毛屨。不饑不采山中薇，渴來只飲山中水。風飄夏擊惱幽懷，移家屢入深雲裏。貧衣襤褸足風霜，不礙寒潭瑩無滓。時訪豐幹看拾公，膜外形骸忘爾汝。擾擾人寰螳慕蠰，哂然一笑寒山齒。擬將大筏渡迷津，咳唾烟雲生筆底。銀鉤灑洒落巖阿，至今護守煩山鬼。世無相馬九方皋，但從肥瘦求形似。詩成眾口浪雌黃，往往視之為下俚。近來一二具眼人，頗憐名字遺青史。雲裒霞纓妙語言，謂與騷章無異旨。寥寥千載無人知，偶逢知者惟知此。知與不知於我乎何知，此其所以得為寒山子。〔註47〕

詩末有無我慧身跋語二行：「曩閱「東皋寺」《寒山集》缺此一篇，適獲聖制古文命工刊梓，以全其璧。觀音比丘無我慧身敬書。」〔註48〕知日本「宮內省本」《寒山詩集》，是繼東皋寺本之後的「無我慧身本」，成書年代不詳，但確定在釋無隱「東皋寺本」（紹定己丑，1229年）之後，篇末有釋可明為「東皋寺本」所作之跋語〔註49〕，此版本一刻於國清寺志南；二刻於東皋寺無隱；三刻於觀音比丘無我慧身，收寒山詩304首，豐幹詩2首，拾得詩48首，詩總數較《天祿》宋本少15首，不分五、七言；在無我慧身跋語二行之後，為閭丘胤〈寒山子詩集序〉，半頁九行，行十五字；次〈朱晦庵與南老帖〉（上有「慶福院」之印），次〈陸放翁與明老帖〉，均從眞跡刻入；次釋志南〈天台山國清禪寺三隱集記〉；次可明之跋語。正文半頁八行，行十四字，標有「寒山詩集豐幹拾得詩附」、「豐幹禪師詩」、「拾得詩」，版心為頁數。拾得詩後有「按語」，

〔註47〕《宋板寒山詩集》卷首。
〔註48〕《宋板寒山詩集》。按：此版本因有「慶福院」印，以此知為宮內廳書陵部藏。
〔註49〕《宋板寒山詩集》：「大士垂迹，不泄密因。語言三昧，發於淵才雅思。大圭不琢，豈追琢者可同日而語。或直道其事，使賢鄙同笑，粗言軟語，咸彰至理，悅耳目，適口體。此其深誠，究已躬明心性；此其格言，緩細披尋，大有好笑。板行其可闕乎？東皋除苾芻無隱得舊本，感慨重刊，俾為讎校，因題其後。一覽知妙，且由此而入，較卅里，尤當寶翫，□屠維赤奮若陬月上澣，華山除饉男可明敬跋。」，頁79。

首句詩爲〈重巖我卜居〉，與道會刊本一樣，屬「國清寺本」系統，必須說明的是：此一流傳至日本的「無我慧身本」，「序詩」開頭的「隋季唐初豪傑士」，作者係根據閭丘胤〈寒山子詩集序〉，誤以寒山爲貞觀時人；此外，寒山詩楚辭體未改，此異於道會刊本。

葉昌熾《寒山寺志》，在無我慧身的跋語後，注：「一記一跋一詩，據日本仿宋刻《寒山子詩集》錄出。」〔註50〕所謂「記」，是指志南的〈三隱集記〉；「跋」，是指「東皋寺本」釋可明的跋；「詩」，就是這篇無我慧身所得的「序詩」，葉昌熾在「序詩」下注云：「此篇慧身但刊以補東皋本之缺，非其所作也。題曰『聖制古文』，疑爲時王之製，亦未敢臆定。」〔註51〕葉昌熾認爲據「東皋寺本」的「無我慧身本」，刊刻者觀音比丘，並非長篇序詩的作者。日本「宮內省本」《寒山詩集》乃「無我慧身本」，是「國清寺本」系統的三刻，劉玉才認爲是：「現存的最善之本，且爲後世翻刻的淵藪。」〔註52〕鍾玲認爲：「海內外現存的最早版本，大概就是存於日本皇宮書陵部的1189年國清寺刊行版本。」〔註53〕二說均認爲「國清寺本」系統三刻的「無我慧身本」，是現存海內外最早的寒山詩版本。

按：日本皇宮書陵部的版本，確定是紹定己丑年（1229）「東皋寺本」之後的「無我慧身本」，雖是「國清寺本」系統的三刻，仍不能視爲就是「國清寺本」（成於1189年），由國清寺道會刊本的寒山詩楚辭體已按陸游的要求改正（「無我慧身本」之楚辭體未改），顯然道會刊本所據之版本，較「無我慧身本」爲早；其次，海內外現存最早的寒山詩版本，若以詩集的「題、跋、序、記」來看，僅有閭丘胤〈寒山子詩集序〉的《天祿》宋本，無疑要較集寒山詩「題、跋、序、記」之大成的「無我慧身本」，甚至比後附有志南〈三隱集記〉的「國清寺本」更早。

《天祿》宋本與「無我慧身本」，其成書年代均不詳，兩者與志南的「國清寺本」，以及釋無隱的「東皋寺本」同爲宋版本，則是可以確定的。「無我慧身本」在日本爲「宮內省本」，明治十三年（1905）島田翰據以覆刻；在中國，

〔註50〕 清·葉昌熾，《寒山寺志》，沈雲龍主編，《中國名山勝蹟志叢刊》第二五冊（台北縣：文海出版社景印吳縣潘氏刻本，1975年），頁193。下引版本同。

〔註51〕 清·葉昌熾，《寒山寺志》，頁192。

〔註52〕 劉玉才，〈寒山詩集影印說明〉，日本宮內廳書陵部藏《宋元版漢籍影印叢書》，頁7。

〔註53〕 鍾玲，〈寒山在東方和西方文學界的地位〉，《中國詩季刊》3卷4期，1972年。

清張鈞衡輯爲「擇是居叢書本」，「無我慧身本」與所據的「東皋寺本」，與國清寺道會刊本，均有一段《天祿》宋本所無之「按語」，第一首寒山詩均是〈重巖我卜居〉，不同於《天祿》宋本第一首寒山詩〈凡讀我詩者〉，以上二點，是《天祿》宋本系統與「國清寺本」系統最大的不同，據「國清寺本」（淳熙十六年，1189）的道會刊本，與據紹定己丑年（1229）「東皋寺本」的「無我慧身本」，在詩序排列上幾乎相同，唯一的差別是：「無我慧身本」之寒山詩楚辭體未改，而國清寺道會刊本之楚辭體已改正。

　　總上而言，以第一首寒山詩與拾得詩，作爲不同版本的依據，《天祿》宋本系統第一首寒山詩爲〈凡讀我詩者〉，第一首拾得詩爲〈諸佛留藏經〉，與之相同的版本有朝鮮本、高麗本、《全唐詩》本；「國清寺本」系統第一首寒山詩爲〈重巖我卜居〉，第一首拾得詩爲〈自從到此天台寺〉，與之相同的有國清寺道會刊本、宮內省本、明刊白口八行本，此爲兩大系統最明顯的不同。普遍被認爲是最早的寒山詩版本——《天祿》宋本，在拾得詩最後一首〈可笑是林泉〉，下注：「此首係別本增入。」「國清寺本」系統特有的「按語」有：「按《三隱詩》山中舊本如此，不復校正。」由此可見，《天祿》宋本與「國清寺本」系統，都是別有所本。

（三）「寬文本」之拾得佚詩

　　寒山、拾得「佚詩」，是指宋、元刊本《寒山子詩集》所未載之詩，寒山研究學者對「佚詩」的研究，多就日本寒山詩之注釋本，寒山詩之注釋本，以《首書寒山詩》爲最早（版本特色詳見下文），成於日本後西天皇寬文十一年（約康熙十年，1671，本書簡稱「寬文本」），收集之寒山、拾得「佚詩」，多未見於中國版本〔註54〕，筆者比照「寬文本」所收之「佚詩」，寒山佚詩僅有〈少年懶讀書〉一首（相關問題詳見下文）；而在拾得詩的部分，「高麗本」在拾得詩後，多了《天祿》宋本所沒有的〈閑自訪高僧〉：

　　　　閑自訪高僧，青山與白雲。東家一稚子，西舍眾群群。
　　　　五峰聳雲漢，碧落水澄澄。師指令歸去，日下一輪燈。〔註55〕

〔註54〕按：日本有關寒山詩之注釋本，除《首書寒山詩》外，另有連山交易和尚《寒山子詩集管解》（寬文十二年，1672）；本內心慎《寒山詩集鈔》（元祿十四年，1701）；白隱禪師《寒山詩闡提記聞》（寬保元年，1741）；大鼎和尚《寒山詩索賾》（文化十一年，1814）。

〔註55〕《寒山子詩集附豐干拾得詩慈受擬寒山詩》，上海涵芬樓借常熟瞿氏鐵琴銅劍樓藏高麗刊本影印，《四部叢刊集部縮本》，頁67。

「日下一輪燈」的「日」，應爲「月」之誤；「五峰聳雲漢」的「五峰」，是環繞國清寺的五座山峰〔註56〕，寒山於詩中曾提及〔註57〕，拾得此佚詩對照寒山詩〈閑自訪高僧〉：「閑自訪高僧，煙山萬萬層。師親指歸路，月掛一輪燈。」〔註58〕寒山此詩，各版本均有收錄，拾得佚詩〈閑自訪高僧〉，明顯是襲自寒山，則「高麗本」之拾得詩，已有點竄寒山詩爲拾得詩的情形，而與「高麗本」同源自《天祿》宋本的「寬文本」，在拾得詩〈閑自訪高僧〉後，另有《天祿》宋本與「高麗本」均沒有的拾得「佚詩」三首，分別是：〈昨夜得一夢〉、〈身貧未是貧〉、〈井底紅塵生〉，以下試論。拾得佚詩〈昨夜得一夢〉：

昨夜得一夢，夢見一團空。朝來擬說夢，舉頭又見空。

爲當空是夢，爲復夢是空。想計浮生裏，還同一夢中。〔註59〕

此詩亦見於《湖州吳山端禪師語錄》，以及《嘉泰普燈錄》卷三〈湖州西余師子淨端禪師〉〔註60〕，吳山淨端禪師，姓丘，字明表，湖州歸安人，因「觀弄獅子，頓契心法。」叢林號爲「端獅子」。〔註61〕對照拾得「佚詩」〈昨夜得一夢〉，雖內容有部分差異，二詩作者應是同一人，淨端禪師未明說的「古人」，關係到此詩出現的年代；劉誼爲《吳山淨端禪師語錄》作序，因曾言新法不當，「論事有陸贄之風」的劉誼，在熙寧中（熙寧共10年，1068～1077）「持節南方」〔註62〕，劉誼於序中言淨端禪師：「於里中石壁間，詩頌頗多，皆如

<hr>

〔註56〕唐·徐靈府，《天台山記》卷一：「寺有五峯，一、八桂峯；二、映霞峯；三、靈芝峯；四、靈禽峯；五、祥雲峯。」《大正藏》冊51，第2096號，頁1054中18～20。

〔註57〕《寒山子詩一卷附豐干拾得詩一卷》：「丹丘迥聳與雲齊，空裡五峰遙望低。鴈塔高排出青嶂，禪林古殿入虹蜺。風搖松葉赤城秀，霧吐中巖仙路迷。碧落千山萬仞現，藤蘿相接次連谿。」，頁31。

〔註58〕《寒山子詩一卷附豐干拾得詩一卷》，頁26～27。

〔註59〕《首書寒山詩》（下），頁22。

〔註60〕《吳山淨端禪師語錄》卷一〈長興壽聖禪寺語錄〉：「古人道：『昨夜得個夢，夢見一團空。今朝擬說夢，舉頭又見空。爲當空是夢，爲復夢是空。料想浮生裏，還同此夢中。』」《禪宗集成》第二三冊（台北：藝文印書館，1968年），頁15651。下引版本同。按：《嘉泰普燈錄》僅引前四句，《嘉泰普燈錄》卷三〈湖州西余師子淨端禪師〉：「古人道：『昨夜得箇夢，夢見一團空。今朝擬說夢，舉頭又見空。」《佛光大藏經》禪藏，史傳部。（高雄縣：佛光出版社，1994年），頁124。下引版本同。

〔註61〕宋·曉瑩集，《羅湖野錄》卷上〈湖州西余淨端禪師〉。《佛光大藏經》禪藏，史傳部。（高雄縣：佛光出版社，1994年），頁349。下引版本同。

〔註62〕朱鼎玲等編，《嘉靖浙江通志》卷三九〈人物志〉第六之四，《天一閣藏明代方志選刊續編》（上海：上海書店，1990年），頁896。

寒山、拾得之流，諦窴至理，或有可觀。」〔註63〕從劉誼的描述來看，淨端
禪師未明白指出的「古人」，有可能是寒山或拾得；其次，《羅湖野錄》載：

> （淨端禪師）又嘗往金陵，謁王荊公。以其在朝更新庶務，故作偈曰：
> 「南無觀世音，説出種種法。眾生業海深，所以難救拔。往往沈沒
> 者，聲聲怨菩薩。」……荊公平時見端偈語稱賞之。曰：「有本者，
> 故如是然。」〔註64〕

王安石曾作〈擬寒山拾得〉二十首，淨端禪師喜寒山、拾得詩，效寒山題詩
於石壁，王安石稱賞淨端禪師之偈，乃因淨端禪師如「寒山、拾得之流。」
王安石與淨端禪師相知，同樣喜愛寒山、拾得詩，應是互爲影響。收錄拾得
佚詩〈昨夜得一夢〉的「寬文本」，乃源自《天祿》宋本，劉誼於「熙寧中」
（約1073）作《吳山淨端禪師語錄・序》，較國清寺僧釋志南成於淳熙十六年（1189）
的「國清寺本」還要早，而較「國清寺本」更早的《天祿》宋本，跟「國清
寺本」一樣，均未載拾得佚詩〈昨夜得一夢〉，則《天祿》宋本的問世，最晚
當在北宋熙寧以前，可爲佐證的，是上述《天祿》宋本之豐干詩，已出現在
成尋的《參天台五台山記》，成尋於熙寧五年（1072）所得之寒山詩版本，可能
是傳入日本最早的寒山詩版本，若「寬文本」所據以翻刻的版本，就是熙寧
五年的寒山詩版本，則《天祿》宋本系統之寒山詩，在「國清寺本」（淳熙十六
年，1189。）問世以前，至少就有三個不同的版本，即：未收拾得佚詩之《天祿》
宋本、收有點竄寒山詩爲拾得佚詩〈閑自訪高僧〉的高麗覆宋本（高麗本）、收
有拾得佚詩三首的版本。次論拾得佚詩〈身貧未是貧〉：

> 身貧未是貧，神貧始是貧。身貧能守道，名爲貧道人。
>
> 神貧無智惠，果受餓鬼身。餓鬼比貧道，不如貧道人。〔註65〕

贊寧《大宋僧史略》，對於漢地僧人自稱「貧道」，有詳盡的解釋。〔註66〕此

〔註63〕《吳山淨端禪師語錄・序》。《禪宗集成》第二三冊，頁 15650。
〔註64〕宋・曉瑩集，《羅湖野錄》卷一。《佛光大藏經》，頁 350。
〔註65〕《首書寒山詩》（下），頁 22～23。
〔註66〕宋・贊寧，《大宋僧史略》卷三〈對王者稱謂〉：「西域人多稱我，卑於尊所稱
亦無嫌，故阿難云：『如是我聞也。』若此方對王者，漢魏兩晉或稱名，或云
我，或云貧道。故法曠上書於晉簡文，稱貧道；支遁上書乞歸剡，亦稱貧道；
道安諫苻堅，自稱貧道，呼堅爲檀越，于時未爲定式。……至南齊時，法獻、
玄暢二人分爲僧正，……後因中興寺僧鐘啓答，稱貧道。帝嫌之，問王儉曰：
『先輩沙門與帝王共語何稱？正殿還坐不？』儉對曰：『漢魏佛法未興，不見
紀傳。自僞國稍盛皆稱貧道，亦聞預坐。』……帝曰：『暢、獻二僧道業如此，

詩論精神修煉重於長養色身，「貧道人」較「貧道」（和尚）更加「身貧」，「身貧」意指窮和尚；此詩之韻味，頗符合拾得自稱的，「詩偈總一般。」〔註67〕再看拾得另一首佚詩〈井底紅塵生〉：

井底紅塵生，高山起波浪。石女生石兒，龜毛數寸長。

欲覓菩提路，但看此牓樣。〔註68〕

「寬文本」列此詩為拾得詩的最後一首，詩後有「三隱詩卷終」，最早就此詩發揮的，是光慶寺遇安禪師（卒於淳化三年，992），《景德傳燈錄》載：

問：承古德有言：「井底紅塵生，山頭波浪起。」未審此意如何？師曰：「若到諸方但恁麼問。」曰：「和尚意旨如何？」師曰：「適來向汝道什麼？」師又曰：「古今相承皆云：『塵生井底，浪起山頭；結子空華，生兒石女。』但看泥牛行處陽焰翻波，木馬嘶時空華墜影，聖凡如此道理分明。」〔註69〕

《景德傳燈錄》未言「古德」為誰，最早指出此「古德」為寒山，是瑞州洞山曉聰禪師（卒於天聖八年，1030），《天聖廣燈錄》載：

師上堂，舉寒山云：「井底生紅塵，高峰起波浪。石女生石兒，龜毛寸寸長。若欲學菩提，但看此牓樣。」良久。云：「還知落處也無？若也不知落處，看看菩提入僧堂裏去也。」〔註70〕

《續傳燈錄》卷二探《天聖廣燈錄》卷二三，亦言此詩為寒山詩〔註71〕，《建中靖國續燈錄》卷九〈廬山棲賢智遷禪師〉（卒於元祐元年，1082），上堂引此詩，未指此詩是寒山詩。〔註72〕按：「井底生紅塵，高峯起白浪。石女生石兒，龜

尚自稱名。」……由是沙門皆稱名於帝王，獻、暢為始也。」《大正藏》冊54，第2126號，頁251中17～下5。

〔註67〕《寒山子詩一卷附豐干拾得詩一卷》：「我詩也是詩，有人喚作偈。詩偈總一般，讀時須子細。緩緩細披尋，不得生容易。依此學修行，大有可笑事。」，頁54。

〔註68〕《首書寒山詩》（下），頁23。

〔註69〕宋・道原，《景德傳燈錄》卷二六〈杭州光慶寺遇安禪師〉。《大正藏》冊51，第2076號，頁424中27～下7。

〔註70〕宋・李遵勗編，《天聖廣燈錄》卷二三〈瑞州洞山曉聰禪師〉。《佛光大藏經》禪藏，史傳部。（高雄縣：佛光出版社，1994年），頁761～762。下引版本同。

〔註71〕明・居頂，《續傳燈錄》卷二，瑞州洞山曉聰禪師上堂舉寒山此詩，將「高峰起波浪」作「高峰起白浪」；「若欲學菩提」作「若要學菩提」；「但看此牓樣」作「但看此模樣。」《大正藏》冊51，第2077號，頁477上13～15。

〔註72〕宋・惟白，《建中靖國續燈錄》卷九，廬山棲賢智遷禪師：「上堂云：『井底紅塵生，高峯起波浪。石女生石兒，龜毛寸寸長。若欲學菩提，看取此牓樣。』

毛寸寸長。」四者皆指虛幻不實之物，此詩意謂：明白萬法皆幻，了悟空理，即是菩提。佛鑑惠懃禪師（卒於政和七年，1117。）上堂引此詩：「日日日西沉，日日日東上。若欲學菩提，擲下拄杖曰：『但看此榜樣。』」〔註73〕意義更翻一層，日頭東上西沈，不離現前；欲覺菩提，不離當念，佛鑑惠懃之說，可與寒山觀空悟道之意相發。從以上宋代禪師上堂所引，均未言〈井底紅塵生〉一詩為拾得所作，由瑞州洞山曉聰禪師所引，此詩應為寒山佚詩。

　　上述「寬文本」所收之拾得佚詩，拾得〈閑自訪高僧〉乃點竄自寒山〈閑自訪高僧〉，寒山〈井底紅塵生〉一詩被誤植為拾得之作，「寬文本」僅〈少年懶讀書〉與〈身貧未是貧〉二詩，未見宋以後禪師論及，由「寬文本」所收之拾得佚詩，顯見從北宋開始，寒山詩被誤植為拾得詩的情形並非少見。

二、「《永樂大典》本」《寒山詩集》

　　寒山在〈五言五百篇〉一詩中，提到有「五言」、「七字」、「三字」之作〔註74〕，現今所有的寒山詩版本均為三百多首，〈五言五百篇〉之六百首可視為寒山初步計算詩作總數的「虛數」；在詩作的編排上，《天祿》宋本未標明，高麗本已標有「五言」、「七字」、「三字」，國清寺道會刊本與「宮內省本」僅標明「三字詩」，「《永樂大典》本」異於其他以五言為第一首的版本，是唯一以三字詩作為篇首的版本。〔註75〕

（一）「《永樂大典》本」《寒山詩集》之特色

　　鍾仕倫認為「《永樂大典》本」《寒山詩集》所根據的「山中舊本」，似是「迄今為止所發現的最早的寒山詩版本。」〔註76〕惜未說明理由。按：明初姚廣孝等人編《永樂大典》，於永樂年間始刊、後毀佚，嘉靖四十一年（1562）

　　　參。」《佛光大藏經》禪藏，史傳部。（高雄縣：佛光出版社，1994 年），頁
　　　432。下引版本同。
〔註73〕宋・正受編，《嘉泰普燈錄》卷一一。《佛光大藏經》，頁 445。
〔註74〕《寒山子詩一卷附豐干拾得詩一卷》：「五言五百篇，七字七十九。三字二十一，
　　　都來六百首。一例書巖石，自誇云好手。若能會我詩，真是如來母。」，頁 42。
〔註75〕明・姚廣孝等編，《寒山詩集》，《永樂大典》前編（上）卷九百三（台北：世
　　　界書局，1962 年），頁 1。下引版本同。
〔註76〕鍾仕倫，〈永樂大典本《寒山詩集》論考〉，《四川大學學報》第 5 期，2000
　　　年。下引版本同。

始全其貌，「《永樂大典》本」《寒山詩集》，與《天祿》宋本、「國清寺本」系統，在編排上之不同如下：

1、「《永樂大典》本」並無多數宋版本均有的「前序」(閭丘胤〈寒山子詩集序〉)、「後記」(志南〈三隱集記〉)。

2、《天祿》宋本標明「拾得詩」，拾得、豐干詩前有〈拾得錄〉、〈豐干禪師錄〉，「《永樂大典》本」均無。

3、「《永樂大典》本」之寒山、拾得詩混而未分，除了卷首《寒山詩集》之下標明「三字詩」、五言第一首〈我在村中住〉前標有「五字詩」，「七字詩」未標，五、七言在〈閑自訪高僧〉一詩之後開始不分，未分之五、七言約佔全部寒山詩的十分之一。

4、「《永樂大典》本」之「三字詩」共有四首，其他版本將第一首析爲三首，共六首。

5、「《永樂大典》本」將豐干「房中壁上書」析爲五首，加〈本來無一物〉共六首；《天祿》宋本與其他版本的豐干「房中壁上書」，合〈本來無一物〉一詩，全部共二首。

6、「《永樂大典》本」在豐干詩〈本來無一物〉一詩後，有「雲山詩集」四字。爲其他版本所無。〔註77〕

7、「《永樂大典》本」詩總數共 349 首，比《天祿》宋本少 20 首。

除了編排上的不同，「《永樂大典》本」唯一同於《天祿》宋本之處，是寒山詩之「楚辭體」未改；唯一同於「國清寺本」的地方，是《天祿》宋本所沒有的「按語」。「楚辭體」未改，則其刊刻所據之本，或較志南「國清寺本」爲早；與「國清寺本」系統有相同的「按語」，則「按語」有可能爲「國清寺本」所採，此「按語」在道會刊本與「宮內省本」，均位於拾得詩最後一首〈水浸泥彌丸〉之後，即《寒山詩集》的最後，志南〈三隱集記〉之前，「《永樂大典》本」之寒山、拾得詩均未標明，「按語」是位於〈水浸泥彌丸〉之後，〈昨日何悠悠〉一詩之前，約《寒山詩集》的三分之一處，與「國清寺本」系統不同，以下試論「《永樂大典》本」《寒山詩集》之「按語」：

按《三隱詩》山中舊本如此，不復校正，博古君子，兩眼如月，正要觀雪中芭蕉畫耳。〔註78〕

〔註77〕 鍾仕倫，〈永樂大典本《寒山詩集》論考〉，認爲「《永樂大典》本」之「雲山詩集」，「雲」字當爲「寒」字之誤。《四川大學學報》第 5 期，2000 年。

〔註78〕 明・姚廣孝等編，《寒山詩集》，《永樂大典》前編（上）卷九百三，頁 6。

「《三隱詩》山中舊本如此。」《三隱詩》之名，必定在「三隱」公諸於世之後；第一位懷疑〈閭丘偽序〉的贊寧，在《宋高僧傳》（成於太平興國三年，978）卷十九〈唐天台封干師傳〉的最後，有「閭丘序三賢」的說法；宋神宗熙寧五年（1072），日僧成尋訪國清寺，國清寺僧禹珪贈予《寒山子詩一帖》，成尋在《參天台五台山記》第一卷，提到在國清寺「三賢院」，看到寒山、拾得與豐干禪師三人的塑像〔註79〕，《宋高僧傳》與成尋《參天台五台山記》均只提到「三賢」，筆者檢視最早出現「三隱」一名的版本，共有二：一、附有慈受懷深擬寒山詩，作於南宋建炎四年（1130），元代時傳入朝鮮的「高麗本」，版心有「三隱」二字；二、日本最早的寒山詩注釋本，成於寬文十一年（1671）的「寬文本」，頁首之閭丘胤〈寒山子詩集序〉，作〈三隱詩序〉，在拾得詩後，有「三隱詩卷終」，則「寬文本」之母本，當與「高麗本」之母本相同。附有慈受懷深擬寒山詩的高麗覆宋本（1130），早於志南於淳熙十六年刊刻的「國清寺本」（1189），「國清寺本」系統之「按語」若為志南所加，則志南當日手中讎校的版本，其中至少有版心為「三隱」二字，為《天祿》宋本之母本，與附有慈受懷深擬寒山詩的版本，此版本後來傳入朝鮮、日本，即高麗覆宋本、寬文本。

其次，論「山中舊本」一詞，「按語」所指的「山中」，有以下可能：

1. 寒山所居的天台山寒巖，又叫「翠屏山」、「寒山」。
2. 首位輯寒山詩的桐柏徵君徐靈府，其所居之地的「桐柏山」。
3. 至今仍留有北宋黃庭堅手書寒山詩〈重巖我卜居〉的刻石〔註80〕，即國清寺所在地——「天台山」。

「翠屏山」、「寒山」、「桐柏山」，均為天台山的腹地，惜「宮內省本」釋可明之跋語，未明言東皋寺僧無隱所得之「舊本」從何而來，筆者推論：無隱所據以刊刻的「舊本」，可能為志南「國清寺本」，「按語」若為志南刻「國清寺本」時所加，則「山中舊本」為《天祿》宋本；「按語」若為無隱於「東皋寺本」所加，則「山中舊本」應指志南「國清寺本」。《天祿》宋本在〈可笑是林泉〉一詩後，小字注：「此首係別本增入。」（按：與《天祿》宋本詩序幾乎相同

〔註79〕 轉引自：羅時進，〈寒山及其《寒山子集》〉，《唐詩演進論》，頁115。
〔註80〕 在國清寺後，八桂峰的岩壁石刻，有黃庭堅手書寒山詩刻石：「重巖我卜居，鳥道絕人跡。庭際何所有，白雲抱幽石。」參見：錢學烈，《寒山拾得詩校評》，篇首。

的「高麗本」則未註明。）「《永樂大典》本」的「按語」，是在〈可笑是林泉〉一詩後，約全部《寒山詩集》的三分之一處，由此推論：「國清寺本」系統特有的「按語」，其「山中舊本」有可能是指寒山詩、拾得詩均未分，無〈寒山子詩集序〉與〈三隱集記〉等，即《永樂大典》本《寒山詩集》的母本。

再次，論「雪中芭蕉畫」，「雪中芭蕉畫」指的是王維的〈袁安臥雪圖〉，宋代記載王維〈袁安臥雪圖〉，有北宋著名的政治家兼科學家沈括（1031～1095），《夢溪筆談》卷十七載：

> 余家所藏摩詰畫〈袁安臥雪圖〉，有雪中芭蕉，此乃得心應手，意到便成，故造理入神，迥得天意，此難可與俗人論也。[註81]

除沈括《夢溪筆談》外，惠洪（1071～1128）《冷齋夜話》卷四亦載：「如王維作畫〈雪中芭蕉〉詩，法眼觀之，知其神情寄寓於物，俗論則譏以為不知寒暑。」[註82] 王維〈偶然作六首〉之六：「夙世謬詞客，前身應畫師。」[註83] 詩名盛於開元、天寶，其山水畫作的高峰期是在他晚年閒居輞川時，《宣和畫譜》載：

> 維善畫，尤精山水，當時之畫家者流，以謂天機所到，而所學者皆不及，後世稱重，亦云維所畫不下吳道玄也。觀其思致高遠，初未見於丹青時，時詩篇中已自有畫意，由是知維之畫出於天性，不必以畫拘，蓋生而知之者。[註84]

王維的山水畫被董其昌評為「南宗」之祖，因他不用李思訓的「小斧劈法」（又稱「鉤斫法」），亦不以大青大綠著色，改用「披麻縮皴法」，以水墨渲染，全無「火氣」，《舊唐書・文苑傳》評王維畫：「筆蹤措思，參於造化，而創意經圖，即有所缺。如山水平遠，雲峰石色，絕跡天機，非繪者之所及也。」[註85]不管是「參於造化」或「天機所到」，沈括形容的：「故造理入神，迥得天意。」惠洪言：「法眼觀之，知其神情寄寓於物。」知北宋論王維〈雪中芭蕉〉，是

[註81] 宋・沈括，《夢溪筆談》卷十七。《四部叢刊》，續編，子部。（台北：台灣商務印書館，1966年），頁2。

[註82] 宋・釋惠洪，《冷齋夜話》卷4，嚴一萍選輯《學津討原》第二十函，原刻影印《百部叢書集成》（台北：藝文印書館，1965年），頁6。

[註83] 清・季振宜等編，《全唐詩》卷125，頁1254。

[註84] 《宣和畫譜》卷10〈山水一・唐〉。嚴一萍選輯《學津討原》第十六函，原刻景印《百部叢書集成》（台北：藝文印書館，1965年），頁4。

[註85] 後晉・劉昫，《舊唐書・文苑傳》卷190下〈列傳〉（北京：中華書局影印《四部備要》（1936年版），1989年），頁1576。

不能以「凡眼」視之；「雪中芭蕉」在宋代引起不少爭議，除沈括、惠洪外，朱翌（1098～1167）屬於贊成派，《猗覺寮雜記》載：

> 《筆談》云王維畫入神，不拘四時，如雪中芭蕉，故惠洪云：「雪裡芭蕉失寒暑」，皆以芭蕉非雪中物。嶺外如曲江，冬大雪，芭蕉自若，紅蕉方開花。知前輩雖畫史亦不苟。洪作詩時，未到嶺外。〔註86〕

朱翌舉嶺外有雪中芭蕉，駁惠洪「失寒暑」之說；謝肇淛則持不同看法，《文海披沙》載：「作畫如作文，少不檢點，便有紕繆。如王右丞「雪中芭蕉」，雖閩廣有之，然右丞關中極寒之地，豈容有此耶！」〔註87〕皮朝綱認爲朱翌所說過於牽強，而謝肇淛則是忽視了藝術與生活的區別，皮朝綱整理出近人對「雪中芭蕉」的看法：

1. 將芭蕉認爲是易壞不堅之物，比喻爲肉身，陳寅恪以「雪中芭蕉」爲「人身可厭」，陳允吉認爲是：「人身空虛」。

2. 將「雪中芭蕉」看作是「舍身求法的精神」，黃河濤認爲是王維意在「傾吐內心對當時熾盛一時的禪宗佛教的熱情。」

3. 將「雪中芭蕉」等同於禪宗「不可思議」的「話頭」，錢鍾書認爲與「井底塵」、「山頭浪」、「火裡蓮」一樣，暗示著「稀有」或「不可思議」。
〔註88〕

按：王維一生與南、北二宗禪師均有往來，晚年則傾心於南宗，其「雪中芭蕉」畫明顯呈現南宗禪以般若中觀，經由對「空」的認識來達到「悟無生」的最高境界，王士禎《池北偶談》論王維畫：「世稱王右丞畫雪中芭蕉，其詩亦然。……大抵古人詩畫，只取興會神到，若刻舟緣木求之，失其指矣。」〔註89〕此論最爲中肯。

又次，論「按語」之：「博古君子，兩眼如月，正要觀雪中芭蕉畫耳。」此語最接近上述惠洪之論；惠洪（1071～1128），字覺範，號寂音，眞淨克文（1025～1102）的法嗣，黃龍慧南（1021～1069）的法孫，惠洪主張要以「法眼」去觀照

〔註86〕宋・朱翌，《猗覺寮雜記》（上），嚴一萍選輯《知不足齋叢書》第三函，原刻影印《百部叢書集成》（台北：藝文印書館，1966年），頁2～3。

〔註87〕明・謝肇淛，《文海披沙》卷三〈畫病〉（台北：新文豐出版，1978年），頁33。

〔註88〕參見：皮朝綱，〈惠洪以禪論藝的美學意蘊〉，《四川師範大學學報》23卷2期，1996年4月。

〔註89〕清・王士禎，《池北偶談》（上海古籍出版社影印《四庫筆記小說叢書》，870冊，1993年），頁262。

「雪中芭蕉」畫裡所寓含的「神情」,「按語」之:「博古君子,兩眼如月。」如月的兩眼,即惠洪所謂的,能照見一切法門之眼的「法眼」。

最後,論「按語」的位置,即:加「按語」者的用心。「按語」位在拾得詩最後一首〈可笑是林泉〉之後,「《永樂大典》本」《寒山詩集·可笑是林泉》:

> 可笑是林泉,數里勿人煙。雲從巖嶂起,瀑布水潺潺。猿啼暢道曲,
> 虎嘯出人間。松風清颯颯,鳥語聲關關。獨步繞石澗,孤陟上峰巒。
> 時坐盤陀石,偃仰攀蘿沿。遙望城隍處,唯聞鬧喧喧。水浸泥彈丸,
> 思量無道理。浮泡夢幻身,百年能有幾。不解細思惟,將言長不死。
> 誅剝壘千金,留將與妻子。〔註90〕

《天祿》宋本自「水浸泥彈丸」以下開始別作一首,爲拾得詩第五二首,〈可笑是林泉〉編爲拾得詩第五四首,下注:「此首係別本增入。」在〈水浸泥彈丸〉與〈可笑是林泉〉之間,爲拾得詩第五三首〈雲林最幽棲〉:

> 雲林最幽棲,傍澗枕月谿。松拂盤陀石,甘泉涌淒淒。
> 靜坐偏佳麗,虛巖曚霧迷。怡然居憩地,日。(原注:以下缺)

〔註91〕

「日」字下的「原注」,在「高麗本」作「日斜掛影低」,此詩在「國清寺本」系統與「《永樂大典》本」均缺,其詩旨較近於〈可笑是林泉〉。按:〈水浸泥彈丸〉意爲:終生盤刮得來的千金家財,不過是留與妻子,此詩透露人生短暫,終歸丘墳,相較於描述山中之樂的〈可笑是林泉〉,確實應作兩首爲宜,加「按語」者,應是希望「兩眼如月」的「博古君子」,以「觀雪中芭蕉畫」的「法眼」,來審視〈可笑是林泉〉的山中之樂,與〈水浸泥彈丸〉的塵俗之悲,於其奧妙處細思,意在警醒終生與三毒爲鄰而不自知的世人。

結論:「《永樂大典》本」《寒山詩集》,除了卷首標明「寒山詩集」外,屬於寒山或拾得的詩均未標明,一般集詩的情況,通常是未標注在前,已標注在後,集詩者在抄錄時,若根據早已標明寒山詩、拾得詩的情形,則應不會將「數里勿人煙」、「猿啼暢道曲,「虎嘯出人間」、「時坐盤陀石,偃仰攀蘿沿。」認爲是在國清寺擔任「火頭」工作的拾得,會有的生活實錄,而較有可能是身處寒巖的寒山作品;「國清寺本」系統的拾得詩有48首,《天祿》宋

〔註90〕明·姚廣孝等編,《寒山詩集》,《永樂大典》前編(上)卷九百三,頁6。
〔註91〕《寒山子詩一卷附豐干拾得詩一卷》,頁60。

本系統的拾得詩有 39 至 54 首〔註 92〕，加上拾得詩錯雜在寒山詩中的情形來看，恐怕拾得詩真正的數量，當少於 39 首。「《永樂大典》本」之寒山、拾得詩均未標明，此「按語」若首度出現在「東皋寺本」，則「山中舊本」指「國清寺本」；以國清寺道會刊本亦有「按語」來看，若無隱刻「東皋寺本」時，亦將「國清寺本」之「按語」全抄，以「按語」的「雪中芭蕉」，在北宋時已引起熱烈討論的情況，則加「按語」者，當在志南「國清寺本」之前，「《永樂大典》本」《寒山詩集》無〈閭丘偽序〉、〈三隱集記〉，則「按語」提到的「山中舊本」，有可能是唐末杜光庭所記，由徐靈府所集，「行於人間」的三卷寒山詩。

（二）「《永樂大典》本」《寒山詩集》與《天祿》宋本之異文比較

「《永樂大典》本」《寒山詩集》與《天祿》宋本，有若干首詩之「異文」，無法逕以「形近而誤」、「音近而誤」，或抄錄者有意為之的「雅化」予以解釋，由「異文」的比對，最能看出不同的收集結果，產生兩個差異甚大的版本。下文以《天祿》宋本為據，校以「《永樂大典》本」《寒山詩集》說明之。

1.〈縱你居犀角〉

縱你居犀角，饒君帶虎睛。桃枝將辟穢，蒜殼取為瓔。

暖腹茱萸酒，空心枸杞羹。終歸不免死，浪自覓長生。〔註 93〕

這是首諷刺求長生者花盡千般心思，欲享盡天年的詩。《天祿》宋本之「桃枝將辟穢」，「《永樂大典》本」作「桃枝折作醫」。桃兼具醫病與長生功能，唯有桃膠，葛洪《抱朴子》載：「桃膠以桑灰汁漬，服之百病癒，久服之身輕有光明，在晦夜之地如月出也，多服之則可以斷穀。」〔註 94〕《太平御覽》載：「高邱公服桃膠得仙。」〔註 95〕「《永樂大典》本」之「桃枝折作醫」，意在強調醫病的功效；《天祿》宋本之「桃枝將辟穢」，是來自民間桃能壓百鬼的說法，《太平御覽》引《典術》：「桃者，五木之精也，能厭伏邪氣者也，桃之

〔註 92〕《寒山子詩一卷附豐干拾得詩一卷》之拾得詩，共計 54 首，頁 58～60。按：除末首注明：「係由別本增入」之外，第 40～44 首，下有小字注：「與前長偈語句同。」第 45～53 首，下有小字注：「下與寒山詩大同小異語意相涉。」第 53 首下小字注：「以下缺。」故《天祿》宋本真正的拾得詩，應為 39 首。

〔註 93〕《寒山子詩一卷附豐干拾得詩一卷》，頁 14。

〔註 94〕晉・葛洪，《抱朴子》卷十一〈仙藥〉（北京：中華書局，1988 年），頁 205。

〔註 95〕宋・李昉等編，《太平御覽》卷九六七〈果部・四〉，頁 4422。

精，生在鬼門，制百鬼，故令作桃鞭人，著以厭邪，此仙木也。」〔註96〕《藝文類聚》引《莊子》：「插桃枝於戶，連灰其下，童子入不畏，而鬼畏之。」〔註97〕以桃枝辟邪，通常是在人死之後〔註98〕，人為了「制百鬼」或遭「殃」，以桃枝來厭伏邪氣，此較能與前四句分別提到的「犀角」、「虎睛」、「蒜殼」等類似的辟邪物有其一致性，由「桃枝」的功效來看，似應以《天祿》宋本的「將辟穢」為宜，然以最後兩句所凸顯的詩旨：「終歸不免死，浪自覓長生。」「《永樂大典》本」之「桃枝折作醫」，則與「覓長生」的目的吻合。

2.〈一人好頭肚〉

一人好頭肚，六藝盡皆通。南見驅歸北，西逢趁向東。

長飄如汎萍，不息似飛蓬。問是何等色，姓貧名曰窮。〔註99〕

《天祿》宋本之「南見驅歸北」，「《永樂大典》本」作「南見趁向北」；《天祿》宋本之「西逢趁向東」，「《永樂大典》本」作「西見趁向東」；《天祿》宋本之「姓貧名曰窮」，「《永樂大典》本」作「姓貧名曰空」。項楚引錢鍾書《管錐篇》論寒山詩，言揚雄〈逐貧賦〉、韓愈〈送窮文〉，貧與窮，「均害人之物，寒山之『貧窮』則受害之人。」〔註100〕此說為確。「《永樂大典》本」之「南見趁向北，西見趁向東。」較合乎寒山詩的口語化風格，「姓貧名曰空」，「空」顯然為「窮」之形近而誤。

3.〈吁嗟濁濫處〉

吁嗟濁濫處，羅剎共賢人。謂是等流類，焉知道不親。

狐假師子勢，詐妄卻稱珍。鉛礦入鑪冶，方知金不真。〔註101〕

《天祿》宋本「謂是等流類」、「狐假師子勢」、「詐妄卻稱珍」、「方知金不真」，「《永樂大典》本」作「謂是荒流類」、「狐假獅子勢」、「詐妄卻稱真」、「方知金不精」。此詩疑是針對國清寺僧有感而發，除了「荒流類」為「等流類」（同流之人）之形近而誤，此外，「狐假獅子」、「詐妄稱真」，是說明「金不精」

〔註96〕宋・李昉等編，《太平御覽》卷九六七〈果部・四〉，頁 4421。

〔註97〕唐・歐陽詢撰、汪紹楹校，《藝文類聚》卷 86〈果部・上〉（上海古籍出版社，1995 年），頁 1468。

〔註98〕金寶忱，〈淺析中國桃文化〉：「人死後，呼出的最後一口氣稱之為「殃」，必須以桃木和朱砂畫的符咒淨宅。」《黑龍江民族叢刊》第 1 期，1995 年。

〔註99〕《寒山子詩一卷附豐干拾得詩一卷》，頁 24。

〔註100〕項楚，《寒山詩注》，頁 376。

〔註101〕《寒山子詩一卷附豐干拾得詩一卷》，頁 20。

或「金不眞」，用來比喻「羅刹」當道。兩個版本同時出現形近與音近之誤。

4.〈有鳥五色彣〉

　　有鳥五色彣，棲桐食竹實。徐動合禮儀，和鳴中音律。

　　昨來何以至，爲吾暫時出。儻聞絃歌聲，作舞欣今日。〔註102〕

《天祿》宋本「徐動合禮儀」、「和鳴中音律」、「爲吾暫時出」，「《永樂大典》本」作「徐動合和儀」、「鳴中施禮律」、「爲暫時一出」。這首詩以身有「五色彣」的鳳凰自比，在平仄、對偶方面，《永樂大典》本明顯不如《天祿》宋本來得「講究」。

5.〈大有飢寒客〉

　　大有飢寒客，生將獸魚殊。長存磨石下，時哭路邊隅。

　　累日空思飯，經冬不識襦。唯齎一束草，並帶五升麩。〔註103〕

《天祿》宋本「生將獸魚殊」、「長存磨石下」、「時哭路邊隅」、「經冬不識襦」，「《永樂大典》本」作「生將獸魚誅」、「長存廟石下」、「時笑路邊隅」、「終冬不識襦」。這首詩是寒山於仕途不願求助他人的生活實錄，除了「時笑路邊隅」，明顯爲「時哭路邊隅」之形近而誤，「廟石」與「磨石」，或爲集詩者在一口述一抄錄時所造成的音近而誤。

6.〈昨見河邊樹〉

　　昨見河邊樹，摧殘不可論。二三餘幹在，千萬斧刀痕。

　　霜凋萎疎葉，波衝枯朽根。生處當如此，何用怨乾坤。〔註104〕

《天祿》宋本「二三餘幹在」、「霜凋萎疎葉」，「《永樂大典》本」作「二三餘藥卉」、「霜剝萎黃葉」。《藝文類聚》卷三六引袁淑《眞隱傳》，記鬼谷子勸其徒蘇秦、張儀博取功名後，當明白「嵩岱之松柏，華霍之檀桐。」之所以能「千秋萬歲，不受斧刀之患。」乃是所居之處與「河邊之樹」大不同，〈昨見河邊樹〉一詩即取意於此。〔註105〕「河邊樹」正因生處河邊，在「千萬斧刀痕」的摧殘下，只剩「二三餘幹在」，「《永樂大典》本」之「霜剝」，較《天祿》宋本之「霜凋」，更襯托出「黃葉」之「萎」，益發顯出寒山以「河邊樹」爲喻，勸人早作「出塵之思」的苦心。

〔註102〕《寒山子詩一卷附豐干拾得詩一卷》，頁7。

〔註103〕《寒山子詩一卷附豐干拾得詩一卷》，頁19。

〔註104〕《寒山子詩一卷附豐干拾得詩一卷》，頁30。

〔註105〕參見：項楚，《寒山詩注》，頁496。

7.〈世間何事最堪嗟〉

> 世間何事最堪嗟，盡是三途造罪楂。
> 不學白雲巖下客，一條寒衲是生芽。
> 秋到任他林葉落，春來從你樹開花。
> 三界橫眠閒無事，明月清風是我家。〔註106〕

《天祿》宋本「盡是三途造罪楂」、「一條寒衲是生芽」、「秋到任他林葉落」、「三界橫眠閒無事」，「《永樂大典》本」作「盡是三途造罪祖」、「一條寒衲是生涯」、「秋到任地林葉落」、「三界橫眠無一事」。「《永樂大典》本」之「造罪祖」，項楚舉王梵志詩：「飲酒妨生計，摴蒲必破家。但看此等色，久後作窮查。」「楂」是對人的鄙稱，又作「查」、「相」，「祖」應是「相」之形近而誤。〔註107〕《天祿》宋本：「秋到任他林葉落，春來從你樹開花。」「任他」與「從你」相對，「《永樂大典》本」之「地」，乃「他」之形近而誤。另外，「《永樂大典》本」將此詩分為兩首，從語意上來看，應從《天祿》宋本，較能顯出「白雲巖下客」的隱居之樂。

（三）「《永樂大典》本」寒山詩舉隅

目前被公認為最早的寒山詩版本——《天祿》宋本，其錯謬為各版本之冠，加上編者有意為之的「雅化」，更顯示在刊刻流布的過程中，迭有修正，此在以《天祿》宋本為母本覆刻的「高麗本」中可證。以下就《天祿》宋本十三首寒山、拾得詩，以「《永樂大典》本」校以源自《天祿》宋本的「高麗本」，試證「《永樂大典》本」《寒山詩集》，其源為另一個宋版本。

1.〈富貴疏親聚〉

> 富貴疏親聚，只為多錢米。貧賤骨肉離，非關少兄弟。
> 急須歸去來，招賢閣未啓。浪行朱雀街，踏破皮鞋底。〔註108〕

《天祿》宋本之「踏破皮鞋底」，「《永樂大典》本」作「踏破芒鞋底」。「時來省南院」、「曾經四五選」，是寒山於求仕之路的風雨行役圖，在前往尚書省吏部南院看榜所必經的「朱雀大街」上，「芒鞋」明顯較「皮鞋」，較為接近寒山當時的貧境。

〔註106〕《寒山子詩一卷附豐干拾得詩一卷》，頁 30。
〔註107〕項楚，《寒山詩注》，頁 513。
〔註108〕《寒山子詩一卷附豐干拾得詩一卷》，頁 20～21。

2.〈少年學書劍〉

少年學書劍，叱馭到荊州。聞伐匈奴盡，婆娑無處游。

歸來翠巖下，席草翫清流。壯士志未騁，獼猴騎土牛。〔註109〕

這首詩於《天祿》宋本列爲拾得詩，學界普遍認爲是寒山詩錯收入拾得詩，因少學書劍，優則求仕的描述，絕非十歲時，在赤城道旁，被國清寺豐干禪師拾到，此後便長期在國清寺修行的拾得所能擁有的生活經歷。《天祿》宋本「席草翫清流」，高麗本、「《永樂大典》本」均作「席草枕清流」；「壯士志未騁」，高麗本、「《永樂大典》本」作「壯士志朱紱」。

「朱紱」的「紱」，又作「韍」，別稱作「綬」，「朱紱」、「赤紱」意同「朱綬」、「赤綬」，是繫在玉佩或印章上的紅色絲帶，唐代以不同顏色的「綬」來區別官階的高下，「朱紱」有兩個意義：「一、與朱綬同，泛指官職；二、紅色的蔽膝。「蔽膝」爲古代貴族禮服上的一種裝飾，泛指一般官服。」〔註110〕唐代四品官服「深緋」，五品官服「淺緋」，寒山詩中，提及「朱紱」的詩另有諷刺求仙無益的〈有人畏白首〉：「有人畏白首，不肯捨朱紱。……。」〔註111〕兩首寒山詩中的「朱紱」，應泛指「官職」，然究應作「壯士志朱紱」或「壯士志未騁」，須與下句同看。

項楚認爲「獼猴騎土牛」比喻升遷遲緩〔註112〕；錢學烈認爲「獼猴騎土牛」喻歲月遲暮，壯志未酬〔註113〕，筆者認爲：寒山詩中的「朱紱」，有兩個意思：一、寒山爲「前資官」〔註114〕，志在成爲不用年年參加吏部「銓試」的「五品官」（五品以上服淺緋，不用「守選」）；二、泛指官職，若爲第一義，則項楚的看法無誤；若爲第二義，則錢學烈之說亦無差，兩位先生的看法直接關係到寒山是從未作過官，或是如寒山佚詩〈少年懶讀書〉的自述，曾經擔任過「十鄉尉」一職，寒山詩〈少年懶讀書〉：

〔註109〕《寒山子詩一卷附豐干拾得詩一卷》，頁56。

〔註110〕徐頌列，〈唐詩中的「綬」〉，《語文研究》第3期，2001年。徐頌列先生另統計出《全唐詩》中，「朱紱」共有四十八處。

〔註111〕《寒山子詩一卷附豐干拾得詩一卷》：「有人畏白首，不肯捨朱紱。採藥空求仙，根苗亂挑掘。數年無效驗，癡意瞋怫鬱。獵師披袈裟，元非汝使物。」，頁25。

〔註112〕項楚，《寒山詩注》，頁880。

〔註113〕錢學烈，《寒山拾得詩校評》，頁37。

〔註114〕按：唐代六品以下的官員，一年一考，一任期滿爲四考，四年考課期滿，就得停官（沒薪水）待選（再參加吏部的選試），未達五品的官吏均必須經此考核，待選的官吏稱爲「前資官」。

少年懶讀書，三十業猶未。白首始得官，不過十鄉尉。

不如多種黍，供此伏家費。打酒詠詩眠，百年期彷彿。〔註115〕

此詩均不見於中國的宋、元版本，爲寒山佚詩，《首書寒山詩》（「寬文本」）於此詩後手寫注明：「此詩不載舊本」，項楚認爲此詩，「見於日本白隱禪師《寒山詩闡提記聞》卷三，載於全部寒山詩之末，有説明云：『抄此詩，不載舊本，有説檢異本得之。異本，隋州大洪住山慶預序並劉覺先跋有之。』」〔註116〕按：白隱禪師《寒山詩闡提記聞》成於延享年間（1744～1747，約乾隆9年至12年），年代較《首書寒山詩》（寬文十一年，1671。）晚約七十餘年，白隱禪師《寒山詩闡提記聞》與《首書寒山詩》，均爲寒山詩之注釋本，《寒山詩闡提記聞》提到隋州大洪住山慶預作序，劉覺先作跋的「異本」，與「舊本」不同，此處之「舊本」，是否爲「國清寺本」系統均提到的「山中舊本」，以下試論。

「異本」提到的隋州大洪住山慶預，乃丹霞子淳禪師的法嗣，《補續高僧傳》卷二四〈宋・眞寶、慶預傳〉：

> 慶預，湖南京山胡氏子。……。住大洪山，靖康盜起，遠近震蕩，預日頤指閒暇，外飭固守，內事靜專謹禪誦，以定眾志。若是者數年，所活萬餘人。士大夫家賴以生者十七、八。事稍定，徙水南興國寺，隨守以聞，賜號慧炤。紹興中，下匡阜入八閩，愛雪峰深秀，閉關十餘年，將化別眾，書偈曰：「末後一句最難明，轉步回頭千萬程。除卻我家親的子，更誰敢向裏頭行。」擲筆含笑而寂。〔註117〕

慶預於紹興中入閩，後「閉關十餘年」，約當紹興末年（紹興32年，1162），慶預手中的「異本」，早於志南刻於淳熙十六年（1189）的「國清寺本」，故「異本」所提之「舊本」，絕非「國清寺本」，亦不是「國清寺本」系統均有的「按語」所提到的「山中舊本」，因「國清寺本」系統所據的「山中舊本」，並無寒、拾佚詩。

再從《天祿》宋本系統論「舊本」，《天祿》宋本寒山詩「三字詩六首」之

〔註115〕《首書寒山詩》（中），頁47。按：《首書寒山詩》之〈少年懶讀書〉，爲寒山詩的最後一首，異於其他版本。

〔註116〕項楚，《寒山詩注》，頁814。

〔註117〕明・明河，《補續高僧傳》卷二四〈眞寶、慶預傳〉。CBETA, X77, no.1524, pp. 0522b19。

後，爲「拾遺二首新添」〔註118〕，以《天祿》宋本爲母本翻刻的朝鮮本與高麗本，將「拾遺二首新添」排在拾得詩〈可笑是林泉〉之後，接著是《天祿》宋本所缺的〈閑自訪高僧〉一詩〔註119〕，據《天祿》宋本的「寬文本」，在「拾遺二首新添」後，是寒山佚詩〈少年懶讀書〉，羅時進先生認爲是徐靈府所編《寒山子集》，於較早時傳入日本，「入道士所編本無妨，但入釋氏所編書，則似乎與色空之旨相去太遠，故刪去。」〔註120〕按：「寬文本」的寒山佚詩〈少年懶讀書〉下注：「此詩不載舊本。」「寬文本」所根據的「舊本」，自然是指《天祿》宋本，則《天祿》宋本有可能爲杜光庭所說，天台桐柏道士徐靈府所編，晚唐時已「行於人間」的三卷寒山詩，可惜《寒山詩闡提記聞》所言，對於有慶預作序的寒山詩「異本」未有進一步的說明，否則，寒山是否終生未得官職，以及《天祿》宋本是否爲最早的寒山詩版本，均將可獲得較明確的結論。

3.〈我在村中住〉

> 我在村中住，眾推無比方。昨日到城下，仍被狗形相。
>
> 或嫌褲太窄，或說衫少長。攣卻鷂子眼，雀兒舞堂堂。〔註121〕

《天祿》宋本「攣卻鷂子眼」，高麗本、《永樂大典》本」均作「撐卻鷂子眼」。「攣」有抽搐、彎曲不能伸、縫合之意，詩中寒山以「鷂眼」自比，以「雀」比俗眾，「撐卻」是比「攣卻」更能傳達出寒山不畏流俗，甘犯眾侮的神情。

4.〈我見百十狗〉

> 我見百十狗，箇箇毛猙獰。臥者渠自臥，行者渠自行。
>
> 投之一塊骨，相與呀嗺爭。良由爲骨少，狗多分不平。〔註122〕

《天祿》宋本「臥者渠自臥，行者渠自行。」「《永樂大典》本」作「臥者樂

〔註118〕《寒山子詩一卷附豐干拾得詩一卷》之「拾遺二首新添」，其一〈我見世間人〉：「我見世間人，箇箇爭意氣。一朝忽然死，只得一片地。闊四尺，長丈二。汝若會出來爭意氣，我與汝立碑記。」其二〈家有寒山詩〉：「家有寒山詩，勝汝看經卷。書放屏風上，時時看一遍。」，頁48。

〔註119〕《四部叢刊》景高麗本《寒山詩一卷豐干拾得詩一卷附慈受擬寒山詩一卷》：「閑自訪高僧，青山與白雲。東家一稚子，西舍眾群群。五峰聳雲漢，碧落水澄澄。師指令歸去，日下一輪燈。」，頁67。按：此詩乃襲自寒山詩〈閑自訪高僧〉：「閑自訪高僧，煙山萬萬層。師親指歸路，月掛一輪燈。」見：《寒山子詩一卷附豐干拾得詩一卷》，頁26～27。

〔註120〕羅時進，《唐詩演進論》，頁208。

〔註121〕《寒山子詩一卷附豐干拾得詩一卷》，頁35。

〔註122〕《寒山子詩一卷附豐干拾得詩一卷》，頁11。

自臥，行者樂自行。」此詩是比喻「國之惡犬」，「臥者」、「行者」是已知的主語，「樂」比「渠」更能點出「百十狗」貪婪的眞實樣貌。

5.〈賢士不貪婪〉

賢士不貪婪，癡人好鑪冶。麥地占他家，竹園皆我者。

努膊覓錢財，切齒驅奴馬。須看郭門外，壘壘松柏下。〔註123〕

《天祿》宋本之「麥地占他家」，「《永樂大典》本」作「爭地占他家」。「爭地」顯較「麥地」更能看出「癡人」之爲財癡，至死不悔。

6.〈自聞梁朝日〉

自聞梁朝日，四依諸賢士。寶志萬迴師，四仙傅大士。

顯揚一代教，作時如來使。造建僧伽藍，信心歸佛理。

雖乃得如斯，有爲多患累。與道殊懸遠，拆東補西爾。

不達無爲功，損多益少利。有聲而無形，至今何處去。〔註124〕

《天祿》宋本「寶志萬迴師」、「作時如來使」、「造建僧伽藍」、「損多益少利」、「至今何處去」，高麗本、「《永樂大典》本」均作「寶誌萬迴師」、「作持如來使」、「建造僧伽藍」、「損多益少矣」、「至今何處是」。「寶志」禪師，亦有作「寶誌」、「保志」、「保誌」；「四仙」，項楚與錢學烈均認爲應是「泗州」之誤，錢學烈言：「敦煌卷子斯一六二四號有僧伽、志公、萬回三聖合傳，日本圓仁在唐收集的法寶目錄中有三聖合併圖像。」〔註125〕西域神僧釋僧伽，人稱「泗州大聖」、「泗州大士」，與南朝齊梁神僧寶誌、以及卒於唐睿宗景雲年間的神僧萬迴（亦作萬回），三人俱爲神僧，項楚認爲：「在傳寫的過程中，「泗」字脫落了偏旁成「四」，「州」則錯成了「仙」。」「作持如來使」，「作」爲「任」字之誤，應作「任持如來使」，意爲：在佛滅度後能擔任弘法任務之人〔註126〕；錢學烈認爲「作持」本爲佛教術語，另作「『止持』、『作持戒』、『作持門』、『止持戒』、『止持門』等，而『作時』則與此無涉。」〔註127〕高麗本、「《永樂大典》本」均作「作持如來使」，較《天祿》宋本「作時如來使」正確。

〔註123〕《寒山子詩一卷附豐干拾得詩一卷》，頁 16。
〔註124〕《寒山子詩一卷附豐干拾得詩一卷》，頁 28。
〔註125〕錢學烈，《寒山拾得詩校評》，頁 305。
〔註126〕項楚，《寒山詩注》，頁 460、456。
〔註127〕錢學烈，《寒山拾得詩校評》，頁 306。

7.〈水清澄澄瑩〉

　　　水清澄澄瑩，徹底自然見。心中無一事，水清眾獸現。

　　　心若不妄起，永劫無改變。若能如是知，是知無背面。〔註128〕

《天祿》宋本「水清眾獸現」、「心若不妄起」，高麗本、「《永樂大典》本」均作「萬境不能轉」、「心既不妄起」。項楚引《佛開解梵志阿颰經》：「譬如水清，其中沙石魚鱉自現；道意已淨，悉見天下心識所。」認爲前四句乃「以水之澄瑩見底，比喻心之清淨無事。」〔註129〕錢學烈認爲：「只要心地清明無染無著人的自性眞源自然就會顯露出來。」〔註130〕按：此詩關係到寒山所忻慕的禪學，究竟是「如來藏自性清淨心」，抑或洪州禪的「平常心」，「心中無一事」乃「水清眾獸現」的狀態，「永劫無改變」是來自「萬境不能轉」，「心中無一事」與「萬境不能轉」，乃「不妄起」的「平常心」之外顯境界。

8.〈世事繞悠悠〉

　　　世事繞悠悠，貪生早晚休。研盡大地石，何時得歇頭。

　　　四時周變易，八節急如流。爲報火宅主，露地騎白牛。〔註131〕

《天祿》宋本「世事繞悠悠」、「四時周變易」，「《永樂大典》本」作「世事何悠悠」、「四時洞變易」，「洞」爲「周」之形近而誤；《天祿》宋本「貪生早晚休」，高麗本、「《永樂大典》本」均作「貪生未肯休」。此詩引《妙法蓮華經·譬喻品》中，長者以羊車、鹿車、牛車（喻聲聞、緣覺、菩薩三乘），誘稚子（喻眾生）脫離火宅的故事，「《永樂大典》本」：「世事何悠悠，貪生未肯休。」眾生之輪迴生死無有了期，似較能凸顯「露地騎白牛」的大乘教法，乃身處「火宅」之人，離苦得樂的不二法門。《天祿》宋本「貪生早晚休」，「早晚」意爲「遲早」；高麗本、「《永樂大典》本」均作「貪生未肯休」，「早晚」二字，拾得詩〈閑入天台洞〉寫道：

　　　閑入天台洞，訪人人不知。寒山爲伴侶，松下噉靈芝。

　　　每談今古事，嗟見世愚癡。箇箇入地獄，早晚出頭時。〔註132〕

《天祿》宋本「早晚出頭時」，高麗本、「《永樂大典》本」均作「那得出頭時」，

〔註128〕《寒山子詩一卷附豐干拾得詩一卷》，頁33。
〔註129〕項楚，《寒山詩注》，頁542。
〔註130〕錢學烈，《寒山拾得詩校評》，頁347。
〔註131〕《寒山子詩一卷附豐干拾得詩一卷》，頁42。
〔註132〕《寒山子詩一卷附豐干拾得詩一卷》，頁57。

此二詩，《天祿》宋本均獨作「早晚」，其他版本均與高麗本、「《永樂大典》本」相同。

9.〈寒山出此語〉

寒山出此語，此語無人信。蜜甜足人嘗，黃蘗苦難近。

順情生喜悅，逆意多瞋恨。但看木傀儡，弄了一場困。〔註133〕

《天祿》宋本「黃蘗苦難近」、「順情生喜悅」，「《永樂大典》本」作「黃蘗苦難吞」、「順性生喜悅」。黃蘗之苦，自是難吞，「順性」顯較「順情」更能看出世人不解忠言逆耳，任意隨性，其處境有如難以脫困的傀儡般。

10.〈閑遊華頂上〉

閑遊華頂上，日朗晝光輝。四顧晴空裡，白雲同鶴飛。〔註134〕

《天祿》宋本「日朗晝光輝」，「《永樂大典》本」作「天朗晝光輝」。「天朗」較「日朗」更顯出寒山立於天台最高峰的華頂之上，與萬物齊觀的自在無礙。

11.〈千生萬死凡幾生〉

千生萬死凡幾生，生死來去轉迷盲。

不識心中無價寶，猶似盲驢信腳行。〔註135〕

《天祿》宋本「千生萬死凡幾生」，高麗本、「《永樂大典》本」均作「千生萬死何時已」；《天祿》宋本「生死來去轉迷盲」、「猶似盲驢信腳行」，「《永樂大典》本」作「生死來去轉迷情」、「恰似盲驢信腳行」。此詩乃形容「不識無價寶」的愚癡輩，生生世世如盲驢般信腳而行之危殆不止。高麗本、「《永樂大典》本」之「千生萬死何時已」較《天祿》宋本「千生萬死凡幾生」，更顯出六道輪迴之逃無可逃。

12.〈寒山有一宅〉

寒山有一宅，宅中無闌隔。六門左右通，堂中見天碧。

房房虛索索，東壁打西壁。其中一物無，免被人來借。

寒到燒輭火，飢來煮菜喫。不學田舍翁，廣置牛莊宅。

盡作地獄業，一入何曾極。好好善思量，思量知軌則。〔註136〕

此詩強調六根清淨，才能遠離地獄惡因，《天祿》宋本「廣置牛莊宅」，「《永

〔註133〕《寒山子詩一卷附豐干拾得詩一卷》，頁45。

〔註134〕《寒山子詩一卷附豐干拾得詩一卷》，頁27。

〔註135〕《寒山子詩一卷附豐干拾得詩一卷》，頁31。

〔註136〕《寒山子詩一卷附豐干拾得詩一卷》，頁27。

樂大典》本」作「廣置田莊宅」；「田莊」要較「牛莊」來得合理。此外，「免
被人來借」，《四庫全書》本之「借」作「惜」，項楚認爲「惜」較合韻，錢學
烈認爲「惜」乃「借」之形近而誤。〔註137〕

13.〈我聞天台山〉

　　我聞天台山，山中有琪樹。永言欲攀之，莫曉石橋路。

　　緣此生悲歎，幸居將已慕。今日觀鏡中，颯颯鬢垂素。〔註138〕

《天祿》宋本「永言欲攀之」、「莫曉石橋路」，「《永樂大典》本」作「永言欲
攀上」、「莫遠石橋路」；《天祿》宋本「幸居將已慕」，高麗本、「《永樂大典》
本」均作「幸居將已暮」。《天祿》宋本之「慕」，乃「暮」之形近而誤，「欲
攀之」則較《永樂大典》本」的「欲攀上」合韻，較具爭議的是「莫遠石橋
路」或「莫曉石橋路」；以「今日觀鏡中，颯颯鬢垂素。」來看，寒山作此詩
時應在晚年，心之所嚮的天台山琪樹，是長在莓苔深處，難以攀度的石橋邊，
有關天台山琪樹之奇，李紳〈新樓詩二十首・琪樹〉，詩前序曰：「琪樹垂條
如弱柳，結子如碧珠，三年子可一熟，每歲生者相續，一年綠，二年碧，三
年者紅，綴於條上，璀錯相間。」〔註139〕至於令人望之怯步的石橋，徐靈府
《天台山記》云：

　　石橋色皆清，長七丈，南頭闊七尺，北頭闊二尺，龍形龜背，架萬
　　仞之壑。上有兩澗合流，從橋下過，泄爲瀑布，西流出剡縣界。從
　　下仰視，若晴虹之飲澗。橋勢嶮峭，水聲崩落，時有過者，目眩心
　　悸。今遊人所見，正是北橋也，是羅漢所居之所也。〔註140〕

石橋之吸引唐人，在於它的「渾然天成」，有如「天外飛來」，在東晉竺曇猷
以前，就有過石橋之後爲「羅漢所居」的傳說〔註141〕，《太平御覽》引顧愷之
《啓蒙記》：「天台山石橋，路逕不盈尺，長數十步，至滑，下臨絕冥之澗。」

〔註137〕項楚，《寒山詩注》，頁441。錢學烈，《寒山拾得詩校評》，頁300。

〔註138〕《寒山子詩一卷附豐干拾得詩一卷》，頁30。

〔註139〕清・季振宜等編，《全唐詩》卷481，頁5479。

〔註140〕唐・徐靈府，《天台山記》，《大正藏》冊51，第2096號，頁1055上10～15。

〔註141〕梁・慧皎，《高僧傳》卷十一〈竺曇猷〉：「天台懸崖峻嶺，峰嶺切天。古老相
　　　　傳云：『上有佳精舍，得道者居之。』雖有石橋跨澗而橫石斷人，且莓苔青滑，
　　　　自終古以來無得至者。……猷每恨不得度石橋。後潔齋累日復欲更往，見
　　　　橫石洞開度橋少許，睹精舍神僧，果如前所說。因共燒香中食，食畢神僧謂
　　　　猷曰：『卻後十年自當來此，今未得住。』於是而返。顧看橫石還合如初。」
　　　　《大正藏》冊50，第2059號，頁396上19～中8。

〔註142〕顧愷之與徐靈府對石橋的長與寬，描述容有出入，應以居天台長達二十年的徐靈府所述，爲最近寒山當時所見，在寒山活動的盛唐，以李白與孟浩然描寫「石梁」之詩爲例，天台石梁集千萬驚豔是事實〔註143〕，寒山於詩中述及天台美景，另有〈獨臥重巖下〉：

獨臥重巖下，蒸雲晝不消。室中雖暗靄，心裡絕喧囂。

夢去遊金闕，魂歸度石橋。拋除鬧我者，歷歷樹間瓢。〔註144〕

項楚引《天台山志》：「瓊臺雙闕，兩山也。⋯⋯。由瓊臺轉南至雙闕，皆翠壁萬仞，森以相向，與公〈賦〉所謂：『雙闕雲疎以夾路，窮臺中天而懸居。』」認爲「雙闕」即寒山此詩的「金闕」〔註145〕，以兩地之險絕而言，老年寒山縱然想再遊「金闕」、「石橋」，恐怕也只能在夢裡，現實的情況應是「《永樂大典》本」的「莫遠石橋路」爲宜，自東晉孫綽、竺曇猷（即白道猷）開始，往石橋之路已漸爲時人所聞，居天台幾十年的寒山不可能「莫曉石橋路」。

以上所列十三首《天祿》宋本與「《永樂大典》本」互有差異之詩，屬於《天祿》宋本的高麗覆宋本，同於「《永樂大典》本」者共高達七首，再加上「國清寺本」，顯示出寒山詩在宋代，至少已呈現三個不同的集詩結果。

〔註142〕宋・李昉等編，《太平御覽》卷四一，頁324。
〔註143〕唐・李白，〈送王屋山人魏萬還王屋〉：「⋯⋯。天台連四明，日入向國清。五峰轉月色，百里行松聲。靈溪咨沿越，華頂殊超忽。石梁橫青天，側足履半月。⋯⋯。」孟浩然〈尋天台山〉：「吾友（一作愛）太乙子，餐霞臥赤城。欲尋華頂去，不憚惡谿名。歇馬憑雲宿，揚帆截海行。高高翠微裏，遙見石梁橫。」《全唐詩》卷175、160，頁1789、1644。
〔註144〕《寒山子詩一卷附豐干拾得詩一卷》，頁9～10。
〔註145〕參見：項楚，《寒山詩注》，頁122。

第四章 「國清三隱」傳說—— 論志南〈天台山國清禪寺 三隱集記〉

　　宋代有關「國清三隱」傳說之增衍，除了寒山詩在刊刻過程中，多保留〈寒山子詩集序〉（本書簡稱〈閭丘僞序〉）、〈豐干禪師錄〉、〈拾得錄〉，序中言寒山、拾得、豐干均爲轉世再來，此外，釋書將傳說添枝加葉，以及禪師將「三隱」事蹟作爲上堂法語，無形中亦助長了「三隱」傳說的流行。〈閭丘僞序〉載豐干禪師院：「每有一虎，時來此吼。」〈豐干禪師錄〉載豐干：「忽爾一日，騎虎松徑來入國清。」〔註1〕北宋有關豐干騎虎的傳說，大致如上所述，如：贊寧《宋高僧傳》卷十九載豐干：「嘗乘虎直入松門」；道原《景德傳燈錄》載豐干：「嘗誦唱道歌，乘虎入松門。」時至南宋，無盡居士張商英《護法論》載：「豐干禪師，居常騎虎出入，寒山、拾得爲之執侍。」〔註2〕鄭興德爲《護法論》作序，時爲乾道七年（1171）；志南〈三隱集記〉（成於淳熙十六年，1189。）載豐干：「常唱道乘虎出入」〔註3〕，《護法論》與〈三隱集記〉，均記豐干騎虎入國清寺是經常之舉，可見隨著寒山詩的流傳，在南宋時期，傳說已出現了不同內容。除釋書外，「三隱」傳說之推波助瀾者，乃禪師將「三隱」事蹟作爲上堂法語，〈閭丘僞序〉載閭丘胤：「送至廚中竈前，見二人向火大笑。」〔註4〕贊寧《宋高僧傳》載：「二人燒柴木有圍爐之

〔註1〕《寒山子詩一卷附豐干拾得詩一卷》，頁2、49。
〔註2〕宋・張商英，《護法論》卷一。《大正藏》冊52，第2114號，頁645上2〜3。
〔註3〕明嘉靖四年天台國清寺道會刊本，頁50。
〔註4〕《寒山子詩一卷附豐干拾得詩一卷》，頁2。

狀。」〔註5〕越州姜山方禪師上堂：「不是道得道不得，諸方盡把爲奇特。寒山燒火滿頭灰，笑罵豐干這老賊。」〔註6〕上方日益禪師上堂：「拾得搬柴，寒山燒火。唯有豐干，巖中冷坐。」〔註7〕將寒山描述寒巖隱居之樂的詩，與〈閭丘僞序〉、〈豐干禪師錄〉、〈拾得錄〉同看，巖中長坐的應是寒山，並非豐干。集「國清三隱」傳說之大成者，乃天台山國清寺僧釋志南所作之〈天台山國清禪寺三隱集記〉（本書簡稱〈三隱集記〉），志南爲應朱熹索寒山詩「好本」的要求而刊刻寒山詩，以託名閭丘胤所作的〈閭丘僞序〉爲底本，參考作者不詳的〈豐干禪師錄〉、〈拾得錄〉，外加南宋淳熙十六年（1189）以前，所有寒山、豐干、拾得事蹟之總結，後代的寒山詩版本，幾乎均將〈閭丘僞序〉以及〈三隱集記〉收錄，宋以後有關「國清三隱」傳說的祖師語錄，也多以志南〈三隱集記〉所添加的情節爲根據，可以說，〈三隱集記〉是繼〈閭丘僞序〉之後，有關寒山、豐干、拾得傳說之集大成，〈三隱集記〉的「三隱」傳說，不見於〈閭丘僞序〉的共有六處，分別是：「古鏡不磨如何照燭」、「豐干邀游五台」、「國清寺炙茄」、「趙州遊天台」、「潙山靈祐三無對」、「東家人死，西家助哀。」〈三隱集記〉所記「國清三隱」事蹟，也就是後來完整的「天台三聖」傳說，此傳說究竟成於何人之手，歷來研究寒山的學者均未提及，本章試釐清其來龍去脈，探討此六則傳說其源何自，及其在宋以後的禪師語錄中，被引爲上堂法語的情形，或能對於〈三隱集記〉之相關問題，獲得初步之說解，同時呈現淳熙十六年（1189）以前，有關寒山、拾得、豐干傳說之概況。

第一節 〈三隱集記〉與《景德傳燈錄》之寒山、拾得、豐干事蹟

贊寧《宋高僧傳》（成於宋太宗端拱元年，988。）卷十九〈唐天台封干師傳〉，記寒山、拾得、豐干事蹟，係根據〈閭丘僞序〉；道原《景德傳燈錄》（成於宋眞宗祥符二年，1009。）卷二七〈天台豐干禪師〉、〈天台寒山子〉、〈天台拾得〉，

〔註5〕宋‧贊寧，《宋高僧傳》卷十九〈唐天台封干禪師傳〉。《大正藏》冊 50，第 2061 號，頁 831 中 27。

〔註6〕宋‧普濟，《五燈會元》卷十二。淨慧主編，《中國燈錄全書》第四冊（北京：中國藏學出版社，1993 年），頁 447。下引版本同。

〔註7〕宋‧普濟，《五燈會元》卷十九。《中國燈錄全書》第四冊，頁 737。

內容多襲自贊寧《宋高僧傳》卷十九〔註8〕，除了根據〈閭丘僞序〉、《宋高僧傳》卷十九，道原另記寒山與豐干論：「古鏡不磨，如何照燭？」豐干邀寒山遊五台，以及拾得在國清寺掃地，寺主與寒山、拾得三人有關「東家人死，西家助哀。」共三則對話。以下就〈三隱集記〉之「三隱」傳說，對照《景德傳燈錄》卷二七〈天台豐干禪師〉、〈天台寒山子〉、〈天台拾得〉，以見南宋以前，有關「三隱」傳說之增衍。

一、古鏡未磨如何照燭

禪門以鏡爲喻，後人廣爲傳誦的是神秀與惠能之偈〔註9〕，此外，以鏡爲喻最有名的公案，當爲南嶽懷讓曉諭其徒馬祖道一，《馬祖道一禪師廣錄》載：

> 唐開元中，習定於衡嶽傳法院，遇讓和尚，知是法器，問曰：「大德坐禪圖什麼？」師曰：「圖作佛。」讓乃取一磚，於彼菴前磨。師曰：「磨磚作麼？」讓曰：「磨作鏡。」師曰：「磨磚豈得成鏡？」讓曰：「磨磚既不成鏡，坐禪豈得成佛耶？」〔註10〕

寒山〈烝砂擬作飯〉之「用力磨碌磚，那堪將作鏡。」〔註11〕係來自懷讓「磨甎既不成鏡，坐禪豈得成佛。」懷讓卒於天寶初年，此又寒山非貞觀時人的另一證明。作爲鎮道場之用的「古鏡」，在唐、宋禪師眼中，起懺悔之心有如「磨鏡」〔註12〕；引發清淨心是爲「除鏡垢」〔註13〕；曹洞祖師洞山良价，以「逢

〔註8〕 按：比照道原《景德傳燈錄》卷二七記寒山、拾得、豐干，與贊寧《宋高僧傳》卷十九，除語意相同外，道原抄襲贊寧最明顯之處有二：一、言曹山本寂作《對寒山子詩》；二、言拾得與憍陳如對餐。《大正藏》冊 51，第 2076號，頁 433 下 5～6、434 上 3～4。

〔註9〕 唐‧法海集，《南宗頓教最上大乘摩訶般若波羅蜜經六祖惠能大師於韶州大梵寺施法壇經》卷一，神秀偈：「身是菩提樹，心如明鏡臺。時時勤拂拭，莫使有塵埃。」惠能偈：「菩提本無樹，明鏡亦無臺。佛性常清淨，何處有塵埃。」又偈曰：「心是菩提樹，身爲明鏡臺。明鏡本清淨，何處染塵埃。」《大正藏》冊 48，第 2007 號，頁 337 下 1～338 上 11。

〔註10〕 《馬祖道一禪師廣錄》卷一（《四家語錄》卷一）。《禪宗集成》第十三冊，頁8960。

〔註11〕 《寒山子詩一卷附豐干拾得詩一卷》：「烝砂擬作飯，臨渴始掘井。用力磨碌磚，那堪將作鏡。佛說元平等，摠有眞如性。但自審思量，不用閑爭競。」，頁 17。

〔註12〕 宋‧宗曉編，《樂邦遺稿》卷上〈念佛者如私遇明君〉：「淨行法門曰：『懺悔似勤磨古鏡。』」《大正藏》冊 47，第 1969 號，頁 234 上 2。

古鏡」為「五位君臣標準綱要」之「偏中正」〔註14〕；雲門宗洞山曉聰法嗣——雲居曉舜禪師，曾因「鏡喻」而悟道〔註15〕，足見以鏡為喻，亦為禪門修行之善巧方便。有關古鏡未磨之前，與已磨之後的「鏡喻」，如《景德傳燈錄》記風穴延沼禪師：「問古鏡未磨時如何？曰：『天魔膽裂。』僧曰：『磨後如何？』師曰：『軒轅無道。』」〔註16〕《人天眼目》載〈風穴沼古鏡話〉：

> 僧問：古鏡未磨時如何？穴（風穴延沼）云：「天魔膽喪。」明（石霜楚圓）云：「新羅打鼓。」嚴（翠巖可真）云：「照破天下髑髏。」山（洞山曉聰）云：「此去漢陽不遠。」磨後如何？穴云：「軒轅當道。」明云：「西天作舞。」嚴云：「黑似漆。」山云：「黃鶴樓前鸚鵡洲。」
> 〔註17〕

智昭將臨濟宗風穴延沼禪師的〈古鏡話〉，與石霜楚圓、翠巖可真、洞山曉聰之語錄並舉，風穴延沼（卒於宋開寶六年，973。）有關古鏡未磨、磨後的〈古鏡話〉，在宋以後的禪門廣泛流傳。〔註18〕〈三隱集記〉載寒山、拾得向豐干請教：「古鏡未磨時，如何照燭？」〔註19〕此段記載不見於〈三隱集記〉引以為

〔註13〕 宋・延壽述，《萬善同歸集》卷上：「古鏡積垢，焉能鑑人？雖心性圓明本來具足，若不眾善顯發萬行磨治，方便引出成其妙用，則永翳客塵，長淪識海；成妄生死，障淨菩提。」《大正藏》冊48，第2017號，頁959下29～960上3。

〔註14〕 《瑞州洞山良价禪師語錄》卷一：「師作五位君臣頌云：『……偏中正，失曉老婆逢古鏡，分明覿面別無真，休更迷頭猶認影。』」《大正藏》冊47，第1986B號，頁525下1～4。

〔註15〕 《雲外雲岫禪師語錄》卷一〈祖贊〉：「（雲居舜禪師）武昌行乞時見劉居士，士問古鏡話不契，被士揖出。回洞山，理前問，山云：「此去漢陽不遠」又云：「黃鶴樓前鸚鵡洲」言下大悟。方知古鏡不在磨不磨，照今照古無諸訛，自此提唱不落常調。」《禪宗集成》第二十一冊，頁14149。

〔註16〕 宋・道原，《景德傳燈錄》卷十三。《大正藏》冊51，第2076號，頁302下18～20。

〔註17〕 宋・智昭集，《人天眼目》卷六〈風穴沼古鏡話〉，《大正藏》冊48，第2006號，頁330中9～14。

〔註18〕 有關風穴延沼〈古鏡話〉之相關語錄，有：《大慧普覺禪師語錄》卷九；《景德傳燈錄》卷一七、二一、二三、二四；《續傳燈錄》卷二、五、六；《建中靖國續燈錄》卷二、三、五、十一、一九；《嘉泰普燈錄》卷二；《五燈會元》卷六、一六；《續傳燈錄》卷一二、一四、一六；《天聖廣燈錄》卷一七、二十、二一、二三、二四；《五家正宗贊》卷四；《五燈會元續略》卷四；《五燈全書》卷六一、七五、七七、九八、一一二；《黔南會燈錄》卷二；《正源略集》卷三。

〔註19〕 明嘉靖四年天台國清寺道會刊本，頁50。

底本的〈閭丘偽序〉，最早見於道原《景德傳燈錄》卷二七〈天台豐干禪師〉：

> 一日寒山問：「古鏡不磨，如何照燭？」師曰：「冰壺無影像，玃猴探水月。」曰：「此是不照燭也，更請師道。」師曰：「萬德不將來，教我道什麼？」寒、拾俱禮拜。〔註20〕

其次，見於臨濟宗圓悟克勤法嗣——瞎堂慧遠禪師（卒於淳熙三年，1176）：

> 乃舉寒山問豐干和尚：「古鏡不磨，如何照燭？」干云：「冰壺無影像，玃猴探水月。」山云：「猶是不照燭，更請師道。」干云：「萬德不將來，教我如何道？」二人禮拜而退。〔註21〕

又次，見於悟明《聯燈會要》（成於淳熙十年，1183）卷二九〈應化聖賢〉：

> 天台豐干禪師，因寒山問：「古鏡未磨時，如何照燭？」師云：「冰壺無影像，猿猴探水月。」云：「此是不照燭也，更請道看。」師云：「萬德不將來，教我道甚麼？」寒山、拾得，二俱作禮而退。師欲游五台，問寒山、拾得云：「汝共我去游五台，便是我同流；若不共我去游五台，不是我同流。」山云：「爾去游五台作甚麼？」師云：「禮文殊。」山云：「爾不是我同流。」〔註22〕

上述對話所突顯的重點，即：豐干非寒山同流，此說不僅流行於禪門，晁公遡〈望峨嵋山作〉寫道：「我師寒山子，豐干非同流。」〔註23〕晁公遡之《嵩山集》成於乾道四年（1168），較悟明《聯燈會要》爲早。《聯燈會要》卷二九舉寒山問：「古鏡未磨時，如何照燭？」下接豐干邀寒山、拾得遊五台，不同於《景德傳燈錄》卷二七，下接豐干遊五台後，「回天台示滅」，以及《瞎堂慧遠禪師廣錄》卷一，記瞎堂慧遠對此事的看法〔註24〕，志南〈三隱集記〉載：

〔註20〕宋・道原，《景德傳燈錄》卷二七。《大正藏》冊51，第2076號，頁433中16～19。

〔註21〕《瞎堂慧遠禪師廣錄》卷一〈台州天台山景德國清禪寺語錄〉。《禪宗集成》第十五冊，頁10077。

〔註22〕宋・悟明，《聯燈會要》卷二九。《佛光大藏經》禪藏，史傳部。（高雄縣：佛光出版社，1994年），頁1546。下引版本同。

〔註23〕宋・晁公遡，《嵩山集》卷三〈望峨嵋山作〉：「普賢大開士，神足靡不周。世人妄指此，象取昔所留。願觀百億身，奔走數十州。見者喜稱快，不見默懷羞。紛紛相矜夸，隱晦蓋有由。正如官肆赦，盡出繫中囚。豈其得預聞，皆可除怨尤。一方每驚動，千乘時往游。返爲斯民勞，實貽開士憂。我師寒山子，豐干非同流。」王雲五主編，《四庫全書》珍本二集，頁2～3。

〔註24〕宋・道原，《景德傳燈錄》卷二七，在「寒、拾俱禮拜」後，下接：「師尋獨入五台山巡禮，逢一老翁，師問『莫是文殊否？』曰：『豈可有二文殊？』師

一日問師：「古鏡不磨，如何照燭？」曰：「冰壺無影像，猿猴探水月。」
曰：「此是不照燭也。」更請師道，師曰：「萬德不將來，叫我道什麼？」
寒、拾俱作禮。師謂寒曰：「汝與我遊五台，即我同流，若不與我去，
非我同流。」曰：「我不去。」師曰：「汝不是我同流。」寒問汝去五
台作什麼？曰：「我去禮文殊。」曰：「汝不是我同流。」〔註25〕

〈三隱集記〉在「寒、拾俱作禮。」下接豐干邀「寒山」遊五台，不同於成
書年代在其前的《景德傳燈錄》卷二七、《瞎堂慧遠禪師廣錄》卷一、《聯燈
會要》卷二九，後三書均作豐干邀「寒山、拾得」游五台，之後引用「古鏡
不磨，如何照燭？」這段公案的釋書〔註26〕，幾乎均作豐干邀「寒山、拾得」
遊五台，〈三隱集記〉記豐干獨邀寒山遊五台，顯然意在突顯豐干之「禪師」
身分，亦即：在寒山問豐干：「古鏡不磨，如何照燭？」之後，豐干「冰壺無
影像，猿猴探水月。」「萬德不將來，叫我道什麼？」的回答，使「國清二賢」
（寒山、拾得），一變而成「國清三隱」〔註27〕，由後代禪師引用豐干的回答作
爲上堂法語，可見《景德傳燈錄》卷二七記寒山問：「古鏡不磨，如何照燭？」
爲「豐干邀寒山、拾得遊五台」之濫觴，對「古鏡不磨，如何照燭？」進一
步發揮的南宋禪師，如：瞎堂慧遠禪師，於乾道初年（乾道元年，1164）住國清
寺，僧舉寒山問豐干：「古鏡不磨，如何照燭？」瞎堂慧遠云：

作禮未起，忽然不見。後回天台山示滅。」《大正藏》冊51，第2076號，頁
433中19〜22。《瞎堂慧遠禪師廣錄》卷一，在「二人禮拜而退」，接瞎堂慧
遠對此公案的看法：「大小寒山子，被豐干當面熱瞞；大小豐干，被寒山子一
問，元來膽小。」《瞎堂慧遠禪師廣錄》卷一〈台州天台山景德國清禪寺語錄〉，
《禪宗集成》第十五冊，頁10077〜10078。

〔註25〕釋志南，〈天台山國清禪寺三隱集記〉，明嘉靖四年天台國清寺道會刊本，頁50。

〔註26〕有：《五燈會元》卷二、《五燈嚴統》卷二、《五燈全書》卷三、《指月錄》卷
二、《教外別傳》卷十六、《佛祖綱目》卷三二、《禪宗正脈》卷三，其中，僅
有《禪宗正脈》未接豐干邀遊五台。

〔註27〕余嘉錫，《四庫提要辨證》卷二十〈集部一‧寒山子詩集二卷附豐干拾得詩一
卷〉，舉〈閭丘偽序〉、《宋高僧傳》、《新唐書‧藝文志》、《宋書‧藝文志》、
孫從添《上善堂書目》、徐乾學《傳是樓宋元書目》，均只提寒山、拾得詩，「至
南宋刻本，二聖忽變爲三隱，於是豐干始有詩二首。」頁1259。按：余嘉錫
認爲南宋時，「豐干始有詩二首」，言豐干詩乃南宋僧人之偽作，羅時進〈寒
山及其《寒山子集》〉言成尋的《參天台五台山記》（成於神宗熙寧五年，1072。）
第一卷，已記載豐干詩：「余自來天台，凡經幾萬回。一身如雲水，悠悠任去
來。」《唐詩演進論》，頁121。按：清‧羅聘，〈繪寒山、拾得象題詞〉引寒
山、拾得〈二聖降乩詩〉，可見寒山、拾得「二聖」，在清以前普受香火供養。
詳見：葉珠紅《寒山資料類編》，頁364。

大小寒山子，被豐干當面熱瞞；大小豐干，被寒山子一問，元來膽小。且道：甚麼處是膽小？甚麼處是熱瞞？山僧三日前，看來好一局生面底棊，可惜被遮兩箇老凍儂著壞了也，如今莫有行得活路底衲僧麼？饒你先手出來，當頭下一著看，拊掌云：「了。」〔註28〕

瞎堂慧遠曾被宋孝宗召對東閣〔註29〕，孝宗賜名「佛海禪師」（乾道八年，1172），卒於淳熙三年（1176），慧遠禪師在國清寺以「死棊活下」為喻，後有斷橋妙倫禪師住國清寺，亦對「古鏡不磨，如何照燭？」進一步發揮，《斷橋妙倫禪師語錄》載：

師拈云：「幸然好一面古鏡，無端被寒、拾豐干，強加繪畫，清明者逝矣。新國清，忍俊不禁，未免重為發揮去也。」豎拂云：「不待高懸起，蚩尤已失威。」〔註30〕

斷橋妙倫（卒於景定二年，1261。）來自天台（台州黃巖人），此為其住國清寺時上堂所舉，釋無溫《山菴雜錄》記斷橋和尚「為人峻硬」，住國清日陞堂敘謝：

首座見前輩來，不在稱譽；書記提唱語，如畫人物，種種俱備，但欠點眼耳；藏主提唱語卻不知說箇什麼，他時後日也道在老僧會中辦事來。〔註31〕

斷橋妙倫所謂的「新國清」，與寒山詩中描述的國清寺僧人〔註32〕，十分相似，頗堪玩味；斷橋妙倫對「新國清」的批評，與其個性有關，《禪林僧寶傳》記斷橋妙倫禪師：

〔註28〕《瞎堂慧遠禪師廣錄》卷一。《禪宗集成》第十五冊，頁10077～10078。

〔註29〕宋・志磐，《佛祖統紀》卷四七：「復令遠禪師獨對東閣賜坐，問曰：『前日睡中忽聞鐘聲，不知夢覺，是同是別？』對曰：『夢覺無殊教誰分別？』上曰：『鐘聲從何處起？』對曰：『從陛下問處起。』」《大正藏》冊49，第2035號，頁428上28～中3。

〔註30〕《斷橋妙倫禪師語錄》卷上。《禪宗集成》第十七冊，頁11563～11564。

〔註31〕明・無溫，《山菴雜錄》卷一。《佛光大藏經》禪藏，史傳部。（高雄縣：佛光出版社，1994年），頁594。

〔註32〕《寒山子詩一卷附豐干拾得詩一卷》：「憶得二十年，徐步國清歸。國清寺中人，盡道寒山癡。癡人何用疑，疑不解尋思。我尚自不識，是伊爭得知。低頭不用問，問得復何為。有人來罵我，分明了了知。雖然不應對，卻是得便宜。」，頁43。

倫爲人徑直無諱，好采群言，評量古今。議論既出，如束濕薪，然
皆援經據史，如披曉鏡。人以爲博物宗匠，若智若愚，爭識一面而
後已。〔註33〕

〈三隱集記〉完成七十年後，「古鏡不磨，如何照燭？」之「鏡喻」，仍受到
「徑直無諱」的斷橋妙倫留心，以之砥礪國清寺僧；與斷橋妙倫同時的虛堂
智愚（卒於咸淳五年，1269。）對「古鏡不磨，如何照燭？」《語錄》記其代豐干
云：「因我致得」〔註34〕，在《語錄・佛祖讚》中，《虛堂和尚語錄》有七則
是對寒山、拾得、豐干的禮讚〔註35〕，此對南宋以後，以「國清三隱」爲題
的禪宗水墨畫與畫贊，有其貢獻（詳見後）。

《景德傳燈錄》除了最早言及「古鏡不磨，如何照燭？」亦獨記豐干「回
天台山示滅」，〈三隱集記〉記豐干邀寒山遊五台後：

（豐干）師尋獨入五台，逢一老翁，問：「莫是文殊否？」曰：「豈有
二文殊？」及作禮，忽不見。回天台而化。〔註36〕

志南言豐干「後回天台山而化」，是根據《景德傳燈錄》卷二七言豐干「後回天
台山示滅」，承此記者，除〈三隱集記〉外，尚有《佛祖綱目》卷三二〈豐干寒
山拾得示現天台〉（內容據〈三隱集記〉）〔註37〕、《指月錄》卷二（內容據《景德傳燈

〔註33〕清・自融撰，性磊補輯，《南宋元明禪林僧寶傳》卷七〈淨慈斷橋倫禪師〉。《佛
光大藏經》禪藏，史傳部。（高雄縣：佛光出版社，1994年），頁255。

〔註34〕《虛堂和尚語錄》卷六。《大正藏》冊47，第2000號，頁1024下14〜18。

〔註35〕《虛堂和尚語錄》卷六〈代別一百則・佛祖讚〉：〈寒山拾得〉：「爨下偷僧飯，
崖根抱虎眠，懶吟長短句，來把梵書看，眞箇看牛，皮也須穿。帚柄不忘，
寸心未息。冷眼看人，多少荊棘。咄哉遺棄小兒，豐干草裏拾得。」〈寒山背
身立〉：「罵豐干，是者漢。竹筒盛菜祖，指出教人見。其實只要知機，不欲
彰頭露面。」〈拾得指空笑〉：「木屐竹帚，粘腳綴手。古佛家風，泥豬疥狗。
指天大笑一聲，驚得虛空倒走。」〈豐干騎虎〉：「萬德不將來，猛獸自馴伏。
一嘯出林，陰風拔木。只知拊掌放憨，不覺山青水綠。」〈寒拾問訊〉：「金銀
窟裏出來，彼此囊無一鏹。鬥貧不鬥富，做盡窮伎倆。大蟲來也，急須合掌。」
〈寒山作吟身勢〉：「一句子，有也未。蹙斷眉頭，做盡手勢。靠倒維摩記得
無，至今一默喧天地。」〈拾得磨墨過筆〉：「頭戴樺皮冠，腳穿破木履。有磨
墨過筆之功，無二千酬瀉瓶之水，捉敗了也。國清寺裏偷佛飯，元來是爾。」
《大正藏》冊47，第2000號，頁1030下11〜1031上5。

〔註36〕宋・志南，〈天台山國清禪寺三隱集記〉，明嘉靖四年天台國清寺道會刊本，
頁50〜51。

〔註37〕明・朱時恩，《佛祖綱目》卷三二〈豐干寒山拾得示現天台〉：「干尋獨入五台，
逢一老翁。問：『莫是文殊否？』曰：『豈有二文殊。』及作禮，忽不見。後
回天台而化。」《中國燈錄全書》第十六冊，頁499。

錄》卷二七）〔註38〕，對於首言「古鏡不磨，如何照燭？」與豐干「回天台山示滅」的《景德傳燈錄》，宋僧智昭有所批評，〈覺夢堂重校五家宗派序〉載：

> 道原採集傳燈之日，非一一親往討尋，不過宛轉托人捃拾而得，其差誤可知也。自景德至今，天下四海，以傳燈爲據，雖列刹據位立宗者，不能略加究辨。〔註39〕

姑不論智昭之言是否屬實，《景德傳燈錄》之「豐干見文殊」，是根據贊寧《宋高僧傳》卷十九〈唐天台山封干師傳〉（按：贊寧誤以先天年間的「封干」，爲大曆間識得寒山之「豐干」），然贊寧並未言豐干「回天台示滅」，贊寧記豐干遊五台見文殊〔註40〕，是根據趙州《語錄》，《趙州眞際禪師語錄》載：

> 豐干到五台，山下見一老人，干云：「莫是文殊也無？」老人云：「不可有二文殊也。」干便禮拜，老人不見。有僧舉似師，師云：「豐干只具一隻眼。」師乃令文遠作老人，我作豐干。師云：「莫是文殊也無？」遠云：「豈有二文殊也也。」師云：「文殊！文殊！」〔註41〕

趙州到天台見寒山，釋書多有記（見第一章），日人道忠言：「磧藏主刊行《古尊宿語錄》二十二家，有補於宗門多矣！惜不略敘其始末，爲闕典。就中惟大隋趙州有行狀。」〔註42〕依贊寧之記與道忠所言，「豐干見文殊」首見於趙州《語錄》，爲贊寧《宋高僧傳》卷十九所引；《景德傳燈錄》卷二七係據《宋高僧傳》卷十九；志南〈三隱集記〉之「豐干回天台而化」，所據爲《景德傳燈錄》卷二七，需注意的是：贊寧並未言豐干卒於何地，言豐干回天台入滅，首見於《景德傳燈錄》卷二七，智昭言道原《景德傳燈錄》，「非一一親往討

〔註38〕 明・瞿汝稷，《指月錄》卷二〈天台豐干禪師〉：「師尋獨入五台，逢一老人。便問：『莫是文殊麼？』曰：『豈可有二文殊。』師作禮未起，忽然不見。（趙州因沙彌舉此，州代干云：『文殊！文殊！』）後回天台山示滅。」《中國燈錄全書》第十七冊，頁51。

〔註39〕 宋・智昭集，《人天眼目》卷五。《大正藏》冊48，第2006號，頁328下2～6。

〔註40〕 宋・贊寧，《宋高僧傳》卷十九〈唐天台山封干師傳〉：「干又嘗入五台巡禮，逢一老翁，問曰：『莫是文殊否？』翁曰：『豈可有二文殊？』干禮之未起，恍然失之。」《大正藏》冊50，第2061號，頁831下1～4。

〔註41〕 宋・磧藏主集，《古尊宿語錄》卷一四《趙州眞際禪師語錄》。《佛光大藏經》，頁618。

〔註42〕 《古尊宿語要目錄》卷一。《禪宗集成》第十二冊，頁8340。

尋，不過宛轉托人捃拾而得。」應非虛言，惜道原未明言「古鏡不磨，如何照燭？」與豐干「回天台示滅」，二說所據為何。

二、豐干邀寒山游五台

　　五台山乃佛教四大名山之首，上五台禮文殊，盛行於僧、俗之間，特別是唐代僧人；華嚴初祖杜順和尚，被隋文帝以「月俸」供養，其後，受唐太宗賜號「帝心」；《佛祖統紀》載貞觀十四年，杜順坐亡後，「有弟子詣五台禮文殊，方抵山麓，見老人，語之曰：『文殊今在終南山，杜順和上是也。』弟子趨歸，師已長往。」〔註43〕言杜順為文殊化身，此乃根據杜順和尚之偈予以增衍〔註44〕；此外，唐高宗兩度檢校五台山之舉，更助長了五台山的文殊信仰，唐代僧人多將訪五台禮文殊，作為雲水生涯的生命參照點〔註45〕，虔誠釋子相傳能在五台得見文殊以凡人示現，在唐高宗儀鳳年間（儀鳳年號共有三年），傳說文殊示現就有「老人」與「女尼」兩種，《佛祖統紀》載文殊以「老人」示現：

> 儀鳳元年……初罽賓沙門佛陀波利，至五台禮文殊，遇老人曰：「此土人多造惡，佛頂尊勝呪為除罪祕方，可還西取經流傳。」忽不見。
> 〔註46〕

《佛祖統紀》用語精簡，志磐此記乃根據唐法崇述《佛頂尊勝陀羅尼經教跡義記》卷一，言佛陀波利因感於文殊示現，自西國取《佛頂尊勝陀羅尼經》，「至永淳二年（683）迴至西京，具以上事聞奏大帝。大帝遂將其本入內，請日照三藏法師，及勑司賓寺典客令杜行顗等，共譯此經。」〔註47〕在《佛頂尊

〔註43〕宋·志磐，《佛祖統紀》卷三九。《大正藏》冊49，第2035號，頁365中15～18。
〔註44〕宋·延壽，《宗鏡錄》卷十一：「杜順和尚偈云：『遊子謾波波，巡山禮土坡。文殊只者是，何處覓彌陀。』」《大正藏》冊48，第2016號，頁477中15～17。《曆代法寶記》卷一：「又有劍南諸師僧，欲往臺山，禮拜辭和上。和上問言：『大德何處去？』僧答：『禮文殊師利。』和上云：『大德佛在身心，文殊不遠，妄念不生，即是見佛，何勞遠去。』諸師僧欲去，和上又與說偈：『迷子浪波波，巡山禮土坡。文殊只沒在，背佛覓彌陀。』」《大正藏》冊51，第2075號，頁193上26～中2。此處的和上指唐成都保唐寺無住，二處「偈」之內容有差異，應以杜順為是。
〔註45〕詳見：葉珠紅，〈清涼山下且安禪——論唐代五台山文殊信仰〉，浙江師範大學主辦，第四屆「中國文學古今演變」學術研討會，2008年11月。
〔註46〕宋·志磐，《佛祖統紀》卷三九，《大正藏》冊49，第2035號，頁368下16～19。
〔註47〕《佛頂尊勝陀羅尼經》，〈佛頂尊勝陀羅尼經序〉，《大正藏》冊19，第0967號，頁349中22～24。

勝陀羅尼經》翻譯之前，佛陀波利上五台遇文殊，事在儀鳳元年（676），正值武則天地位如日中天之時，儀鳳三年（678）正月辛酉初四，「百官及蠻夷酋長朝天后於光順門」〔註48〕，與此同時，另出現文殊以女尼示現之說，《大方廣佛華嚴經感應傳》載：

> 儀鳳年中，西域有二梵僧，至五台山，齋蓮花執香爐，肘膝行步，向山頂禮文殊大聖。遇一尼師在巖石間松樹下繩床上，端然獨坐口誦華嚴。……乃遙見其尼，身處繩床，面南而坐，口中放光，赫如金色，皎在前峯，誦經兩帙已上，其光盛於谷南可方圓十里，與晝無異；經至四帙，其光稍稍卻收；至六帙都畢，其光並入尼口。……。〔註49〕

《大方廣佛華嚴經感應傳》，作者為華嚴疏主法藏門徒惠英，在武則天稱帝野心逐漸外顯，欲以彌勒轉世再來，作為「造神運動」的主軸，過程中，武則天曾命帝師法藏檢校自隋末至唐初，教務如日中天的三階教〔註50〕，法藏弟子惠英揣摩上意，於《大方廣佛華嚴經感應傳》打造文殊以「神尼」示現，乃情有可「原」。儀鳳年間，化身為「神尼」的文殊，對西域二梵僧「申禮防以自持」（〈洛神賦〉）的一番教訓〔註51〕，可視為武則天的另一則「造神神話」〔註52〕，惠英為昭公信，還引經據典，指出五台山乃文殊道場並介紹文殊來歷，《大方廣佛華嚴經感應傳》載：

〔註48〕宋・司馬光編，《資治通鑑》卷二百二〈唐紀・高宗天皇皇帝〉。中華書局據鄱陽胡氏仿元本校刊（台灣：中華書局，1969年），頁12。下引版本同。

〔註49〕唐・惠英撰、胡幽貞纂，《大方廣佛華嚴經感應傳》卷一，《大正藏》冊51，第2074號，頁175中7～20。

〔註50〕詳見：葉珠紅，〈三階教滅亡芻議〉，中興大學文學院《興大人文學報》第39期，2007年9月。

〔註51〕唐・惠英撰、胡幽貞纂，《大方廣佛華嚴經感應傳》卷一：「時景方暮，尼謂梵僧曰：『尼不合與大僧同宿，大德且去，明日更來。』僧曰：『深山路遙，無所投寄，願不見遣。』尼曰：『君不去某不可住，當入深山。』僧徘徊慚懼，莫知所之。」《大正藏》冊51，第2074號，頁175中10～13。

〔註52〕武則天稱帝前的一系列「造神運動」，首先是：武承嗣於垂拱四年（688）偽造瑞石，令唐同泰宣稱得之於洛水，石上有字：「聖母臨人，永昌帝業。」載初元年（689），「東魏國寺僧法明等撰《大雲經》四卷，表上之，言太后乃彌勒下生，當代唐為閻浮提主。」詳見：司馬光編，《資治通鑑》卷二百四〈唐紀・則天皇后〉，頁4、16～17。按：《新唐書》、《舊唐書》、《資治通鑑》均言《大雲經》為偽經，法明當時所上之《大雲經》四卷，是後秦沙門竺佛念所譯，薛懷義後來所上的《大雲經疏》，才是云宣等九位沙門所撰。參見：趙文潤、王雙懷，《武則天評傳》（台南：世一文化事業股份有限公司，1995年），頁199～202。

《華嚴經‧菩薩住處品》云:「震旦國東北方有菩薩住處,名清涼山。
過去諸菩薩,恒於中住。今有菩薩,名文殊師利,與萬菩薩俱。其
山在岱洲南折洲東北,名五台山。」《首楞嚴三昧經》云:「文殊是
過去平等世界龍種上尊王佛。」又《央崛摩羅經》云:「文殊是東方
歡喜世界摩尼寶積佛。」〔註53〕

惠英介紹完文殊來歷,對「神尼」加以補充:「彼神尼之境界,必文殊之分化,
以示梵僧也。」〔註54〕華嚴宗徒除了言文殊化身爲「神尼」,上述華嚴初祖杜
順弟子,上五台禮文殊,遇到文殊示現的「老人」,言杜順乃文殊化身,二說
均是爲了抬高《華嚴經》的地位;此外,另一則文殊在天台山化身爲「老人」
的傳說,其展現佛力的方式,則與「求聰」有關,《宋高僧傳》卷二一〈唐五
台山華嚴寺牛雲傳〉:

釋牛雲,俗姓趙,雁門人也。童蒙之歲,有似神不足,遣入鄉校,
終日不知一字,惟見僧尼合掌,有畏憚之貌。年甫十二,二親送往
五台華嚴寺善住閣院,出家禮淨覺爲師。每令負薪汲水,時眾輕其
朴鈍,多以謔浪歸之。年滿受具益難誦習,及年三十有六,乃言曰:
「我聞臺上恒有文殊現形,我今跣足而去,儻見文殊,惟求聰明學
誦經法耳。」〔註55〕

牛雲三十六歲禮文殊「求聰」,事在儀鳳三年〔註56〕,儀鳳年號僅有三年,便
有三則有關文殊化身的傳說,更加突顯惠英言文殊示現爲「神尼」,別有動機;
繼牛雲之後,唐憲宗元和五年(810),無著禪師於五台山見文殊,《佛祖統紀》
載:

(無著)至金剛窟,見山翁牽牛臨溪,著曰:「願見大士,翁牽牛歸,
著隨入一寺,翁呼均提,有童子出迎,翁引著升堂坐,童子進玳瑁

〔註53〕唐‧惠英撰、胡幽貞纂,《大方廣佛華嚴經感應傳》卷一。《大正藏》冊51,
　　　　第2074號,頁195中21～27。
〔註54〕唐‧惠英撰、胡幽貞纂,《大方廣佛華嚴經感應傳》卷一。《大正藏》冊51,
　　　　第2074號,頁195中27～28。
〔註55〕宋‧贊寧,《宋高僧傳》卷二一〈唐五台山華嚴寺牛雲傳〉。《大正藏》冊50,
　　　　第2061號,頁843中5～14。
〔註56〕元‧念常集,《佛祖歷代通載》卷一三:「沙門牛雲者,少不慧,因詣臺山禮
　　　　文殊。」記牛雲於玄宗開元十二年禮文殊。《大正藏》冊49,第2036號,頁
　　　　591上4～5。按:贊寧記牛雲於開元二十三年(735)無疾而終,年六十三,
　　　　則牛雲上五台山,當在儀鳳三年(679)。

盃對飲酥酪，頓覺心神卓朗。……及暮呼童子引著出，著問童子何

寺，曰：「般若寺也。」著愴然悟此翁即文殊。……著因駐錫五台，

後頻與文殊會。〔註57〕

無著禪師入五台求見文殊，與文殊化身的「山翁」對答，留下後代禪師上堂

常引用的，「前三三後三三」的公案〔註58〕，志磐《佛祖統紀》(成於咸淳五年，

1269。) 有關無著見文殊，志磐乃據延一《廣清涼傳》(成於嘉祐五年，1060。) 卷

二〈無著和尚入化般若寺〉，其記無著和尚見文殊，事在大曆二年 (767) 五月

〔註59〕，總上而言，唐代僧人上五台遇文殊，所形成的文殊信仰，乃文殊示

現的源頭活水，至宋代仍方興未艾，《景德傳燈錄》卷二七載：

一日豐干告之 (寒山) 曰：「汝與我遊五台，即我同流；若不與我去，

非我同流。」曰：「我不去。」豐干曰：「汝不是我同流。」寒山卻

問：「汝去五台作什麼？」豐干曰：「我去禮文殊。」曰：「汝不是我

同流。」〔註60〕

以志南〈三隱集記〉與引文對照，幾乎一字不差〔註61〕，知志南此記乃襲自

《景德傳燈錄》卷二七。〈閭丘偽序〉的作者言寒山為文殊化身，係根據上述

〔註57〕 宋·志磐，《佛祖統紀》卷四一。《大正藏》冊49，第2035號，頁381中1～
　　　 15。

〔註58〕 宋·志磐，《佛祖統紀》卷四一：「翁問曰：『近自何來？』曰：『南方。』翁
　　　 曰：『南方佛法如何住持？』曰：『末代比丘少奉戒律。』翁曰：『多少眾？』
　　　 曰：『或三百或五百。』著問：『此間佛法如何住持？』翁曰：『龍蛇混雜，凡
　　　 聖同居。』曰：『眾幾何？』翁曰：『前三三後三三。』」《大正藏》冊49，第
　　　 2035號，頁381中5～9。

〔註59〕 宋·善卿編正，《祖庭事苑》卷二〈雪竇頌古·前三三〉：「延一《廣清涼傳》
　　　 曰：釋無著，姓董氏，永嘉人。年十二，依本州龍泉寺猗律師出家，誦大乘
　　　 經數十萬偈。唐天寶八年，以業優得度，二十一歲首習毗尼，因詣金陵牛頭
　　　 山忠禪師參受心要。忠謂師曰：「眾生與佛，元無別心。如雲翳若除，虛空本
　　　 淨。無著言下頓開法眼。後大曆三年夏五月，至臺山嶺下，時日將暮，倏見
　　　 寺宇鮮華絕世，因扣扉請入。有童子胸臗啟扇出應，無著請童子入白，欲以
　　　 寓宿。童子得報，延無著入。」善卿言其事在大曆三年五月。《禪宗集成》第
　　　 四冊，頁2229。

〔註60〕 宋·道原，《景德傳燈錄》卷二七〈天台寒山子〉。《大正藏》冊51，第2076
　　　 號，頁433下12～15。

〔註61〕 宋·志南，〈三隱集記〉：「師 (豐干) 謂寒曰：『汝與我遊五台，即我同流；
　　　 若不與我去，非我同流。』曰：『我不去。』師曰：『汝不是我同流。』寒問：
　　　 『汝去五台作什麼？』曰：『我去禮文殊。』曰：『汝不是我同流。』」明嘉靖
　　　 四年天台國清寺道會刊本，頁50。

自初唐開始便流行的五台山文殊信仰，贊寧《宋高僧傳》卷十九：「干又嘗入五台巡禮。逢一老翁，問曰：『莫是文殊否？』翁曰：『豈可有二文殊。』干禮之未起，恍然失之。」〔註62〕《景德傳燈錄》此記〔註63〕，乃據《宋高僧傳》，道原記豐干邀寒山遊五台之前，敘述寒山在國清寺活動的情形〔註64〕；《聯燈會要》卷二九〈應化聖賢〉，則是在「古鏡未磨時，如何照燭？」之後，下接豐干邀寒山、拾得二人遊五台（見前引文）〔註65〕，志南〈三隱集記〉在「古鏡不磨，如何照燭？」之下，亦接豐干獨邀寒山遊五台，在內容編排上，〈三隱集記〉與《聯燈會要》卷二九同〔註66〕，悟明《聯燈會要》成於淳熙十年，（1183）志南〈三隱集記〉成於淳熙十六年（1189），二者何為抄襲，委實難判；在志南之後，發揮此一公案的，有普濟《五燈會元》卷二〔註67〕，此外，以豐干邀遊五台作為上堂法語，有杭州護國臭菴宗禪師：

上堂，舉豐干謂寒山拾得曰：「你與我去游五台，便是我同流。」寒

〔註62〕宋・贊寧，《宋高僧傳》卷十九〈唐天台封干師傳〉。《大正藏》冊50，第2061號，頁831下1～4。

〔註63〕宋・道原，《景德傳燈錄》卷二七〈天台豐干禪師〉：「師尋獨入五台山巡禮。逢一老翁，師問：『莫是文殊否？』曰：『豈可有二文殊。』師作禮未起，忽然不見。」《大正藏》冊51，第2076號，頁433中19～21。

〔註64〕宋・道原，《景德傳燈錄》卷二七〈天台寒山子〉：「天台寒山子者，……，容貌枯悴，布襦零落。以樺皮為冠，曳大木履。時來國清寺，就拾得取眾僧殘食菜滓食之。或廊下徐行；或時叫噪，望空慢罵。寺僧以杖逼逐，翻身拊掌大笑而去，雖出言如狂，而有意趣。」《大正藏》冊51，第2076號，頁433下6～12。

〔註65〕宋・悟明，《聯燈會要》卷二九，於此則下接「溈山靈祐三無對」。《佛光大藏經》，頁1547。此與〈三隱集記〉異。

〔註66〕「豐干邀遊五台」，見：《五燈嚴統》卷二、《五燈全書》卷三、《指月錄》卷二、《教外別傳》卷十六、《佛祖綱目》卷三二。僅《佛祖綱目》言豐干邀寒山，餘均為豐干邀寒山、拾得。

〔註67〕宋・普濟，《五燈會元》卷二〈天台山豐干禪師〉：「師欲遊五台。問寒山、拾得曰：『汝共我去遊五台，便是我同流；若不共我去遊五台，不是我同流。』山曰：『你去遊五台作甚麼？』師曰：『禮文殊。』山曰：『你不是我同流。』師尋獨入五台，逢一老人。便問：『莫是文殊麼？』曰：『豈可有二文殊。』師作禮未起，忽然不見（趙州代曰：「文殊！文殊！」）《中國燈錄全書》第四冊，頁80。按：普濟此記之「趙州代曰：『文殊！文殊！』」乃源自《景德傳燈錄》卷二七：「趙州沙彌舉似和尚，趙州代豐干云：『文殊！文殊！』」普濟《五燈會元》卷二與志南〈三隱集記〉不同處有二：一、《五燈會元》言豐干遊五台問的是寒山、拾得，而〈三隱集記〉之豐干僅邀寒山遊五台；二、《五燈會元》最後加上承自《景德傳燈錄》卷二七，趙州代曰：「文殊！文殊！」

山曰：「你去游五台作麼？」干曰：「禮拜文殊。」山曰：「你不是我同流。」師曰：「豐干開口，不在舌頭上，寒山同坑無異土，檢點將來，兩箇駝子廝撞著，世上由來無直人。」〔註68〕

志南〈三隱集記〉不同於〈閭丘偽序〉稱寒山子、拾得、豐干禪師，而是以「寒」稱寒山，以「拾」稱拾得，以「師」稱豐干，志南為了打造「國清三隱」而抬高豐干的地位，其意至為明顯，臭菴宗禪師言寒山與豐干：「兩箇駝子廝撞著」，亦顯示豐干彌陀再來的身分已受肯定；認為寒山、拾得，與豐干並非「同流」，尚有元代曇芳守忠禪師，上堂：「舉豐干游五台……師拈云：『寒山、拾得與豐干，雖不是同流，於中有些相似處，諸禪德，會麼？落霞與孤鶩齊飛，秋水共長天一色。』」〔註69〕此外，另有明代四大高僧之一的雲棲蓮池〈答曹魯川〉：「彼寒山之勖豐干，謂：『往五台禮文殊，不是我同流。』此在通達佛道者，出辭吐氣自別。」〔註70〕由上可見，在後代禪師心目中，寒山、拾得的地位，仍遠在豐干之上，由禪師上堂論：「古鏡不磨，如何照燭？」與豐干邀遊五台，知宋代增衍豐干傳說的文獻，始自《景德傳燈錄》。

三、東家人死西家助哀

志南〈三隱集記〉，記「古鏡不磨，如何照燭？」與「豐干邀遊五台」，其隆重介紹豐干，目的是為打造「國清三隱」，志南之用心良苦，在「東家人死，西家助哀。」之公案，同樣可見，然首記「東家人死，西家助哀。」為《景德傳燈錄》卷二七：

一日掃地，寺主問：「汝名拾得，豐干拾得汝歸，汝畢竟姓箇什麼？在何處住？」拾得放下掃箒，叉手而立，寺主罔測。寒山搥胸云：「蒼天！蒼天！」拾得卻問：「汝作什麼？」曰：「豈不見道：東家人死，西家助哀。」二人作舞，哭笑而出。〔註71〕

〔註68〕清·超永編，《五燈全書》卷五四。《中國燈錄全書》第十二冊，頁484。

〔註69〕《曇芳守忠禪師語錄》卷下〈曇芳和尚大龍翔集慶寺語錄〉。《禪宗集成》第十八冊，頁12465。

〔註70〕《御選語錄》卷二二，《雲棲蓮池宏大師語錄》。《佛光大藏經》禪藏，語錄部。（高雄縣：佛光出版社，1994年），頁885。

〔註71〕宋·道原，《景德傳燈錄》卷二七。《大正藏》冊51，第2076號，頁434上7～11。

《聯燈會要》卷二九所記〔註72〕，幾與上之引文同，其不同處為：《景德傳燈錄》記寺主問後，寒山即道出：「東家人死，西家助哀。」《聯燈會要》記寺主在二問之後，拾得：「拈掃箒，掃地而去。」寒山見拾得「掃地而去」，才說出：「東家人死，西家人助哀。」志南〈三隱集記〉載：

> 拾掃地，寺主問：「姓箇什麼？住在何處？」拾置箒叉手而立。主罔測。寒搥胸曰：「蒼天！蒼天！」拾問：「汝作什麼？」寒曰：「豈不見道：東家人死，西家助哀！」因作舞笑哭而出。〔註73〕

由上觀之，〈三隱集記〉明顯據《景德傳燈錄》，後之釋書亦然〔註74〕；〈三隱集記〉在「東家人死，西家助哀。」之後，記拾得：「又於莊舍牧牛，歌詠叫天，曰：『我有一珠，埋在陰中，無人別者。』」〔註75〕與此相同的，亦僅有《佛祖綱目》卷三二；《聯燈會要》在「東家人死，西家助哀。」下接：「拾得見國清半月念戒眾集，拾得拍手云：『聚頭作想，那事如何？』」〔註76〕後代釋書記此事者，則多與《聯燈會要》相同〔註77〕，而據《聯燈會要》卷二九所記，以「東家人死，西家人助哀。」作為上堂法語，有靈巖儲禪師：

> 靈巖儲云：「寺主祇問一個姓名，拾得將無量劫來氏族名字一齊陳出，寺主直是妙智圓明，分疎不下，寒山雖將眾藝字母重為注疏，幾多人作哭笑會，不識自己姓名者，不妨疑著。」〔註78〕

靈巖儲並未將「東家人死，西家助哀。」分疎得來，在宋代祖師語錄中，最

〔註72〕宋・悟明，《聯燈會要》卷二九〈應化聖賢〉：「拾得一日掃地，寺主問：『汝名拾得，因豐干拾得汝歸，汝畢竟名甚麼？姓甚麼？』拾得放下掃箒，叉手而立。主再問。拾得拈掃箒，掃地而去。寒山搥胸云：『蒼天！蒼天！』拾得云：『作甚麼？』山云：『不見道：東家人死，西家人助哀。』二人作舞，笑哭而去。」《佛光大藏經》，頁1556。
〔註73〕宋・志南，〈天台山國清禪寺三隱集記〉，明嘉靖四年天台國清寺道會刊本，頁51。
〔註74〕按：後之釋書，僅《佛祖綱目》卷三二與《景德傳燈錄》、〈三隱集記〉所記相同。
〔註75〕宋・志南，〈天台山國清禪寺三隱集記〉，明嘉靖四年天台國清寺道會刊本，頁51。
〔註76〕宋・悟明，《聯燈會要》卷二九〈應化聖賢〉。《佛光大藏經》，頁1556。
〔註77〕有：《五燈會元》卷二、《林泉老人評唱丹霞淳禪師頌古虛堂集》卷二，第二三則、《五燈嚴統》卷二、《五燈全書》卷三、《指月錄》卷二、《教外別傳》卷一六；獨記「東家人死，西家助哀。」有：《宗鑑法林》卷五、《宗門拈古彙集》卷四。
〔註78〕詳見：《宗鑑法林》卷五、《宗門拈古彙集》卷四。

早引用「東家人死，西家助哀。」為雪竇重顯禪師，雪竇重顯就雪峰義存普請搬柴一事作拈古，雪峰普請搬柴，事見《景德傳燈錄》卷一八〈福州長生山皎然禪師〉：

> 雪峰普請歸。自將一束藤，路逢一僧，放下藤叉手立，其僧近前拈，雪峯即蹋其僧歸院。後舉示於師曰：「我今日蹋那僧得恁麼快。」師對曰：「和尚卻替那僧入涅槃堂。」〔註79〕

長生皎然禪師乃雪峰義存法嗣，言雪峰：「替那僧入涅槃堂」，雪竇重顯云：「長生大似東家人死，西家人助哀，也好與一踏。」〔註80〕據雪竇重顯（卒於皇祐四年，1052。）拈古，佛果圓悟作《碧巖錄》，圓悟克勤對此公案的看法是：

> 長生是箇活潑潑地漢，便道和尚也須替這僧入涅槃堂始得，只這雪峰老漢，也好當時便休去，到這裏作麼生湊泊？也須是三根椽下，五尺單前，靜坐究取始得，……。雪竇拈掇他這因緣，人多邪解，別生知見義路，只管解將去；殊不知，雪竇意元不如此，且道他意在什麼處，也好與一踏，且莫錯會。〔註81〕

《碧巖錄》中，有關「東家人死，西家人助哀。」的評唱有許多則〔註82〕，其意不外乎「多此一舉」、「多管閒事」；然在《天祿》宋本〈拾得錄〉中，並

〔註79〕　宋·道原，《景德傳燈錄》卷一八〈長生山皎然禪師〉。《大正藏》冊 51，第2076 號，頁 350 上 7～11。

〔註80〕　宋·法應集、元·普會續，《禪宗頌古聯珠通集》卷二九〈祖師機緣〉。《禪宗集成》第七冊，頁 4482。

〔註81〕　《佛果擊節錄》卷上，第二則〈雪峰普請〉。《禪宗集成》第十冊，頁 6605。

〔註82〕　《佛果圓悟禪師碧巖錄》卷一，第一則：「舉梁武帝問達磨大師……帝後舉問志公，志公云：『此是觀音大士，傳佛心印。』帝悔，遂遣使去請，志公云：『莫道陛下發使去取，（評唱：東家人死，西家人助哀，也好一時趕出國。）闔國人去，他亦不回。』」《碧巖錄》卷四，第三二則：「舉定上座問臨濟，如何是佛法大意？濟下禪床擒住，與一掌，便托開，定佇立，傍僧云：『定上座何不禮拜？』（評唱：冷地裏有人覷破，全得他力，東家人死，西家人助哀。）定方禮拜，忽然大悟。」《碧巖錄》卷四，第三八則：「舉風穴在郢州衙內。……牧主云：『佛法與王法一般。』穴云：『見箇什麼道理？』牧主云：『當斷不斷，返招其亂。』（評唱：似則似是則未是，須知傍人有眼，東家人死，西家人助哀。）穴便下座。」《碧巖錄》卷七，第六六則：「黃巢過後曾收劍，大笑還應作者知。三十山藤且輕恕，（評唱：同條生同條死，朝三千暮八百。東家人死，西家人助哀，卻與救得活。）得便宜是落便宜。」《碧巖錄》卷九，第八三則：「舉雲門示眾云：『古佛與露柱相交，是第幾機？』自代云：（評唱：東家人死，西家人助哀，一合相不可得。）南山起雲，北山下雨。」《大正藏》冊 48，第 2003 號，頁 140 上 13～23、171 中 26～下 1、175 下 9～24、179 上 12～15、208 下 29～209 上 2。

無「東家人死，西家助哀。」《景德傳燈錄》卷二七所記應爲最早，惜道原未言明寒山言：「東家人死，西家助哀。」所據爲何，王振國認爲：

> 撰於北宋初年的《宋高僧傳》與《景德傳燈錄》，畢竟是具有半欽定性質並且入藏的僧籍著作，影響深遠。爾後編纂的一些佛籍多原封不動的取材于兩書。兩書的長處、優點影響深遠，同樣，它的過失和錯誤也「影響深遠」，甚至貽誤後學。〔註83〕

王振國言《景德傳燈錄》之「杜撰」情形，由以上「古鏡不磨，如何照燭？」以及豐干邀遊五台，「東家人死，西家助哀。」三則有關寒山、拾得、豐干的傳說，《景德傳燈錄》之「杜撰」，明顯勝於《宋高僧傳》。

第二節　〈三隱集記〉與《聯燈會要》之寒山、拾得、豐干事蹟

〈三隱集記〉成於淳熙十六年（1189），記寒山、拾得、豐干傳說，上述有關「古鏡不磨，如何照燭？」豐干獨邀寒山遊五台，以及「東家人死，西家人助哀。」主要根據《景德傳燈錄》卷二七；在內容編排上，〈三隱集記〉在「古鏡不磨，如何照燭？」之下，接豐干獨邀寒山遊五台，此與《聯燈會要》卷二九相同；另一編排相同處，即：〈三隱集記〉在「東家人死，西家人助哀。」之後，接著記拾得牧牛，遇僧怒呵，拾得吟「無嗔即是戒」一偈，此亦與《聯燈會要》卷二九相同，不排除志南抄自《景德傳燈錄》的同時，亦參考悟明《聯燈會要》（成於淳熙十年，1183），因〈三隱集記〉所記寒山、拾得、豐干傳說，其中「潙山靈祐三無對」、「國清寺炙茄」、「趙州遊天台」，此三則爲《景德傳燈錄》未載，而〈三隱集記〉所記，內容幾與《聯燈會要》相同。

一、國清寺炙茄

「炙茄」，乃佛門二十二「節臘」之一〔註84〕，禪林炙茄子開筵，稱爲「炙

〔註83〕王振國，〈略析《宋高僧傳》、《景德傳燈錄》關于部分禪宗人物傳記之誤失——兼論高僧法如在禪史上的地位〉，《敦煌學輯刊》第 1 期，2002 年。

〔註84〕清‧儀潤說義，《百丈清規證義記》卷首。佛門節臘：建楞嚴會、結制、中夏、建蘭盆會、解制、頭首四節秉拂、住持謝四節秉拂、元旦、立春、元宵、寒食、鋪帳簞、端午、建青苗會、散青苗會、炙茄會、立秋、開旦過、中秋、重陽、開鑪、冬至。《禪宗集成》第二冊，頁 748。

茄會」，又稱「炙茄齋」，在北宋祖師語錄中，提及「炙茄齋」的，有雲門宗
慈受懷深禪師，《慈受懷深禪師廣錄》載：

> 檀越作炙茄齋請上堂，若據本分事中，說箇什麼事即得，便道人人
> 具足，正是眉上畫眉，更言箇箇圓成，何異眼中著屑，總不恁麼，
> 又作麼生。三寸舌頭無用處，一雙空手不成拳。〔註85〕

依慈受懷深所示「炙茄齋」的情形，比照年代在慈受懷深之前，提到「炙茄
齋」的保寧仁勇禪師（卒於崇寧三年，1104）〔註86〕，以及五祖法演禪師（卒於崇
寧三年，1104）提到「炙茄會」〔註87〕，知北宋禪林之「炙茄齋」於六月舉行；
慈受懷深除了「炙茄齋」，亦提到「國清寺炙茄」，《慈受懷深禪師廣錄》載：

> 昔日天台山國清寺炙茄次，寒山子拈茄串，於典座背上拍一下，典
> 座乃回頭，寒山豎起串云：「你且道，費卻我多少油醬。」〔註88〕

慈受懷深禪師另以布袋和尚於鬧市乞錢，與寒山在國清寺炙茄會上，拈茄串
拍打典座背一事對舉，強調祖師妙門，不離日用〔註89〕；比慈受懷深（卒於紹
興二年，1132）更早提到國清寺炙茄會的，是雲菴真淨禪師（卒於崇寧元年，1102），
《古尊宿語錄》載：

> 上堂，舉：昔日天台國清寺因炙茄次，有拾得以竹串向維那背上打
> 一下，維那叫直歲，你看這風顛漢。拾得云：「蒼天！蒼天！」寒山
> 問：「你打伊作什麼？」拾得云：「費卻多少鹽醬。」諸禪德。拾得
> 打維那，實謂費鹽醬多也。唯當別有道理，明眼衲僧試出來斷看。
>
> 〔註90〕

〔註85〕《慈受懷深禪師廣錄》卷三。《禪宗集成》第二三冊，頁 15758。

〔註86〕《保寧仁勇禪師語錄》卷一：「炙茄齋上堂，休說因緣，不是時節，匹馬單鎗，
　　　　蒻釘截鐵。」《禪宗集成》第十四冊，頁 9522。

〔註87〕《法演禪師語錄》卷中：「炙茄會上堂云：『六月三伏天，火雲布郊野。松間
　　　　臨水坐，解帶同歡聲。羣侶弄荷花，賓朋傾玉斝。紅塵事繁華，碧洞何瀟洒。
　　　　重會在明年，相期莫相捨。白雲曾有約，願結青蓮社。』」《大正藏》冊 47，
　　　　第 1995 號，頁 657 上 9～12。

〔註88〕《慈受懷深禪師廣錄》卷三。《禪宗集成》第二三冊，頁 15758。

〔註89〕《慈受懷深禪師廣錄》卷三：「又布袋和尚，或在十字街頭，三叉路口，驀去
　　　　人背上拍一下。纔回頭，展手云：『乞我一文錢。』師云：『且道寒山、布袋
　　　　意在於何，還會麼？寒山癡裏放顛，布袋鬧中打鬨，眾生業識茫茫，幾箇眼
　　　　睛定動，要知祖師妙門，畢竟不離日用。』」《禪宗集成》第二三冊，頁 15758。

〔註90〕宋・賾藏主集，《古尊宿語錄》卷四二，雲菴真淨禪師〈住洞山語錄〉，《佛光
　　　　大藏經》，頁 1817。

這是宋代首記國清寺僧炙茄的實錄，值得玩味的是，雲菴眞淨言拾得以竹串打維那；慈受懷深言寒山拈茄串打典座，慈受懷深曾作《擬寒山詩》一卷（見第二章第二節），共 167 首，對寒山情有獨鍾或與此因緣有關；在慈受懷深與雲菴眞淨之外，提及國清寺炙茄會，尚有丹霞淳禪師，《虛堂集》卷二載：

> 因眾僧炙茄次，將茄串向一僧背上打一下；僧回首，山呈起茄串曰：「是甚麼？」僧曰：「這風顛漢。」山向傍僧曰：「你道這僧費卻多少鹽醋？」〔註91〕

在國清寺炙茄會上，「寒山以茄串打僧」之說，首見於丹霞淳禪師，丹霞淳禪師卒於政和七年（1117），然究竟是拾得以竹串打維那，抑或寒山以茄串打僧，可由寒山與國清寺僧互動的情形探討，寒山〈憶得二十年〉一詩言：「雖然不應對，卻是得便宜。」〔註92〕此應是寒山與國清寺僧互動的實況，〈閭丘僞序〉據〈憶得二十年〉加以發揮，亦言寒山被國清寺僧「捉罵打趁。」〔註93〕國清寺僧志南〈三隱集記〉載：

> 寒因眾僧炙茄，以茄串打僧背一下，僧回首，寒持串云：「是什麼？」僧云：「這風顛漢。」寒示傍僧曰：「你道這箇師僧費卻多少鹽醬？」
> 〔註94〕

〈三隱集記〉所記寒山與國清寺僧炙茄一事，不見於寒山詩與〈閭丘僞序〉，綜觀〈三隱集記〉中，寒山與國清寺僧的對話，顯示寒山的地位與國清寺僧一般，上述宋代禪師於此公案頗感興趣，然與志南〈三隱集記〉所記卻大有不同，皆因距寒山活動的盛、中唐過於久遠，志南雖是國清寺僧人記國清寺中事，亦不免傳說之變形；〈三隱集記〉記寒山「以茄串打僧背」，早於志南約九十年的雲菴眞淨禪師，言拾得以茄串打維那，眞淨禪師之記或受到〈拾得錄〉中，拾得杖打伽藍的啓發，〈拾得錄〉載：

〔註91〕《林泉老人評唱丹霞淳禪師頌古虛堂集》卷二，《禪宗集成》第二十冊，頁 13687 ～13688。

〔註92〕《寒山子詩一卷附豐干拾得詩一卷》：「憶得二十年，徐步國清歸。國清寺中人，盡道寒山癡。癡人何用疑，疑不解尋思。我尚自不識，是伊爭得知。低頭不用問，問得復何爲。有人來罵我，分明了了知。雖然不應對，卻是得便宜。」，頁 43。

〔註93〕《寒山子詩一卷附豐干拾得詩一卷》，〈寒山子詩集序〉：「（寒山）或長廊徐行，叫喚快活，獨笑獨言，時僧遂捉罵打趁，乃駐立撫掌，呵呵大笑，良久而去。」，頁 1。

〔註94〕宋·志南，〈天台山國清禪寺三隱集記〉，明嘉靖四年天台國清寺道會刊本，頁 51。

寺內山王，僧常參奉，及下供養香燈等務，食物多被烏所耗。忽一夜，僧眾同夢見山王云：拾得打我。瞋云：汝是神道，守護伽藍，更受沙門參奉供養。既有靈驗，何以食被烏殘？今後不要僧參奉供養。至旦，僧眾上堂，各說所夢，皆無一差靈熠亦然，喧喧未止。熠下供養，忽見山王身上而有杖痕所損，熠乃報眾，眾皆奔看，各云夜夢斯事，乃知拾得不是凡間之子。〔註95〕

〈拾得錄〉所記之拾得神蹟，乃作者為了將拾得抬成「普賢轉世」所捏造；真淨禪師舉「拾得以茄串打維那」，目的是「一為眾決疑，已曉未悟；二表自己參學，辨其是非。」〔註96〕可見在北宋崇寧元年（1102）以前，尚未出現「寒山以茄串打僧」的說法，言「寒山以茄串打僧」，首見於丹霞淳禪師，丹霞淳禪師卒於政和七年（1117），上距雲菴真淨禪師卒年（崇寧元年，1102）不過十五年，下距言寒山子拈茄串打典座背的慈受懷深和尚（卒於紹興二年，1132），亦相隔十五年，慈受懷深為雲門宗，臨濟宗雲菴真淨禪師乃首言：「拾得以茄串打維那」；曹洞宗丹霞淳禪師首言：「寒山以茄串打僧」，可見「國清寺炙茄」之公案，已受到雲門、臨濟、曹洞宗人的留意。

將國清寺炙茄一事，引為上堂法語者，有：臨濟宗靈源惟清（卒於政和七年，1117）：「黃龍清云：『寒山子只知這僧費多少鹽醬，不知自己拋撒更多。』且道：『什麼處是拋撒處？』良久云：『十方世界成狼藉，一日收來五味全。』」〔註97〕與靈源惟清持相同看法的禪師們，大都認為寒山（或拾得）是「自家宜檢點」〔註98〕；南宋虛堂和尚云：「欺敵者亡，者僧還甘麼？報恩若見他呈起茄串道是甚麼，便作聽勢擬議，奪茄串便打。」〔註99〕元代天如惟則禪師云：「大

〔註95〕《寒山子詩一卷附豐干拾得詩一卷》，〈拾得錄〉，頁51。

〔註96〕宋・賾藏主集，《古尊宿語錄》卷四二，雲菴真淨禪師〈住洞山語錄〉：「諸禪德，拾得打維那，實謂費鹽醬多也。唯當別有道理，明眼衲僧試出來斷看，一為眾決疑，已曉未悟；二表自己參學，辨其是非。冷地裏說葛藤，貶剝古今，不為好手，有麼？若無，老僧為你決疑去也。」《佛光大藏經》，頁1817～1818。

〔註97〕清・淨符，《宗門拈古彙集》卷四。《禪宗集成》第七冊，頁4688。

〔註98〕清・淨符，《宗門拈古彙集》卷四：「獅林則云：『大樹大皮裏，小樹小皮纏；者僧既受寒山點檢，寒山也合受人檢點。還知寒山合受檢點處麼？試道看。』靈巖儲云：『寒山將常住物肆意拋撒，全不顧潔淨地上狼藉，者僧合水和泥，鷟王擇乳素非鴨類，諸人還識旁僧麼？卓拄杖一下云：『三生六十劫』。城山洽云：『寒山弄白拈手段當面瞞人，者僧當時何不便奪卻茄弗打，云：『茄子也不識。』」《禪宗集成》第七冊，頁4688。

〔註99〕《虛堂和尚語錄》（卒於咸淳五年，1269。）卷一。《大正藏》冊47，第2000號，頁988上6～8。

樹大皮裹，小樹小皮纏。維那既受拾得點檢，拾得也合受人點檢。還知拾得合受點撿處麼？試道看。」〔註100〕虛堂智愚和天如惟則對此公案的情節，明顯已有所「添加」，而廣爲後代禪師仿效。〔註101〕

除了國清寺有「炙茄會」，見於釋書的，尚有揚州光孝寺「煎茄」，《應菴曇華禪師語錄》（應菴曇華禪師，卒於隆興元年，1163。）載：

> 又僧問：「國清炙茄，光孝煎茄，是同是別？」師云：「飽便休。」
>
> 僧云：「至道無難，唯嫌揀擇。」師云：「自領出去。」〔註102〕

此記之「光孝」，疑爲揚州光孝寺慧覺禪師，光孝慧覺是曾與寒山謀面的趙州從諗禪師之法嗣，就筆者目前所見，有關歷代禪師語錄，並無「光孝煎茄」之相關記載；「光孝煎茄」比起「國清炙茄」，同樣令人不解佛門節臘之一的「炙茄會」，起於何時何地，唯一可以確定的是：在志南以前，《宋高僧傳》與《景德傳燈錄》，均未見有關國清寺炙茄的記載，第一個點出國清寺有「炙茄會」的，是臨濟宗的雲菴眞淨禪師（卒於崇寧元年，1102），由《雲菴眞淨禪師語錄》的「拾得以茄串打維那」，到志南〈三隱集記〉之「寒山以茄串打僧」，以及上述宋代禪師將國清寺「炙茄會」的情形作爲上堂法語，知「炙茄會」在宋代國清寺仍舉行，〈三隱集記〉之「寒山以茄串打僧」，志南是意在抬高寒山地位。

最後要指出的是，國清寺炙茄一事，在臨濟宗師徒間，有不同的說法，寶峯文準云：「寒山打這僧，實爲費鹽醬多，莫別有道理。」〔註103〕寶峯文準爲雲菴眞淨法嗣，雲菴眞淨所舉爲「拾得以茄串打維那」，並未有「寒山以茄串打僧」，寶峯文準之說與曹洞宗丹霞淳禪師（卒於政和七年，1117）所說相同，丹霞淳禪師「寒山以茄串打僧」，後爲悟明《聯燈會要》所採，《聯燈會要》卷二九載：

〔註100〕《天如惟則禪師語錄》卷一。《禪宗集成》第十八冊，頁11966。

〔註101〕如：清·淨符彙集，《宗門拈古彙集》卷四：「靈巖儲云：『寒山將常住物肆意拋撒，全不顧潔淨地上狼藉，者僧合水和泥，鷲王擇乳素非鴨類，諸人還識旁僧麼？』卓拄杖一下云：『三生六十劫。』」城山洽云：「寒山弄白拈手段當面瞞人，者僧當時何不便奪卻茄串打云：『茄子也不識。』」《禪宗集成》第七冊，頁 4688。《無準師範禪師語錄》卷二：「出山鄉歸上堂，召大眾云：「三家村裏神樹子，十字路頭牛屎堆。拾得寒山曾覷破，至今拍手笑哈哈。你這一隊後生，三條椽下閉眉合眼，恣意妄想，知什麼茄子、瓠子？」《禪宗集成》第十六冊，頁 11034。

〔註102〕《應菴曇華禪師語錄》卷六，《禪宗集成》第十五冊，頁 10011。

〔註103〕明·黎眉等編，《教外別傳》卷一六。《中國燈錄全書》第十六冊，頁 333。清·集雲堂編，《宗鑑法林》卷五。《禪宗集成》第八冊，頁 5248。

> 寒山因眾僧炙茄次,將串茄向一僧背上打一下。僧回首,山呈起茄
> 串云:「是甚麼?」僧云:「這風顛漢。」山向傍僧云:「爾道,這僧
> 費卻我多少鹽醋。」〔註104〕

以《聯燈會要》卷二九對照上述丹霞淳禪師語錄,以及志南〈三隱集記〉,三
則記載如出一轍,南宋以後關於寒山參與國清寺炙茄會之釋書,所記亦多相
同。〔註105〕《聯燈會要》卷二九在「炙茄」事後,接著記趙州到天台見寒山
(詳見後),〈三隱集記〉之編排亦同,可確定志南寫〈三隱集記〉時,或抄錄
《聯燈會要》卷二九,而悟明《聯燈會要》記寒山參與「炙茄」,則是襲自曹
洞宗丹霞淳禪師記:「寒山以茄串打僧」。

二、趙州遊天台

趙州從諗,生於唐大曆十三年,卒於乾寧四年(778~897),受法於南泉普
願,諡「真際禪師」。《趙州真際禪師語錄》載趙州遊天台遇寒山、拾得:

> 師因到天台國清寺見寒山、拾得。師云:「久嚮寒山、拾得,來到只
> 見兩頭水牯牛。」寒山、拾得便作牛鬥。師云:「叱!叱!」寒山、
> 拾得咬齒相看,師便歸堂。二人來堂內問師:「適來因緣作麼生?」
> 師乃呵呵大笑。一日,二人問師:「什麼處去來?」師云:「禮拜五
> 百尊者來。」二人云:「五百頭水牯牛矗尊者!」師云:「為什麼作
> 五百頭水牯牛去?」山云:「蒼天!蒼天!」師呵呵大笑。〔註106〕

梁天監年間,天台惠海尊者囑咐其徒希遁,曰:「此五百尊者道場」,希遁於
「大通六年,即其菴建方廣寺。」〔註107〕趙州到天台禮拜五百尊者,一如歷
代禪師上五台禮文殊,都是雲水僧人畢生的心願。五百尊者前生均為大比丘,
亦即與佛同時的五百羅漢,趙州問寒山:「(五百尊者)為什麼作五百頭水牯牛
去?」此問與〈拾得錄〉有相當程度的關聯,〈拾得錄〉記拾得於眾僧說戒法
事時,驅牛而至被律德逐趕,拾得言:

〔註104〕宋・悟明,《聯燈會要》卷二九〈應化聖賢〉。《佛光大藏經》,頁1555。
〔註105〕如:靈隱大川禪師(卒於寶祐元年,1253。)《五燈會元》卷二;金・志明撰,
　　　　元・德諫注《禪苑蒙求瑤林》卷一;明・通容集《五燈嚴統》卷二;明・瞿
　　　　汝稷輯《指月錄》卷二;明・黎眉等編,《教外別傳》卷一六;明・朱時恩《佛
　　　　祖綱目》卷一二;清・超永編《五燈全書》卷三。
〔註106〕宋・賾藏主集,《古尊宿語錄》卷一四。《佛光大藏經》,頁630。
〔註107〕宋・陳田夫撰,《南嶽總勝集》卷上。《大正藏》冊51,第2097號,頁1067
　　　　下3~16。

我不放牛也。此群牛皆是前生大德知事人，咸有法號，喚者皆認。
時拾得一一喚牛，云：前生律師弘靖出，時一白牛作聲而過。又喚
前生典座光超出，時一黑牛作聲而過。又喚直歲靖本出，時一牯牛
作聲而出。又喚云：前生知事法忠出，時一牯牛作聲而出。〔註108〕

依拾得此事，破戒比丘死後變爲牛，《趙州語錄》中，趙州、寒山、拾得三人
有關「五百頭水牯牛」的問答，或由此而來（趙州見寒山、拾得詳見第一章）。《聯
燈會要》卷二九記趙州遊天台：

寒山因趙州遊天台，路次相逢，山見牛跡，問州云：「上座還識牛麼？」
州云：「不識。」山指牛跡云：「此是五百羅漢游山。」州云：「既是
羅漢，爲甚麼卻作牛去？」山云：「蒼天！蒼天！」州呵呵大笑。山
云：「作甚麼？」州云：「蒼天！蒼天！」山云：「這廝兒宛有大人之
作。」〔註109〕

相較《趙州語錄》，《聯燈會要》將「尊者」改爲「羅漢」，添加了寒山形容牛
群是：「五百羅漢游山」，此外，多了寒山讚許趙州的：「這廝兒宛有大人之作。」
〈三隱集記〉記趙州遊天台：

趙州到天台，行見牛跡。寒曰：「上座還識牛麼？此是五百羅漢游山。」
州曰：「既是羅漢，爲什麼作牛去？」寒曰：「蒼天！蒼天！」州呵
呵大笑。寒曰：「笑什麼？」州曰：「蒼天！蒼天！」寒曰：「這小廝
兒卻有大人之作。」

志南所記，明顯根據《聯燈會要》卷二九，《聯燈會要》所添加的「五百羅漢
游山」以及「這小廝兒宛有大人之作。」〈三隱集記〉之後的釋書均加以引用
〔註110〕，後代禪師據此事作爲開示機語，有靈巖儲禪師，《宗門拈古彙集》載：

（靈巖儲）云：「寒山也是虛空裏剜窟窿，趙州眼光爍破四天下，盡力
道祇道得個不識，國清要問諸人，祇如寒山趙州一等道：蒼天！蒼
天！還有優劣也無？」一僧出云：「蒼天！蒼天！」儲云：「識得你
也。」僧擬議，儲卻云：「蒼天！蒼天！」〔註111〕

〔註108〕《寒山子詩一卷附豐干拾得詩一卷》，〈拾得錄〉，頁51。

〔註109〕宋·悟明，《聯燈會要》卷二九〈應化聖賢〉，《佛光大藏經》，頁1555～1556。

〔註110〕如：《五燈會元》卷二、《五燈嚴統》卷二、《五燈全書》卷三、《指月錄》卷
二、《教外別傳》卷十六、《禪宗正脈》卷三、《雍正御選語錄》卷一六、《宗
門拈古彙集》卷四。

〔註111〕清·淨符彙集，《宗門拈古彙集》卷四。《禪宗集成》第七冊，頁4688。

靈巖儲與僧擬趙州與寒山的對答,以前述諸釋書對趙州見寒山一事的收錄,尋本溯源,均為《趙州語錄》,《趙州語錄》所未載的「五百羅漢游山」,以及「這小廝兒宛有大人之作。」則見於悟明《聯燈會要》卷二九(成於淳熙十年,1183),與志南〈三隱集記〉(成於淳熙十六年,1189),從〈三隱集記〉在內容編排上,在國清寺炙茄後,下接趙州遊天台,與《聯燈會要》卷二九之編排完全相同,知〈三隱集記〉之趙州遊天台,襲自《聯燈會要》卷二九。

趙州見寒山、拾得,首見於《趙州真際禪師語錄》,頤藏主輯《古尊宿語錄》卷十三將《趙州真際禪師語錄》收錄,《古尊宿語錄》於南宋紹興初已刊行,後人因趙州《語錄》有諸多疑點,趙州見寒山一事,並未被普遍接受〔註112〕,《聯燈會要》卷二九之「五百羅漢游山」以及寒山形容趙州:「這小廝兒宛有大人之作。」當為悟明所添加。

三、溈山靈祐三無對

溈山靈祐與趙州從諗,均曾與寒山有過一面之緣,溈山靈祐見寒山、拾得,最早見於泉州招慶寺靜、筠二師,成於南唐保大十年(952)的《祖堂集》,其卷十六載:

> 溈山和尚,……年二十三,乃一日嘆曰:「諸佛至論,雖則妙理淵深,畢竟終未是吾棲神之地。」於是杖飭天台,禮智者遺跡,有數僧相隨。至唐興路上,遇一逸士,向前執師手,大笑而言:「餘生有緣,老而益光。逢潭則止,遇溈則住。」逸士者,便是寒山子也。至國清寺,拾得唯喜重于師一人。主者呵嘖偏黨,拾得曰:「此是一千五百人善知識,不同常矣。」自爾尋遊江西禮百丈。〔註113〕

《祖堂集》是釋書中,唯一稱寒山為「逸士」者〔註114〕,在宋以前,「逸士」是最能代表釋徒對寒山的看法,繼《祖堂集》之後,贊寧《宋高僧傳》卷十

〔註112〕胡適以《景德傳燈錄》與《趙州真際禪師語錄》,二書所說趙州的卒年,相差31年,認為趙州見寒山不可信。參見:胡適,《白話文學史》(上)第二編〈唐朝〉,頁204~205。

〔註113〕《祖堂集》卷十六〈溈山〉,《佛光大藏經》禪藏,史傳部。(高雄縣:佛光出版社,1994年),頁809~810。下引版本同。

〔註114〕《寒山子詩一卷附豐干拾得詩一卷・寒山子詩集序》,形容寒山為「貧人風狂之士」,頁1。按:寒山在其詩中,從未以僧人自居,被後人據以認為寒山是「詩僧」的〈自從出家後〉一詩,是指寒山離開俗世生活去寒巖隱居。詳見:葉珠紅,〈寒山子異名考〉,《暨大電子雜誌》第37期,2006年2月。

一與卷十九，均載有靈祐見寒山、拾得一事，卷十一〈唐大潙山靈祐傳〉：

> 冠年剃髮，三年具戒。……。及入天台遇寒山子於途中，乃謂祐曰：
> 「千山萬水，遇潭即止。獲無價寶，賑卹諸子。」祐順途而念，危
> 坐以思，旋造國清寺遇異人拾得，申繫前意，信若合符，遂詣泐潭
> 謁大智師，頓了祖意。〔註115〕

《宋高僧傳》卷十九載：「又大潙祐公於憲宗朝遇寒山子指其泐潭，仍逢拾得
於國清。」〔註116〕贊寧認爲靈祐在憲宗朝（806～820）還遇到寒山子，依：「冠
年剃髮，三年具戒。」則生於大曆六年（771）的靈祐，二十三歲時遇寒山、拾
得〔註117〕，時爲德宗貞元九年（793）；靈祐在貞元九年聽從寒山「遇潭即止」
的指示，去找百丈懷海，上述道原《景德傳燈錄》記寒山、拾得、豐干事，
多據《宋高僧傳》，然卻未記靈祐至天台見寒山、拾得，《宋高僧傳》載：

> 知三人（寒山、拾得、豐干）是唐季葉時猶存，夫封干也，天台沒
> 而京兆出；寒、拾也，先天在而元和逢，爲年壽彌長耶？爲隱顯不
> 恒耶？〔註118〕

贊寧此疑，是誤將先天年間，於京兆行化的「封干」，誤以爲是大曆時，與寒
山、拾得交好的「豐干」，道原作《景德傳燈錄》時和贊寧一樣，對三人之「年
壽彌長」起了懷疑（先天元年爲712；元和共十五年，820），或因此疑而未收錄靈祐
至天台見寒、拾。繼贊寧之後，記靈祐遇寒山、拾得，爲《聯燈會要》卷二
九：

> 大潙祐禪師，作沙彌時，往國清受戒。寒山預知，同拾得往松門接。
> 祐纔到，二人從路傍跳出，作大蟲吼三聲，祐無對。山云：「自從靈
> 山一別，迄至于今，還記得麼？」祐亦無對。拾得拈拄杖云：「儞喚

〔註115〕 宋・贊寧，《宋高僧傳》卷十一〈唐大潙山靈祐傳〉，《大正藏》冊50，第2061
　　　　號，頁777中23～29。

〔註116〕 宋・贊寧，《宋高僧傳》卷十九〈唐天台山封干師傳〉，《大正藏》冊50，第
　　　　2061號，頁832中4～6。

〔註117〕 明・郭凝之編，《潭州潙山靈祐禪師語錄》卷一：「年十五出家，依本郡建善
　　　　寺法常律師剃髮，於杭州龍興寺，究大小乘教。二十三，遊江西參百丈。」
　　　　《大正藏》冊47，第1989號，頁577上5～7。又《萬松老人評唱天童覺和
　　　　尚頌古從容庵錄》六：「潭州潙山靈祐禪師，二十三歲參百丈大智，充典座二
　　　　十年。」《大正藏》冊48，第2004號，頁280中22～23。

〔註118〕 宋・贊寧，《宋高僧傳》卷十九〈唐天台山封干師傳〉，《大正藏》冊50，第
　　　　2061號，頁832中6～8。

這箇作甚麼？」祐又無對。寒山云：「休！休！不用問他，自別後已三生作國王來，總忘卻了也。」〔註119〕

贊寧《宋高僧傳》卷十一記靈祐：「冠年剃髮，三年具戒。」並未記靈祐與寒山、拾得「三無對」的記載，《潙山靈祐禪師語錄》亦僅言靈祐十五歲剃髮，二十三歲參百丈〔註120〕，亦未見「三無對」的記載，繼《聯燈會要》記潙山「往國清受戒」，以及與寒山、拾得「三無對」，爲志南〈三隱集記〉：

潙山來寺受戒，與拾往松門夾道，作虎吼三聲。潙無對。寒曰：「自從靈山一別，迄至于今，還相記麼？」潙亦無對。拾拈柱杖曰：「老兄喚這箇作什麼？」潙又無對。寒曰：「休，休，不用問它。自從別後，已三生作國王來，總忘卻也。」〔註121〕

志南此記與《聯燈會要》幾乎全同，後之釋書均據此。〔註122〕後代禪師以潙山靈祐見寒山、拾得之「三無對」，作爲上堂法語者，有：永寧鼎禪師將寒山、拾得視爲「掣風掣顛漢」〔註123〕；宗寶道獨禪師則形容寒、拾二人爲「弄精魂漢」〔註124〕；不管是「掣風掣顛」之神通用盡，或是「弄精魂」之徒費精神，悟明《聯燈會要》載寒山對潙山言：「靈山一別，迄至于今。」志南〈三隱集記〉則一字不改予以抄錄。

最早記潙山靈祐見寒山、拾得的《祖堂集》，是現存最早的禪宗史〔註125〕，

〔註119〕宋・悟明，《聯燈會要》卷二九〈應化聖賢〉，《佛光大藏經》，頁1547。
〔註120〕明・郭凝之編，《潭州潙山靈祐禪師語錄》卷一：「年十五出家，依本郡建善寺法常律師剃髮，於杭州龍興寺，究大小乘教。二十三，遊江西參百丈。」《大正藏》冊47，第1989號，頁577上5～7。
〔註121〕宋・志南，〈天台山國清禪寺三隱集記〉，明嘉靖四年天台國清寺道會刊本，頁51。
〔註122〕《指月錄》卷一二〈潭州潙山靈祐禪師〉、《佛祖綱目》卷三二〈百丈懷海傳法靈祐〉、《宗統編年》卷一二。
〔註123〕清・集雲堂編，《宗鑑法林》卷五〈應化聖賢・天台寒山子〉：「者兩個掣風掣顛漢，使盡神通用盡伎倆，要且出潙山圈圚不得。復頌：『一擡一捺笑清風，野鶴無心參碧空。可歎憨憨渾不顧，相依相盼白雲中。』」《禪宗集成》第八冊，頁5248。
〔註124〕《宗寶道獨禪師語錄》卷三：「潙山行腳至天台山，遇寒山、拾得，一陣茫然。寒山云：『自靈山別後，伊三生爲國王，忘卻了也。』果上菩薩，出生入死，尚且忘卻，何況博地凡夫；如今不用汝棒喝交馳，機鋒酬對，古人喚作弄精魂漢。」《禪宗集成》第二二冊，頁15283。
〔註125〕按：《祖堂集》保存唐代早期許多禪宗史料，爲南唐泉州招慶寺靜、筠二師所編撰，按傳燈（禪宗師徒間傳授佛法）次第排列譜系，輯錄七佛、三十三祖至唐末五代二百四十六位禪師之語錄及行狀，於書成後約百年失傳。《祖堂集》

《宋高僧傳》(成於宋太宗端拱元年，988。) 以及早於《宋高僧傳》的《祖堂集》(南唐保大十年，952)，二書均記靈祐見寒山、拾得，此事應非虛造，至於《聯燈會要》卷二九，記《祖堂集》與《宋高僧傳》均未載的靈祐見寒山、拾得時，靈祐之「三無對」，惜悟明未明言所據爲何。錢大昕遊國清寺，於〈三賢堂〉一詩寫道：

> 此身何意別人牛，凡眼區區笑趙州。
> 只向空山認蹤跡，誰知五百應眞游。(寒山)
>
> 搥胷多事遇寒山，無喜無嗔付等閑。
> 掃地偶然义手立，不將姓氏落人間。(拾得)
>
> 冰壺無影月無胎，騎虎松門了不猜。
> 日對文殊渾未識，五台行腳笑空回。(豐干)〔註 126〕

錢大昕筆下的寒山、拾得、豐干，可謂「國清三隱」傳說由宋至清的集大成。總上所述，《景德傳燈錄》卷二七記寒山、拾得、豐干傳說，除了根據《宋高僧傳》卷十九〈唐天台山封干師傳〉，另外添加三則傳說，在豐干的部分爲：「古鏡不磨，如何照燭？」寒山的部分爲：「豐干邀遊五台」；在拾得的部分爲：「東家人死，西家助哀。」此三則記載全爲志南〈三隱集記〉所採。《聯燈會要》卷二九記寒山、拾得、豐干傳說，依次是：「古鏡未磨時，如何照燭？」「豐干邀遊五台」、「潙山靈祐三無對」、「國清寺炙茄」、「趙州遊天台」、「東家人死，西家人助哀。」比《景德傳燈錄》多出了「潙山靈祐三無對」、「國清寺炙茄」、「趙州遊天台」，爲〈三隱集記〉所採。志南〈三隱集記〉據《景德傳燈錄》卷二七，與《聯燈會要》卷二九，是繼〈閭丘僞序〉後，寒山、拾得、豐干傳說之集大成，「國清三隱」一名，亦由此定型，爲宋以後「天台三聖」傳說之所本。

早年曾被收入高麗版大藏經（刻於高麗高宗 32 年，約南宋理宗淳祐五年，1245），爲現今所見各《祖堂集》傳本的源頭，是研究唐五代時期禪宗史、漢語方言口語、文化史、社會史等方面重要的資料。

〔註 126〕清・錢大昕，《潛研堂詩續集》卷四。《續修四庫全書》第 1439 冊（上海古籍出版社據清嘉慶十一年刻本影印，2002 年），頁 380。下引版本同。

第五章　宋代寒山詩之流傳概況

　　晚唐詩僧如齊己、貫休，在詩作中提及寒山詩；五代時，已出現嫁名寒山的作品，顯示寒山詩在唐末、五代已引起注意；《仙傳拾遺‧寒山子》、《雲笈七籤》所引《寒山子至訣》，是將寒山神仙化，寒山詩在宋代廣為釋、道爭寵的情形，尚可由宋代文人點竄寒山詩，以及諸多禪師作擬、和寒山詩得知。本章首論唐末、五代提及寒山詩的文獻，以見寒山詩在未被集結成詩集以前的流傳情形；其次，論宋代文人與禪師，對寒山詩加以點竄、仿作，為宋以後寒山詩的傳播，有重大的貢獻。

第一節　唐末、五代寒山詩之流傳

　　唐末、五代寒山詩之流行，透顯出的重要訊息，即：杜光庭《仙傳拾遺‧寒山子》提到桐柏道士徐靈府所收集的三卷寒山詩，確實已「行於人間」，晚唐詩人李山甫，詩僧貫休、齊己，在其作品中已論及寒山，可為旁證；五代時，風穴延沼禪師，上堂時曾引寒山佚詩；此外，寒山詩還被嫁名為龍牙和尚偈頌，由詩僧論寒山詩，以及釋門之徵引與嫁名，顯示在唐末、五代時，寒山詩已頗受矚目。

一、晚唐詩人論寒山

　　近人對寒山、拾得詩的看法，多認為與初唐王梵志一樣，是唐代白話詩的先驅，然在唐末，寒山詩卻是被當成「偈」來看待，齊己〈渚宮莫問詩〉：

莫問休行腳，南方已遍尋。了應須自了，心不是他心。

赤水珠何覓，寒山偈莫吟。誰同論此理，杜口少知音。〔註1〕

齊己〈渚宮莫問詩並序〉提到以「莫問」二字爲開頭的十五首詩，其寫作緣由，乃因個性疏鄙的主人，知其「心不在常禮」〔註2〕；詩中的「赤水珠」，係引自《莊子・天地》，言黃帝遊赤水之北，遺其玄珠，最後象罔得之，「象罔」又作「罔象」，能尋得黃帝之「赤水珠」，關鍵在於「無心」〔註3〕，齊己認爲欲吟得「寒山偈」，亦須「無心」，齊己悟到「了自心」須心無所繫，而在寒山詩中，亦多強調「了自心」的重要。〔註4〕與齊己看法相同，將寒山詩視爲悟道之「偈」者，尚有貫休，貫休〈寄赤松舒道士〉二首之一：

不見高人久，空令鄙吝多。遙似青嶂下，無那白雲何。

子愛寒山子，歌惟樂道歌。會應陪太守，一日到煙蘿。〔註5〕

舒道士，本名舒道紀，自號華陰子，乃赤松山道士，與貫休友善，貫休〈寄大願和尚〉、〈寒食郊外〉二詩，提到與舒道士比鄰而居〔註6〕，二人平日論詩、下棋、彈琴〔註7〕，不論是苦於溽暑逼人，或於秋夜望月遠懷，或於亂世驚喜重逢〔註8〕，貫休以「仙中僧」、「玄宮玉柱」來比喻舒道士〔註9〕，顯示二人

〔註1〕清・季振宜等編，《全唐詩》卷842，頁9513。

〔註2〕唐・齊己，〈渚宮莫問詩十五首並序〉：「予以辛巳歲蒙主人命居龍安寺，察其疏鄙，免以趨奉，爰降手翰，曰：『蓋知心不在常禮也。』予不覺欣然而作，顧謂形影曰：『爾本青山一衲，白石孤禪，今王侯撝室安之，給俸食之，使之樂然。萬事都外，游息自得，則雲泉猿鳥，不必爲狎，其放縱若是，夫何繫乎！』自是龍門牆仞，歷稔不復瞻覿，況他家哉！」《全唐詩》卷842，頁9513。

〔註3〕參見：郭慶藩輯，《莊子集釋》卷五（上）〈天地〉第十三，成玄英疏曰：「罔象，無心之謂。」（台北：華正書局，1997年），頁415。

〔註4〕唐・寒山，〈世有多事人〉：「世有多事人，廣學諸知見。不識本眞性，與道轉懸遠。若能明實相，豈用陳虛願。一念了自心，開佛之知見。」《寒山子詩一卷附豐干拾得詩一卷》，頁27。

〔註5〕清・季振宜等編，《全唐詩》卷830，頁9361。

〔註6〕唐・貫休，〈寄大願和尚〉：「……。一從散席歸寧後，溪寺更有誰相親。青山古木入白浪，赤松道士爲東鄰。……。」〈寒食郊外〉：「寒食將吾族，相隨過石溪。冪花沾酒落，林鳥學人啼。白水穿蕪疾，新霞出霧低。不堪迴首望，家在赤松西。」《全唐詩》卷828、830，頁9326、9352。

〔註7〕唐・貫休，〈聞赤松舒道士下世〉：「……。伊昔相尋遠，留連幾盡歡。論詩花作席，炙菌葉爲盤。彭伉心相似，承禎趣一般。琴彈溪月側，棋次砌雲殘。……。」《全唐詩》卷830，頁9365。

〔註8〕參見：貫休，〈苦熱寄赤松道者〉、〈秋懷赤松道士〉、〈士馬後見赤松舒道士〉。《全唐詩》卷826、831、833，頁9310、9370、9394。

乃交情非同一般的「同道」中人。潭州道吾圓智，卒於太和九年（835），其〈樂道歌〉、〈一鉢歌〉之作，是「因聞巫者樂神入道。」〔註10〕禪宗祖師之銘、記、箴、歌，往往是個人的證道心得，舒道士雖非釋徒，貫休言其愛寒山，「歌惟樂道歌」，可見舒道士對於寒山詩，應有過長期的浸淫，可惜《全唐詩》僅收舒道士詩二首，以及貫休詩〈寄赤松舒道士〉二首，無法得知舒道士對寒山詩的看法，然從舒道士樂歌證道心得之「樂道歌」，貫休作詩爲之記，二人對寒山詩的看法，應是視同如禪門祖師悟道之歌吟。

齊己與貫休不約而同將寒山詩視爲「偈」、「歌」，可見在晚唐詩僧眼中，寒山詩是被作爲悟道詩來看待的，而在唐代文人中，明確提及寒山的，尚有李山甫〈山中寄梁判官〉：

歸臥東林計偶諧，柴門深向翠微開。

更無塵事心頭起，還有詩情象外來。

康樂公應頻結社，寒山子亦患多才。

星郎雅是道中侶，六藝拘牽在隗臺。〔註11〕

「康樂公應頻結社」，典出慧遠與高士劉遺民等十八賢人，於廬山東林寺結社之事，慧遠與僧俗百二十三人同修淨土之業，共期升西，所主持之念佛社，又稱「白蓮社」，社名的由來是謝靈運爲東林寺「鑿池植白蓮。」〔註12〕《佛祖統紀》載謝靈運：「嘗求入社，遠公以其心雜而止之。」〔註13〕「康樂公應頻結社，寒山子亦患多才。」此二語是正話反說，李山甫在咸通年間累舉不第，依魏博幕府爲從事，李山甫思及跟一己境遇相似的寒山，以及寒山詩中多處提及多才而不遇（詳見第一章），寒山多才而不遇的遺憾，直至寒巖隱居後仍揮之不去〔註14〕，甚至在展讀一己的詩作時，寒山還以「滿卷才子詩」來

〔註9〕 參見：貫休，〈宿赤松山觀題道人水閣兼寄郡守〉、〈懷赤松故舒道士〉，《全唐詩》卷837、833，頁9433、9396。

〔註10〕 宋‧善卿編正，《祖庭事苑》卷七〈八方珠玉集‧道吾〉，《禪宗集成》第四冊，頁2387。

〔註11〕 清‧季振宜等編，《全唐詩》卷643，頁7369。

〔註12〕 宋‧志磐，《佛祖統紀》卷二六〈不入社諸賢傳〉：「至廬山一見遠公，肅然心伏，乃即寺築臺翻《涅槃經》。鑿池植白蓮，時遠公諸賢，因號「白蓮社」（原注：或云爲東西二池）。」《大正藏》冊49，第2035號，頁270上6～9。

〔註13〕 宋‧志磐，《佛祖統紀》卷二六〈不入社諸賢傳〉，《大正藏》冊49，第2035號，頁270上9～10。

〔註14〕 《寒山子詩一卷附豐干拾得詩一卷》：「六極常嬰困，九維徒自論。有才遺草澤，無藝閉蓬門。日上巖猶暗，煙消谷裏昏。其中長者子，箇箇揔無褌。」，頁7。

形容〔註15〕，寒山之才，時人不識；李山甫之才，曾被司空圖讚爲「天才」〔註16〕，李山甫同感：「寒山子亦患多才。」其留意到寒山詩，應是受到方外之交齊己的影響，李山甫〈賦得寒月寄齊己〉寫道：

> 松下清風吹我襟，上方鐘磬夜沈沈。
>
> 已知廬嶽塵埃絕，更憶寒山雪月深。
>
> 高謝萬緣消祖意，朗吟千首亦師心。
>
> 豈知名出遍（一作遍出）諸夏，石上樓禪竹影侵。〔註17〕

「寒山雪月深」之「寒山」，有暗喻寒山隱居地「寒巖」之意，以「廬嶽」對「寒山」，一如上述〈山中寄梁判官〉一詩，以「康樂公」對「寒山子」，李山甫此詩之「廬嶽」，是指齊己，因齊己曾暫住廬山東林寺，齊己〈題東林白蓮〉：

> 大士生兜率，空池滿白蓮。秋風明月下，齋日影堂前。
>
> 色後群芳拆，香殊百和燃。誰知不染性，一片好心田。〔註18〕

在齊己眼中，東林寺白蓮已不僅是寺中一景，而是一方清淨心田，由齊己對成爲慧遠門人的忻羨〔註19〕，期許東林寺僧匡白，能像曾訪慧遠的耶舍尊者一樣〔註20〕，成爲東林第十九賢〔註21〕，以及〈賀行軍太傅得白氏東林集〉一詩，提到東林寺藏有白居易《東林集》〔註22〕，知齊己與東林寺因緣頗深；

〔註15〕《寒山子詩一卷附豐干拾得詩一卷》：「滿卷才子詩，溢壺聖人酒。行愛觀牛犢，坐不離左右。霜露入茅簷，月華明瓮牖。此時吸兩甌，吟詩五百首。」，頁18。

〔註16〕唐・司空圖，〈偶詩〉五首之二：「芙蓉騷客空留怨，芍藥詩家只寄情。誰似天才李山甫，牡丹屬思亦縱橫。」《全唐詩》卷634，頁7275。按：司空圖詩中的「牡丹屬思亦縱橫。」是指李山甫之〈牡丹〉詩：「邀勒春風不早開，眾芳飄後上樓臺。數苞仙豔火中出，一片異香天上來。曉露精神妖欲動，暮煙情態恨成堆。知君也解相輕薄，斜倚闌干首重迴。」《全唐詩》卷643，頁7377。

〔註17〕清・季振宜等編，《全唐詩》卷643，頁7368。

〔註18〕清・季振宜等編，《全唐詩》卷839，頁9459。

〔註19〕唐・齊己，〈將之匡岳過尋陽〉：「帆過尋陽晚霽開，西風北雁似相催。大都浪後青堆沒，五老雲中翠疊來。此路便堪歸水石，何門更合向塵埃。遠公林下蓮池畔，箇箇高人盡有才。」《全唐詩》卷844，頁9543。

〔註20〕宋・悟明集，《聯燈會要》卷二九〈應化賢聖〉：「耶舍尊者訪遠法師。遠問：『如何是道？』師云：『無人能會。』云：『此間有五百聽徒，其中碩學高流，豈無一人會。』師微笑。」《佛光大藏經》，頁1541。

〔註21〕唐・齊己，〈寄懷東林寺匡白監寺〉：「南岳別來無約後，東林歸住有前緣。閒搜好句題紅葉，靜斂霜眉對白蓮。雁塔影分疏檜月，虎溪聲合幾峰泉。修心若似伊耶舍，傳記須添十九賢。」《全唐詩》卷844，頁9547。

〔註22〕唐・齊己，〈賀行軍太傅得白氏東林集〉：「樂天歌詠有遺編，留在東林伴白蓮。

李山甫將曾住「廬嶽」的齊己，與隱於「寒巖」的寒山並舉，其人其詩之互涉不言可喻。由李山甫〈山中寄梁判官〉，以及齊己、貫休詩，可確定寒山詩在晚唐，被視爲是悟道之「偈」，更顯示卒於會昌年間的徐靈府，所集之三卷寒山詩，確實是「行於人間」，寒山詩已由天台山向外流傳。

二、寒山詩之誤植與徵引

　　晚唐詩人論寒山及其詩，以及五代時出現嫁名的寒山作品，透露出寒山詩已從國清寺附近向外傳播，上述齊己詩已論及寒山詩，另一與齊己有重大關係者，是寒山詩被誤植爲後梁龍牙和尙之偈頌，《宋高僧傳》卷十三〈梁撫州疎山光仁傳〉（本仁居遁附）載：

> 龍牙山釋居遁，姓郭氏，臨川南城人也。……。聞洞上言玄格峻，
> 而躬造之。……。天策府楚王馬氏素藉芳音，奉之若孝悌之門橐毘
> 長矣。乃請居龍牙山妙濟禪院，侁侁徒侶常聚半千。爰奏舉詔，賜
> 紫袈裟，并師號證空焉，則梁貞明初也。方嶽之下，號爲禪窟，闖
> 其室得其門者，亦相繼矣。〔註23〕

龍牙居遁乃洞山良价法嗣，齊己爲《龍牙和尙偈頌》作〈序〉，言：「近有陞龍牙之門者，編集師偈乞余序之。」齊己在〈序〉中言：「偈頌凡九十五首。」〔註24〕知龍牙弟子所收集的《龍牙和尙偈頌》，總數爲九十五首，然其中的九二至九五首，與寒山詩幾乎全同，寒山詩〈世有多事人〉：

> 世有多事人，廣學諸知見。不識本眞性，與道轉懸遠。
> 若能明實相，豈用陳虛願。一念了自心，開佛之知見。〔註25〕

此詩在《龍牙和尙偈頌》中，被析爲第九二首：「西來意未明，徒學諸知見。不識本眞性，契道即懸遠。」以及第九三首：「若能明實相，豈用陳知見。一念了自心，開佛諸知見。」〔註26〕〈世有多事人〉一詩，在所有寒山詩版本中均有收錄，且各版本均無異文；雲庵眞淨禪師，上堂言：「又寒山菩薩云：

　　百尺典墳隨喪亂，一家風雅獨完全。常聞荊渚通侯論，果遂吳都使者傳。仰
　　賀斯文歸朗鑒，永資聲政入薰弦。」《全唐詩》卷844，頁9542。
〔註23〕宋・贊寧，《宋高僧傳》卷十三〈梁撫州疎山光仁傳〉，《大正藏》冊50，第
　　2061號，頁785下2～15。
〔註24〕宋・子昇、如祐編，《禪門諸祖師偈頌》卷一，《禪宗集成》第九冊，頁6089。
〔註25〕《寒山子詩一卷附豐干拾得詩一卷》，頁27。
〔註26〕宋・子昇、如祐編，《禪門諸祖師偈頌》卷一，《禪宗集成》第九冊，頁6094。

『一念了自心。開佛之知見。』」〔註27〕別峰雲和尚語：「舉寒山子道：『一念了自心，開佛之知見。』」〔註28〕二位宋代禪師雖只引兩句，然均明言是寒山詩，且末句所引均爲寒山詩「開佛之知見。」異於龍牙和尚之「開佛諸知見。」可確定寒山詩〈世有多事人〉一詩，確實已被點竄且誤植爲《龍牙和尚偈頌》之第九二、九三首。其次，寒山詩〈寄語諸仁者〉：

> 寄語諸仁者，復以何爲懷。達道見自性，自性即如來。
>
> 天眞元具足，修證轉差迴。棄本卻逐末，祇守一場獃。〔註29〕

《龍牙和尚偈頌》第九四首：「寄語諸仁者，復以何爲懷。達道見自性，自性即如來。」第九五首：「天眞元具足，修證轉差迴。棄本卻逐末，祇守一場獃。」亦同樣襲自寒山詩〈寄語諸仁者〉，內容與寒山詩全同；此詩僅國清寺「道會刊本」未收，其他版本均有收錄且無異文，永明延壽《宗鏡錄》曾引此詩，言此詩爲「寒山子詩」，雖有異文〔註30〕，仍應判爲寒山詩。齊己言龍牙和尚之偈頌有九十五首，與《禪門諸祖師偈頌》所收之數目相同，龍牙居遁卒於後梁末帝龍德三年（923），此爲寒山詩被點竄、誤植的最早記錄。

寒山詩除了於後梁時已被點竄、誤植，何人最早引寒山詩，亦爲一重要問題，胡適認爲禪門最早引寒山詩者，爲五代風穴延沼〔註31〕，《風穴延沼禪師語錄》載：

> 上堂。舉寒山詩曰：「梵志死去來。魂識見閻老。讀盡百王書。未免受捶拷。一稱南無佛。皆以成佛道。」〔註32〕

風穴延沼「舉寒山詩」，《天聖廣燈錄》卷一五與《橫川行珙禪師語錄》卷二，均作「舉梵志詩」，內容與風穴《語錄》略有不同〔註33〕；《五燈會元》卷十

〔註27〕宋・頤藏主集，《古尊宿語錄》卷四三，《佛光大藏經》，頁1862。

〔註28〕宋・師明集，《續古尊宿語要》卷六，《禪宗集成》第十二冊，頁8323。

〔註29〕《寒山子詩一卷附豐干拾得詩一卷》，頁37。

〔註30〕宋・延壽，《宗鏡錄》卷十九：「寒山子詩云：『寄語諸仁者，復以何爲懷。達道自見性，見性即如來。天眞元具足，修證轉差迴。棄本卻逐末，只守一場獃。』」《大正藏》冊48，第2016號，頁523上4～7。

〔註31〕胡適，《白話文學史》（上卷），頁207～208。

〔註32〕宋・頤藏主集，《古尊宿語錄》卷七，《佛光大藏經》，頁260。

〔註33〕宋・李遵勗編，《天聖廣燈錄》卷一五，〈汝州風穴山延昭禪師〉：「師上堂，舉梵志詩云：『梵志死去來，魂魄見閻老。讀盡百王書，不免被捶拷。一稱南無佛，皆以成佛道。』」《佛光大藏經》，頁376。《橫川行珙禪師語錄》卷下：「舉梵志詩云：『梵志死去來，魂魄見閻老。讀盡百王書，不免被捶拷。』風穴云：『一稱南無佛，皆已成佛道。』」《禪宗集成》第十八冊，頁12520～12521。

一所載同，前者在「一稱南無佛。皆以成佛道。」二句前，有「風穴云」；《景德傳燈錄》卷十三與《大光明藏》卷三，均獨引風穴延沼：「一稱南無佛」句〔註34〕；《宗鑑法林》卷五〈梵志〉與《五燈全書》卷七三〈巨靈自融禪師〉之「梵志死去來」一句，均作「梵志身死去」。

　　按：《橫川行珙禪師語錄》卷二，與《宗鑑法林》卷五，以後二句爲風穴延沼詩，應是受《景德傳燈錄》卷十三，獨引「一稱南無佛」的影響，宋代禪師引：「一稱南無佛，皆以成佛道。」在句前均未言此二句是風穴延沼詩〔註35〕，此二語乃源自法華經〔註36〕，爲宗門所通用，查今之王梵志詩並無〈梵志死去來〉一詩，此詩亦未見於宋、元刊本《寒山詩集》，由後梁時已有寒山詩誤植爲龍牙和尚之作，而在五代時出現嫁名寒山的作品（風穴延沼卒於宋太祖開寶六年，973）〔註37〕，足見寒山詩已受矚目。

　　胡適言禪門最早引寒山詩者爲風穴延沼，此說未必正確，寒山詩〈白鶴銜苦桃〉：

　　　　白鶴銜苦桃，千里作一息。欲往蓬萊山，將此充糧食。

　　　　未達毛摧落，離群心慘惻。卻歸舊來巢，妻子不相識。〔註38〕

此詩僅《天祿》宋本系統作「白鶴銜苦桃」，其餘版本均作「白鶴銜苦花」。〔註39〕寒山以白鶴自喻，此詩應是寒山由長安落第返鄉之後，「剩被自妻疏」的寫照，禪門最早引此詩者，乃《景德傳燈錄》卷十七〈福州羅山道閑禪師〉：

　　　　僧舉寒山詩，問師曰：「百鳥銜苦華時如何？」師曰：「貞女室中吟。」

　　　　曰：「千里作一息時如何？」師曰：「送客遊庭外。」曰：「欲往蓬萊

按：《宗鑑法林》卷五〈梵志〉：「梵志詩曰：『梵志身死去，魂魄見閻老。讀盡百王書，不免被捶拷。』風穴沼云：『一稱南無佛，皆已成佛道。』」判前四句爲梵志詩，後二句爲延沼詩。《禪宗集成》第八冊，頁5247。

〔註34〕宋・道原，《景德傳燈錄》卷一三：「問如何是『一稱南無佛？』」師曰：「燈連鳳翅當堂照，月影娥眉卑頁面看。」《大正藏》冊51，第2076號，頁302下11～13。

〔註35〕詳見：《虛堂和尚語錄》卷三、《萬善同歸集》卷一、《翻譯名義集》卷五、《智證傳》卷一等。

〔註36〕姚秦・鳩摩羅什譯，《妙法蓮華經》：「若人散亂心，入於塔廟中。一稱南無佛，皆以成佛道。」《大正藏》冊9，第0262號，頁9上24～25。

〔註37〕項楚先生認爲此詩爲寒山佚詩，參見：《寒山詩注》，頁796～816。

〔註38〕《寒山子詩一卷附豐干拾得詩一卷》，頁9。

〔註39〕葉珠紅，《寒山詩集校考》，頁43。

山時如何？」師曰：「歌枕覷獼猴。」曰：「將此充糧食時如何？」

師曰：「古劍髑髏前。」〔註40〕

羅山道閑禪師，《景德傳燈錄》未載卒年，羅山道閑曾師巖頭全豁，全豁卒於唐僖宗光啓三年（887）〔註41〕，則道閑的卒年應在五代初；僧與羅山道閑之問答，是跳躍極大的「曲喻」，這種不合理之「理」，與寒山詩〈吾心似秋月〉：「教我如何說」之不可比喻的「比」，意在使人不執著於文字本身，不漁獵語言文字，目的是爲了破除人們對常識、邏輯的依靠，此爲教外別傳的禪宗祖師一再強調。僧就寒山詩〈白鶴銜苦桃〉問羅山道閑，亦有僧就寒山詩〈欲得安身處〉問曹山本寂，寒山詩〈欲得安身處〉：

欲得安身處，寒山可長保。微風吹幽松，近聽聲愈好。

下有斑白人，喃喃讀黃老。十年歸不得，忘卻來時道。〔註42〕

《祖堂集》載僧問曹山本寂：

問：「如何是十年歸不得，忘卻來時路？」師云：「得樂忘憂。」僧云：「忘卻什麼路？」師云：「十處即是。」僧云：「還忘卻本來路也無？」師云：「亦忘卻。」僧云：「爲什麼不言九年，要須十年？」師云：「若有一方未歸，我不現身。」〔註43〕

此與僧就寒山詩〈白鶴銜苦桃〉問羅山道閑相同，都是以逐句追風的方式開啓答問，曹山本寂卒於昭宗天復三年（903）〔註44〕，與曹山本寂同師洞山良价的雲居道膺與禾山和尙，則不約而同引過寒山詩〈昨日何悠悠〉：

昨日何悠悠，場中可憐許。上爲桃李徑，下作蘭蓀渚。

復有綺羅人，舍中翠毛羽。相逢欲相喚，脈脈不能語。〔註45〕

《祖堂集》載雲居道膺與禾山和尙對寒山詩：「相逢欲相喚，脈脈不能語。」的

〔註40〕 宋・道原，《景德傳燈錄》卷一七〈福州羅山道閑禪師〉，《大正藏》冊51，第2076號，頁341中14～18。

〔註41〕 宋・贊寧，《宋高僧傳》卷二三〈唐鄂州巖頭院全豁傳〉：「當光啓丁未歲夏四月八日，門人權葬，葬後收焚之，獲舍利七七粒。僖宗賜諡曰清嚴，塔號出塵。」按：丁未歲即光啓三年，《大正藏》冊50，第2061號，頁856下22～24。

〔註42〕 《寒山子詩一卷附豐干拾得詩一卷》，頁6。

〔註43〕 《祖堂集》卷八〈曹山〉，《佛光大藏經》，頁415～416。

〔註44〕 宋・志磐，《佛祖統紀》卷四二〈昭宗〉天復三年：「撫州曹山本寂禪師示寂，諡元證。師得法於洞山，世稱曹洞宗云。」《大正藏》冊49，第2035號，頁390上21～22。

〔註45〕 《寒山子詩一卷附豐干拾得詩一卷》，頁21。

看法〔註46〕，可見曹洞宗徒之間盛傳寒山詩，上述贊寧《宋高僧傳》載曹山本寂：「注《對寒山子詩》，流行寓內。」惜未見其他釋書記載，贊寧所記有或有可能。與曹洞宗徒同引寒山詩者，尚有長生山皎然禪師，寒山詩〈聞道愁難遣〉：

　　　　聞道愁難遣，斯言謂不真。昨朝曾趁卻，今日又纏身。

　　　　月盡愁難盡，年新愁更新。誰知席帽下，元是昔愁人。〔註47〕

長生皎然為雪峰義存入室弟子，侍經十載，雪峰普請般柴時，皎然舉：「誰知席帽下，元是昔愁人。」問雪峰：「古人意作麼生？」雪峰側戴笠子，曰：「遮箇是什麼人語？」〔註48〕由皎然與雪峰的對答，似均不知「古人」就是寒山；雪峰住閩川四十餘年，法席冠天下，卒於後梁開平二年（908）。〔註49〕總上而言，禪門最早引寒山詩者，非胡適所說五代風穴延沼，當上推至唐末羅山道閑、長生皎然、曹山本寂等人。

第二節　宋代文苑、禪林對傳播寒山詩的貢獻

宋以前的寒山詩，至少有三種版本：一、唐末道士杜光庭《仙傳拾遺・寒山子》載「好事者」於國清寺附近所輯之版本；二、杜光庭言道士徐靈府所輯，已「行於天下」的三卷寒山詩；三、北宋贊寧《宋高僧傳》載曹山本寂：「注《對寒山子詩》，流行寓內。」的七卷寒山詩，本寂據以作注的版本；寒山詩之所以在北宋時多被文人誤引，主要原因就在於版本眾多，在無「好本」的客觀因素下，喜愛寒山詩的北宋文人，各自表述其對寒山詩的喜愛，寒山詩被宋代文人喜愛的程度，可由大量引用寒山詩的文獻，以及大作擬寒山詩的作品得知，前者以黃庭堅為最，後者以王安石為代表，寒山詩之所以受到宋以後文人與釋子的青睞，黃、王二人有重要的影響。

〔註46〕　《祖堂集》卷八：「『相逢欲相識，脈脈不能言時如何？』師云：『適來洎道得』。」
　　　　　《佛光大藏經》，頁399。卷一二：「古人有言：『相逢欲相喚，脈脈不能語。』
　　　　　未審還相喚也無？師云：『似卻古人機，還同舌頭備。』僧曰：『與則學人無
　　　　　端去也。』師曰：『但莫踏泥，何煩洗腳。』」《佛光大藏經》，頁629。
〔註47〕　《寒山子詩一卷附豐干拾得詩一卷》，頁8。
〔註48〕　宋・道原，《景德傳燈錄》卷一八〈福州長生山皎然禪師〉，《大正藏》冊51，
　　　　　第2076號，頁350上3～5。虛堂和尚答僧問亦同，見《虛堂和尚語錄》卷二。
　　　　　《大正藏》冊47，第2000號，頁1001中9～12。
〔註49〕　宋・贊寧，《宋高僧傳》卷十二〈唐福州雪峯廣福院義存傳〉。《大正藏》冊50，
　　　　　第2061號，頁781下27～782中21。

一、黃庭堅對寒山詩之點竄

上述《景德傳燈錄》載〈福州羅山道閑禪師〉上堂語、以及後梁時，寒山詩被誤植爲龍牙和尚偈頌，顯見部份寒山詩於唐末、五代時，已非原貌，北宋黃庭堅是釋徒刊刻寒山詩集以外，對寒山詩流傳貢獻最多的文人，黃庭堅曾自稱是寒山後身〔註50〕，常書寒山詩以示人，對寒山詩進行「奪胎換骨」的同時，亦對寒山詩予以點竄，黃庭堅之鍾情寒山，有一段甚深因緣，祖琇《隆興佛教編年通論》載：

> 昔寶覺心禪師嘗命太史山谷道人和寒山子詩，山谷諾之，及淹旬不得一辭，後見寶覺，因謂：「更讀書作詩十年，或可比陶淵明，若寒山子者，雖再世亦莫能及。」寶覺以謂知言。山谷吾宋少陵也，所言如此。大凡聖賢造意，深妙玄遠，自非達識洞照，亦莫能辨，嘗深味其句語，正如天漿甘露，自然淳至，決非世間濟以鹽梅者所能髣髴也。〔註51〕

石室祖琇《隆興佛教編年通論》，乃博採歷代外護聖賢，以及弘教秉律韵人勝士的言論，仿司馬光編《資治通鑑》而作，始記漢明帝永平七年（64）夜夢金人，至宋徽宗爲續燈錄作序（1101），於宋孝宗隆興二年（1164）成書；書中記寶覺禪師命黃庭堅和寒山子詩，此事未見其他釋書記載；祖琇記閭丘胤任台州刺史訪寒山、拾得，事在貞元末年，異於其他釋書，白隱禪師《寒山詩闡提記聞》云：

> 又山谷或時侍晦堂，而道話之次，晦堂云：「庭堅今以詩律鳴天下也，爲寒山詩者，庚韵得和否？」魯直答曰：「昔杜少陵一覽寒山詩結舌耳！吾今豈敢容易可知韵哉！直饒雖經一生二生而作詩吟，難對老杜境界，矧亦寒山詩哉！」晦堂俯首之。〔註52〕

白隱禪師此記亦引自《編年通論》卷二十〔註53〕，上述黃庭堅奉寶覺禪師之

〔註50〕 宋・黃庭堅，〈戲題戎州作余眞〉：「前身寒山子，後身黃魯直。頗遭俗人惱，思欲入石壁。」劉琳等校點《黃庭堅全集》別集卷三（成都：四川大學出版社，2001年），頁1510。下引版本同。

〔註51〕 宋・祖琇，《隆興佛教編年通論》卷二十。CBETA, X75, no.1512, pp.0209b12。

〔註52〕 轉引自：錢學烈，《寒山拾得詩校評・前言》，頁4。

〔註53〕 按：祖琇《佛教編年通論》卷二十，僅有黃庭堅奉寶覺禪師之命和寒山詩，白隱禪師《寒山詩闡提記聞》，記黃庭堅曾言杜甫看了寒山詩爲之結舌，此記亦見於《首書寒山詩》，頁7。

命和寒山詩，以及黃庭堅說杜甫看了寒山詩爲之結舌，二說均不知何據；覺
岸《釋氏稽古略》載祖琇的《佛教編年通論》，是將蜀郡漢州雒縣僧祖秀的《佛
運編年通論》併爲己有〔註54〕，志磐《佛祖統紀》言祖琇《佛運統紀》，「多
附小機所見」，爲學上乘者所病〔註55〕，暫不論祖琇《佛教編年通論》言杜甫
看了寒山詩爲之結舌，其所據爲何，黃庭堅之喜愛寒山詩，是不爭之事，在
〈跋寒山詩贈王正仲〉一文，黃庭堅稱寒山詩爲：「古人沃眾生業火之
具。……，源從七佛偈流出。」〔註56〕〈示王孝子孫寒山詩後〉言：「有性智
者，觀寒山之詩，亦不暇寢飯矣。」〔註57〕〈再答并簡康國兄弟〉一詩寫道：
「妙舌寒山一居士，淨居金粟幾如來。玄關無鍵直須透，不得春風花不開。」
〔註58〕黃庭堅不僅透得寒山詩之「玄關」，其論寒山詩、書寒山詩之舉，已在
北宋禪林間造成流行，惠洪〈跋山谷字・又詩〉載：

> 山谷論詩，以寒山爲淵明之流亞，世多未以爲然，獨雲巖長老元悟
> 以爲是，此道人村氣，而俎豆山谷靈源之間也，已可驚駭，乃又能
> 斷評詩之論，殊出意外。此寒山詩也，以山谷嘗喜書之，故多爲林
> 下人所得。〔註59〕

在惠洪眼中，有「村氣」的雲巖長老，與黃庭堅同樣認爲寒山詩與淵明詩同其
境界，進而加以評論，惠洪說黃庭堅所書之寒山詩「多爲林下人所得」，當是眞
實的情形，「林下人」指僧人，僧人愛黃庭堅所書寒山詩，原因除了寒山詩的魅
力外，自然跟黃庭堅的書法造詣有關，惠洪曾寫道：「山谷翰墨妙天下」〔註60〕；

〔註54〕 元・覺岸，《釋氏稽古略》卷四：「蜀郡漢州雒縣僧祖秀，字紫芝，……。高
　　　　宗紹興二年，其弟子曇運仲宏集師講義爲傳，作疏鈔三卷，汝陰王銍又敘之，
　　　　右相魏國公張浚併述後敘，刊行於世，秀作《佛運編年通論》，祖琇者作《統
　　　　紀》，併爲己有之。琇號石室。」《大正藏》冊49，第2037號，頁884上19
　　　　～27。
〔註55〕 宋・志磐，《佛祖統紀》卷一：「祖琇，隆興初，居龍門，撰《佛運統紀》。……。
　　　　琇師統紀，多附小機所見，學最上乘者，尚深病之。」《大正藏》冊49，第
　　　　2035號，頁132中12～15。
〔註56〕 宋・黃庭堅，〈跋寒山詩贈王正仲〉。《黃庭堅全集》別集卷第八，頁1639。
〔註57〕 宋・黃庭堅，〈示王孝子孫寒山詩後〉。《黃庭堅全集》外集卷第二三，頁1406。
〔註58〕 宋・黃庭堅，〈再答并簡康國兄弟〉四首之二。《黃庭堅全集》正集卷第二三，
　　　　頁602。
〔註59〕 宋・惠洪，《石門文字禪》卷二七，《四部叢刊》，初編，集部，上海商務印書
　　　　館縮印江南圖書館藏明徑山寺本，1967年，頁302。下引版本同。
〔註60〕 宋・惠洪，《石門文字禪》卷二七，頁302。

黃庭堅在引用寒山詩、書寒山詩以贈人的同時，大施其「換骨法」及「奪胎法」，引用寒山詩的次數，爲歷代詩人之冠；除了刊刻詩集外，書詩贈人是最具高效果的傳播方式，黃庭堅引寒山詩、書寒山詩以贈人，固然對廣傳寒山詩有貢獻，但任意更改寒山之詩爲己有，史容爲山谷詩作注，其誤引寒山詩所產生的訛誤，則必須予以正視，以下分別論之。

（一）黃庭堅手書寒山詩墨跡

台北故宮藏有黃庭堅手書寒山詩墨跡，題爲「寒山子龐居士詩卷」，皆爲五言詩，分別是寒山詩〈我見黃河水〉、〈寒山出此語〉二首，與〈寄語諸仁者〉前四句，寒山詩〈我見黃河水〉：

> 我見黃河水，凡經幾度清。水流如急箭，人世若浮萍。
>
> 癡屬根本業，無明煩惱坑。輪迴幾許劫，只爲造迷盲。〔註61〕

黃庭堅將「水流如急箭」之「急」改爲「激」；「無明煩惱坑」之「無明」改爲「愛爲」，更將末句「只爲造迷盲」改爲「不解了無明」〔註62〕，同樣的手法亦出現手書〈寒山出此語〉一詩，寒山詩〈寒山出此語〉：

> 寒山出此語，復似顚狂漢。有事對面說，所以足人怨。心眞出語直，
>
> 直心無背面。君看渡奈何，誰是嘍囉漢。冥冥泉臺路，被業相拘絆。
>
> 〔註63〕

黃庭堅手書〈寒山出此語〉：

> 寒山出此語，舉世狂癡半。有事對面說，所以足人怨。
>
> 心眞語亦直，直語無背面。君看渡奈何，誰是嘍囉漢。〔註64〕

此詩更動的部份較〈我見黃河水〉一詩爲多，尤更甚者，〈寒山出此語〉原詩共十句，黃庭堅於「誰是嘍囉漢」，下缺「冥冥泉臺路，被業相拘絆。」二句，而在「誰是嘍囉漢」之後，爲：「寄語諸仁者，仁以何爲懷。歸源知自性，自性即如來。」〔註65〕黃庭堅不僅將〈寄語諸仁者〉原詩之「復以何爲懷」之

〔註61〕《寒山子詩一卷附豐干拾得詩一卷》，頁40。

〔註62〕宋・黃庭堅，《松風閣詩卷、寒山子龐居士詩卷》：「我見黃河水，凡經幾度清。水流如激箭，人世若浮萍。癡屬根本業，愛爲煩惱坑。輪迴幾許劫，不解了無明。」台北：故宮博物院藏《故宮書法選》五。（東京：株式會社二玄社，2006年），頁18～21。下引版本同。

〔註63〕《寒山子詩一卷附豐干拾得詩一卷》，頁37。

〔註64〕宋・黃庭堅，《松風閣詩卷、寒山子龐居士詩卷》，頁22～25。

〔註65〕宋・黃庭堅，《松風閣詩卷、寒山子龐居士詩卷》，頁26～27。

「復」改爲「仁」，更將「達道見自性」逕改爲「歸源知自性」，此外，將此詩的後四句：「天眞元具足，修證轉差迴。棄本卻逐末，只守一場獃。」〔註66〕予以腰斬，此件故宮所存之黃庭堅墨寶，所造成的誤解有二：一、將寒山詩〈寄語諸仁者〉認爲是寒山佚詩〔註67〕；二、觀者以此證寒山原名「任運」。〔註68〕故宮此件黃庭堅墨寶，卷末書：「任運堂試張通筆。爲瀘耷上座書寒山子龐居士詩兩卷。」〔註69〕細味黃庭堅所言「奪胎換骨」之意〔註70〕，可知不熟讀寒山詩者，不知黃庭堅「奪胎換骨」貽誤之深。

（二）次韻楊明叔見餞

寒山詩〈有樹先林生〉：

有樹先林生，計年逾一倍。根遭陵谷變，葉被風霜改。

咸笑外凋零，不憐內紋綵。皮膚脫落盡，唯有貞實在。〔註71〕

黃庭堅〈次韻楊明叔見餞〉（十首之八）：

虛心觀萬物，險易極變態。皮毛剝落盡，唯有眞實在。

侍中乃珥貂，御史即冠豸。顧影或可羞，短蓑釣寒瀨。〔註72〕

錢鍾書就黃庭堅〈次韻楊明叔見餞〉一詩，言黃庭堅「好掇寒山、梵志及語錄。」此說甚有見地，錢鍾書〈黃山谷詩補註・附論比喻〉載：

天社註引藥山答馬祖云：「皮膚脫落盡，惟有一眞實。」又引《涅槃

〔註66〕《寒山子詩一卷附豐干拾得詩一卷》：「寄語諸仁者，復以何爲懷。達道見自性，自性即如來。天眞元具足，修證轉差迴。棄本卻逐末，只守一場獃。」，頁37。

〔註67〕項楚，《寒山詩注》：「論者或將以上文字聯爲一首，而以〈寄語諸仁者〉四句爲《全唐詩》所無的寒山佚詩，誤矣。」，頁612。

〔註68〕易中達，〈詩人寒山的研究〉，據其參觀台北外雙溪故宮博物院，看到北宋黃庭堅手錄寒山五言詩〈我見黃河水〉，在披尾書：「敬錄寒山子龐居士詩。」認爲寒山姓「龐」；此外，易中達再據寒山詩〈粵自居寒山〉之「任運遯林泉」，與〈一住寒山萬事休〉之「任運還同不繫舟。」判「任運」爲名詞，意爲「我」，定寒山之姓名爲「龐任運」。參見：《寒山子傳記資料》第二冊，頁125。

〔註69〕宋・黃庭堅，《松風閣詩卷、寒山子龐居士詩卷》，頁28～30。

〔註70〕明・張嘉秀，《增修詩話總龜》卷九：「山谷云：『詩意無窮，人之才有限；以有限之才，追無窮之意，雖少陵、淵明不得工也。然不易其意而造其語，謂之『換骨法』：規模其意而形容之，謂之『奪胎法』。」《四部叢刊》，初編，集部。上海商務印書館縮印明嘉靖刊本，1967年，頁57。

〔註71〕《寒山子詩一卷附豐干拾得詩一卷》，頁25。

〔註72〕宋・黃庭堅，《豫章黃先生文集》卷六，《四部叢刊》，初編，集部，上海商務印書館縮印嘉興沈氏藏宋本，1967年，頁55。

經》云：「如大村外，有娑羅林，中有一樹，先林而生，足一百年，其樹陳朽，皮膚枝葉悉脫落，惟真實在。」按天社說是矣而未盡。《寒山子詩集》卷上有：〈有樹先林生〉一詩，與《涅槃經》意同，結句曰：「皮膚脫落盡，惟有真實在。」山谷蓋全用其語。〔註73〕

按：寒山〈有樹先林生〉一詩，係依《涅槃經》而作，藥山惟儼答馬祖道一之「皮膚脫落盡，惟有一真實。」多被宋以後之禪師上堂時引用；不獨黃庭堅所引與寒山原詩有出入，本嵩述《華嚴七字經題法界觀三十門頌》卷下，作：「皮膚脫落盡，獨露一真實。此頌奪盡心境千差顯一純真之智，鑒無方而不顯現也。」〔註74〕蘊聞編《大慧普覺禪師語錄》，其卷二五載：「古德云：『皮膚脫落盡，唯一真實在。』」〔註75〕二位宋代禪師雖未明言「頌」之作者與「古德」為誰，所引均出自寒山詩：「皮膚脫落盡，唯有貞實在。」〔註76〕所引為寒山詩當可確定，錢鍾書〈黃山谷詩補註・附論比喻〉載：

寒山，貞觀時人，在藥山前，《苕溪漁隱》前集卷四十八引《正法眼藏》藥山答石頭曰：「皮膚脫落盡，惟有真實在。」謂山谷全用寒山禪語，而不知藥山之用寒山語，亦失之矣。〔註77〕

錢鍾書與絕大多數清朝以前的文人，都深受〈閭丘偽序〉的影響，均誤以寒山為貞觀時人，言黃庭堅所引為寒山詩，此說無誤，「藥山之用寒山語」一語則有待商榷，藥山惟儼卒於太和八年（834）〔註78〕，石頭希遷卒於貞元六年（790）〔註79〕，寒山詩在貞元六年流傳到被藥山惟儼引為答語，其可能性不大。

〔註73〕錢鍾書，《談藝錄》（北京：生活・讀書・新知三聯書店，2007年），頁20。下引版本同。

〔註74〕宋・本嵩述，《華嚴七字經題法界觀三十門頌》卷下。《大正藏》冊45，第1885號，頁702下9～11。

〔註75〕宋・蘊聞編，《大慧普覺禪師語錄》卷二五。《大正藏》冊47，第1998A號，頁920下3～4。

〔註76〕按：寒山詩「唯有貞實在」，「國清寺本」系統均作「唯有真實在」。詳見：葉珠紅《寒山詩集校考》，頁93。

〔註77〕錢鍾書，《談藝錄》，頁20。

〔註78〕陳垣，《釋氏疑年錄》考《宋高僧傳》卷十七，藥山卒於太和二年，八年之說乃據《景德傳燈錄》卷十四。參見：《陳援菴先生全集》第十冊（台北：新文豐出版公司，1993年），頁211。下引版本同。

〔註79〕宋・道原，《景德傳燈錄》卷十四。《大正藏》冊51，第2076號，頁309下11～12。

（三）再和答爲之

寒山詩〈吾心似秋月〉：

　　吾心似秋月，碧潭清皎潔。無物堪比倫，教我如何説。〔註80〕

黃庭堅〈再和答爲之〉：「……。自狀一片心，碧潭浸寒月。」史容注：「寒山子詩：『我心似秋月，碧潭清皎潔。』」〔註81〕歷代之寒山詩版本，均未見如史容山谷詩注所引寒山詩〈吾心似秋月〉，將「吾心」作「我心」。黃庭堅「碧潭浸寒月」是取自寒山「碧潭清皎潔」，屬「不易其意而造其語」之「換骨法」；後之禪師引寒山〈吾心似秋月〉一詩，針對「碧潭清皎潔」一句，有「碧潭澄皎潔」、「碧潭光皎潔」、「圓滿光皎潔」、「一輪光皎潔」等誤引〔註82〕，均強調人之清淨心，其源皆來自於碧潭所映，今古一同的皎潔明月。

　　《續傳燈錄》記寶覺禪師向剛入門下的黃庭堅，推薦「性質直而勇於道」的保福本權禪師〔註83〕，本權禪師曾和寒山詩〈吾心似秋月〉，詩曰：「吾心似燈籠，點火内外紅。有物堪比倫，來朝日出東。」結果：「傳者以爲笑。」寶覺法嗣死心悟新和尚，曾被密菴禪師譽爲：「有年有德，語不妄發。」見本權禪師所和之寒山詩，嘆曰：「權兄提唱若此，誠不負先師所付囑也。」〔註84〕黃庭堅謫官黔南時，曾道：「晝臥覺來，忽然廓爾；尋思平生被天下老和尚謾了多少，惟有死心道人不肯，乃是第一相爲也。」〔註85〕由黃庭堅之肯定死心，以及死心讚本權禪師之語，黃庭堅寫道：「自狀一片心，碧潭浸寒月。」或有受本權和寒山詩之啓發。

〔註80〕《寒山子詩一卷附豐干拾得詩一卷》，頁10。

〔註81〕宋・史容撰注，《山谷外集詩註》卷一，《四部叢刊》，續編，集部，上海涵芬樓景印中華學藝社借照日本帝室圖書寮藏元本（台北：台灣商務印書館，1966年），頁36。下引版本同。

〔註82〕詳見：《宏智禪師廣錄》卷五、《保寧仁勇禪師語錄》卷一、《湛然圓澄禪師語錄》卷四、《林泉老人評唱丹霞淳禪師頌古虛堂集》卷二。

〔註83〕明・居頂，《續傳燈錄》卷二二：「漳州保福本權禪師，臨漳人也。性質直而勇於道，乃於晦堂舉拳處徹證根源。機辯捷出，黃山谷初有所入，問晦堂：『此中誰可與語？』堂曰：『漳州權師，方督役開田。』山谷同晦堂往，致問曰：『直歲還知露柱生兒麼？』師曰：『是男是女？』黃擬議，師揮之。堂謂曰：『不得無禮。』師曰：『這木頭不打更待何時？』黃大笑。」《大正藏》冊51，第2077號，頁615上7～13。

〔註84〕明・居頂，《續傳燈錄》卷二二〈漳州保福本權禪師〉，《大正藏》冊51，第2077號，頁615上17～18。

〔註85〕明・朱時恩，《居士分燈錄》卷下〈黃庭堅〉，《中國燈錄全書》第六冊，頁312。

（四）贈趙言、再答明略

寒山詩〈丈夫莫守困〉：

> 丈夫莫守困，無錢須經紀。養得一牸牛，生得五犢子。
>
> 犢子又生兒，積數無窮已。寄語陶朱公，富與君相似。〔註86〕

黃庭堅〈贈趙言〉：「……。大梁卜肆傾賓客，二十餘年聲籍籍，得錢滿屋不經營。」史容注：「寒山子詩：『丈夫莫守困，無錢即經營。』」〔註87〕史容將寒山詩「無錢須經紀」，改爲「無錢即經營」，此亦屬「換骨法」；再看黃庭堅〈再答明略〉二首：「……。我去丘園十年矣，種桑可蠶，犢生子，使年七十今中半。」史容注：

> 山谷年二十三，治平四年擢進士第，至熙寧丁巳，七十將半矣。寒
>
> 山子詩：「養得一牸牛，生得五犢子。犢子又生兒，積數無窮已。」

> 〔註88〕

項楚言寒山〈丈夫莫守困〉一詩，取自猗頓致富的故事〔註89〕，由《孔叢子》載陶朱公告訴猗頓的致富捷徑〔註90〕，觀史容注黃庭堅〈贈趙言〉與〈再答明略〉二首，其對生財有道的概念，明顯受到寒山〈丈夫莫守困〉一詩的影響。

（五）寄南陽謝外舅

寒山詩〈茅棟野人居〉：

> 茅棟野人居，門前車馬疏。林幽偏聚鳥，谿闊本藏魚。
>
> 山果攜兒摘，皋田共婦鋤。家中何所有，唯有一床書。〔註91〕

黃庭堅〈寄南陽謝外舅〉：「……。白雲曲肱臥，青山滿牀書。」史容注：「寒山子詩：『家中何所有，惟見一牀書。』」〔註92〕黃庭堅〈次韻謝外舅病不能拜復官夏雨眠起之什〉：「……欲從群兒嬉，出語不嫵媚。軒窗坐風涼，編簡

〔註86〕《寒山子詩一卷附豐干拾得詩一卷》，頁22。
〔註87〕宋・史容撰注，《山谷外集詩註》卷一，《四部叢刊》，續編，集部，頁40。
〔註88〕宋・史容撰注，《山谷外集詩註》卷一，《四部叢刊》，續編，集部，頁54。
〔註89〕項楚，《寒山詩注》，頁341。
〔註90〕宋・李昉等編，《太平御覽》卷四七二：「猗頓，魯之窮士也，耕則長飢，桑則長寒。聞陶朱公富，往而問術焉。朱公告之曰：『子欲速富，當畜五牸。』於是乃適西河，大畜牛羊於猗氏之南。十年之間，其滋息不可記，貲擬王公，馳名天下。以興富於猗氏，故曰猗頓。」，頁2298。
〔註91〕《寒山子詩一卷附豐干拾得詩一卷》，頁7。
〔註92〕宋・史容撰注，《山谷外集詩註》卷二，《四部叢刊》，續編，集部，頁67。

堪遺墜。……呼兒疏藥畦，植杖按瓜地。……」〔註93〕黃庭堅與謝外舅之往來應相當密切，謝外舅的生活頗合寒山此詩的意境，特別是「軒窗坐風涼，編簡堪遺墜。」以及「唯見一床書」；史容於「青山滿牀書」下引寒山詩，注曰：「家中何所有，惟見一牀書。」十分貼切，而寒山詩各版本均作：「唯有一床書」，史容詩注作：「惟見一牀書」，其誤引的情況，與同樣喜愛信手引寒山詩的永明延壽禪師（詳見後），可謂不相上下。

（六）和孫公善李仲同金櫻餌唱酬二首

寒山詩〈玉堂掛珠簾〉：

> 玉堂掛珠簾，中有嬋娟子。其貌勝神仙，容華若桃李。
>
> 東家春霧合，西舍秋風起。更過三十年，還成甘蔗滓。〔註94〕

黃庭堅〈和孫公善李仲同金櫻餌唱酬〉：「……。人生欲長存，日月不肯遲。百年風吹過，忽成甘蔗滓。」史容注：「寒山子詩：『更足三十年，還如甘蔗滓。』」〔註95〕寒山詩「甘蔗滓」之喻，係取意自《大般涅槃經》，佛陀對迦葉言：

> 譬如甘蔗，既被壓已，滓無復味。善男子，壯年盛色亦復如是，既
>
> 被老壓，無三種味：一出家味；二讀誦味；三坐禪味。〔註96〕

北宋僧人中，最常引寒山詩者，當屬永明延壽禪師，其《宗鏡錄》形容「老」苦，對《大般涅槃經》佛陀描述的，年老男子所欠缺的「三種味」，進一步加以描繪〔註97〕，觀之令人心驚；《溈山警策句釋記》亦記壯年盛色，有被「老」所壓的三種「老味」：「一者不能誦經解義；二者不能坐禪修觀；三者不能勞務作福。」〔註98〕山谷將寒山比喻老年的「還成甘蔗滓」作「忽成甘

〔註93〕宋・史容撰注，《山谷外集詩註》卷三，《四部叢刊》，續編，集部，頁1。

〔註94〕《寒山子詩一卷附豐干拾得詩一卷》，頁5。

〔註95〕宋・史容撰注，《山谷外集詩註》卷七，《四部叢刊》，續編，集部，頁22。

〔註96〕東晉・法顯譯，《大般涅槃經》卷一二，《大正藏》冊12，第0374號，頁436中27～436下1。

〔註97〕宋・延壽，《宗鏡錄》卷四二：「身分沈重，諸根熟昧，皮膚緩皺，行步傴曲，寢膳不安，起坐呻吟，喘息氣逆，所爲緩緩，爲人所輕，世情彌篤，世事皆息，名爲老苦。又老者，忘若嬰兒，狂猶鬼著，以危脆衰熟之質，當易破爛壞之時；落日西垂，菱華欲謝，如甘蔗之滓，無三種出家禪誦之味。」《大正藏》冊48，第2016號，頁664上33～39。

〔註98〕明・弘贊註、開詷記，《溈山警策句釋記》卷一〈七不修學過〉。《禪宗集成》第一冊，頁484。

蔗滓」，史容詩注將「更過三十年」作「更足三十年」，更顯三種「老味」之
發人深省。

由史容注山谷詩，所引寒山詩信手拈來多有錯誤，可見史容對寒山詩之
熟稔，但同時也造成後人誤以寒山詩為山谷詩的情形，如：劉克莊曾將寒山
〈城中蛾眉女〉一詩，誤以為是黃庭堅的作品（詳見後）；僧善權，其詩入江西
詩派，〈山中秋夜懷王性之〉寫道：「學詩寒山子，造語少機警。」〔註99〕亦
可見詩學寒山者，不特黃庭堅而已，在宋代，出現了許多詩擬寒山的文士與
僧人，上述惠洪言黃庭堅所書之寒山詩「多為林下人所得」，黃庭堅所書寒山
詩，對於寒山詩在禪林傳播，其貢獻仍應予以肯定。

二、禪門擬寒山

北宋文人中，除山谷道人黃庭堅外，傳播寒山詩的大功臣，當屬王安石，
王安石作〈擬寒山拾得〉二十首，首開文人擬寒山詩的風氣，半山擬寒山，對
宋代及宋以後的釋子與文人，作寒山詩之擬、和與題跋，起到一定程度的影響；
儒而無欲的王安石，曾自言：「拜相之日，矢寒山以自老。」〔註100〕行事作風
與眾不同，最後能全身而退的重要關鍵，與其對寒山詩的傾心不無關係，王安
石與張方平的一段對話，可約略看出其對佛教的看法，《佛祖統紀》載：

> 荊公王安石問文定張方平曰：「孔子去世百年生孟子，後絕無人，或
> 有之而非醇儒。」方平曰：「豈為無人，亦有過孟子者。」安石曰：
> 「何人？」方平曰：「馬祖、汾陽、雪峯、巖頭、丹霞、雲門。」安
> 石意未解。方平曰：「儒門淡薄，收拾不住，皆歸釋氏。」安石欣然
> 歎服。後以語張商英，撫几賞之曰：「至哉此論也。」〔註101〕

張方平視釋門高僧為「醇儒」，對後來王安石之親近佛教與僧人應有影響；王

〔註99〕清・厲鶚，《宋詩紀事》卷九十二：「風雨一葉秋，北窗夜初永。侯蟲鳴空階，
蝙蝠挂藻井。龕燈照癡坐，苔壁印孤影。試觀鼻端白，麾了虛幻境。萬事皆
浮休，百年政俄頃。學詩寒山子，造語少機警。故人王文度，襟韻獨秀整。
閒蒙吐佳句，惠好灼衰冷。何當瘞華芝，飛步越林嶺。攜手剔荊薪，歡言饌
湯餅。長嘯凌紫烟，同升妙峯頂。」楊家駱主編，《歷代詩史長編》第九種第
六冊（台北：鼎文書局，1971年），頁4218。
〔註100〕宋・王安石，《臨川集》卷五（上）〈崇儒書院記〉。《四庫全書》珍本五集，
頁42。
〔註101〕宋・志磐，《佛祖統紀》卷四五。《大正藏》冊49，第2035號，頁415中20
～26。

安石自承與釋門高僧往來，於《首楞嚴》之甚深要旨，得之於蔣山贊元〔註102〕；於《圓覺經》要義，得之於眞淨克文〔註103〕，王安石之子王雱資，因實行新法多有不義之舉，死後受肩荷鐵枷之苦，夢告王安石，安石因而捨宅爲報寧寺〔註104〕，延請眞淨克文主持，眞淨克文上堂云：

> 如來大師云：「不知了自心，如何知正道？」又寒山菩薩云：「一念了自心，開佛之知見。」大眾，是什麼直下了取？拈柱杖云：阿誰不見？阿誰不知？知見分明。又擊禪牀云：阿誰不聞？阿誰不了？
>
> 心若平等。若此觀者，名爲正觀；若他觀者，名爲邪觀。〔註105〕

眞淨克文稱寒山爲「寒山菩薩」，其對寒山、拾得的崇敬，尚見於〈送清禪者石城丐〉，以寒山、拾得勉清禪者〔註106〕；眞淨克文住筠州聖壽寺，一

〔註102〕 宋・正受編，《嘉泰普燈錄》卷二三〈荊公王安石居士〉：「一日，問元祖師意旨，元不答，公益扣之。元曰：『公於般若有障者三，其近道之質一，更須一兩生來恐純熟。』公曰：『願聞其說。』元曰：『公受氣剛大，世緣深，以剛大氣，遭深世緣，必以身任天下之重。懷經濟之志，用舍不能，則心未平，以未平之心，持經世之志，何時能一念萬年哉。人多怒而學問，尚理於道，爲所知愚，此其三也。特視名利如脫髮，甘澹泊如頭陀，此爲近道，且當以教乘滋茂之，可也。』公再拜。後於《首楞嚴》深得其旨。」《佛光大藏經》，頁857～858。

〔註103〕 宋・德洪，《雲菴眞淨禪師語錄》，〈雲菴眞淨和尚行狀〉：「至鍾山，謁丞相舒王。王素知其名，聞謁喜甚，留宿定林庵。時公方病起，樂聞空宗。恨識師之晚，謂師曰：『諸經皆首標時處，《圓覺經》獨不然，何也？』師曰：『頓乘所談，直示眾生。日用現前，不屬今古。只今老僧與相公，同入大光明藏。游戲三昧，互爲賓主，非關時處。』又曰：『經云一切眾生皆證圓覺，而圭峰易證爲具，謂譯者之訛，其義如何？』師曰：『《圓覺》如可改，則《維摩》亦可改也。《維摩》豈不曰：「亦不滅受而取證。」夫不滅受蘊而取證，與皆證圓覺之義同。蓋眾生現行無明，即是如來根本大智。圭峰之言非是。』公大悅。」《禪宗集成》第十四冊，頁9370。

〔註104〕 宋・志磐，《佛祖統紀》卷四五：「荊公王安石，請以江寧府園廬爲僧寺，賜額報寧禪院。初安石子雱資性險惡，父居政府，凡誤國害人之政，雱實使之。既亡，安石恍惚見荷鐵枷告父求佛爲救，安石大懼，亟爲建寺之祈脫苦。」《大正藏》冊49，第2035號，頁416中17～22。按：「園廬」乃「園廬」之誤，報寧禪院即半山寺。《佛祖統紀》記王安石捨宅爲寺，事在熙寧七年（1074），念常《佛祖歷代通載》記事在熙寧十年（1077）。

〔註105〕 宋・賾藏主集，《古尊宿語錄》卷四三〈雲庵眞淨禪師〉，《佛光大藏經》，頁1862。

〔註106〕 宋・頤藏主集，《古尊宿語錄》卷四五〈寶峰雲庵眞淨禪師偈頌〉：「菩提數珠一百八，柳栗拄杖六七尺。象王蹴踏潤無邊，達磨唯留履一隻。至今天下重黃金，笑殺寒山與拾得。觀音慈，布袋憨，維摩問疾文殊堪。千奇萬怪狀無

上堂即引寒山、拾得〔註107〕，可見其對寒、拾其事與其詩之熟稔，王安石「拜相之日，矢寒山以自老。」則王安石或曾與眞淨克文共話寒山、拾得，從王安石拜相日〔註108〕，至眞淨克文住持金陵報寧寺，在此前後，北宋禪師除眞淨克文之外，汾陽無德禪師擬寒山詩十首，對王安石亦當有所啓發，汾陽無德禪師是張方平認爲過於孟子的六位高僧之一，汾陽答邑人問：「如何是三要」，以「蹈寒山道」爲第三要〔註109〕；此外，以「汾陽道」爲「寒山道」〔註110〕；汾陽於擬寒山詩的最後一首，言：「全體是寒山」〔註111〕，以寒山、拾得、豐干，與自己無二無別〔註112〕，汾陽卒於仁宗天聖元年（1023），王安石繼汾陽無德〈擬寒山詩〉十首之後，作〈擬寒山拾得〉二十首，頗有步武汾陽之意，明代高僧紫栢尊者〈半山老人擬寒山詩跋〉寫道：

> 月在秋水，春在花枝，若待指點而得者，則非其天矣。吾讀半山老人擬寒山詩，恍若見秋水之月，花枝之春，無煩生心而悦，果天耶？非天耶！具眼者試爲薦之。〔註113〕

盡，皎然此理誰相語。石城人物多賢善，仁者一到皆和南。有人問著新豐老，切忌承言落二三。」《佛光大藏經》，頁1925。

〔註107〕宋・頤藏主集，《古尊宿語錄》卷四二〈寶峰雲庵眞淨禪師住筠州聖壽語錄〉：「復云：『大眾，宿來萬福，數日人事相煩，更不一一陳謝。禮繁則亂，知是般事便休。』且道是什麼事？驀拈拄杖云：『風不鳴條，雨不破塊。堯風蕩蕩，行人讓路，萬姓歌歡，筠陽城中，誰家竈窟裏無煙。張公吃酒李公醉。』卓拄杖云：『寒山・拾得。』」《佛光大藏經》，頁1798。

〔註108〕王安石兩度拜相，一在熙寧三年（1070），一在熙寧八年（1075）。

〔註109〕宋・楚圓集，《汾陽無德禪師語錄》卷上〈普勸探玄賓舒光常接續・頌二〉：「『如何是第一要？』師云：『言中無造作。』『如何是第二要？』師云：『千聖入玄奧。』『如何是第三要？』師云：『四句百非外，盡蹈寒山道。』」《大正藏》冊47，第1992號，頁603中13～15。

〔註110〕宋・楚圓集，《汾陽無德禪師語錄》卷下〈明道〉：「汾陽道廣勿遮欄，蹈著清涼路轉寬。拾得寒山誰辨明，分明同步是豐干。」《大正藏》冊47，第1992號，頁628下23～25。

〔註111〕宋・楚圓集，《汾陽無德禪師語錄》卷下〈擬寒山詩〉：「全體是寒山，唯能向此眠。捉猿高嶺上，放虎石溪邊。花拆香風遞，松分細雨穿。疎林竹徑重，將謂是神仙。」《大正藏》冊47，第1992號，頁625上4～6。

〔註112〕宋・楚圓集，《汾陽無德禪師語錄》卷下〈南行述牧童歌〉：「我有牧童兒，醜陋無人識。肩上一皮鞭，腰間一管笛。往往笑寒山，時時歌拾得。闍氏問豐干，穿山透石壁。」《大正藏》冊47，第1992號，頁626下14～16。

〔註113〕明・德清，《紫栢尊者全集》卷十五。《禪宗集成》第二四冊，頁16056。

紫栢尊者讀王安石擬寒山詩，如見秋月、春花，以「舌根拖地」形容王安石〔註114〕，乃高度肯定；另一位對王安石擬寒山詩十分激賞的，是《居士分燈錄》輯者朱時恩，其對王安石〈擬寒山拾得〉二十首之二的評語爲：「大聰明人，說禪非難而得禪難也。」〔註115〕繼王安石〈擬寒山拾得〉二十首後，法燈禪師作〈擬寒山〉十首〔註116〕、慈受懷深禪師作擬寒山詩一百四十八首（成於建炎四年，1130），劉克莊《後村詩話》載：

> 半山擬寒山云：「我曾爲牛馬，見草豆歡喜。又曾爲女人，歡喜見男子。我若眞是我，祇合長如此。若好惡不定，應知爲物使。堂堂大丈夫，莫認物爲己。」後有慈受和尚者擬作云：「姦漢瞞淳漢，淳漢總不知。姦漢做驢子，卻被淳漢騎。」半山大手筆，擬二十篇殆過之，慈受一僧爾，所擬四十八篇，亦逼眞可喜也。〔註117〕

劉克莊言慈受擬寒山詩有「四十八篇」，應改爲「一百四十八篇」，半山老人擬寒山、拾得，劉克莊視爲是大手筆，從慈受懷深之擬作，王安石擬寒山對慈受懷深的影響不言可喻，而在北宋禪師中，對擬寒山詩的現象反映最眞切者，爲勝因戲魚咸靜禪師，咸靜禪師〈擬寒山自述〉曰：「多見擬寒山，不然擬拾得。冲天各有志，擬彼復何益。」〔註118〕咸靜禪師乃泐潭寶峰應乾禪師法嗣，其卒年未見記載，由應乾禪師卒於紹聖三年（1096）來看，咸靜禪師言

〔註114〕明・德清，《紫栢尊者全集》卷十五〈跋半山老人擬寒山子詩〉：「受持千百萬過，心地花開，香浮鼻孔，鼻孔生香，香不聞香。善知此者，則半山老人，舌根拖地，亦不分外也。」《禪宗集成》第二四冊，頁16058。

〔註115〕宋・王安石，〈擬寒山拾得二十首〉之二：「我曾爲牛馬，見草豆歡喜。又曾爲女人，歡喜見男子。我若眞是我，祇合長如此。若好惡不定，應知爲物使。堂堂大丈夫，莫認物爲己。」《臨川先生文集》卷三，《四部叢刊》，初編，集部。上海商務印書館縮印明刊本，1967年，頁72。明・朱時恩，《居士分燈錄》卷上〈王介甫〉：「介甫擬寒山詩有云：『我曾爲牛馬，見草苴歡喜。又曾爲女人，歡喜見男子。我若眞是我，祇合常如此。區區轉易間，莫認物爲己。』介甫此言，信是有見，然胡不云：『我曾聞諛言，入耳則歡喜。又曾聞讜言，喜減而嗔起。我若眞是我，祇合常如此。區區轉易間，莫認物爲己。』而乃悅諛惡讜，依然認物爲己耶？故知大聰明人，說禪非難而得禪難也。」《中國燈錄全書》第六冊，頁269～270。按：朱時恩此處所引王安石詩，與原詩略有出入。

〔註116〕宋・釋子昇、如祐編，《禪門諸祖師偈頌》卷一〈法燈禪師擬寒山〉，《禪宗集成》第九冊，頁6094。

〔註117〕宋・劉克莊撰、王秀梅點校，《後村詩話》續集卷二，（北京：中華書局，1983年），頁108～109。下引版本同。

〔註118〕宋・正受編，《嘉泰普燈錄》卷二九，《佛光大藏經》，頁1121。

多見擬寒山，當指王安石與汾陽所帶動的擬寒山風潮，北宋禪林之擬寒山，
尚有蘇軾〈次韻定慧欽長老見寄〉八首，言定慧作有「擬寒山十頌」〔註119〕，
惜今不傳。觀音選禪師上堂：

> 擬而不擬，挂人唇齒。瞪目長江，徧觀海水。寒山道兮不知底，寒
> 山性兮天下美。坐枯木兮有終有始，似孩童兮降伏魔鬼。入市忘歸
> 兮清風自起，擬寒山兮白雲千里萬里。〔註120〕

由觀音選禪師對擬寒山「白雲千里萬里。」的形容，北宋禪林擬寒山的風氣，
應是盛極一時，觀音選禪師言擬寒山令人「入市忘歸」、「清風自起」，嚴格來
說，此應歸功擬寒山之先行者——汾陽無德與王安石，二人所帶動的擬寒山
的風氣，其後較著名的擬寒山作品，有法燈擬寒山十首、慈受懷深禪師擬寒
山一百四十八首，陸放翁「擬徧寒山百首詩。」〔註121〕宋代文人、禪師對寒
山詩擬之不足，另有仿作，錢鍾書認為仿作者當中，「無過於鄭所南〈錦錢餘
笑〉二十四首，腔吻逼肖，荊公輩所不及。」〔註122〕「荊公輩」指的是王安
石與宋代擬寒山、拾得詩的禪師們，錢鍾書欣賞的是鄭思肖〈錦錢餘笑〉之
「腔吻」，認為遠在「荊公輩」之上，可視為一家之見。總上而言，王安石與
宋代禪師擬寒山、拾得詩，引發宋以後文士與僧人擬和寒山詩、效寒山體、
吟寒山偈，細味鄭思肖對「錦錢」二字的解釋〔註123〕，「荊公輩」所產生的影
響，實有千古之功。

〔註119〕 宋·王十朋，《集註分類東坡先生詩》卷四：「蘇州定慧長老守欽，使其徒卓
契順來惠州，問予安否，且寄擬寒山十頌，語有璨忍之通，而詩無島可之寒；
吾甚嘉之，為和八首。」《四部叢刊》，初編，集部，上海商務印書館縮印南
海潘氏藏宋務本堂刊本，1967年，頁114。

〔註120〕 宋·惟白，《建中靖國續燈錄》卷二〈洪州觀音選禪師〉，《佛光大藏經》，頁
75～76。

〔註121〕 宋·陸游，《劍南詩稿》卷二四〈次韻范參政書懷〉：「已著山林掃塔衣，洗除
仕路劍頭炊。心光焰焰雖潛發，頷雪紛紛已太遲。度日只今閒水牯，知時從
昔羨山雌。掩關未必渾無事，擬徧寒山百首詩。」錢仲聯《劍南詩稿校注》
（上海古籍出版社，2005年），頁1750。下引版本同。

〔註122〕 錢鍾書，《談藝錄》：「初寒山、拾得二集，能不搬弄翻譯名義，自出手眼，而
意在砭俗警頑，反復譬釋，言俚而指亦淺，後來仿作者，無過於鄭所南〈錦
錢餘笑〉二十四首，腔吻逼肖，荊公輩所不及。」，頁559。

〔註123〕 宋·鄭思肖，〈錦錢餘笑〉二十四首：「或問錦錢者，何義？曰：『以錦為錢者，
雖美觀實無用也。』」《所南翁一百二十圖詩集》，《四部叢刊》，續編，集部。
嚴一萍選輯《知不足齋叢書》第二十一函，原刻影印《百部叢書集成》（台北：
藝文印書館，1966年），頁21。

第六章　寒山、拾得詩之影響──以歷代詩話、文集、禪師語錄爲例

　　深受寒山、拾得詩影響的歷代文士與僧人，同樣深信〈閭丘僞序〉有關寒山、拾得、豐干的轉世傳說，然視角稍有不同，禪宗祖師對寒山乃文殊轉世，視爲佛門之一大事因緣，僧人論寒山，多因寒山詩恭敬說戒，爲道俗所共睹的部分，透顯出無間自在的印記，認同寒山乃眞正捨尊就卑的「法王子」；心緒多端的歷代僧人，面對生死曠野，視寒山「文殊轉世」的傳說，爲貼近內心徊惶之清涼妙藥，僧人因寒山其人而及其詩，塑予寒山一個較智慧文殊更切合世人的典範；文人與禪師所見稍有出入，寒山詩言涉典章，爲文人樂見，除了有感於寒山詩透顯的悲心與悲願，更心折寒山詩的諸般風格，在文人眼中，寒山是以文字般若，行化眾生之菩薩；歷代禪師上堂時的「憶寒山」、「翻憶寒山」、「苦憶寒山」、「轉憶寒山」之作，以及禪師在結夏期間，以「遮詮法」舉「寒山子作麼生」，伴隨此一話頭出現的「水牯牛」與「燈籠露柱」，突顯出寒山在歷代禪師心目中的「散聖」地位。本章首論歷代詩話、文集，在宗教與文學方面，對寒山、拾得其人及其詩之評議；次論歷代禪師上堂，視寒山、拾得爲「散聖」的情形。

第一節　歷代詩話、文集對寒山及其詩之評議

　　陸游更正寒山詩楚辭體，要求附入新刻寒山詩集；朱熹向國清寺僧志南索寒山詩「好本」，可見自南宋開始，文人對寒山詩的喜愛，已進入「百家爭

鳴」的時代，此由文人之詩話、文集最能看出；歷代文人對於寒山、拾得、
豐干傳說之附會、衍伸可謂不遺餘力，特別是寒山，原因除了前述寒山詩多
在佛門刊刻流行，此外，文人多受〈閭丘僞序〉的影響，對序中言寒山爲文
殊轉世、拾得爲普賢再來、豐干是彌陀化身，深信不疑，造成文學寒山與宗
教寒山合體的情形。

一、文學寒山——淵明流亞詩敵太白

宋代禪師多著眼於寒山是菩薩轉世教化，而被寒山詩征服的歷代文人，
由宋至清，如：張鎡譽寒山爲「八老」之一、黃庭堅以寒山乃淵明流亞、錢
謙益言寒山詩敵太白，文學寒山之所以深植人心，貼近文士與僧人的生活，
主要與兩大因素有關：一、僧、俗讀寒山詩，感受到寒山詩流自肺腑，在潛
移默化下互爲影響；二、讀之不足發而爲詩，自宋代起，擬、和寒山詩，效
「寒山體」在文士與僧人之間蔚爲風潮，對傳播寒山詩起到里程碑的作用。

（一）寒山詩之潛移默化

王衡爲松上人《嚴棲集》作序，言寒山詩：「不歌不律，鳥鳴泉流。」〔註
1〕乃著眼於寒山詩雅秀自然的特色；錢鍾書《談藝錄》言寒山、拾得詩在造
語淺白以外，能「砭俗警頑」〔註2〕，涵雅秀自然與砭俗警頑，可說是寒山詩
能引起僧、俗共鳴的主因。惠洪《石門文字禪》，載黃庭堅論詩，「以寒山爲
淵明之流亞。」〔註3〕與黃庭堅看法相同者爲張鎡，其〈題尙友軒〉載：

> 作者無如八老詩，古今模軌更求誰。
> 淵明次及寒山子，太白還同杜拾遺。
> 白傅東坡俱可法，涪翁無己總堪師。
> 胷中活底仍須悟，若泥陳言卻是癡。〔註4〕

張鎡之「八老詩」，將寒山列入八老之林，「淵明次及寒山子」，其意爲寒山詩與
淵明詩同其「本色」；除張鎡以外，針對八老其中之二的黃庭堅與寒山，惠洪〈跋

〔註1〕明·王衡，〈嚴棲集序〉，黃宗羲編，《明文海》卷三二四，《四庫全書》珍本
七集，頁8。

〔註2〕錢鍾書，〈隨園論詩中理語〉，《談藝錄》，頁559。

〔註3〕宋·惠洪，《石門文字禪》卷二七，頁302。

〔註4〕宋·張鎡，《南湖集》卷五，嚴一萍選輯《知不足齋叢書》第八函，原刻影印
《百部叢書集成》（台北：藝文印書館，1966年），頁12。

山谷雲峯悅老語錄序〉抬出寒山爲說分明〔註 5〕，其間分疏不言可喻；不同於宋人視寒山爲淵明流亞，清代文人將寒山與李白比並，錢謙益〈陳古公詩集序〉：

> 吾嘗謂陶淵明、謝康樂、王摩詰之詩，皆可以爲偈頌，而寒山子之詩，則非李太白不能作也。〔註 6〕

錢謙益晚年常諷誦寒山詩〔註 7〕，王士禎或受錢謙益此說之影響，於〈蔣虎臣修撰述天台之遊賦贈〉寫道：「語識寒山妙，詩同太白清。」〔註 8〕王士禎於康熙年間頗富聲望〔註 9〕，其所稱道者爲盛唐之詩，「詩同太白清」雖是王士禎個人的看法，值得探討的是，撇開多數唐、宋詩人對陶淵明、李白的欣賞，自宋至清，文人究竟從何視角肯定寒山詩同於淵明、太白，以下試論。

　　在宋代，寒山名列「八老」之一，除上述黃庭堅、王安石之外，宋朝文人對寒山詩傾服者，尚有陸游與朱熹，陸游〈陸放翁與明老帖〉，要僧可明將所改之寒山詩楚辭體，放入新刻的《寒山詩集》〔註 10〕，陸游不僅對寒山詩爛熟於胸，更效仿寒山的題詩之舉，陸游自述：「吾詩戲用寒山例，小市人家到處題。」〔註 11〕朱熹除了向國清寺僧志南索寒山詩「好本」，平日常口誦寒山詩，最常吟的是寒山〈城中蛾眉女〉：

〔註 5〕宋・惠洪，《石門文字禪》卷二七〈跋山谷雲峯悅老語錄序〉：「山谷筆，回三峽不露一言；雲峯舌，覆大千更無剩法。昔日龍山父子，雖被熱瞞；今朝虎溪兒孫，應增冷笑。咄！寒山子道底。」，頁 300。

〔註 6〕清・錢謙益，《牧齋有學集》卷第十八〈陳古公詩集序〉。《四部叢刊》，初編，集部。上海商務印書館縮印康熙甲辰初刻本，1965 年，頁 169。下引版本同。

〔註 7〕清・錢謙益，《牧齋有學集》卷第二十〈空一齋詩序〉：「余於詩老而廢業，繙經之暇，輒諷誦寒山子、龐居士、傅大士詩偈。」，頁 189。

〔註 8〕清・王士禎，《漁洋山人精華錄》卷五〈蔣虎臣修撰述天台之遊賦贈〉：「太史三茅隱，朱顏薄世榮。言尋沃洲路，遙向赤霞城。語識寒山妙，詩同太白清。石梁橫地底，今夜夢經行。」《四部叢刊》，初編，集部，上海商務印書館縮印林佶寫刻本，1965 年，頁 66。

〔註 9〕《精華錄・提要》：「當康熙中，其聲望奔走天下，凡刊刻詩集，無不稱漁洋山人；評點者，無不冠以漁洋山人序者，下至委巷小說，如《聊齋志異》之類，士禎偶批數語於行間，亦大書王阮亭先生鑒定一行，弁於卷首，刊諸梨棗以爲榮。」《四庫全書》文淵閣本，第 1315 冊，集部，別集類，頁 2。

〔註 10〕宋・陸游，〈陸放翁與明老帖〉：「『有人兮山陘，雲卷兮霞纓。秉芳兮欲寄，路漫兮難征。心惆悵兮狐疑，塞獨立兮忠貞。』此寒山子所作楚辭也，今亦在集中，妄人竄改附益，至不可讀。放翁書寄天封明公，或以刻之山中也。」《宋板寒山詩集》卷首，上海望平街有正書局發行。

〔註 11〕宋・陸游，《劍南詩稿》卷四三〈醉中題民家壁〉：「壯歲羈遊厭故棲，暮年卻愛草堂低。交情最向貧中見，世事常於醉後齊。松吹颼颼涼短髮，芒鞵策策響新泥。吾詩戲用寒山例，小市人家到處題。」錢仲聯《劍南詩稿校注》，頁 2702。

城中蛾眉女，珠珮珂珊珊。鸚鵡花前弄，琵琶月下彈。

長歌三月響，短舞萬人看。未必長如此，芙蓉不耐寒。〔註12〕

朱熹讀此詩，曾言：「如此類，煞有好處，詩人未易到此。」其師生函丈間亦
常論寒山詩、書寒山詩〔註13〕，由黃、王、朱、陸對寒山詩的浸淫與應用，
可見寒山詩在宋代文士與僧人的日常生活中，有不可低估的影響力，此即寒
山詩動人心性的部分，受到寒山之潛移默化者，如：南宋名衲潛山文珣，誦
寒山詩以陶性情〔註14〕；林希逸於〈僧賀生日〉憶寒山子〔註15〕；陳起〈太
平寺塵外閑題〉寫道：「狂吟但過寒山子。」〔註16〕虞集見柯丹丘所畫枯松進
而聯想到寒山〔註17〕；曹元晦〈寒巖夕照〉邀寒山同入梵宮〔註18〕；胡應麟

〔註12〕《寒山子詩一卷附豐干拾得詩一卷》，頁5。

〔註13〕宋‧黎靖德編，《朱子語類》卷一百四十〈雜類〉，載朱子讀〈城中蛾眉女〉
一詩後問壽昌：「公曾看否？壽昌對：『亦嘗看來。近日送浩來此灑掃時，亦
嘗書寒山一詩送行。云：「養子未經師，不及都亭鼠。何曾見好人，豈聞長者
語。爲染在薰蕕，應須擇朋侶。五月敗鮮魚，勿令他笑汝。」四部善本新刊
百衲本《朱子語類》（台北縣：漢京文化事業公司，1980年），頁1337。按：
寒山詩〈養子不經師〉：「養子不經師，不及都亭鼠。何曾見好人，豈聞長者
語。爲染在薰蕕，應須擇朋侶。五月販鮮魚，莫教人笑汝。」《寒山子詩一卷
附豐干拾得詩一卷》，頁34。《朱子語類》記壽昌所舉寒山詩，二處有誤：一、
「養子未經師」，「未」應作「不」；二、「五月敗鮮魚」，「敗」應作「販」。

〔註14〕宋‧文珣，《潛山集》卷二〈有適〉：「……。窮冬火鑪頭，時喚山猿喫。猿去
吾亦眠，巖房愈幽寂。口誦寒山詩，頭枕麻衣易。于以陶性情，終然遠憂
責。……。傍人莫相問，老子方有適。」《禪門逸書》初編第五冊，頁16。

〔註15〕宋‧林希逸，《竹溪鬳齋十一藁續集》卷十五〈僧賀生日〉二首之一：「門前
問今朝之客，能來者誰；山中無曆日之人，未忘此老。掃除蔬筍，演說蓬弧。
伏惟某僧，了爲僧心。具論詩眼，唱誰家曲。從來自立宗風，作牧護歌，所
得無非法要。不嫌湯餅，併爲說貫花禪。是九世臨濟孫，雖論文章而何害。
添一日寒山子，且聽鐘鼓以共飲。」《四庫全書》珍本二集，頁12。

〔註16〕宋‧陳起編，《江湖後集》卷十一〈太平寺塵外閑題〉：「高樹青圓不見天，小
風微動竹梢偏。衣涵空翠元無雨，庭闊餘聲獨有蟬。老去此心無所住，向來
我見不須先。狂吟但過寒山子，蔫得騰騰一味禪。」《四庫全書》珍本十一集，
頁14。

〔註17〕元‧虞集，《道園遺稿》卷二〈柯丹丘畫松竹〉二首之一：「丹丘寫松臨石湖，
一樹偃寒一樹枯。長年偃寒色深黛，枯者鐵石能相待。令人最憶寒山子，曾
見松生此山裏。時來石上自閒吟，解聽天風半空起。」《四庫全書》珍本五集，
頁14。

〔註18〕元‧曹元晦，〈寒巖夕照〉：「巖戶陰森隔萬松，暮雲捲盡寺林空。天邊漸蝕千
峰紫，木杪猶餘一縷紅。兩箇歸僧開竹院，數聲殘磬度溪風。憑誰喚起寒山
子，共看迴光入梵宮。」《御選元詩》卷五三。《四庫全書》文淵閣本，第1441
冊，集部，總集類，頁223。

〈送僧還赤城〉向寒山問訊〔註19〕；趙貞吉於〈釣漁臺〉一詩，自比爲寒山〔註20〕；更甚者，劉基〈二鬼〉一文，言舞奔、馮夷兩鬼：「自從天上別，別後道路阻隔，不得相聞知。忽聞寒山子往來說因依。兩鬼各借問，始知相去近不遠。……。」〔註21〕劉基此記不無《仙傳拾遺・寒山子》載寒山渡化道士李褐的影子，有意塑造寒山「廣大教化主」的形象。

　　寒山詩不僅深入文士生活，文士與僧人，僧人與僧人之間，更因讀寒山詩而互爲影響，徐枋〈題碻菴和尙效寒山詩〉，言碻菴和尙因讀寒山詩心有所得，因而效之〔註22〕；元叟行端作有擬寒山子詩百餘篇，其詩作中，有逕以「擬寒山」爲詩題者〔註23〕，徑山宗泐禪師曾爲元叟行端記室，於〈偶地居〉一詩寫道：「几有寒山詩，興來時一讀。」〔註24〕宗泐讀寒山詩，顯然是受到行端的影響；王士禎《居易錄》言棲霞竺菴禪師有和寒山詩二首〔註25〕，除

〔註19〕　明・胡應麟，《少室山房集》卷三十六〈送僧還赤城〉：「春遊秦苑外，夏返越臺傍。片石幽期遠，千峯別夢長。危杉飢鵲墮，古柏病猿藏。問訊寒山子，題詩遍佛堂。」《四庫全書》珍本十二集，頁1～2。

〔註20〕　明・趙貞吉，〈釣漁臺〉：「醉骨煙雲艇慢開，半竿風雨上漁臺。無人知是寒山子，明月吹簫呼未回。」《御選明詩》卷一百八。《四庫全書》文淵閣本，第1444冊，集部，總集類，頁640。

〔註21〕　清・朱彝尊編，《明詩綜》（上）卷三。楊家駱主編，《中國學術名著》第三輯《歷代詩文總集》第十三冊（台北：世界書局，1970年），頁21。

〔註22〕　明・徐枋，《居易堂集》卷十一〈題碻菴和尚效寒山詩〉：「竺典云：菩薩聲聞不能作佛語亦在其所得耳，豈效之而能然乎？雖然，吾聞之詩曰：惟其有之，是以似之，得之斯效之矣。」《四部叢刊》，三編，集部。上海涵芬樓景印固安劉氏藏，據商務印書館1936年版重印（江蘇：上海書店，1986年），頁21。

〔註23〕　元・行端，〈擬寒山子詩〉：「昨日東家死，西家購冥財。今朝西家死，東家陳奠杯。東東復西西，輪環哭哀哀。不知本眞性，冥漠登泉臺。」又：「人生在世有何事，日用但教心坦平。縱是金珠充屋棟，到頭難免北邙行。」又：「天上日沒月又出，山中葉落花還開。黃泉只見有人去，不見一人曾得回。」曹學佺編，《石倉歷代詩選》卷二七六〈元叟端禪師詩〉，《四庫全書》珍本八集，頁9、14。〈擬寒山子〉：「偃仰千巖內，超然與世違。采芝爲口食，紉楬作身衣。瀑水淋苔磴，湫雲漬草扉。閒吟竺仙偈，幾度歷斜暉。」查愼行等編，《佩文齋詠物詩選》第七冊〈僧類〉（台北：廣文書局，1970年），頁4197。下引版本同。

〔註24〕　明・宗泐，《全室外集》卷三〈偶地居〉：「偶地即吾廬，絕勝樹下宿。不在千萬間，安居心自足。古人三十年，辛勤乃有屋。我無一日勞，何必較遲速。燕坐白日間，青山常在目。明月到床前，更深代明燭。几有寒山詩，興來時一讀。十日不出門，滿階春草綠。」《禪門逸書》初編第七冊（台北：明文書局，1980年），頁28。下引版本同。

〔註25〕　清・王士禎，《居易錄》卷二十一：「棲霞竺菴禪師，名大成，覺浪盛公弟子也。有和寒山詩云：『我著弊垢衣，眾人生譏誚。我著珍御衣，眾人稱切要。

了方內外道交之互爲影響，文人讀寒山詩、聽聞寒山詩之心得表述，亦有濡染之效，彭孫貽〈訓晦岩上人投贈韻〉：「倪子行踪人不識，寒山詩句世空傳。」〔註26〕錢大昕〈宿國清寺〉：「聞說寒山詩偈妙」，錢大昕另言國清寺僧寶林有擬寒山詩〔註27〕，寒山詩由宋至清大行於僧、俗之間，在文人之間、文士與僧人、僧人與僧人之間的互爲影響，此爲寒山詩盛傳最重要的關鍵。

　　寒山詩在僧徒與文人之間廣爲流傳，口碑載道的主要原因，筆者認爲是寒山詩自然而然所流露的「肺腑之言」，劉克莊是最早注意到寒山詩的自然天成，不假雕琢，劉克莊曰：「余每謂寒山子何嘗學爲詩，而詩之流出于肺腑者數十首，一一如巧匠所斲，良冶所鑄。」〔註28〕劉克莊認爲寒山詩「不是行家本色詩。」傾倒於寒山詩之「流出于肺腑」，劉克莊〈晚意〉一詩直承：「末年慕用寒山子。」〔註29〕寒山詩感人肺腑，千載之下，讓文人不自覺將天台或國清寺等同於寒山，如：張羽〈題赤城霞圖送友歸台〉寫道：

　　……。國清寺前千尺松，歲晚應歸望山雪。道逢寒山子，爲寄相思

　　情未絕。山人若欲知我心，五界峰頭看明月。〔註30〕

張羽能畫能詩，赤城山即天台山，對張羽而言，山人即寒山。文人作詩，以自然無斧鑿痕最難；寒山、拾得詩之覺未覺者的用意，對僧徒來說，又以勘

我著毛羽衣，眾人皆大笑。若我不著衣，何人知我妙。』又：『白鶴欲升天，黃鶴不相許。飛入鸚鵡洲，求食洞庭渚。千年復千年，雙雙變毛羽。兩兩竟成仙，誰向凡人語。』」《四庫筆記小說叢書》，頁 570。

〔註26〕明・彭孫貽，《茗齋集》卷二一〈訓晦岩上人投贈韻〉二首之一：「寂寂琴臺東海上，移情何處覓成連。種蓮邨社尋僧懶，采菊柴籬笑地偏。倪子行踪人不識，寒山詩句世空傳。當機只有涼暄語，二士相逢不道禪。」《四部叢刊續編集部縮本》。

〔註27〕清・錢大昕，《潛研堂詩續集》卷四〈宿國清寺〉：「出城數里便清奇，初地開堂智者師。當而峯知十回向，低頭樹習四威儀。三乘禪教元無二，一宿津梁自不疲。聞說寒山詩偈妙，春來飛錫奈何之。」（原注：主僧寶林有擬寒山詩，適它出不值。）《續修四庫全書》第 1439 冊，頁 380。

〔註28〕宋・劉克莊，《後村先生大全集》卷九八〈勿失〉。《宋集珍本叢刊》第八十二冊（北京：線裝書局，2004 年），頁 15。下引版本同。

〔註29〕宋・劉克莊，《後村先生大全集》卷四十七〈晚意〉：「難報東方欲白時，林林羣動起飛馳。匹居峴上入城少，頗怪淮南拔宅遲。驚餌何妨潛密藻，安巢謹勿托危枝。末年慕用寒山子，不是行家本色詩。」《宋集珍本叢刊》第八十一冊，頁 324。

〔註30〕元・張羽，《靜居集》卷三〈題赤城霞圖送友歸台〉。《四部叢刊》，三編，集部。上海涵芬樓景印江安傅氏雙鑑樓藏明成化本，據商務印書館 1934 年版重刊（江蘇：上海書店，1985 年），頁 4。

破婆子心最難，寒山、拾得詩中，其斧鑿無痕的大悲大願，使歷代釋子與文
人，進一步留意到寒山在婆子心切下，所流露的自然禪悅，上述張翥、虞集、
張羽，以及其他元代的文人，對寒山詩的切身感受，表現得見仁見智，能夠
由多方角度論寒山詩，虞集視和盡寒山詩者，實人間難得的有心人〔註31〕；
程文海認爲李雪菴之詩「有寒山雲頂之高，無齊己、無本之靡。」寒山詩之
「高」，高在：「超然特見，高出物表，徑與道合。」〔註32〕方回認爲寒山詩
之工，「工不可言」〔註33〕，錢鍾書《談藝錄》論寒山詩，可代表近人的看法：

> 初寒山、拾得二集，能不搬弄翻譯名義，自出手眼，而意在砭俗警
> 頑，反復譬釋，言俚而指亦淺。……。寒山妥貼流諧之作，較多於
> 拾得，如〈杳杳寒山道〉一律，通首疊字，而不覺其堆垛，說理亦
> 偶有妙喻。〔註34〕

錢鍾書以「妥貼流諧」，形容寒山詩〈杳杳寒山道〉〔註35〕，「說理亦偶有妙
喻」，是形容寒山詩〈昨見河邊樹〉一詩〔註36〕，錢鍾書概括寒山、拾得詩：
「不搬弄翻譯名義，自出手眼。」「言俚而指亦淺。」〔註37〕此乃淵明、太白
所無，寒山詩最受歷代文人關注的，是〈城中蛾眉女〉一詩，薛雪《一瓢詩
話》載：

> 寒山詩本無佳者，而「城中娥眉女，珠珮何珊珊。鸚鵡花間弄（筆者

〔註31〕元・虞集，《道園遺稿》卷五〈寄謙上人〉：「不見謙公二十年，石橋依舊駕晴
　　　　川。定應和盡寒山集，倘許人間一句傳。」《四庫全書》珍本五集，頁30。

〔註32〕元・程文海，《雪樓集》卷十五〈李雪菴詩序〉：「古今詩僧至齊己、無本之流
　　　　非不工，而超然特見，高出物表，徑與道合，未有若寒山子之詩。雲頂數之
　　　　頌，得其旨者，惟昭文館大學士雪菴大宗師乎。師以澹泊爲宗，虛空爲友，
　　　　以堅苦之行，爲頭陀之首，蓋數十年矣。適然遇會，濡毫伸紙，發而爲詩，
　　　　有寒山雲頂之高，無齊己、無本之靡。不假徵斲，宮商自諧。得之目前，深
　　　　入理趣。」《四庫全書》文淵閣本，第1202冊，集部，別集類，頁206。

〔註33〕元・方回《桐江續集》卷三三〈清渭濱上人詩集序〉：「詩則一字不可不工，
　　　　悟而工，以漸不以頓；寒山拾得詩，工不可言，殆亦書生之不得志而隱於物
　　　　外者，其用力非一日之積也。」《四庫全書》珍本初集，頁28。

〔註34〕錢鍾書，〈隨園論詩中理語〉，《談藝錄》，頁559。

〔註35〕唐・寒山，〈杳杳寒山道〉：「杳杳寒山道，落落冷澗濱。啾啾常有鳥，寂寂更
　　　　無人。磧磧風吹面，紛紛雪積身。朝朝不見日，歲歲不知春。」《寒山子詩一
　　　　卷附豐干拾得詩一卷》，頁8。

〔註36〕唐・寒山，〈昨見河邊樹〉：「昨見河邊樹，摧殘不可論。二三餘幹在，千萬斧
　　　　刀痕。霜凋萎疏葉，波衝枯朽根。生處當如此，何用怨乾坤。」《寒山子詩一
　　　　卷附豐干拾得詩一卷》，頁30。

〔註37〕錢鍾書，《談藝錄》，頁559。

按：「間」應作「前」），琵琶月下彈。長歌三日響，短舞萬人看。未必
常如此，芙蓉不耐寒。」江進之（筆者按：江盈科）極賞之，以爲是唐
調。余謂「長歌」、「短舞」，緊緊作對，已屬不佳；而「未必長如此」
五字，氣盡語漓，害殺「芙蓉不耐寒」之句。〔註38〕

江盈科以〈城中蛾眉女〉一詩爲「唐調」，在薛雪以前，此詩在文人之間受歡
迎的程度，一如禪林間論寒山詩〈吾心似秋月〉，胡應麟《少室山房筆叢》載：

寒山詩云：「誰家一女子，雜珮何珊珊。鸚鵡花間弄，琵琶月下彈。

長歌三日響，短舞萬人看。」云云，黎惟敬劇喜時爲余誦之。〔註39〕

黎惟敬所誦之「誰家一女子，雜珮何珊珊。」應作「城中蛾眉女，珠珮柯珊
珊。」「花間弄」應作「花前弄」，雖說可能是黎惟敬之「劇喜」情緒或胡應
麟記誦之誤，但也正能看出此詩在流傳過程中受歡迎的程度；黎惟敬劇喜時
誦寒山詩，好友胡應麟、王世貞論寒山，不無受其影響，而早在胡、王之前，
朱熹以〈城中蛾眉女〉爲：「詩人未易到此。」認爲即使是詩人也難以寫出如
此好詩，劉克莊認爲此詩乃寒山詩中「絕工緻者」，《後村詩話》載：

寒山詩麤言細語，皆精詣透徹，所謂一死生，齊彭殤者；亦有絕工
緻者，如「地中嬋娟女，玉佩響珊珊，鸚鵡花間弄，琵琶月下彈，
長歌三日繞，短舞萬人看。未必長如此，芙蓉不耐寒。」殆不減齊
梁人語。此篇亦見《山谷集》，豈谷喜而筆之，後人誤以入集歟？

〔註40〕

劉克莊在嚴重誤引的同時，指出此詩曾被視爲是黃山谷之作，按：文學中慣
以「芙蓉」喻女子的美貌，「未必長如此」，並非如錢鍾書評寒山、拾得詩，
言二人之詩過於「詞費」〔註41〕，此詩正是錢鍾書形容寒山詩「妥貼流諧」
之所在，能讓僧徒與文人信手拈來，視爲機警語句或書以贈人，正是寒山詩
的不惜「詞費」以及「妥貼流諧」，前者是釋、道二徒心目中，菩薩教化之典
範；後者是寒山經歷過考場失利，最後決定如淵明歸隱以終，表現於詩中的

〔註38〕清・王夫之撰、丁福保等編，《清詩話》（台北：木鐸出版社，1988 年），頁
708。

〔註39〕明・胡應麟，《少室山房筆叢》卷四八〈雙樹幻鈔下〉（上海書店出版社，2009
年），頁 496。

〔註40〕宋・劉克莊撰、王秀梅點校，《後村詩話》續集卷二，頁 109。

〔註41〕錢鍾書，《談藝錄》：「寒山自矜曰：『有人笑我詩，我詩合典雅。』拾得自矜
曰：『我詩也是詩，有人喚作偈。』惜詞費如此，論文已須點煩，論禪更嫌老
婆舌矣。」，頁 559。

自在大氣，錢謙益未著眼於寒山不惜「詞費」的偈頌語，言寒山詩「非李太白不能作」，可謂獨具隻眼。

（二）擬、和寒山詩的風潮

寒山詩從晚唐開始爲詩僧齊己、貫休所留意；至宋代，寒山詩被文人與禪師加以點竄、擬作；元、明時，楚石、石樹有全和寒山三百餘首詩作、中峰明本有擬寒山詩百首，明本法嗣千巖元長亦有擬寒山詩之和作〔註42〕，寒山詩能擄獲文士與僧人，主要原因之一，是寒山詩在文學方面的特色，王應麟〈評詩〉載：

> 寒山子詩，如：施家兩兒事，出《列子》；羊公鶴事，出《世說》，如：子張、卜商，如：侏儒、方朔，涉獵廣博，非但釋子語也。對偶之工者，青蠅、白鶴、黃籍、白丁、青蚨、黃絹、黃口、白頭、七札、五行、綠熊席、青鳳裘，而楚辭尤超出筆墨畦逕，曰：「有人兮山陘，雲卷兮霞纓。秉芳兮欲寄，路漫兮難征。心惘悵兮狐疑，寒獨立兮忠貞。」〔註43〕

王應麟點出寒山詩用典之多，對偶之工，他特別欣賞的寒山詩「楚辭體」〈有人兮山陘〉一詩，正是經陸游更正過的版本，白珽《湛淵靜語》言寒山詩〈有人兮山陘〉一詩，「前輩以爲無異離騷語。」〔註44〕惜詩集中寒山詩「楚辭體」僅此一首，周文璞以寒山詩「文似離騷」，視寒山爲唐代僧人之偉特者〔註45〕，寒山曾自述時人對其詩的看法，〈有人笑我詩〉寫道：

〔註42〕明・宋濂，《宋景濂未刻集》卷下〈佛慧圓明廣照無邊普利大禪師塔銘〉：「和智覺擬寒山詩若干首，皆刻梓行于叢林。世之論者，謂師踐履眞實，談辯迅利，或無愧於智覺云。」《四庫全書》珍本四集，頁41。

〔註43〕宋・王應麟，《困學紀聞》卷十八〈評詩〉。《四部叢刊》，三編，子部。上海涵芬樓景印江安傅氏雙鑑樓藏元刊本（台北：台灣商務印書館，1966年），頁9～10。

〔註44〕元・白珽，《湛淵靜語》卷二：「呂洞賓、寒山子，皆唐之士人，嘗應舉不利，不羣於俗，蓋楚狂沮溺之流，觀其所存詩文可知。如寒山子詩，其一云：『有人兮山陘，雲卷兮霞纓。秉芳兮欲寄，路漫兮難征。心惘悵兮狐疑，寒獨立兮忠貞。』前輩以爲無異離騷語，今行於世者，多混僞作以諧俗爾。」嚴一萍選輯《知不足齋叢書》第九函，原刻景印《百部叢書集成》（台北：藝文印書館，1966年），頁17。

〔註45〕宋・周文璞，《方泉詩集》卷四〈寫懷〉二首之一：「吾聞唐諸僧，往往多人傑。有携至嵓廊，可並夔稷契。偉哉寒山子，拾菜衣百結。其文似離騷，但自寫木葉。」《四庫全書》珍本四集，頁12。

有人笑我詩，我詩合典雅。不煩鄭氏箋，豈用毛公解。不恨會人稀，
只爲知音寡。若遣趁宮商，余病莫能罷。忽遇明眼人，即自流天下。
〔註46〕

在寒山所處的中唐，其大量詩作恨無知音賞，是環境之必然，正如寒山所預
言的：「忽遇明眼人，即自流天下。」喜愛寒山詩的第一位「明眼人」，乃杜
光庭《仙傳拾遺・寒山子》所提到的，收集三卷寒山詩的天台山桐柏觀道士
徐靈府；其次，在唐代文人中，應以唐懿宗咸通年間的李山甫爲第一人，李
山甫〈山中寄梁判官〉寫道：「寒山子亦患多才。」〔註47〕此爲文人中最早以
寒山入詩者，而在唐代僧人中，則爲唐末詩僧齊己與貫休。貫休〈寄赤松舒
道士〉：「子愛寒山子，歌惟樂道歌。」〔註48〕貫休言舒道士愛歌寒山樂道之
詩，武宗朝的徐靈府，以及與貫休同時的舒道士，二位道教中人均是由寒山
詩而欣賞寒山，然自宋以後，寒山的知音則多爲禪師。

明覺禪師〈擬寒山送僧〉寫道：「擇木有靈禽，寒空寄羽翼。不止蓬萊山，
冥冥去何極。」〔註49〕明覺禪師（卒於仁宗皇祐四年，1052），所著《祖英集》編於
天聖十年（即：明道元年，1032），爲北宋禪師於詩題首標「擬寒山」者，明覺之後，
羅濬《寶慶四明志》言牧庵法忠禪師：「述宗教正心論十卷，補寒山詩三百篇。」
〔註50〕吳則禮（卒於宣和三年，1121。）言：「麤言且擬寒山詩。」〔註51〕李彌遜爲
守訥禪師所作塔銘，言守訥禪師（卒於宣和四年，1122。）：「擬寒山詩數百篇」〔註

〔註46〕《寒山子詩一卷附豐干拾得詩一卷》，頁47。

〔註47〕唐・李山甫，〈山中寄梁判官〉：「歸臥東林計偶諧，柴門深向翠微開。更無塵
　　　　事心頭起，還有詩情象外來。康樂公應頻結社，寒山子亦患多才。星郎雅是
　　　　道中侶，六藝拘牽在隗臺。」《全唐詩》卷806，頁9086。

〔註48〕唐・貫休，〈寄赤松舒道士〉：「不見高人久，空令鄙吝多。遙似青嶂下，無那
　　　　白雲何。子愛寒山子，歌惟樂道歌。會應陪太守，一日到煙蘿。」《全唐詩》
　　　　卷830，頁9361。

〔註49〕宋・文政編，《明覺禪師語錄》卷五《祖英集》，《大正藏》冊47，第1996號，
　　　　頁701中4～6。

〔註50〕宋・胡榘、羅濬纂修，《寶慶四明志》卷九〈郡志九・敘人中〉。《續修四庫全
　　　　書》冊705，史部，地理類。據北京圖書館藏宋刻本影印（上海古籍出版社，
　　　　2000年），頁144。

〔註51〕宋・吳則禮，《北湖集》卷三〈次李漢臣韻漢臣有超然絕棄百事深入祖門之意
　　　　而語與予合〉：「禪版蒲團俱似誰，電光石火竟奚爲。儻能徑作白鼻去，未信
　　　　只教黃面知。枙樓故署鼇鵬海，月魄端護兼葭池。一語休論偶相契，麤言且
　　　　擬寒山詩。」《四庫全書》珍本別輯，頁14。

〔註52〕宋・李彌遜，《筠谿集》卷二十四〈宣州昭亭山廣教寺訥公禪師塔銘〉：「師爲
　　　　人勁直精敏，勇於踐履，禪觀之外，博極羣書，賦詩屬文，自號莫莫翁，有

52），牧庵法忠補寒山詩，與守訥禪師擬寒山詩的作品，可惜未傳於後，歷代文
人與禪師擬寒山詩、效寒山體，其動機之一，即領略到寒山詩的自成一體，亦
即所謂的「寒山體」〔註53〕，曹勛是第一位作效「寒山體」的文人，曹勛，字
功顯，宣和五年（1123）進士，《松隱集》卷九〈效寒山體〉寫道：

　　嗟我世間人，有山只暫聚。富貴空中花，遇合風裏絮。

　　夜夜植業種，朝朝奔苦趣。佛有妙蓮花，讀取平等句。

　　嗟我世間人，強有六親念。看子是惡少，目妒作美艷。

　　分香且供佛，有財莫言儉。俯仰即異世，六尺那可占。〔註54〕

曹勛〈效寒山體〉之「嗟我世間人」，乃效寒山四首以〈我見世間人〉，與拾
得二首以「嗟見世間人」爲開頭首句的詩〔註55〕，曹勛之〈效寒山體〉，嚴
格來說，應作〈效寒山、拾得體〉，北宋「寒山體」的流行，與僧徒跟文人
大作擬、和寒山詩、用韻效寒山詩、效寒山偈有關，除了上述北宋黃庭堅之
點竄，王安石與眾多禪師擬寒山詩、和寒山詩，是「寒山體」形成的要因，

　　　　集行於世。作大藏節要二十門，門門爲之序，節宗鏡錄十卷，擬寒山詩數百
　　　　篇，浩博淵奧，事理並舉，皆以寓教觀者獲益焉。」《四庫全書》珍本初集，
　　　　頁16。
〔註53〕項楚認爲「寒山體」就是：「不拘格律，直寫胸臆；或俗或雅，涉筆成趣。」
　　　　《寒山詩注·前言》，頁14。
〔註54〕宋·曹勛，《松隱集》卷九〈效寒山體〉。《四庫全書》珍本七集，頁5。
〔註55〕唐·寒山，〈我見世間人〉：「我見世間人，堂堂好儀相。不報父母恩，方寸底
　　　　模樣。欠負他人錢，蹄穿始惆悵。箇箇惜妻兒，爺孃不供養。兄弟似冤家，
　　　　心中常悵怏。憶昔少年時，求神願成長。今爲不孝子，世間多此樣。買肉自
　　　　家口童，抹嘴道我暢。自逞說嘍囉，聰明無益當。牛頭努目瞋，出去始時驃。
　　　　擇佛燒好香，揀僧歸供養。羅漢門前乞，趁卻閒和尚。不悟無爲人，從來無
　　　　相狀。封疏請名僧，貝親錢兩三樣。雲光好法師，安角在頭上。汝無平等心，
　　　　聖賢俱不降。凡聖階混然，勸君休取相。我法妙難思，天龍盡迴向。」〈我見
　　　　世間人〉：「我見世間人，茫茫走路塵。不知此中事，將何爲去津。榮華能幾
　　　　日，眷屬片時親。縱有千斤金，不如林下貧。」〈我見世間人〉：「我見世間人，
　　　　生而還復死。昨朝猶二八，壯氣胸襟士。如今七十過，力困形樵卒頁。恰似
　　　　春日花，朝開夜落爾。」〈我見世間人〉：「我見世間人，箇箇爭意氣。一朝忽
　　　　然死，只得一片地。闊四尺，長丈二。汝若會出來爭意氣，我與汝立碑記。」
　　　　拾得，〈嗟見世間人〉：「嗟見世間人，箇箇愛喫肉。椀楪不曾乾，長時道不足。
　　　　昨日設箇齋，今朝宰六畜。都緣業使牽，非干情所欲。一度造天堂，百度造
　　　　地獄。閻羅使來追，合家盡啼哭。鑪子邊向火，鑊子裏澡浴。更得出頭時，
　　　　換卻汝衣服。」〈嗟見世間人〉：「嗟見世間人，永劫在迷津。不省這箇意，修
　　　　行徒苦辛。」《寒山子詩一卷附豐干拾得詩一卷》，頁25～26、27～28、42、
　　　　48、53、54。

「寒山體」由北宋發端，至元代仍有追仿者，石屋清珙和尚之《山居詩》，即被譽爲「有寒山子遺風。」〔註56〕流風所及，在明代，除了「擬寒山詩」以外，「和寒山詩」的作品也隨之增多，陳芹逕以「和寒山子」爲詩題〔註57〕，沈季友《檇李詩繫》記張守約有和寒山詩一卷〔註58〕，其本人亦有和寒山詩三首。〔註59〕

從北宋末年開始的，「寒山體」之流行，尚可由詩人的生活實錄獲得印證，南宋江湖詩人戴復古嘗言：「老夫閱遍人間事，欲和寒山拾得詩。」〔註60〕「閱遍人間事」的戴復古想從和寒山詩之舉，檢證一己之生命大要；彭孫貽〈金粟寺〉：「客來正及罷參時，詩和寒山共鬭奇。」〔註61〕僧、俗於佛寺齊和寒山詩，乃藉參禪以悟道；殷邁在月明之夜，晏坐效寒山偈〔註62〕，期露地生白牛；彭孫貽在法堂鐘鼓聲中，聞微妙大義，二人皆認爲和寒山詩，是得度「彼岸津梁」的載具，陳獻章〈用韻効寒山〉寫道：

〔註56〕清·沈季友編，《檇李詩繫》卷三十〈石屋和尚清珙〉：「其法語《山居詩》，來復序之，謂有寒山子遺風。」《四庫全書》珍本七集，頁22。

〔註57〕明·陳芹，〈和寒山子詩〉：「青煙紫霧夕冥冥，似雨飛泉滿户庭。白日山人無一事，水晶簾下閱金經。」查慎行等編，《佩文齋詠物詩選》第七冊〈僧類〉，頁4230～4231。

〔註58〕清·沈季友編，《檇李詩繫》卷十三〈張布衣守約〉：「守約，號梅村，秀水芝溪人，不事詩書，以耕桑爲業，耽心禪理，有得輒能吟咏。陸莊簡與之交，有和寒山詩一卷，嚴滄浪云：『詩有別才。』于梅村信之。」《四庫全書》珍本七集，頁28。

〔註59〕清·沈季友編，《檇李詩繫》卷三十一〈和寒山詩三首〉：「住世都忘世，春深始覺年。山花紅似火，野草碧如烟，月落澄潭裏，雲生疊嶂前。時時敲石磬，驚動老龍眠。」「可愛白雲居，長年與世疎。花殘無戲蝶，水靜足游魚。野樹行堪倚，園葵嬾不鋤。茅簷風雨過，飄溼案頭書。」「東鄰嬌小女，芳意未闌珊。眉似初三月，琴能再四彈。頻來花下坐，自向鏡中看。不料傷春死，瓊樓夜夜寒。」《四庫全書》珍本七集，頁5～6。

〔註60〕宋·戴復古，《石屏詩集》卷五〈閱世〉：「一懶一愚兼一癡，從教智士巧能爲。坦途失腳溪山險，暗室萌心天地知。江水長流無盡意，夕陽雖好不多時。老夫閱遍人間事，欲和寒山拾得詩。」《四庫全書》珍本九集，頁49。

〔註61〕明·彭孫貽，〈金粟寺〉五首之五：「客來正及罷參時，詩和寒山共鬭奇。得句拈花題壁觀，喫茶烹雨供天池。法堂鐘鼓惺長寂，彼岸津梁禮大慈。傳取曇謨微妙義，東方亦自有流支。」《茗齋集·七言律補遺》，《四部叢刊續編集部縮本》。

〔註62〕明·殷邁，〈樓雲樓晏坐效寒山偈〉：「春陰蔽幽齋，朝來始和霽。春風悠然來，花雨滿庭際。對雨千峰靜，看山百慮輕。昨宵明月夜，露地白牛生。」查慎行等編，《御定佩文齋詠物詩選》第十冊〈牛類〉，頁6591。

> 貧賤恥爲拙，富榮常好更。高論古今事，中懷名利情。堂堂無復見，
> 小小或能成。浪說神仙在，從來不住瀛。四郊多竊盜，村裏夜支更。
> 爲語長官道，能無患盜情。家家愁日暮，處處望秋成。飢餒飽倉粟，
> 苦海變蓬瀛。〔註63〕

陳獻章之〈用韻効寒山〉，其所效者，正是以百姓心爲心的「寒山體」，亦即寒山詩在淵明流亞，與太白相敵以外，折服文士與僧人的重要因素，在作品中直陳「效寒山」的文士，代不乏人，而以元代最多，上述彭孫貽「客來正及罷參時，詩和寒山共鬭奇。」反應了「效寒山」在元代的普遍，張雨在詩題中明標：「予豈効寒山子者」〔註64〕，正見其亦爲「效寒山」之一，張翥〈臘日飲趙氏亭〉寫道：

> 城上高亭一再過，每看風物費吟哦。
> 近詩頗效寒山子，往事徒成春夢婆。
> 賸買十千燕市酒，閑聽二八越娘歌。
> 梅花枉報春消息，祇遣經年別恨多。〔註65〕

張翥對於自身作詩效寒山的原因，並未具體說明，同時代的虞集，則點出士君子之所以盛道寒山詩的原因，虞集〈會上人詩序〉寫道：「……，而浮圖氏以詩言者，至唐爲盛，世傳寒山子之屬，音節清古，理致深遠，士君子多道之。」〔註66〕虞集言元代文士視寒山詩爲：「音節清古，理致深遠。」此乃自元代開始，全和寒山詩作三百餘首之所以產生的原因。

二、宗教寒山——文字般若菩薩完人

　　寒山詩廣爲僧徒與文人所喜的第二個原因，即所謂的「寒山精神」，是寒

〔註63〕明・陳獻章，《白沙子》卷七。《四部叢刊》，三編，集部。上海涵芬樓景印東莞莫氏五十萬卷樓藏明嘉靖刊本（台北：台灣商務印書館，1966年），頁39～40。

〔註64〕元・張雨，《句曲外史詩集》卷二〈日覺死生忙回書四韻予豈効寒山子者〉：「人生浪自苦，古今無一了。雞命湯火間，喔喔猶戒曉。預憂復何益，轉使髮白早。不如嘗酒糟，糟丘無壽天。」《四部叢刊》，初編，集部。上海商務印書館縮印影寫元刊本，1965年，頁21。

〔註65〕元・張翥，《張蛻庵詩集》卷三。《四部叢刊》，續編，集部。上海涵芬樓景印常熟瞿氏藏明刊本，據商務印書館1934年版重刊（江蘇：上海書店，1985年），頁5。

〔註66〕元・虞集，《道園學古錄》卷四五。《四部叢刊》，初編，集部。上海商務印書館縮印明刊本，1965年，頁397。

山詩予人身心安頓，宗教上的高峰經驗，宋代文人已多留意，黃庭堅言：「有性智者，觀寒山之詩，亦不暇寢飯矣。」〔註67〕在〈跋寒山詩贈王正仲〉一文，形容寒山詩爲：「沃眾生業火之具」〔註68〕；周紫芝與黃庭堅均喜書寒山詩以贈人，其〈書寒山詩後〉以寒山詩爲至人之眞實語，並書寒山詩於壁，以戒兒孫〔註69〕；楊時〈李子約墓誌銘〉，記李子約晚年「尤深佛學」，「燕坐終日」，李子約臨終前手書寒山詩一首以留子孫，從「以攻人之惡，伐己之善爲戒。」二句來看〔註70〕，李子約引的是寒山詩〈不須攻人惡〉一詩〔註71〕；李子約爲曾鞏門人，熙寧六年進士，卒於大觀三年（1109），楊時言李子約，「屏絕情累，若豫有知者，間惟焚香誦佛書而已。」除個人之身心安頓，上述李子約以寒山詩〈不須攻人惡〉一詩作爲傳家之寶，足見寒山詩之大用。

　　不同於宋人重視寒山詩之大用，明、清文人多視寒山詩爲佛語，《擊壤集·提要》云：「朱國楨《湧幢小品》曰：『佛語衍爲寒山詩，儒語衍爲《擊壤集》。』此聖人平易近人，覺世喚醒之妙用。」〔註72〕王衡認爲寒山詩乃闍梨之本色詩〔註73〕，事實上，寒山並未出家（詳見第一章），然對深受〈閭丘僞序〉影響，

〔註67〕宋・黃庭堅，〈示王孝子孫寒山詩後〉，《黃庭堅全集》外集卷第二三，頁1406。

〔註68〕宋・黃庭堅，〈跋寒山詩贈王正仲〉：「此皆古人沃眾生業火之具，余聞王正仲閉關，不交朝市之士，其子鑄參禪學道，不樂火宅之樂，因余姪櫟求書，故書遺之。」《黃庭堅全集》別集卷第八，頁1639。

〔註69〕宋・周紫芝，《太倉稊米集》卷六十七〈書後二十四首·書寒山詩後〉：「昔里人有豢二豕者，呼屠者於門，將以售之，其一既就執，其一輒逸去，使人物色之，不得，後五日得之溝中，以木葉覆其身，氣息喘喘然，若有所畏者。建炎三、四年間，避盜山中，賊持戈在後，僅得以免。夜宿山穴，挽木葉以自蔽，旦爲積雪所埋，幾不得出，顧無異溝中之豕，乃知眾生受命，其畏死未嘗不同，此學佛者所以深戒乎殺也。因書是詩於壁，使兒曹誦之，知至人之言皆眞實語，不可不信云。」《四庫全書》珍本二集，頁1。

〔註70〕宋・楊時，《龜山集》卷三十一：「公（李子約）晚尤深佛學，前數月尚無恙，居靜室燕坐終日，對家人未嘗輒語，屏絕情累，若豫有知者，間惟焚香誦佛書而已，家人私竊怪之，莫敢問。手書寒山詩一首，意若示諸子者，大抵以攻人之惡，伐己之善爲戒。疾革猶怡怡自若，卒無一言及後事。公於死生之際，安之若此，則其素所養可知矣。」《四庫全書》珍本四集，頁7～8。

〔註71〕《寒山子詩一卷附豐干拾得詩一卷》：「不須攻人惡，何用伐己善。行之則可行，卷之則可卷。祿厚憂積大，言深慮交淺。聞茲若念茲，小子當自見。」，頁18。

〔註72〕《擊壤集·提要》，《四庫全書》文淵閣本，第1101冊，集部，別集類，頁1。

〔註73〕明・王衡，〈嚴棲集序〉：「松上人受具足戒，修婆塞行，刺指血寫《華嚴經》若干卷。泊然深居，於世味了無嗜也，而獨嗜詩。……。闍梨自有本色禪，亦有本色詩，如寒山子輩，不歌不律，鳥鳴泉流而已。」黃宗羲編，《明文海》卷三二四。《四庫全書》珍本七集，頁8。

喜聞且樂於傳述寒山乃文殊轉世者，寒山之「完人」典範，文人多將其具現於詩中，王士禎《居易錄》載：

> 三月初九日，天章自天津來，贈所刻寒山子詩，詩家每稱其：「鸚鵡花間弄，琵琶月下彈，長歌三月響，短舞萬人看。」謂有唐調。其詩有工語、有率語、有莊語、有諧語，至云「不煩鄭氏箋，豈待毛公解。」又似儒生語。大抵佛語、菩薩語也。〔註74〕

王士禎讀出寒山詩多佛語、菩薩語，除了已細看過天章所贈之寒山詩集外，另一個參照點，乃拙菴《山居詩》中，其「極似寒山子者」〔註75〕，寒山詩非僅如王衡所謂的「闍梨之本色詩」，所謂「本色」，即生命情境中外顯之高峰經驗，只能意會，難以言傳，寒山詩之「本色」，是構成「寒山精神」之基底因素，認同「寒山精神」者，以寒山為菩薩完人的典範，此看法與佛教的輪迴觀有絕大關係。

　　中國文人慣以「前世今生」，作為個人文采風流，生命情境展現於外的總括語，特別是唐代詩人，王維曾形容自己：「宿世謬詞客，前生應畫師。」〔註76〕白居易視一己之前世為詩僧〔註77〕，貫休認為：「此世喜登金骨塔，前生應是育王身。」〔註78〕在深信輪迴觀的心態下，諸佛菩薩成了對釋教苦心鑽研的文人與僧徒，將生命情境完整呈現的典範，而對向來目中少有「完人」的文人而言，佛菩薩之化身，一經眾口交譽，很容易在認同之後，進而成為普遍的共識，如王世貞〈曇鸞大師紀〉載：「……。之所以達磨、僧伽、文殊、普賢；之所以寒山、拾得、彌勒；之所以傅大士也。」〔註79〕而令一般僧徒、

〔註74〕清・王士禎，《居易錄》卷三。《四庫筆記小說叢書》，頁345。

〔註75〕清・王士禎，《居易錄》卷十：「拙菴山居詩，有極似寒山子者。其佳句如：『雪衲經時補，春薪帶雨燒。青溝一派水，紫蓋萬重山。開心將白日，隨意斬青芧。木蛇鱗甲異，俊鶻羽毛青。蒲團安養地，秋色淨居天。鬢從新處白，天自舊來青。竹牖來夜月，茆屋隱春雲。』皆可誦。」《四庫筆記小說叢書》，頁429。

〔註76〕唐・王維，〈偶然作六首〉之六：「老來懶賦詩，惟有老相隨。宿世（一作當代）謬詞客，前生應畫師。不能捨餘習，偶被世人知。名字本皆是，此心還不知。」《全唐詩》卷125，頁1254。

〔註77〕唐・白居易，〈愛詠詩〉：「辭章諷詠成千首，心行歸依向一乘。坐倚繩床閒自念，前生應是一詩僧。」《全唐詩》卷446，頁5010。

〔註78〕唐・貫休，〈蜀王登福感寺塔三首〉之一：「天資忠孝佐金輪，香火空王有宿因。此世喜登金骨塔，前生應是育王身。」《全唐詩》卷835，頁9409。

〔註79〕明・王世貞，《弇州山人續稿》卷六六〈曇鸞大師紀〉：「……。菩薩行化眾生，不辭捨尊就卑，……。之所以達磨、僧伽、文殊、普賢；之所以寒山、拾得、

文人難以企及的，是寒山、拾得在菩薩應世之身的傳說，實際上卻以文字般若行教化之舉，上述劉克莊認爲寒山詩，如巧匠、良冶般，「流出于肺腑者數十首」，不獨劉克莊有此見解，王之道〈國清化人示寒山〉寫道：

> 師從天台來，示我一集詩。開編未及讀，涕淚巳交頤。紛紛世間人，
> 迷妄覺者誰。浮沉苦海中，欲出無端涯。寒山與拾得，旁觀爲興悲。
> 作詩三百篇，勸戒仍嘲嗤。覺此未覺者，當下成牟尼。此意亦良厚，
> 奈何人罕知。師持國清鉢，欲救雲堂飢。贈言亦安用，聊以報所貽。
> 〔註80〕

王之道，宣和六年（1124）進士，詩中雖未明言於國清寺化人的禪師，其法號爲何，如上所述，領略出「寒山精神」的文人，多將與寒山有關的國清寺、天台山借代爲寒山，此即所謂「集體潛意識」的群眾心理。文人讀出寒山、拾得詩之寓勸誡於嘲嗤，張霆〈寄青溝老人〉寫道：「不聞戒律弛，反苦禮法設。始信寒山詩，即是眞禪悦。」〔註81〕能看出寒山詩中，超越禮法戒律下的菩薩心腸，可謂深有洞見，也正因此，文人將深諳寒山詩者，直接視爲是「寒山」化身，劉克莊〈贈輝書記〉，言輝書記：「前身莫是寒山子？携得清詩滿袖來。」〔註82〕不獨能詩的僧人被視爲寒山再世，擬寒山詩的僧人在其他僧人眼中，自是與凡人不同，元叟行端曾擬寒山子詩百餘篇，爲四方衲子傳誦，黃溍爲元叟行端所作〈塔銘〉中，提到橫川行珙在育王時，曾以偈：「寥寥天地間，獨有寒山子。」招元叟行端同住，因元叟行端平日即自稱：「寒拾里人」〔註83〕；明初文宗宋濂，見元叟行端之詩，認爲：「寄興高遠，綽有寒山子之風。學道之人，類能傳誦之。」〔註84〕元叟行端曾作《擬寒山子詩》

彌勒：之所以傳大士也。順逆方便，不辭出入。……。」沈雲龍主編，《明人文集叢刊》第一期（台北：文海出版社，1970年），頁3313。

〔註80〕 宋・王之道，〈國清化人示寒山〉，《相山集》卷三。《四庫全書》珍本初集，頁18～19。

〔註81〕 清・蔣溥等撰，《欽定盤山志》卷十四〈盤山〉。《四庫全書》珍本八集，頁28。

〔註82〕 宋・劉克莊，《後村居士集》卷九〈贈輝書記〉二首之一：「野老柴門不慣開，有僧飛錫自天台。前身莫是寒山子？携得清詩滿袖來。」四川大學古籍整理研究所編，《宋集珍本叢刊》第七九冊，頁498。

〔註83〕 元・黃溍，《金華黃先生文集》卷四一〈徑山元叟禪師塔銘〉。《四部叢刊》，初編，集部。上海商務印書館縮印常熟瞿氏上元宗氏日本岩崎氏藏元刊本，1965年，頁434。

〔註84〕 明・宋濂，《宋學士文集》卷第六十二〈題恩斷江端元叟手跡後〉。《四部叢刊》，初編，集部。（台北：台灣商務印書館，1965年），頁1008。

四十一首，宋濂記行端所作《擬寒山子詩》，「學道之人，類能傳誦。」除了見證寒山詩於元末明初的大流行，「綽有寒山子之風」，亦旁證上述「寒山體」，至遲於元末已定型；明釋普文將支道林以下之僧詩，輯爲《古今禪藻集》，收錄方澤〈方山人研山見過〉：

> 故人鴻飛客，棄家如濯洗。托身凌霄峰，誓棄無生理。心遠藿食甘，
> 形虛褐衣美。目中無完人，頗許寒山子。昨來多與偕，光華映冠履。
> 竊恐素絲化，幽芳自今委。〔註85〕

一般來說，僧徒多不輕易將一己之生命境界等同一般人，正如同文人不輕易以文章許人，方山人視寒山爲完人，對於情塵難以盡掃的出家人，以其心所嚮往之「完人」予以勉勵，是歷代以道侶自任的文人與僧人，對方外之交責無旁貸的期許，前述貫休詩：「子愛寒山子，歌惟樂道歌。」貫休也正因爲深知寒山詩之妙，才會言舒道士愛寒山，以「歌惟樂道歌」表述好友之心跡，僧、俗藉寒山詩表心，其目的是爲了對治「安心」，「安心」的問題，自禪宗二祖開始，成了方內外之人避無可避的大哉問，張光弼〈聽松軒爲朗上人題〉寫道：

> 微風吹幽松，近聽聲愈好。師非寒山子，安得此懷抱。天機內相會，
> 百體同浩浩。如適清涼境，大地絕熱惱。每從畫省歸，騎馬必一造。
> 妙趣須自知，難與別人道。〔註86〕

張光弼在聽松軒，深得寒山詩對治熱惱的妙處，於元末棄官歸隱後能坦然自適，對張士誠之禮致毫不屈服，其「治心」之道應有寒山詩的啓發；丁鶴年〈贈秋月長老〉：「……視身等虛空，無得亦無證。偉哉寒山翁，與汝安心境。」〔註87〕王陽明〈無題〉：「……。夜來拾得遇寒山，翠竹黃花好共看。同來問我安心法，還解將心與汝安。」〔註88〕丁鶴年以寒山詩能安秋月長老之心，王陽明言自己能安寒山、拾得心，實爲正話反說，僧徒與文人欲以寒山、拾得詩「安心」，最常引用的是寒山〈吾心似秋月〉一詩，雖然短短四句，卻特

〔註85〕明·普文輯，《古今禪藻集》卷一八。《禪門逸書》初編，第一冊，頁207。

〔註86〕元·張光弼，《張光弼詩集》卷一〈聽松軒爲朗上人題〉。《四部叢刊》，續編，集部。上海涵芬樓景印常熟瞿氏鐵琴銅劍樓藏明鈔本（台北：台灣商務印書館，1966年），頁14。

〔註87〕元·丁鶴年，《鶴年詩集》卷一，《四庫全書》文淵閣本，第1217冊，集部，別集類，頁504～505。

〔註88〕明·王陽明，《王文成公全書》卷二十〈外集二·詩〉，《四部叢刊》，初編，集部，上海商務印書館縮印明隆慶刊本，1965年，頁623。

爲歷代禪師所喜，多舉爲上堂法語，此詩不僅於禪門盛傳，在文士間亦然，陳著〈跋東皋寺主僧知恭百吟集〉寫道：

> 友山師以倜儻氣，瀟洒心，棟宇一方風月地，……。且知平生喜寒山子詩，故其句意多似之，有攜其百吟求著語者。寒山子詩云：「吾心似秋月，碧潭清皎潔。無物堪比倫，教我如何説。」師知寒山者也，此心何心？自説且不能説，余又奚贅？〔註89〕

陳著言寒山詩〈吾心似秋月〉之「教我如何説」，是「自説且不能説」，「余又奚贅？」乃意在言外的高度禮讚；周孚〈浸月亭〉寫道：「寥寥清夜月，現此亭中水。誰能同斯游，歸喚寒山子。」〔註90〕寒山「自説且不能説」的「吾心似秋月」，此「寒山喻月」已然跟「靈山話月，曹溪指月，馬祖、百丈、南泉翫月。」〔註91〕同爲禪門流行的公案之一，不僅文人與禪師交涉時引寒山詩以爲論，禪師與禪師間論道時亦然，惠洪《林間錄》載：

> 山谷禪師每曰：「世以相貌觀人之福。」是大不然。福本無象，何以觀之？惟視其人量之淺深耳。又曰：「觀人之壽夭，必視其用心。」夫動入欺詐者，豈長世之人乎？寒山子曰：「語直無背面，心眞無罪福。」蓋心語相應，爲人之常然者。〔註92〕

寒山詩〈寒山出此語〉寫道：「直心無背面」〔註93〕，惠洪改爲「語直無背面」；「心眞無罪福」引自寒山詩〈我見凡愚人〉〔註94〕，惠洪將二詩任意各

〔註89〕 宋・陳著，〈跋東皋寺主僧知恭百吟集〉，《本堂集》卷四八，《四庫全書》珍本二集，頁 2。

〔註90〕 宋・周孚，《蠹齋鉛刀編》卷十三〈浸月亭〉，《四庫全書》珍本二集，頁 4。

〔註91〕 元・元浩等編，《古林清茂禪師語錄》卷一：「中秋上堂。今朝八月十五，正是中秋時節。天上月圓，人間月缺。吞卻三箇四箇，眼裏無筋；吐卻七箇八箇，口裏無舌。如今諸方商量，總道：『靈山話月、曹溪指月、馬祖百丈南泉翫月。』殊不知正是第二月。忽有箇漢，出來道：『如何是第一月？』只向它道：『誠知你向鬼窟裏作活計。』」《禪宗集成》第十八冊，頁 12541。

〔註92〕 宋・惠洪，《林間錄》卷上。《佛光大藏經》禪藏，史傳部。（高雄縣：佛光出版社，1994 年），頁 73。下引版本同。

〔註93〕 唐・寒山，〈寒山出此語〉：「寒山出此語，復似顚狂漢。有事對面説，所以足人怨。心眞出語直，直心無背面。臨死渡奈河，誰是嘍囉漢。冥冥泉臺路，被業相拘絆。」《寒山子詩一卷附豐干拾得詩一卷》，頁 37。

〔註94〕 唐・寒山，〈我見凡愚人〉：「我見凡愚人，多畜資財穀。飲酒食生命，謂言我富足。莫知地獄深，唯求上天福。罪業如毗富，豈得免災毒。財主忽然死，爭共當頭哭。供僧讀文疏，空是鬼神祿。福田一箇無，虛設一群禿。不如早覺悟，莫作黑暗獄。狂風不動樹，心眞無罪福。寄語冗冗人，叮嚀再三讀。」《寒山子詩一卷附豐干拾得詩一卷》，頁 36。

摘一句隨手引用，較黃庭堅之點竄寒山詩實有過之；禪師引寒山詩作爲論道的話題，要不離禪宗「治心」的問題，自達摩爲慧可安心竟、慧可爲僧璨除心病，「治心」已成了爲懺情禪空色相的僧徒與文人，必須面對的生死大事，由宋以後，文士、僧人標舉寒山詩以明「治心」之要，〈吾心似秋月〉之「無物堪比倫，教我如何說。」其生命當下的肯定，隱然透露寒山大宗師之完人形象。

第二節　論「散聖」寒山、拾得

佛陀滅度後，承佛遺教之僧寶，身負弘教、譯經、傳法之責，禪宗在嫡傳法衣的正統以外，另有旁出之異僧、狂僧，僧傳以「散聖」稱之，就中以寒山最爲歷代禪師津津樂道。歷代禪師受〈閭丘僞序〉言寒山爲文殊轉世的影響，從宋朝開始，禪師之上堂法語經常引用寒山事蹟，禪門因而多「憶寒山」之作，伴隨著禪師「憶寒山」，出現「寒山子作麼生」的話頭，進一步形塑寒山之「散聖」形象。

一、歷代禪師「憶寒山」

佛教「散聖」一類，贊寧《宋高僧傳》舉普化之例，言其非「正員」，此乃著眼於「散聖」之「發言先覺」〔註95〕；本嵩將寒山、拾得、豐干同列爲「散聖」，《註華嚴經題法界觀門頌》載：

> 寒山子撫掌，拾得笑呵呵。因何二老呵呵笑，不是同風人不知。此頌斯二散聖，不住那邊混跡今時，或笑或歌左右逢源，別有深意。……。如豐干、萬回、寒山、拾得散聖人等，了卻那邊實際理地，卻來建化門頭示現形儀，接物利生弘揚聖道。〔註96〕

不同於贊寧著眼「散聖」之「發言先覺」，本嵩強調的是：「不住那邊混跡今時，或笑或歌左右逢源。」以及「接物利生弘揚聖道。」彥琪《證道歌註》

〔註95〕宋・贊寧，《宋高僧傳》卷二十〈唐眞定府普化傳〉：「……，以其發言先覺，排普化爲散聖科目中，言非正員也矣。」《大正藏》冊50，第2061號，頁837中26～27。

〔註96〕宋・本嵩述、琮湛註，《註華嚴經題法界觀門頌》卷下。《大正藏》冊45，第1885號，頁700中18～20、706下28～707上1。

強調：「無修無證者，乃諸散聖助佛揚化，已於往昔證道不復更證。」〔註97〕
本嵩與彥琪均暗示「散聖」乃弘法者「再來」的身份，且都提到了寒山，然
在本嵩、彥琪之前，北宋李遵勗《天聖廣燈錄》是最早將寒山、拾得歸於「散
聖」之列的文獻〔註98〕，可見〈閭丘僞序〉所述寒山、拾得、豐干的轉世傳
說，在仁宗景祐三年（1036）以前〔註99〕，已大大發揮其影響力，至於寒山之
「散聖」形象，則至遲於明代中期已深入民間，吳寬〈跋林酒僊詩〉寫道：

> 酒僊名遇賢，俗姓林。在宋爲蘇城東禪寺僧人，傳其事甚異，至號
> 聖僧，以其嗜酒故又號酒僊，此卷皆其所作詩也。詩意有高絕處，
> 蓋寒山子之流。……。夫寒山子之詩，雖晦菴朱夫子亦賞之，此酒
> 僊之言所以不可廢也。〔註100〕

吳寬爲明憲宗成化八年（1472）進士，視「聖僧」林酒僊爲寒山之流，「散聖」
之形象，表現在其不測之神；「散聖」啓悟後人的方式，谷泉大道禪師形容爲
「逢場作戲」〔註101〕；至於「散聖」之教化成果，由後代禪師「憶寒山」、「翻
憶寒山」、「苦憶寒山」、「轉憶寒山」的「憶寒山」之作最能看出，後代禪師
「憶寒山」，大都在特定時日或節日上堂，陳述一己讀寒山詩之心得，藉以曉
悟大眾，笑隱大訢禪師於端午上堂，曰：

> 好是天中節，當陽見不偏。桃符懸壁上，艾虎挂門前。
> 理應羣機合，心空萬境閒。無人知此意，令我憶寒山。〔註102〕

笑隱大訢體會到「心空萬境閒」，寒山的「觀空」之作〔註103〕，對笑隱大訢當

〔註97〕宋・彥琪註，《證道歌注》卷一：「或人云：無修無證者，乃諸散聖助佛揚化，
已於往昔證道不復更證。譬如出礦黃金，無復爲礦，即寶公、萬回、寒山、
拾得、嵩頭陀、傅大士等是也。」《禪宗集成》第一冊，頁518。
〔註98〕宋・李遵勗，《天聖廣燈錄》卷三十〈東京景德寺僧志言〉：「達者目爲散聖，
如：佛圖澄、寒山、拾得者。」《佛光大藏經》，頁1078。
〔註99〕按：李遵勗自祥符四年至景祐三年（1011～1036）編成《天聖廣燈錄》，共一
百六十一卷。
〔註100〕明・吳寬，《匏翁家藏集》卷第五十三〈跋林酒僊詩〉，《四部叢刊》，初編，
集部。上海商務印書館縮印明正德刊本，1967年，頁328。
〔註101〕宋・惟白，《建中靖國續燈錄》卷二九，南岳谷泉大道禪師〈巴鼻頌〉六首之
六：「散聖巴鼻，逢場作戲，東涌西沒，南州北地。」《佛光大藏經》，頁1269。
按：「巴鼻」意爲「由來」。
〔註102〕《笑隱大訢禪師語錄》卷一，中天竺禪寺語錄。《禪宗集成》第十五冊，頁
10355。
〔註103〕寒山有許多描述「心空」之作，如：〈碧澗泉水清〉：「碧澗泉水清，寒山月華
白。默知神自明，觀空境逾寂。」〈余家有一窟〉：「余家有一窟，窟中無一物。

有所啓發；不僅端午節日，在朝廷降給齋糧時，笑隱大訢一上堂即吟道：「幾
片白雲橫谷口，數聲寒雁起滄洲。令人苦憶寒山子，紅葉斷崖何處秋。」〔註
104〕同時以「苦憶寒山」作爲結語，其用心是要學人受用何謂「知恩報恩」。
不同於笑隱大訢於端午時節「憶寒山」，無際了派禪師是在月圓夜「飜憶寒
山」，上堂云：「三五十五，月圓當戶。然雖匝地普天，要且秋毫不露。對景
憑誰話此心，令人飜憶寒山子。」〔註105〕無際了派於月圓夜「飜憶寒山」之
作，後爲僧所引，時在中秋月，《雲谷和尚語錄》載：

> 中秋上堂。僧出問云：「今朝八月十五，正是月圓當戶。雖然匝地普
> 天，要且絲毫不露。」師云：「坐在覆盆之下，又爭怪得？」進云：
> 「露柱放光明，灯籠齊起舞。」師云：「且莫服花。」進云：「對境
> 憑誰話此心，令人長憶寒山子。」師云「寒山子道什麼？」〔註106〕

「露柱灯籠」爲禪門慣用機語，露柱、灯籠均屬無生命之物，禪門用來喻指無
情、非情；雲谷和尚與學人在中秋月圓夜對境印心，聯想到的是寒山最有名的，
以月喻心的〈吾心似秋月〉一詩：「吾心似秋月，碧潭清皎潔。無物堪比倫，
教我如何説。」〔註107〕「心」所映現的心月之相，「坐在覆盆之下」者自是難
以體會，也正因此，雲谷和尚進一步追問：「寒山子道什麼？」寒山〈吾心似
秋月〉一詩，究竟說了什麼？寒山寫道：「教我如何説」，其意近於洪邁所言：
「若無二物比倫，當如何説耳。」〔註108〕後代禪師卻努力想說出寒山在對月

淨潔空堂堂，光華明日日。蔬食養微軀，布裘遮幻質。任你千聖現，我有天
真佛。」〈千年石上古人蹤〉：「千年石上古人蹤，萬丈巖前一點空。明月照時
常皎潔，不勞尋討問西東。」《寒山子詩一卷附豐干拾得詩一卷》，頁14～15、
26、32。

〔註104〕《笑隱大訢禪師語錄》卷二，大龍翔集慶寺語錄：「上堂，我本無心，有所希
求。今此寶藏，自然而至。楊岐金剛圈，十分光彩；東山鐵酸餡，百味具足。
若是知恩報恩，不妨大家受用。且道：『受用箇什麼？』幾片白雲橫谷口，數
聲寒雁起滄洲。令人苦憶寒山子，紅葉斷崖何處秋。」《禪宗集成》第十五冊，
頁10359～10360。

〔註105〕明‧文琇集，《增集續傳燈錄》卷一，四明天童無際了派禪師。《中國燈錄全
書》第五冊，頁741。

〔註106〕《雲谷和尚語錄》卷上。《禪宗集成》第二四冊，頁16384。

〔註107〕《寒山子詩一卷附豐干拾得詩一卷》，頁10。

〔註108〕宋‧洪邁，《容齋四筆》卷四〈老杜寒山詩〉：「寒山子詩云：『吾心似秋月，碧
潭清皎潔。無物堪比倫，教我如何説。』人亦有言：『既似秋月碧潭，乃以爲
無物堪比，何也？』蓋其意謂：若無二物比倫，當如何説耳。讀者當以是求之。」
《四部叢刊》，續編，子部。（台北：台灣商務印書館，1966年），頁9。

印心之際，想說而未能說出的感受，當此之際，正是勘機的最佳時刻；於月圓夜「憶寒山」〈吾心似秋月〉一詩者，尚有虎丘隆禪師，《虎丘隆和尚語錄》載：

> 萬里浮雲捲碧天，年年此夜十分圓。令人轉憶寒山子，說似吾心恰宛然。所以道，欲明恁麼事，還他恁麼人；若是恁麼人，須明恁麼事。便能以此心相照；以此心相知，扶持野老無盡家風；成就叢林萬世基業。其把定也，離念絕塵，更無滲漏；其放行也，光生瓦礫，和氣靄然，高低普應，前後無差。且道此人成得箇什麼邊事，還委悉麼？將此身心奉塵剎，是則名爲報佛恩。〔註109〕

虎丘隆禪師言：「將此身心奉塵剎，是則名爲報佛恩。」乃楞嚴會上，阿難讚佛之語，虎丘隆禪師之「轉憶寒山」，已然認同寒山爲：「扶持野老無盡家風，成就叢林萬世基業。」之「散聖」。上述禪師除了端午、月圓夜、中秋夜「憶寒山」，另有因讀寒山詩〈欲得安身處〉而「憶寒山」者，寒山詩〈欲得安身處〉寫道：

> 欲得安身處，寒山可長保。微風吹幽松，近聽聲逾好。
>
> 下有斑白人，喃喃讀黃老。十年歸不得，忘卻來時道。〔註110〕

神鼎揆禪師言：「出沒從教第二月，毫釐繫念三途業，令人千古憶寒山。舊路十年歸不得，歸若得，寥寥萬里一條鐵。」〔註111〕「舊路十年歸不得。」乃襲自寒山〈欲得安身處〉一詩之「十年歸不得，忘卻來時道。」神鼎揆禪師所繫念之三途業，即「三塗」──血塗、刀塗、火塗〔註112〕，爲三惡道之別名；寒山此詩，言昧己逐緣，迷不知返，神鼎揆禪師更翻一層，恐自身會墮三惡道中；此外，冰谷衍禪師亦讀寒山〈欲得安身處〉一詩「翻憶寒山」，《五燈全書》載：

> 上堂，朔風何蕭蕭，吹彼巖下衣。家業久荒蕪，遊天胡不歸。人生百歲豈長保，昨日少年今已老。翻憶寒山子，「十年歸不得，忘卻來時道。」〔註113〕

冰谷衍自嘆：「昨日少年今已老」，並非嘆色身已老，嘆的是「家業久荒蕪」；

〔註109〕《虎丘隆和尚語錄》卷一〈宣州彰教禪院語錄〉。《佛光大藏經》禪藏，語錄部。(高雄縣：佛光出版社，1994年)，頁12～13。

〔註110〕《寒山子詩一卷附豐干拾得詩一卷》，頁6。

〔註111〕清‧集雲堂編，《宗鑑法林》卷六二。《禪宗集成》第九冊，頁5956。

〔註112〕按：「血塗」指畜生道，因畜生常處於被殺或彼此相互吞食的狀態；「刀塗」是餓鬼道，因餓鬼常爲飢餓所苦或處於刀劍杖所逼的狀態；「火塗」是地獄道，因地獄爲寒冰、烈火燒煎之處。

〔註113〕清‧超永編，《五燈全書》卷四九〈嘉興府天寧冰谷衍禪師〉，《中國燈錄全書》第十二冊，頁411。

相較於神鼎揆，冰谷衍之「憶寒山」，更顯其荷擔如來家業之決心；此外，石田法薰禪師「憶寒山」：「石中有玉，沙裏無油；德山臨濟，未出常流。卻憶寒山子，時臨古渡頭。」〔註114〕「時臨古渡頭」一語，乃襲自羅漢南和尚，《正法眼藏》載羅漢南和尚示眾云：

> 紅霞穿碧落，白鷺點滄洲。不是寒山子，時臨古渡頭。騎駿馬，驟
>
> 高樓。萬里銀河輥玉毬，別名眞解脫，撥火覓浮漚。〔註115〕

石田法薰認爲寒山的教化方式不同於德山棒、臨濟喝；「時臨古渡頭」之人須深具古佛心，非「騎駿馬」、「輥玉毬」之徒能輕易道得。上述笑隱大訢於端午，無際了派禪師於月圓夜「憶寒山」；雲谷和尚、虎丘隆禪師因寒山詩〈吾心似秋月〉憶寒山；神鼎揆、冰谷衍禪師因寒山詩〈欲得安身處〉憶寒山，寒山被禪師們既思且憶，雍正道出其原因，宣統二年蘇州程氏思賢堂重刊本《寒山子詩集》，收有雍正御製序，雍正言寒山詩：「眞乃古佛直心直語也。」〔註116〕寒山之「古佛心」，正是歷代禪師憶寒山的主因。

二、歷代禪師論「寒山子作麼生」

歷代禪師對寒山之情有獨鍾，除表現在上堂法語之「憶寒山」，另舉「寒山子作麼生？」作爲話頭，有意思的是，不同於在端午、中秋「憶寒山」，禪師舉「寒山子作麼生？」大都在結夏安居期間，與剛解夏時〔註117〕，且多與「水牯牛」話頭並舉。禪師結夏上堂，舉「寒山子作麼生？」如：希叟紹曇禪師上堂：

> 結夏已十日了也，寒山子作麼生？村詩吟落韻，竹管貯殘羹。〔註118〕

希叟紹曇爲寒山「代言」，言寒山在結夏十日後只行二事：一、吟落韻詩；二、至國清寺「竹管貯殘羹」，第一件是根據寒山詩多「出韻」的情形，「出韻」即不合韻腳，寒山詩〈有個王秀才〉，描述時人對寒山之詩不合韻腳的

〔註114〕《石田法薰禪師語錄》卷一〈建康府太平興國禪寺語錄〉，《禪宗集成》第十六冊，頁11155。

〔註115〕大慧宗杲，《正法眼藏》卷二〈羅漢南和尚語〉，《禪宗集成》第十一冊，頁7203。

〔註116〕《寒山子詩集》，清宣統庚戌（二年）蘇州程氏思賢堂重刊本卷首。

〔註117〕按：結夏安居又名「坐夏」、「夏坐」、「坐臘」，「戒臘」之意即由此。在印度，夏季多雨，不便外出，僧徒們於是在雨季的三個月（四月至七月），致力於坐禪與修習佛法。

〔註118〕《希叟紹曇禪師語錄》卷一，《禪宗集成》第十六冊，頁11321。

批評；希叟紹曇〈贈淨書狀〉寫道：「不學寒山落韻詩，翻身來透祖師機。碓頭舂出非臺鏡，錯受黃梅半夜衣。」〔註119〕「落韻」意即「出韻」、「出格」，希叟紹曇「不學寒山落韻詩」，是正話反說，與希叟紹曇同樣欣賞寒山之落韻詩，尚有無見先覩，其〈和永明禪師韻〉寫道：「深明吾祖單傳旨，閒擬寒山出格詩。」〔註120〕「出格詩」亦即「落韻詩」。其次，言寒山「竹管貯殘羹」，是根據〈閭丘僞序〉描述在國清寺任廚頭的拾得，爲寒山準備剩飯菜一事。〔註121〕

　　禪師於結夏之前、結夏之後上堂，舉「寒山子作麼生？」是用不得不說，又不能說破的遮詮法〔註122〕；「遮詮法」的「遮」，意即：「把該說的有意隱去，藉助已說的使人想像得之。」〔註123〕如：偃溪廣聞禪師上堂，問：「結夏已過半月，是知無無不是。寒山子作麼生？山前麥熟也未？」〔註124〕偃溪廣聞問山前麥子熟了沒，欲使學人想像：「寒山子作麼生？」使用同樣遮詮手法的，還有瑞安悟眞南野續禪師，上堂示眾云：

　　鳶飛戾天，魚躍于淵；龍吟霧集，虎嘯風旋；搬柴運水，喫飯打眠，
　　頭頭本成現，物物自天然。七期三日了也，汝等諸人，寒山子作麼

〔註119〕《希叟紹曇禪師廣錄》卷六〈贈淨書狀〉，《禪宗集成》第十七冊，頁 11451～11452。

〔註120〕《無見先覩禪師語錄》卷二〈偈頌・和永明禪師韻〉：「高束瓶盂住翠微，從教世態自隆夷。深明吾祖單傳旨，閒擬寒山出格詩。啼渴野猿窺澗水，聚羣林鳥折霜枝。賞音百舌陽春調，千載悠悠一子期。」《禪宗集成》第十七冊，頁 11625。

〔註121〕《寒山子詩一卷附豐干拾得詩一卷・寒山子詩集序》：「（拾得）廚內洗濾器物。每澄食滓，而以筒盛，寒山子來，負之而去。」，頁 1。

〔註122〕按：「遮詮法」的運用，起於總結印度婆羅門思想的《奧義書》，將不能以邏輯概念和言語表述的「梵」，以否定的「不是什麼」來形容「是什麼」，以「緣起」爲基本教義的佛教，基本上不承認「梵」的存在，以否定的「不是什麼」來形容「是什麼」，卻是中國禪宗祖師在詮釋教理時最常用的方法。如：圭峰宗密《禪源諸詮集都序》卷下之一言：「如諸經所說眞妙理性，每云：『不生不滅，不垢不淨，無因無果，無相無爲，非凡非聖，非性非相等，皆是遮詮。』」《大正藏》冊 48，第 2015 號，頁 406 中 19～22。禪宗祖師在面對何謂「心」、「佛」之「第一義」時，多在「不可說破」的情況下，以「不是什麼」的否定語句，試圖達到「是什麼」的肯定，此即所謂「遮詮法」。

〔註123〕周本淳，〈言盡相中，義隱語外──論遮與表〉，《淮陰師範學院學報》第 21 卷，1999 年第 1 期。

〔註124〕《偃溪廣聞禪師語錄》卷下〈住徑山興聖萬壽禪寺語錄〉，《禪宗集成》第十五冊，頁 10431。

生？良久曰：「一點是非繞入耳，從前好事盡成冤。」〔註125〕

南野纘禪師舉「寒山子作麼生？」末兩句結語，乃希望學人宗仰先賢之平實、自然。在漫長的九旬結夏日裡，禪師們面對「開悟」一事，最常用來與「寒山子作麼生？」相提並論的，就是以農立國的中國，最普遍常見，平實易曉的「水牯牛」；以「牧牛」來比喻佛、菩薩、比丘之修習，見於《增壹阿含經・放牛品》（東晉僧伽提婆譯）、《佛說放牛經》（後秦鳩摩羅什譯）、《佛說水牛經》（西晉竺法護譯）、《佛說群牛譬經》（西晉法炬譯），論其影響，最經典的代表作就是南宋大足寶頂山石刻〈牧牛圖〉，以牧牛比喻悟道的進階、次第，除了〈牧牛圖〉，禪門還以「騎牛覓牛」比喻心外求法；「露地白牛」比喻本來面目，與寒山有關的「水牯牛」話頭，乃欲見寒山真面目（或一己真面目）的禪師，其慣常下手處，首以「水牯牛」設喻者，爲南泉普願禪師，《祖堂集》載：

> 師欲順世時，……卻問：「和尚百年後向甚麼處去？」師云：「向山下檀越家，作一頭水牯牛去。」第一座云：「某甲隨和尚去，還許也無？」師云：「你若隨我，啣一莖草來。……趙州問：「知有底人向什麼處休歇去？」師云：「向山下作一頭水牯牛去。」〔註126〕

南泉普願分別向第一座與趙州言自己圓寂之後，「向山下作一頭水牯牛去」，此言亦見於趙州從諗與曹山本寂語錄〔註127〕，溈山靈祐仿南泉普願，臨遷化時示眾曰：

> 老僧死後，去山下作一頭水牯牛，脅上書兩行字云：「溈山僧某專甲。若喚作溈山僧，又是一頭水牯牛；若喚作水牯牛，又是溈山僧某專甲。汝諸人作麼生？」後有人舉似雲居，雲居云：「師無異號。」曹山代云：「喚作水牯牛」〔註128〕

〔註125〕清・超永編，《五燈全書》卷九九〈瑞安悟真南野纘禪師〉，《中國燈錄全書》第十三冊，頁421。

〔註126〕《祖堂集》卷十六〈南泉〉，《佛光大藏經》，頁788、798。

〔註127〕宋・賾藏主集，《古尊宿語錄》卷十三《趙州真際禪師語錄并行狀》卷上，作：「師問南泉：『知有底人向什麼處去？』泉云：『山前檀越家作一頭水牯牛去。』」《佛光大藏經》，頁508。《撫州曹山本寂禪師語錄》卷一：「若是南泉病時有人問：『和尚百年後向甚麼處去？』泉曰：『我向山下檀越家，作一頭水牯牛去。』云：『某甲擬隨和尚去，還得麼？』泉曰：『若隨我，含一莖草來。』」《大正藏》冊47，第1987號，頁542下24～27。

〔註128〕《祖堂集》卷十六〈溈山〉，《佛光大藏經》，頁811。

雲居道膺與曹山本寂之答語，使「水牯牛」一詞成了溈山靈祐的代稱〔註129〕，溈山靈祐之「溈山水牯牛」，在後代禪師引爲上堂法語時，與自稱來生願爲「水牯牛」的南泉普願秋色平分，曾經與溈山有一面之緣的寒山〔註130〕，亦與「水牯牛」話頭相涉，禪師在結夏日，將寒山子與水牯牛並提，主要談的是「禪定」的問題，如：希叟紹曇於結夏上堂，曰：「百二十日夏，今朝始發頭。飯抄雲子白，羹煮菜香浮。未問寒山子，先看水牯牛。山前千頃地，信腳踏翻休。」〔註131〕禪師常在「牧牛」的話頭中，以牛踏田地，犯人禾稼，比喻心未調服，希叟紹曇在結夏一開始，把「看水牯牛」擺在「問寒山子」之前，知禪師於結夏開始，亟需面對的是「調心」的問題，在時值盛暑的坐夏期間欲勇猛精進，首先要克服的是昏沈掉舉，斷橋和尚上堂，云：

> 古者道：結夏已十日也，寒山子作麼生？又有道：結夏已十日也，
> 水牯牛作麼生？瑞巖者裏，又且不然。結夏已十日也，寒山子，牽
> 一頭水牯牛，向雙眉塘畔喫草，忽然顛發，走到僧堂前，笑你一隊
> 瞌睡漢，騎箇牛又覓箇牛，不知千頭萬頭，元只是者一頭。〔註132〕

斷橋妙倫以其「老辣痛快，險怪奇絕；實語誑語，句句皆破的。」〔註133〕把寒山牽水牯牛作一形象結合，雖只短短數語，其精彩程度可媲美〈拾得錄〉之「拾得牧牛」，牧的全是：「前生大德知事人。」〔註134〕御得水牯牛，等於親見寒山，圓智本緣禪師晚參曰：

〔註129〕《法演禪師語錄》卷中：「上堂，僧問：『如何是本分事？』師云：『結舌無言』乃云：『每日起來，拄卻臨濟棒；吹雲門曲；應趙州拍；擔仰山鍬；驅溈山牛；耕白雲田，七八年來漸成家活。』」《大正藏》冊47，第1995號，頁659下21～24。按：黃龍慧南禪師曾作〈溈山水牯牛〉三首，見《黃龍慧南禪師語錄》卷一。《大正藏》冊47，第1993號，頁635中4～17。

〔註130〕《祖堂集》卷十六：「溈山和尚，……，於是杖錫天台，禮智者遺跡，有數僧相隨。至唐興路上，遇一逸士，向前執師手，大笑而言：『餘生有緣，老而益光。逢潭則止，遇溈則住。』逸士者，便是寒山子也。」《佛光大藏經》，頁809～810。

〔註131〕《希叟紹曇禪師廣錄》卷二。《禪宗集成》第十七冊，頁11361。

〔註132〕《斷橋妙倫禪師語錄》卷上。《禪宗集成》第十七冊，頁11561。

〔註133〕宋・林希逸，《斷橋妙倫禪師語錄・序》，《禪宗集成》第十七冊，頁11547。

〔註134〕《寒山子詩一卷附豐干拾得詩一卷・拾得錄》：「又因半月布薩，眾僧說戒法事，合時，拾得驅牛至堂前，……尊宿出堂，打趁拾得，令驅牛出去。拾得言：『我不放牛也，此群牛皆是前生大德知事人，咸有法號，喚者皆認。』時拾得一一喚牛，云：『前生律師弘靖出。』時一白牛作聲而過。又喚：『前生典座光超出。』時一黑牛作聲而過。又喚：『直歲靖本出。』時一牯牛作聲而出。又喚云：『前生知事法忠出。』時一牯牛作聲而出。」，頁50～51。

　　清寥寥，白滴滴，佛祖門庭，冷如冰雪，趁此好安居。生死打教徹，

徹不徹，結制已經三七日，水牯牛鼻孔要牢牽，寒山子面目須親識。

大眾，寒山子作麼生識？莫是與你同門出入底是麼？喝一喝曰：「切

忌錯認驢鞍橋，作阿爺下頷。」〔註135〕

圓智本緣晚參的重點在：寒山即水牯牛，水牯牛即寒山，即：以水牯牛借代

寒山；寒山子與水牯牛，海印昭如禪師則以「那事」作爲代稱〔註136〕，「那事」

表面指寒山子與水牯牛，實際是借寒山子與水牯牛喻「求開悟」一事，石屋

琪禪師示眾曰：

　　古德道：結夏半月日了也，水牯牛作麼生？有者道：結夏半月日了

也，寒山子作麼生？福源道：結夏半月日了也，己躬下事作麼生？

〔註137〕

石屋琪禪師之「己躬下事」，與乾乾湜禪師提問：「本分事作麼生」、「寒山子作麼

生」之意相同〔註138〕，意爲：明一己之本分事，要先懂寒山子；懂寒山子，即

知水牯牛；御得水牯牛，即已步向開悟前的「禪定」之路。在結夏期間，將「寒

山子與水牯牛」作爲「禪定」表徵的，尙有曇芳守忠禪師，其住萬壽禪寺時：

　　寒山子水牯牛，嘯月眠雲，飢飡渴飲，似地擎山，不知山之孤峻，

如石含玉，不知玉之無瑕。〔註139〕

「似地擎山」、「如石含玉」，乃聲聞乘人修習「四念處」與「五停心觀」時〔註

〔註135〕清・超永編，《五燈全書》卷七四，杭州橫山光明圓智本緣禪師。《中國燈錄
　　　　全書》第十三冊，頁20。
〔註136〕《海印昭如禪師語錄》卷一〈臨江瑞筠山慧力禪寺海印和尙語錄〉：「上堂。
　　　　結夏過半月，那事如何說？寒山子水牯牛，蠟人氷鵝護雪。總是鑽空覓穴，
　　　　諸方難見易識，瑞筠易見難識，直饒萬緣休罷，一字不留，擬議不來，青天
　　　　霹靂。」《禪宗集成》第十七冊，頁11739。
〔註137〕《福源石屋琪禪師語錄》卷上。《禪宗集成》第十七冊，頁11768。
〔註138〕清・超永編，《五燈全書》卷七七〈吳陵三塘乾乾湜禪師〉：「示眾，舉古德曰：
　　　　『打七三日了也，本分事作麼生？』又道：『打七三日了也，寒山子作麼生？』
　　　　師曰：『山僧這裏總不恁麼，何故？此事極是現成，極是明白，有甚難處。恰
　　　　如青天白日見阿爹相似，無一絲毫擬議思量。若有一毫擬議思量，即不是了
　　　　也。還有麼？出來通箇消息。』師顧左右，良久，以拄杖施風打散。」《中國
　　　　燈錄全書》第十三冊，頁91～92。
〔註139〕《曇芳守忠禪師語錄》卷一〈杭州路徑山興聖萬壽禪寺語錄〉，《禪宗集成》
　　　　第十八冊，頁12461。
〔註140〕按：「四念處」又名「四念住」，即：身念處（觀身不淨）、受念處（觀受是苦）、
　　　　心念處（觀心無常）、法念處（觀法無我）。「四念處」是以智慧觀一切，把心

140〕，達到「四加行」之暖、頂二法，在過程中會有「如登高山」的感受〔註
141〕；大千照禪師據曇芳守忠此語加以發揮，上堂示眾云：「一頭水牯一寒山，
困則眠兮飢則飡。終日拈香并擇火，不知身在畫圖間。」〔註142〕大千照禪師
之「寒山子與水牯牛」，可惜並未被畫下來，如有畫作，或能在明代時民間流
傳的「四睡圖」之外〔註143〕，為「天台三聖」傳說又添佳話。

結夏期間，禪師除了喜引「寒山子與水牯牛」，還加入了另一個熱門話頭
——燈籠露柱，佛殿、法堂外的圓柱，以及尋常使用的燈籠，禪師以此等無
情物，作為「開悟」的表徵，圓悟佛果禪師對寒山子＝水牯牛＝燈籠露柱，
首先予以肯定〔註144〕，南石文琇據圓悟佛果之肯定，予寒山子、水牯牛、燈
籠露柱「三大老」之名〔註145〕，了菴清欲對「三大老」，有十分生動的描繪，
《了菴清欲禪師語錄》載：

> 師云：千鈞之弩，不為鼪鼠而發機；三大老也是為他閑事長無明。
>
> 開福結夏已十五日了也，堂中兄弟，盡是諸方煅了底金，總不須問

安住於道，使心不生邪念；「五停心觀」是聲聞乘人初修，使心不犯五種過失：
一、以「不淨觀」止「貪欲」；二、以「慈悲觀」止「瞋恚」；三、以「因緣
觀」止「愚癡」；四、以「念佛觀」止「業障」；五、以「數息觀」止「散亂」。

〔註141〕按：「四加行」又名「四善根」，指「暖」、「頂」、「忍」、「世第一」：當無漏（指
清淨無煩惱）智火生起，心中光明發動之時，稱為「暖位」（以佛覺為己心，
如火欲燃）；而後，智慧增長，達於頂點，稱為「頂位」（以自心為佛境，如
登高山，下有微礙）；繼而明曉四諦（苦諦、集諦、滅諦、道諦），內心堅定
不移，稱為「忍位」（覺於中道）；最後達到有漏智最終點，乃世間有情最為
殊勝，稱為「世第一」（迷覺兩忘）。

〔註142〕明・文琇集，《增集續傳燈錄》卷六〈四明育王大千照禪師〉，《中國燈錄全書》
第六冊，頁85。按：曇芳守忠禪師卒於至正八年（1348），大千慧照禪師卒
於洪武六年（1373）。

〔註143〕按：民間流傳的「四睡圖」，要角有四：寒山、拾得、豐干，以及豐干騎向國
清寺的老虎，主要是根據閭丘胤〈寒山子詩集序〉的情節所繪，有關「天台
四睡圖」詳見第七章。

〔註144〕宋・紹隆等編，《圓悟佛果禪師語錄》卷七：「古者道：『結夏得十一日也，寒
山子作麼生？』又道：『結夏得十一日也，水牯牛作麼生？』山僧即不然，結
夏得十一日也，燈籠露柱作麼生？若透得燈籠露柱，即識水牯牛；若識得水
牯牛，即見寒山子。忽若擬議，老僧在爾腳底。」《大正藏》冊47，第1997
號，頁743下10～15。

〔註145〕《南石文琇禪師語錄》卷一〈住靈巖報國永祚禪寺〉：「復舉圓悟和尚示眾
云：……，大眾，碎金鷲頭，出五色髓，固是還他三大老之手，若是新靈巖，
總無許多事，何故？家家門前赫日月，太平不用將軍威。」《禪宗集成》第二
十冊，頁13527。

著。行但行，住但住，坐但坐，臥但臥。忽若露柱著衫南岳去，燈
籠沿壁上天台，狸奴白牯無消息，拾得寒山笑滿腮。〔註146〕
了菴清欲之「三大老」，喻指「平常心」，介於寒山之「有情」與燈籠露柱之
「無情」的水牯牛，在薦福承古禪師眼中，認爲識得水牯牛，「方得天地同根，
萬法一體。」〔註147〕識得水牯牛成了通天地消息之大鑰。在結夏九十天裡，
上堂法師對寒山子、水牯牛、燈籠露柱各自表述，石田法薫是唯一在「解夏」
時，言「三大老」在結夏期間所扮演的重責大任，《石田法薫禪師語錄》載：

解夏，九十日夏，頭正尾正。寒山子，水牯牛，燈籠露柱，一一心
空及第。惟有南山禪和子，頑皮賴骨，抵死謾生道：我一夏之中，
全無絲毫所證所得。南山聞得，無可奈何。只向他道：「願你常似今
日。」山僧恁麼道，諸人且道：「是肯他不肯他？」良久云：「相逢
盡道休官去，林下何曾見一人。」〔註148〕

石田法薫將唐代詩僧靈澈〈東林寺酬韋丹刺史〉一詩：「相逢盡道休官好，
林下何曾見一人。」〔註149〕改「好」爲「去」，其意仍是未肯。在結夏期間，
作爲「寒山法門」道侶的水牯牛與燈籠露柱，可說是「隨緣日新，全爲其伴。」
〔註150〕禪師們將其作爲伴隨「散聖」寒山，教化人心之載具，在慣於將無
情生作有情表徵的禪師心中，除了端午、月圓夜、中秋時分「憶寒山」，結
夏與解夏期間之水牯牛＝燈籠露柱＝寒山，已奠定寒山千古不移的「散聖」
地位。

〔註146〕《了菴清欲禪師語錄》卷一〈初住集慶路中山開福禪寺語錄〉，《禪宗集成》
　　　　第十九冊，頁12728。
〔註147〕《薦福承古禪師語錄》卷一〈小參語錄〉：「諸人若識得水牯牛，非但水牯牛，
　　　　乃至山河大地，師資父母，三世諸佛，一切聖賢，一時識得；方得天地同根，
　　　　萬法一體。」《禪宗集成》第二三冊，頁15616。
〔註148〕《石田法薫禪師語錄》卷三。《禪宗集成》第十六冊，頁11189。
〔註149〕靈澈，〈東林寺酬韋丹刺史〉：「年老心閒無外事，麻衣草座亦容身。相逢盡道
　　　　休官好，林下何曾見一人。」《全唐詩》卷810，頁9133。
〔註150〕宋·本嵩述、琮湛註，《華嚴七字經題法界觀三十門頌》卷下，《大正藏》冊
　　　　45，第1885號，頁707上1。

第七章　歷代禪師語錄對寒山、拾得
詩之評議

　　宋以後的文人與禪師，對寒山、拾得詩予以擬、和，效「寒山體」、「寒山偈」，是刊刻詩集之外，傳播寒山、拾得詩的大功臣；寒山、拾得詩之雅俗共賞普現佛心，此乃歷代禪師心有戚戚，眾口樂於騰說的主要原因。歷代禪師對寒山情有獨鍾，宗仰者視為「寒山菩薩」、「寒山大士」；持異議者視為「弄光影漢」、「弄精魂漢」，本章試舉歷代禪師上堂所引之寒山、拾得詩，以明寒山、拾得詩於何時節，以何因緣，被禪師引為上堂法語，試探「寒山禪」之精神。

第一節　歷代禪師對寒山及其詩之評議

一、吾心似秋月

　　　吾心似秋月，碧潭清皎潔。無物堪比倫，教我如何說。〔註1〕
寒山詩〈吾心似秋月〉，吳景旭評以「清新俊逸」，認為「可與杜詩相發。」〔註2〕「碧潭清皎潔」一語，後代禪師有「碧潭澄皎潔」、「碧潭光皎潔」、「圓滿

〔註1〕《寒山子詩一卷附豐干拾得詩一卷》，頁10。
〔註2〕清・吳景旭，《歷代詩話》卷三四〈杜詩卷上之上・清新俊逸〉：「如寒山子詩：吾心似秋月，……。人亦言：既似秋月碧潭，乃以為無物堪比，何也？蓋其意謂：若無二物比倫，當如何說耳！觀此可與杜詩相發，……。」楊家駱主編，《詩話叢編》第一集第三冊（台北：世界書局1961年），頁370。

光皎潔」、「一輪光皎潔」數種誤引〔註3〕，可見此詩爲禪門所喜的程度；此外，禪師亦對此詩加以擬、和，保福本權之擬作：「吾心似燈籠，點火內外紅。有物堪比倫，來朝日出東。」〔註4〕湛然圓澄之和作：「吾心非秋月，秋月有盈缺。萬物有無常，這個不生滅。」〔註5〕二位禪師直言「有物」、「這個」，開顯其繞路說禪之苦心孤詣。寒山〈吾心似秋月〉一詩，被歷代禪師上堂舉爲開示語句，時間多在中秋月圓夜，靈隱淳禪師中秋上堂：

> 吾心似秋月，碧潭清皎潔。乃喝云：「寒山子話墮了也。諸禪德，皎潔無塵，豈中秋之月可比；虛明絕待，非照世之珠可倫，獨露乾坤，光吞萬象，普天匝地，耀古騰今，且道是箇甚麼？」良久云：「此夜一輪滿，清光何處無。」〔註6〕

靈隱淳禪師認爲心頭明珠，非皎潔明月可比，視寒山以心喻月爲「話墮」，是供後人作爲談論「光明藏子」的「話柄」；虛舟普度禪師中秋上堂，問：「有月則似月，無月又似箇什麼？」〔註7〕靈隱淳與虛舟普度都認爲寒山以心喻月之「月喻」，均落入「第二月」，按：南唐失名僧有一首形容月亮的〈月〉詩：

> 徐徐東海出，漸漸上天衢。此夜一輪滿，清光何處無。
>
> （原注：前二句一作：「團團離海嶠，漸漸出雲衢。」）〔註8〕

靈隱淳禪師的開示結語：「此夜一輪滿，清光何處無。」與虛舟普度禪師的結語：「還我清光未發時」，均襲自南唐失名僧之〈月〉詩；在所有有關中秋月誕的上堂法語中〔註9〕，寒山詩〈吾心似秋月〉與南唐失名僧之〈月〉詩，相較於「靈

〔註3〕 詳見：《宏智禪師廣錄》卷五、《保寧仁勇禪師語錄》卷一、《湛然圓澄禪師語錄》卷四、《林泉老人評唱丹霞淳禪師頌古虛堂集》卷二。

〔註4〕 宋·普濟，《五燈會元》卷十七。《中國燈錄全書》第四冊，頁670。

〔註5〕 明·明凡錄，《湛然圓澄禪師語錄》卷二：「中秋上堂，『吾心比秋月，秋月有圓缺。世間無比倫，教我如何說。』噫！寒山老人，云是文殊化身，何以口門窄，說不出。徑山不敢與古人爭衡，也要效顰說兩句伽陀：『吾心非秋月，秋月有盈缺。萬物有無常，這個不生滅。』」《禪宗集成》第二二冊，頁15348。

〔註6〕 清·行悅集，《列祖提綱錄》卷四一。《禪宗集成》第三冊，頁1940。

〔註7〕 元·淨伏編，《虛舟普度禪師語錄》卷一〈臨安府中天竺天寧萬壽永祚禪寺語錄〉：「中秋，上堂：『吾心似秋月，碧潭光皎潔。有月則似月，無月又似箇什麼？可笑寒山子，是亦不是，非亦還非，還我清光未發時。』」《禪宗集成》第十八冊，頁12296。

〔註8〕 南唐·失名僧，〈月〉，《全唐詩》卷851，頁9630。

〔註9〕 清·儀潤說義，《百丈清規證義記》卷二〈附中秋祀月〉：「中秋，相傳是月誕，故舉世皆祀之。約佛教而論，祀月上供，宜在上午，蓋月類天，諸天不受午後供也，足以清規，但設供位。具花香燭水而已，不具食物上供也。邇來叢

山話月、曹溪指月、馬祖百丈南泉翫月。」〔註10〕前者似乎更為禪師所愛，特別是失名僧之〈月〉詩，常與寒山詩〈吾心似秋月〉並提，且多被作為談論「靈山話、曹谿指、南泉翫、寒山比。」之後，禪師「以拂子打圓相」或「卓拄杖」時的結語。〔註11〕不論是寒山的「無物堪比倫」，或是南泉普願的「拂袖便去」，在引「翫月」話頭的禪師眼中，針對寒山詩〈吾心似秋月〉之「不說」與「如何說」，洞然舜禪師視寒山為「弄光影」（按：指玩弄名相概念），上堂曰：

> 中秋月蝕，晚參。靈山話、曹溪指、馬祖翫、寒山比，者一夥老古
> 錐，都是弄光影漢。〔註12〕

寒山被洞然舜視為「弄光影漢」，寒山比月為「強名之」的「第二月」，然宋代大部分禪師卻多舉〈吾心似秋月〉以翫月論心，破菴祖先認為寒山此詩是：「見徹平常心」〔註13〕；松源崇嶽認為寒山此頌：「易見難說」〔註14〕；前述擬寒山此詩的保福本權，認為寒山是「貴價精神賤價賣」〔註15〕；慈氏瑞仙

林，祀月同俗，訛謬已久，甚至有稱禮月光遍照菩薩者，或稱禮解脫月菩薩者，更有上供時，用齋佛儀者，尤為謬悞，愚者不識，以訛傳訛，諸方高明宜更正之。」《禪宗集成》第二冊，頁764。

〔註10〕宋・紹隆等編，《圜悟佛果禪師語錄》卷一八〈頌古・上〉：「舉，馬祖百丈西堂南泉翫月次，祖指月問西堂：『正當恁麼時如何？』西堂對云：『正好供養。』問百丈，丈對云：『正好修行。』問南泉，泉拂袖便去。祖云：『經入藏，禪歸海，唯有普願獨超物外。』」《大正藏》冊47，第1997號，頁800上4～7。

〔註11〕禪師以拂子打圓相，曰：「此夜一輪滿，清光何處無。」作為公案結語，有：《五燈全書》卷一○二，碧眼本開禪師；《環溪惟一禪師語錄》卷一；《斷橋妙倫禪師語錄》卷上；《雪巖祖欽禪師語錄》卷一；《五燈全書》卷八八，楚南芙蓉百凝一禪師。有關：卓拄杖曰：「此夜一輪滿，清光何處無。」見：《虛堂和尚語錄》卷九。《大正藏》冊47，第2000號，頁1051中9～10。

〔註12〕清・超永編輯，《五燈全書》卷一百五〈陝西寧夏準提洞然舜禪師〉，《中國燈錄全書》第十三冊，頁550。

〔註13〕宋・圓照等編，《破菴和尚語錄》卷一〈與戩菴居士張御帶〉：「是故寒山子見徹平常心，便道：『吾心似秋月，碧潭清皎潔。無物堪比倫，教我如何說？』」《佛光大藏經》禪藏，語錄部。（高雄縣：佛光出版社，1994年），頁233。

〔註14〕宋・善開等錄，《松源和尚語錄》卷上〈平江府虎丘山雲巖禪院語錄〉：「上堂，舉寒山頌云：『吾心似秋月，碧潭清皎潔。無物堪比倫，教我如何說？』師云：『寒山好頌，只易見難說。虎丘卻有箇方便說與諸人：若教頻下淚，滄海也須枯。』」《佛光大藏經》禪藏，語錄部。（高雄縣：佛光出版社，1994年），頁101。

〔註15〕宋・師明集，《續古尊宿語要》卷三，保寧勇禪師語：「『吾心似秋月，碧潭清皎潔。無物堪比倫，教我如何說？』寒山子貴價精神賤價賣，子細思量，有甚來由。雖然如是，三十年後有人檢點保寧去在。」《禪宗集成》第十二冊，頁8111。

道：「堪嗟古人心，難與今人說。」〔註16〕正法雪光禪師尚因此詩而悟道〔註17〕，由禪師上堂時所作之擬、和詩，最能看出寒山〈吾心似秋月〉一詩，備受禪師喜愛的程度，雲谷和尚上堂：

> 舉寒山云：「吾心似秋月，碧潭光皎潔。無物堪比倫，教我如何說。」
>
> 拈云：「既說不得，就模子脫出一個：『吾心秋月印中天，到處相逢到處圓。普請且歸林下坐，好看光影未生前。』」〔註18〕

雲谷和尚於中秋上堂，對境憶寒山〔註19〕，要學人同參：「光影未生前」究竟如何，相較於前文所舉，曾和寒山此詩的湛然圓澄，其另一則和詩：「吾心似秋月，圓滿光皎潔。無物堪比倫，雲門已漏泄。」〔註20〕湛然圓澄禪師與雲谷和尚一樣，都是「已說」如同「未說」，「無物可比」之說不得，與努力想要「如何說」，是寒山被視爲「弄光影漢」的主因；除了「弄光影漢」，寒山與拾得、豐干之事蹟，被宗寶道獨禪師與林泉老人譏爲：「弄精魂漢」〔註21〕，「弄精魂」，指徒費心神之虛妄作爲，上述禪師「弄光影」、「弄精魂」之譏，全因受到〈閭丘僞序〉，以及〈豐干禪師錄〉、〈拾得錄〉的影響，然寒山、拾

〔註16〕宋·正受編，《嘉泰普燈錄》卷十，慈氏瑞仙禪師：「上堂曰：『吾心似秋月，碧潭清皎潔。無物堪比倫，教我如何說？』堪嗟古人心，難與今人說。語與時人同，意與時人別，語同人盡知，意別少人別。今人不會古人意，今日教我如何說？直饒會得寒山意，秋月碧潭猶未徹，如何得徹去？此夜一輪明皎潔，縱目觀瞻不是月，是箇甚麼？」《佛光大藏經》，頁399。

〔註17〕明·通問編，《續燈存稿》卷十〈黔中正法雪光禪師〉：「一日定中聞巖瀑聲觸發，默舉從上佛祖機緣，一一透得。遂往參潔空，從頭舉似。空曰：『不見道，莫謂無心云是道，無心猶隔一重關，道了便入寢室。』師自是茫無意緒，懷疑不決。一日見寒山詩：「吾心似秋月」之句，疑滯頓釋，後菴居古山，臨終書偈而逝。」《中國燈錄全書》第八冊，頁152～153。

〔註18〕《雲谷和尚語錄》卷上〈建寧府開元禪寺語錄〉，《禪宗集成》第二四冊，頁16385。

〔註19〕《雲谷和尚語錄》卷上：「中秋上堂。僧出問云：『今朝八月十五，正是月圓當戶。雖然匝地普天，要且絲毫不露。』師云：『坐在覆盆之下，又爭怪得。』進云：『露柱放光明，灯籠齊起舞。』師云：『且莫服花。』進云：『對境憑誰話此心，令人長憶寒山子。』」《禪宗集成》第二四冊，頁16384。

〔註20〕明·明凡錄，《湛然圓澄禪師語錄》卷四：「夜參。吾心似秋月，圓滿光皎潔。無物堪比倫，教我如何說。」噫！大小寒山，徒爲文殊後身，口門窄，說不出；老朽又且不然：「吾心似秋月，圓滿光皎潔。無物堪比倫，雲門已漏泄。」大眾，且道雲門大師作麼漏泄？良久云：「胡餅也不記得。」《禪宗集成》第二三冊，頁15376。

〔註21〕詳見：《五燈全書》卷一〇二、一〇五；《宗寶道獨禪師語錄》卷三、《林泉老人評唱丹霞淳禪師頌古虛堂集》卷二，第二十三則。

得詩中，寒山作詩並未玩弄概念名相，拾得詩所述之生活實錄，亦非徒費心神，試看寒山詩〈巖前獨靜坐〉：

> 巖前獨靜坐，圓月當天耀。萬象影現中，一輪本無照。
>
> 廓然神自清，含虛洞玄妙。因指見其月，月是心樞要。〔註22〕

寒山將所隱居的寒巖，逕以「無漏巖」稱之〔註23〕，穆康文菴禪師將寒山「無漏巖」，視爲「神通妙用」、「法爾如然」的解脫門〔註24〕，譏寒山爲「弄光影漢」、「弄精魂漢」的禪師們，或未見及此；禪門之「因指見月」，乃因語（指）悟義（月），因教（指）悟法（月）〔註25〕，不明此義者，泥於「說」與「未說」，自然是「墮它光影何時了」〔註26〕，「恁麼說話，自救不了。」〔註27〕無明慧性禪師言：「寒山子坐在解脫深坑，若是北山門下，打你頭破額裂。」〔註28〕慶鑒瑛和尚言：「痛與一頓，……。免使後人疑著。」〔註29〕兩位禪師之吐囑

〔註22〕　《寒山子詩一卷附豐干拾得詩一卷》，頁 44。

〔註23〕　寒山，〈寒山無漏巖〉：「寒山無漏巖，其巖甚濟要。八風吹不動，萬古人傳妙。寂寂好安居，空空離譏誚。孤月夜長明，圓日常來照。虎丘兼虎谿，不用相呼召。世間有王傳，莫把同周邵。我自遯寒巖，快活長歌笑。」《寒山子詩一卷附豐干拾得詩一卷》，頁 47。

〔註24〕　《穆菴文康禪師語錄》卷一〈穆菴康和尚初住天台山明巖大梵禪寺語錄〉：「驅耕夫牛，令他苗稼滋盛；奪飢人食，教他永絕飢虛。喚作神通妙用也得，喚作法爾如然也得。所以寒山子道：『寒山無漏巖，其巖甚濟要。八風吹不動，萬古人傳妙。』諸人還知落處麼？白雲影散青山出，幽石巖高寶月圓。」《禪宗集成》第十九冊，頁 12922。

〔註25〕　有關「因指見月」，詳見：《楞嚴經》卷二，《大智度論》卷九。

〔註26〕　元·元浩等編，《古林清茂禪師語錄》卷二〈饒州永福禪寺語錄〉：「中秋上堂。十五日已前，掘地覓青天；十五日已後，攜籃盛水走；正當十五日，天明日頭出。待得黃昏月到窗，無限清光滿虛空。豈不見寒山子曾有言：『巖前獨靜坐，圓月當空耀。萬象影現中，一輪本無照。』若謂中秋分外圓，墮它光影何時了。」《禪宗集成》第十八冊，頁 12561。

〔註27〕　明·居頂，《續傳燈錄》卷二二〈瑞州洞山梵言禪師〉：「上堂：『吾心似秋月，碧潭清皎潔。無物堪比倫，教我如何說？』寒山子勞而無功，更有箇拾得道：『不識這箇意，修行徒苦辛。』恁麼說話，自救不了。」《大正藏》冊51，第2077號，頁 618 下 23～26。

〔註28〕　宋·圓澄編，《無明慧性禪師語錄·蘄州北山智度禪寺語錄》，《禪宗集成》第十六冊，頁 10779。

〔註29〕　宋·師明集，《續古尊宿語要》卷六，開先慶鑒瑛和尚語：「奇怪諸禪德，文殊普賢，化作寒山拾得。……口唱高歌，歌曰：『吾心似秋月，碧潭清皎潔。無物堪比倫，教我如何說。』華藏當時若見，每人痛與一頓。何爲如此？且教伊不敢掣風掣顛，免使後人疑著。」《禪宗集成》第十二冊，頁 8320。

激烈，目的是要學人收視返聽，一切境緣，若能在心無了別之下動地放光，則心源（佛性）自然不竭。

永覺元賢禪師言：「能因月而事佛，因佛而事心，則本覺自昭。」〔註30〕心（佛心）因月而顯，體道之人所見之月，永覺元賢認爲有「七德」，即：「明」、「公」、「寂」、「貞」、「恒」、「信」、「虛」七種特性〔註31〕，見月之人如見佛心，方爲體道之人。寒山一夕之歡，千古之下，人人自可怡悅，月之「七德」若能體會，於見月之人，是爲大解脫。元僧圓至〈碧潭字銘〉，由碧潭之色聯想到湛光之德，舉寒山爲代表〔註32〕，因潭悟德與以月喻心，均是寒山〈吾心似秋月〉一詩予後人的啓發。

二、欲得安身處

欲得安身處，寒山可長保。微風吹幽松，近聽聲愈好。

下有斑白人，喃喃讀黃老。十年歸不得，忘卻來時道。〔註33〕

最早引寒山此詩的是曹山本寂禪師〔註34〕，寒山詩「忘卻來時道」，《祖堂集》作「忘卻來時路」。此詩在歷代禪師手中增衍嬗變的情形有兩種：一、字句的增衍，如：「寒山子行太早，十年歸不得，忘卻來時道。」〔註35〕、「堪悲堪

〔註30〕 明·道霈重編，《永覺元賢禪師廣錄》卷一七〈降福山建庵疏〉。《禪宗集成》第二十二冊，頁14759。

〔註31〕 明·道霈重編，《永覺元賢禪師廣錄》卷一七〈降福山建庵疏〉：「靈照自如，虧蔽不能損其光，何其明也；影現眾水，大小未嘗異其照，何其公也；觸波瀾而不散，何其寂也；歷汙濁而不染，何其貞也；循環不失其運，何其恒也；盈虧不爽其時，何其信也；光被四洲呑萬象，而心實無應，何其虛也。備茲七者，大有近於吾佛之道。」《禪宗集成》第二十二冊，頁14758～14759。

〔註32〕 元·圓至，《牧潛集》卷二〈碧潭字銘〉：「觀潭於潭，其碧湜湜。酌潭於器，視碧無碧。色生於深，而潭不色。土濬於內，湛渟泓洋。炳爲德藝，惟湛之光。光由湛生，湛非光相。人驚曄曄，我泊無象。不留以止，不漬以肆。維寒山子，實有實似。」《禪門逸書》初編第六冊，頁7。

〔註33〕 《寒山子詩一卷附豐干拾得詩一卷》，頁6。

〔註34〕 《祖堂集》卷八：「問：『如何是十年歸不得，忘卻來時路？』師云：『得樂忘憂。』僧云：『忘卻什麼路？』師云：『十處即是。』僧云：『還忘卻本來路也無？』師云：『亦忘卻。』僧云：『爲什麼不言九年，要須十年？』師云：『若有一方未歸，我不現身。』」《佛光大藏經》，頁415～416。

〔註35〕 宋·法應集、元·普會續，《禪宗頌古聯珠通集》卷二五〈雪竇顯〉：「出草入草，隨解尋討。白雲重重，紅日杲杲。左顧無瑕，右盼已老。君不見寒山子行太早，十年歸不得，忘卻來時道。」《禪宗集成》第七冊，頁4439。《楚石梵琦禪師語錄》卷十六〈送徑山莫首座歸鄞〉：「君不見，寒山子，歸太早，

笑寒山子，十年歸不得，忘卻來時路。」〔註36〕「堪笑寒山忘卻歸，十年不識來時道。」〔註37〕二、內容的嬗變，如：「寒山忘卻來時路，拾得相將攜手歸。」〔註38〕「拾得撫掌笑呵呵。寒山忘卻來時道。」〔註39〕「何言寒山愛遠遊，如今忘卻來時路。」〔註40〕「十年不得歸，忘卻來時路。」〔註41〕

　　由以上禪師增衍寒山此詩的情形，可知從《祖堂集》（成於南唐保大十年，952），將「忘卻來時道」作「忘卻來時路」；以及投子義青、丹霞德淳、圜悟克勤、天童正覺將「喃喃讀黃老」作「嘮嘮讀黃老」〔註42〕，可推知在《天祿》宋本（年代不詳），與釋志南「國清寺本」（成於淳熙十六年，1189）之前，有今

十年忘卻來時道。又不見，明覺老，無處討，十洲春盡花凋殘，珊瑚樹林日杲杲。」《禪宗集成》第二十冊，頁13387。

〔註36〕《希叟紹曇禪師語錄》卷一：「入京歸，上堂：『赤腳走紅塵，全身入荒草。費了幾精神，不若山居好。一塢閒雲，千峯啼鳥。聲色全真，是非不到。堪悲堪笑寒山子，十年歸不得，忘卻來時路。』」《禪宗集成》第十六冊，頁11309。
　　《無準師範禪師語錄》卷一：「上堂，三月春將老，萬木獻青杪。微雨濕殘紅，泉聲雜幽鳥。堪悲堪笑寒山子，歸不得，忘卻來時道。」《禪宗集成》第十六冊，頁11020。

〔註37〕明·居頂，《續傳燈錄》卷一四，潤州甘露傳祖仲宣禪師。《大正藏》冊51，第2077號，頁558上18～19。

〔註38〕《宏智禪師廣錄》卷二〈泗州普照覺和尚頌古〉：「雲犀玩月璨含輝，木馬游春駿不羈，眉底一雙寒碧眼，看經那到透牛皮。明白心超曠劫，英雄力破重圍。妙圓樞口轉靈機，寒山忘卻來時路，拾得相將攜手歸。」《大正藏》冊48，第2001號，頁18下16～19。

〔註39〕《無明慧經禪師語錄》卷一〈上堂〉：「作麼生是藏身處沒蹤跡，會麼？拾得撫掌笑呵呵，寒山忘卻來時道。」《禪宗集成》第二一冊，頁14181。

〔註40〕宋·法泉繼頌，《證道歌頌》卷一。《禪宗集成》第六冊，頁4058。

〔註41〕《淨慈慧暉禪師語錄》卷一。《禪宗集成》第二一冊，頁14061。

〔註42〕《林泉老人評唱投子青和尚頌古空谷集》卷二〈第二十八則歸根得旨〉：「山有詩云：『欲得安身處，寒山可常保。微風吹幽松，近聽聲愈好。下有斑白人，嘮嘮讀黃老。十年歸不得，忘卻來時道。』」《禪宗集成》第十冊，頁6716。（按：投子義青卒於元豐六年，1083。）《林泉老人評唱丹霞淳禪師頌古虛堂集》卷二：「嘗有詩云：『欲得身安處，寒山可長保。微風吹幽松，近聽聲愈好。下有斑白人，嘮嘮讀黃老。十年歸不得，忘卻來時道。』」《禪宗集成》第二十冊，頁13687。（按：丹霞德淳卒於政和七年，1117。）《佛果圜悟禪師碧巖錄》卷四：「寒山子詩云：『欲得安身處。寒山可長保。微風吹幽松。近聽聲愈好。下有斑白人。嘮嘮讀黃老。十年歸不得。忘卻來時道。』」《大正藏》冊48，第2003號，頁173中18～22。（按：圜悟克勤卒於紹興五年，1135。）《萬松老人評唱天童覺和尚頌古從容庵錄》卷一：「下有斑白人，嘮嘮讀黃老。……有本云：『喃喃讀黃老。』」《大正藏》冊48，第2004號，頁229下16～18。（按：天童正覺卒於紹興二十七年，1157。）

所未見「嘮嘮讀黃老」的版本。歷代禪師引寒山此詩,天童正覺以「十年歸不得,忘卻來時道。」解釋曹山本寂之「隨類墮」,《宏智禪師廣錄》載:

> 曹山云:「作水牯牛是隨類墮。」大陽(按:大陽玄禪師)道:「作水牯牛,是沙門轉身處。」為什麼卻成隨類墮?「十年歸不得,忘卻來時道。」〔註43〕

曹山本寂言沙門取食有「三等墮」:「作水牯牛是沙門墮,不受食是尊貴墮,不斷聲色是隨類墮。』」〔註44〕「不斷聲色」之「隨類墮」,意為:「凡情得盡,聖量亦忘,聲色塵中不應更斷,乃可取食。」〔註45〕沙門轉身之處,即「歸不得」之處,天童正覺以「直須忘卻始得。」〔註46〕回答僧問:「十年歸不得,忘卻來時路。」觀寒山此詩之意,乃寒山自言昧己逐緣而不知返,《寶覺祖心禪師語錄》載:

> 舉寒山道:「欲得安身處,……」僧問:「作麼生是來時道?」師指香爐曰:「看,寒山來也,見麼?」僧曰:「好箇香爐。」師曰:「慚愧!」師又問:「是爾從什麼處來?」僧曰:「寮中來。」師曰:「從寮中來底,如今是記得,是忘卻?」僧曰:「只是自己,更說什麼記忘!」師曰:「將謂失卻,元來卻在。」〔註47〕

寶覺祖心引寒山〈欲得安身處〉,直指僧之迷心;冰谷衍禪師翻憶寒山此詩,感嘆:「人生百歲豈長保,昨日少年今已老。」〔註48〕雪竇重顯言寒山子行太早,自身卻是:「左顧無暇,右盼已老。」〔註49〕寒山「十年歸不得,忘卻來時道。」之啓迪後代禪師,便在其具現野老家風,全身入草,曉悟後學之慈悲。

〔註43〕《宏智禪師廣錄》卷四。《大正藏》冊48,第2001號,頁55中14~16。

〔註44〕《撫州曹山本寂禪師語錄》卷下,《大正藏》冊47,第1987號,頁542下16～17。

〔註45〕宋‧慧霞編、慶輝釋,《曹洞五位顯訣》卷下,《禪宗集成》第一冊,頁422～423。

〔註46〕《宏智禪師廣錄》卷五:「師云:『十年歸不得,忘卻來時路。』僧云:『為什麼卻如此?』師云:『直須忘卻始得。』」《大正藏》冊48,第2001號,頁60上13～15。

〔註47〕《寶覺祖心禪師語錄》卷一〈室中舉古〉,《禪宗集成》第十四冊,頁9392。

〔註48〕明‧文琇集,《增集續傳燈錄》卷四:「上堂,朔風何蕭蕭,吹彼巖下衣。家業久荒蕪,遊子胡不歸。人生百歲豈長保,昨日少年今已老。飜憶寒山子,十年歸不得,忘卻來時道。」《中國燈錄全書》第六冊,頁2。

〔註49〕宋‧法應集、元‧普會續,《禪宗頌古聯珠通集》卷二五〈雪竇顯〉:「出草入草。隨解尋討。白雲重重。紅日杲杲。左顧無暇。右盼已老。君不見寒山子行太早,十年歸不得。忘卻來時道。」《禪宗集成》第七冊,頁4439。

三、我見瞞人漢

　　我見瞞人漢，如籃盛水走。一氣將歸家，籃裏何曾有。

　　我見被人瞞，一似園中韭。日日被刀傷，天生還自有。〔註50〕

歷代禪師中最早點明此詩爲寒山所作，是元代了菴清欲禪師，近人有將「寒山序詩」認爲是了菴清欲所作，逐將「寒山序詩」冠以〈清欲歌〉之名〔註51〕，按：「寒山序詩」首見於「無我慧身本」，年代在行果「寶祐本」（成於宋理宗寶祐三年，1255）以前，了菴清欲卒於元順帝至正二十七年（1367），不可能是「寒山序詩」的作者。了菴清欲上堂：

　　舉寒山子道：「我見瞞人漢，如籃提水走。急急走歸家，籃裡何曾有。」

　　保寧勇和尚舉了拍手大笑云：「有意氣時添意氣，不風流處也風流。」

　　師云：「然則下坡不走，快便難逢。保寧老漢腳跟下，好與三十棒。」

〔註52〕

了菴清欲所提之保寧勇和尚，其所舉寒山詩，見於《保寧仁勇禪師語錄》，載：「我見瞞人漢，如籃盛水走。一氣歸到家，籃裏何曾有。」〔註53〕與了菴清欲所舉寒山詩小有不同，而與《續古尊宿語要》之《保寧勇禪師語錄》所引亦有出入〔註54〕；寒山此詩之後幅：「我見被人瞞，一似園中韭。日日被刀傷，

〔註50〕《寒山子詩一卷附豐干拾得詩一卷》，頁33。

〔註51〕按：天台石梁觀月比丘興慈，據上海法藏寺募刻，揚州藏經院藏版所刻之《合訂天台三聖二和詩集》（1931年），在「寒山序詩」之處，版心作：「合訂天台三聖二和詩集‧清欲歌」，判「寒山序詩」乃清欲所作。（台北：漢聲出版社，1971年），頁10〜11。下引版本同。按：「寒山序詩」，即無我慧身所收錄之「詩歌」，在興慈所翻刻的揚州藏經院版本，「寒山序詩」之後沒有無我慧身之補刻說明，而是了菴清欲所作五律：「富哉三聖詩，妙處絕言跡。擬之唯法燈，和之獨楚石。十虛可銷殞，一字難改易。灌頂甘露漿，何人不蒙益。」詩後有了菴清欲補述：「楚石和尚和三聖詩集，晟藏主編次，求余題之，因用韻以寓擊節之意云。至正十八年十月初三日，南堂遺老清欲。」則了菴清欲是爲楚石梵琦所和之三聖詩集題詩，不是無我慧身所收錄的，「寒山序詩」的作者，興慈誤將「寒山序詩」的作者判爲了菴清欲，版心之：「合訂天台三聖二和詩集‧清欲歌」，即是誤判的結果。

〔註52〕《了菴清欲禪師語錄》卷一，《禪宗集成》第十九冊，頁12718。

〔註53〕《保寧仁勇禪師語錄》卷一：「上堂，『我見瞞人漢，如籃盛水走。一氣歸到家，籃裏何曾有。』拍手大笑云：『有意氣時添意氣，不風流處也風流。』」《禪宗集成》第十四冊，頁9525。

〔註54〕宋‧師明集，《續古尊宿語要》卷三，保寧勇禪師語：「我見瞞人漢，如籃提水走。急急到家中，籃裏何曾有。拍手大笑云：『分意氣時添意氣，不風流處也風流。』」《禪宗集成》第十二冊，頁8111。

天生還自有。」以被害者喻園中之韭，刀刈（受傷）之後更自還生，保寧仁勇與了菴清欲均專就前幅發揮，且專就瞞人之漢「一氣將歸家」的「意氣」發揮。寒山詩中，瞞人漢之行事全在榮耀「自我」，是爲了凸顯後幅所喻之「韭」（被瞞者），了菴清欲雖未引後幅四句，言：「保寧老漢腳跟下，好與三十棒。」意指瞞人漢的行徑足爲借鏡。

四、白鶴銜苦桃

白鶴銜苦桃，千里作一息。欲往蓬萊山，將此充糧食。

未達毛摧落，離群心慘惻。卻歸舊來巢，妻子不相識。〔註55〕

最早引此詩爲羅山道閑禪師，《景德傳燈錄》載：

僧舉寒山詩問師曰：「百鳥銜苦華時如何？」師曰：「貞女室中吟。」曰：「千里作一息時如何？」師曰：「送客遊庭外。」曰：「欲往蓬萊山時如何？」師曰：「欹枕覷獼猴。」曰：「將此充糧食時如何？」師曰：「古劍髑髏前。」〔註56〕

首句「百鳥銜苦華」，「國清寺本」系統作「白鶴銜苦花」，較「國清寺本」爲早的《天祿》宋本，作「白鶴銜苦桃」。〔註57〕《祖庭事苑》（成於大觀二年，1108。）卷三〈擬寒山〉，舉全詩八句，言此詩爲「擬詩」〔註58〕，其不同於《景德傳燈錄》卷十七有二處：一、「百鳥銜苦華」，《祖庭事苑》作「白鶴銜苦桃」，與《天祿》宋本同；二、《祖庭事苑》全引寒山此詩，第二個問題關係到禪師引用寒山詩的選擇性，可不予考慮；就第一個問題可推測：在南宋志南「國清寺本」《寒山詩集》出現以前，有一個被道原《景德傳燈錄》卷十七所引，首句作「百鳥銜苦華」的版本，此版本與《天祿》宋本不同。

普濟（卒於寶祐元年，1253。）《五燈會元》卷七引此詩〔註59〕，乃據《景德

〔註55〕《寒山子詩一卷附豐干拾得詩一卷》，頁9。

〔註56〕宋・道原，《景德傳燈錄》卷十七〈福州羅山道閑禪師〉，《大正藏》冊51，第2076號，頁341中14～18。

〔註57〕詳見：葉珠紅，《寒山詩集校考》，頁43。

〔註58〕宋・善卿編正，《祖庭事苑》卷三〈擬寒山〉：「擬，比擬也。寒山子詩云：『白鶴銜苦桃，千里作一息。欲往蓬萊山，將此充糧食。未達毛摧落，離群情慘惻。卻歸舊來巢，妻子不相識。』」《禪宗集成》第四冊，頁2260。按：僅「離群情慘惻」與《天祿》宋本「離群心慘惻」不同。

〔註59〕宋・普濟，《五燈會元》卷七：「僧舉寒山詩，問：『白鶴銜苦桃時如何？』師曰：『貞女室中吟。』曰：『千里作一息時如何？』師曰：『送客郵亭外。』曰：

傳燈錄》卷十七，首句為「白鶴銜苦桃」，後為《五燈嚴統》卷七、《五燈全書》卷十三所本；歷代禪師引寒山此詩，除羅山道閑外，同樣只引前幅者，為平石如砥禪師，《平石如砥禪師語錄》載：

> 上堂，寒山子詩云：「白鶴銜苦花，千里作一息。欲往蓬萊山，將此充糧食。」好諸禪德，向者裡瞥地者多，錯會者亦不少。所以道：「我詩也是詩，有人喚作偈。詩偈總一般，讀時須仔細。」〔註60〕

平石如砥（卒於元至正十年，1350。）標舉所引為寒山詩，「所以道」以下，引的是拾得詩〈我詩也是詩〉的前幅，其喻意應在未引之〈我詩也是詩〉的後幅：「緩緩細披尋，不得生容易。依此學修行，大有可笑事。」「可笑」，乃可喜之意，拾得與寒山同樣對一己之詩十分有信心〔註61〕，拾得言自己之詩如同「偈」，仔細披尋，於修行是大有裨益；平石如砥禪師所謂的「錯會者」，應是指羅山道閑禪師之一句一擬，平石如砥認為不可分句摘取，而應總理全詩，從平石如砥禪師此則語錄來看，上引寒山詩〈白鶴銜苦花〉之前幅，下引拾得詩〈我詩也是詩〉的前幅，是為強調細讀寒山詩的重要。

　　寒山〈白鶴銜苦桃〉一詩，言白鶴飛往蓬萊山，是喻指自己離家求功名；寒山的科舉過程，備極艱辛，「卻歸舊來巢，妻子不相識。」此與蘇秦落魄歸鄉時，「嫂不為炊，妻不下紝。」並無兩般；引寒山此詩前幅的羅山道閑禪師，一問一答，內容令人難以捫摸，目的在破除人們對常識、邏輯的依靠，羅山道閑禪師以「貞女室中吟。」答僧問：「百鳥銜苦華時如何？」此屬跳躍極大的「曲喻」，這種不合理之「理」，與寒山詩〈吾心似秋月〉：「教我如何說」，不可比之「比」，全都意在使人不執著於文字本身，不漁獵語言文字，乃教外別傳的禪宗祖師一再強調。

五、白雲抱幽石

　　重巖我卜居，鳥道絕人跡。庭際何所有，白雲抱幽石。

　　　『欲往蓬萊山時如何？』師曰：『欹枕覰獼猴。』曰：『將此充糧食時如何？』師曰：『古劒髑髏前。』」《中國燈錄全書》第四冊，頁242。

〔註60〕《平石如砥禪師語錄》卷一〈平石和尚定水禪寺語錄〉。《禪宗集成》第十七冊，頁11527。

〔註61〕寒山，〈有人笑我詩〉：「有人笑我詩，我詩合典雅。不煩鄭氏箋，豈用毛公解。不恨會人稀，只為知音寡。若遣趁宮商，余病莫能罷。忽遇明眼人，即自流天下。」《寒山子詩一卷附豐干拾得詩一卷》，頁47。

住茲凡幾年，屢見春冬易。寄與鐘鼎家，虛名定無益。〔註62〕

首引寒山此詩者，爲《祖庭事苑》卷三〈白雲抱幽石〉：

> 寒山子詩云：「重巖我卜居，鳥道絕人跡。庭際何所有，白雲抱幽石。
>
> 住茲不記年，屢見春冬易。寄語鍾鼎家，虛名定無益。」〔註63〕

國清寺後八桂峰岩壁有石刻，上有：「寒山詩：重巖我卜居，鳥道絕人跡。庭際何所有，白雲抱幽石。」錢學烈認爲是黃庭堅之手書〔註64〕，贊寧《宋高僧傳》亦記刻有：「庭際何所有，白雲抱幽石句。」之石刻〔註65〕，在寒山隱居的岩洞之外，有塊高約六十米，寬約二十米的「幽石」，此即贊寧所述：「巖下有石亭亭而立」之幽石，明代高僧紫柏尊者亦曾提及此「幽石」：

> 寒山子詩曰：「庭際何所有，白雲抱幽石。」世之高明者，無論今昔，
>
> 皆味之而不能忘，豈不以其天趣自然，即物而無累者乎……道人
>
> 謂二三子曰：「道遠乎哉？觸事而眞；聖遠乎哉？體之即神。故曰：
>
> 『仁者見之以爲仁，智者見之以爲智。』」夫厭喧趨寂者，靚白雲幽
>
> 石而通玄。〔註66〕

紫柏尊者認爲厭喧趨寂者，睹「白雲抱幽石」可以通玄；橫川行珙禪師則認爲可發作詩之心源〔註67〕；明覺禪師認爲記取「白雲抱幽石」〔註68〕，方能同寒山「肚裏各自惺惺」（月磵禪師語）；比起僧問「如何是祖師西來意？」遂答以「白雲抱幽石」的承天傳宗禪師〔註69〕，明覺禪師可謂深解寒山。

〔註62〕《寒山子詩一卷附豐干拾得詩一卷》，頁4。

〔註63〕宋・善卿編正，《祖庭事苑》卷三。《禪宗集成》第四冊，頁2248。

〔註64〕參見：錢學烈，《寒山拾得詩校評》，篇首。

〔註65〕宋・釋贊寧《宋高僧傳》卷十九〈唐天台山封干師傳〉：「至有『庭際何所有，白雲抱幽石句。』歷然雅體。今巖下有石亭亭而立，號幽石焉。」《大正藏》冊50，第2061號，頁832上2～4。

〔註66〕明・德清，《紫柏尊者全集》卷一三〈積慶菴緣起〉，《禪宗集成》第二四冊，頁16017。

〔註67〕《橫川行珙禪師語錄》卷下〈讚・寒山〉：「做詩無題目，只要寫心源。心源雖難搆，淺深在目前。白雲抱幽石，藤花樹上紆。豐干不識你，道你是文殊。」《禪宗集成》第十八冊，頁12527。

〔註68〕宋・文政編，《明覺禪師語錄》卷五〈送僧之石梁〉：「萬卉流芳不知春力，巖畔澗底蘼紅皺碧，乘興復誰同，孤蹤遠讎敵。君不見，五百聖者導雄機，靈峯晦育深無極，寒山老、寒山老隨沈跡。迢迢此去須尋覓，葦落葦開獨望時，記取『白雲抱幽石。』」《大正藏》冊47，第1996號，頁699上8～13。

〔註69〕宋・悟明，《聯燈會要》卷二八〈泉州承天傳宗禪師〉：「僧問：『如何是祖師西來意？』師云：『白雲抱幽石。』僧云：『乞師再垂方便。』師云：『千里未是遠。』」《佛光大藏經》，頁1506。

六、我家本住在寒山

> 我家本住在寒山，石巖棲息離煩緣。
>
> 泯時萬象無痕跡，舒處周流遍大千。
>
> 光影騰輝照心地，無有一法當現前。
>
> 方知摩尼一顆珠，解用無方處處圓。〔註70〕

永明延壽引寒山此詩，論心神之靈妙，《宗鏡錄》載：

> 寒山子詩云：「余家住此號寒山，山巖栖息離煩喧。泯時萬像無痕跡，
>
> 舒即周流遍大千。光影騰輝照心地，無有一法當現前。方知摩尼一
>
> 顆寶，妙用無窮處處圓。」〔註71〕

永明延壽《宗鏡錄》所引寒山詩，八句中約僅三句，與今之各版本《寒山詩集》相同，如此高比例的誤引，應是永明延壽個人慣於「信手拈來」的緣故；除了此詩，寒山詩中有關摩尼寶珠，描述最傳神者，爲〈昔年曾到大海遊〉一詩：

> 昔年曾到大海遊，爲采摩尼誓懇求。
>
> 直到龍宮深密處，金關鎖斷主神愁。
>
> 龍王守護安耳裏，劍客星揮無處搜。
>
> 賈客卻歸門內去，明珠元在我心頭。〔註72〕

延壽《宗鏡錄》所引寒山詩〈昔年曾到大海遊〉〔註73〕，與寒山原詩兩相比對，僅二句與《天祿》宋本同，有異文者高達六句，足見延壽寫作《宗鏡錄》之「自出心源」。寒山「昔年曾到大海遊，爲采摩尼誓懇求。」即入海求摩尼寶之意，〈我家本住在寒山〉亦提到「摩尼一顆珠」，即「摩尼珠」，「摩尼」意譯爲「寶珠」、「珠」，佛經載此「摩尼珠」具有不可思議之神奇力，相傳大海龍王左耳內之如意摩尼寶珠，能夠「稱意給足一切眾生。」〔註74〕菩薩舍

〔註70〕《寒山子詩一卷附豐干拾得詩一卷》，頁32。

〔註71〕宋・延壽，《宗鏡錄》卷一二。《大正藏》冊48，第2016號，頁481中5～9。

〔註72〕《寒山子詩一卷附豐干拾得詩一卷》，頁31。

〔註73〕宋・延壽，《宗鏡錄》卷一一：「如寒山子詩云：『昔年曾入大海遊，爲探摩尼誓懇求。直到龍宮深密藏，金關鎖斷鬼神愁。龍王守護安身裏，寶劍星寒勿處搜。賈客卻歸門內去，明珠元在我心頭。』」《大正藏》冊48，第2016號，頁477中11～15。

〔註74〕《大方便佛報恩經》卷四：「復有一大臣言：『世間求利，莫先入海採取妙寶，若得摩尼寶珠者，便能稱意給足一切眾生。』」《大正藏》冊3，第156號，頁143中27～29。

利散在諸佛世界，所變現出的「摩尼寶珠」，眾生不論是見之、觸之，便能不墮「三惡道」〔註75〕；此外，摩尼珠還能治療一切疾病。〔註76〕寒山此詩之「摩尼珠」，指的是眾生本具之清淨心（心珠），也就是佛性，除了上述之「摩尼珠」、「明珠」，在寒山、拾得詩中，另有「水晶珠」、「真珠」、「神珠」〔註77〕，均指「心珠」，無明慧經禪師言：「方知一顆摩尼珠，解用須是寒山子。」〔註78〕可謂最解寒山「心珠」之喻者。

七、千年石上古人蹤

千年石上古人蹤，萬丈巖前一點空。

明月照時常皎潔，不勞尋討問西東。〔註79〕

最早引寒山此詩的是投子山大同和尚（卒於後梁乾化四年，914），《投子和尚語錄》載：「問：『如何是千年石上古人蹤？』師云；『碑碣上著不得。』」〔註80〕此外，藍田縣真禪師：「問：『如何是千年石上古人蹤？』師云；『移易不得。』」

〔註75〕北涼·曇無讖譯，《悲華經》卷四：「若諸菩薩命終之時結跏趺坐，入於火定自燒其身，燒其身已四方清風來吹其身，舍利散在諸方無佛世界，尋時變作摩尼寶珠。」《大正藏》冊3，第157號，頁190下2～5。

〔註76〕後秦·鳩摩羅什譯，《摩訶般若波羅蜜經》卷十：「世尊，譬如無價摩尼珠寶，在所住處，非人不得其便，若男子女人有熱病，以是寶著身上，熱病即時除愈；若有風病，若有冷病，若有雜熱風冷病，以寶著身上，皆悉除愈。」《大正藏》冊8，第223號，頁291下10～14。

〔註77〕寒山詩，〈昔日極貧苦〉：「昔日極貧苦，夜夜數他寶。今日審思量，自家須營造。掘得一寶藏，純是水精珠。大有碧眼胡，密擬買將去。余即報渠言，此珠無價數。」拾得詩〈無去無來本湛然〉：「無去無來本湛然，不居內外及中間。一顆水精絕瑕翳，光明透滿出人天。」按：「水精珠」即「水晶珠」。寒山詩〈余家有一宅〉：「余家有一宅，其宅無正主。地生一寸草，水垂一滴露。火燒六箇賊，風吹黑雲雨。子細尋本人，布裏真珠爾。」拾得詩〈左手握驪珠〉：「左手握驪珠，右手執慧劍。先破無明賊，神珠自吐燄。傷嗟愚癡人，貪愛那生猒。一墮三途間，始覺前程險。」《寒山子詩一卷附豐干拾得詩一卷》，頁38、56、39、58。

〔註78〕《無明慧經禪師語錄》卷一：「師彈指一下云：『大眾作麼生會？』眾無語。師曰：『不會出世師，空勞一彈指。最無分曉句，真是難接嘴。倚天長劍逼人寒，不是其人徒側耳。方知一顆摩尼珠，解用須是寒山子。』」《禪宗集成》第二十一冊，頁14181。

〔註79〕《寒山子詩一卷附豐干拾得詩一卷》，頁32。

〔註80〕宋·賾藏主集，《古尊宿語錄》卷三六〈投子和尚語錄〉，《佛光大藏經》，頁1537。

〔註81〕投子和尚與眞禪師，均未明言所引之詩爲寒山詩；曾和寒山詩的楚石梵琦禪師，認爲：「此一點空不可取」。〔註82〕按：投子和尚之「碑碣上著不得」與眞禪師之「移易不得」，均認同「古人蹤」與「一點空」，不過是心佛、心法的轉說轉新，寒山此處的「一點空」，並非強安以名，詩之末句：「不勞尋討問西東」，寒山已說明當下之念，即是心即是佛，石鞏和尚〈弄珠吟〉載：

> 如意珠，大圓鏡，亦有中人喚作性。分身百億我珠分，無始本淨如
> 今淨。日用眞珠是佛陀，何勞逐物浪波波。隱顯即今無二相，對面
> 看珠識得麼？〔註83〕

石鞏和尚的「日用眞珠」即永嘉玄覺《證道歌》所說的「佛性戒珠心地印」〔註84〕，亦即寒山、拾得詩中喻指的「摩尼珠」、「明珠」、「水晶珠」、「眞珠」、「神珠」，寒山「不勞尋討問西東」，是「明月照時常皎潔」，長期以心印月的心得，寒山巧設爲喻，此「一點空」最切合日用當下。

八、多少天台人

> 多少天台人，不識寒山子。莫知眞意度，喚作閑言語。〔註85〕

海會寺方丈超盛如川，引寒山此詩：

> 云：「多少天台人，不識寒山子。」師曰：「莫將寸管，擬覷穹蒼。」
> 僧便喝。師曰：「龍頭前喝，蛇尾後喝。」僧又喝。師曰：「將謂龍
> 門躍鯉，原來潭底蝦蟆。」〔註86〕

寒山此詩在禪門中，被「喝」得全沒巴鼻（按：沒巴鼻，意爲：「沒根由、沒意思」），寒山言：「多少天台人，不識寒山子。」寒山自言不爲人識，此感慨是針對多

〔註81〕宋・惟白，《建中靖國續燈錄》卷二，《佛光大藏經》，頁89。

〔註82〕《楚石梵琦禪師語錄》卷一七，〈送儀侍者游天台鴈蕩〉：「寒山子道：『千年石上古人蹤，萬丈巖前一點空。』此一點空不可取，天台鴈蕩隨西東。衲僧行腳休輕議，略以虛懷標此位。非凡非聖強安名，高踏毗盧頂上行。」《禪宗集成》第二十冊，頁13400。

〔註83〕宋・延壽，《宗鏡錄》卷一一，《大正藏》冊48，第2016號，頁477中17～19。

〔註84〕宋・彥琪註，《證道歌注》卷一：「能覺知故名曰『佛性』；瑩淨無垢名曰『戒珠』；能生諸法名曰『心地』；號令群品名之曰『印』也。」《禪宗集成》第一冊，頁535。

〔註85〕《寒山子詩一卷附豐干拾得詩一卷》，頁29。

〔註86〕《御選語錄》卷一九。《禪宗集成》第十三冊，頁8958。

數的國清寺僧，「莫知眞意度，喚作閒言語。」乃寒山〈憶得二十年〉一詩的總結〔註87〕，此詩爲寒山自述在國清寺活動的情形，觀詩有如實景重現；寒山在國清寺，「或長廊徐行，叫喚快活，獨笑獨言，時僧遂捉罵打趂，乃駐立撫掌，呵呵大笑，良久而去。」〔註88〕寒山言：「有人來罵我，分明了了知。」寒山在國清寺，行的是一般僧人難行的「忍辱度」。

後代釋書有關寒山的生平事蹟，全根據僞託閭丘胤所作的〈寒山子詩集序〉，以寒山〈憶得二十年〉一詩與〈序〉言寒山在國清寺的情形互看，〈序〉之作者在寒山表述：「有人來罵我」，仍杜撰寒山乃文殊化身、拾得爲普賢轉世、豐干爲彌陀再來的神話，可謂別有用心，寒山言：「多少天台人，不識寒山子。」超盛如川答僧：「莫將寸管，擬覰穹蒼。」應是對寒山〈憶得二十年〉一詩深有體會，識得眞正的「寒山」境界。

九、瞋是心中火

　　瞋是心中火，能燒功德林。欲行菩薩道，忍辱護眞心。〔註89〕
雍正《御選語錄》載：

　　王云：「寒山大士道：『瞋是心中火，能燒功德林。欲行菩薩道，忍辱護眞心。』圓明今日道：『情是身中水，能迷般若津。欲行菩薩道，戒慾護眞身。』」且道是同耶異耶？〔註90〕

康熙朝敕編之《全唐詩》，以寒山爲釋氏詩人之首；雍正或因此留意到寒山、拾得詩，其御選本《寒山詩集》，收有寒山、拾得詩共一百二十七首，雍正之喜愛寒山、拾得詩，除了青目御選外，更在雍正十一年敕封寒山爲「妙覺普渡和聖大士」，拾得爲「妙覺慈度合聖大士」，將寒山、拾得由民間祀奉的「和合二仙」，敕封爲「和合二聖」(詳見第八章)。佛告比丘：「若有智之人欲弘吾道者，當修忍默，勿懷忿諍。」〔註91〕前述寒山〈憶得二十年〉一詩，國清寺

〔註87〕《寒山子詩一卷附豐干拾得詩一卷》：「憶得二十年，徐步國清歸。國清寺中人，盡道寒山癡。癡人何用疑，疑不解尋思。我尚自不識，是伊爭得知。低頭不用問，問得復何爲。有人來罵我，分明了了知。雖然不應對，卻是得便宜。」，頁43。
〔註88〕《寒山子詩一卷附豐干拾得詩一卷》，〈寒山子詩集序〉，頁1。
〔註89〕《寒山子詩一卷附豐干拾得詩一卷》，頁15～16。
〔註90〕《御選語錄》卷一二〈一貫銘〉，《禪宗集成》第十三冊，頁8568。
〔註91〕《長阿含經》卷二一：「佛告比丘：爾時，天帝釋豈異人乎？勿造斯觀。時，天帝釋即我身是也，我於爾時，修習忍辱，不行辛暴，常亦稱讚能忍辱者；

僧對寒山「捉罵打趁」，寒山採「不應對」的方式，做到了以「忍辱」對治三毒之一的「瞋恚」。雍正自號圓明居士，對貴為帝王之尊的雍正來說，其最大的考驗應是如何求得七寶圍繞〔註92〕，《御選語錄》之成〔註93〕，可說是雍正在「七寶」之外，享受「法寶」之樂的代表作，雍正於〈序〉中言：「大臣於半載之間，略經朕之提示，遂得如許人一時大徹。」靈根需有「般若津」之澆灌，方能確保智慧常明，雍正欲「坐一微塵裏轉大法輪，於一毫端現寶王刹。」以以帝王身份而言，「戒慾護真身」的自我期許，實為難得。

十、五嶽俱成粉

　　五嶽俱成粉，須彌一寸山。大海一滴水，吸入在心田。

　　生長菩提子，遍蓋天中天。語汝慕道者，慎莫繞十纏。〔註94〕

永明延壽引寒山此詩，《宗鏡錄》載：

> 如寒山子詩云：「五嶽俱成粉，須彌一寸山。大海一滴水，吸在我心田。生長菩提子，遍蓋天中天。為報慕道者，慎勿遠十纏。」夫九結十纏，性雖空寂，初心學者，且須離之。是以諸佛所說深經，先誡不可於新發意菩薩前說，慮種子習重，發起現行，又觀淺根浮，信解不及。〔註95〕

「吸在我心田」、除《天祿》宋本作「吸入在心田」，其他版本作「吸入其心

若有智之人欲弘吾道者，當修忍默，勿懷忿諍。」《大正藏》冊1，第0001號，頁142上8～12。

〔註92〕按：「七寶」之名，佛經所載互有不同，《妙法蓮華經》卷三〈授記品〉第六，作：「金、銀、琉璃、硨磲、瑪瑙、真珠、玫瑰。」《大正藏》冊9，第0262號，頁21中20～21。《長阿含經》卷三之「七寶」為：金輪寶、白象寶、紺馬寶、神珠寶、玉女寶、居士寶、主兵寶。《大正藏》冊1，第0001號，頁21下11～13。《般泥洹經》卷下之「七寶」為：金輪寶、白象寶、紺馬寶、神珠寶、玉女寶、理家寶、聖導寶。《大正藏》冊1，第0006號，頁185下4～6。

〔註93〕《御選語錄》卷十九〈御製序〉：「朕自去臘，閱宗乘之書，因遇輯從上古德語錄。聽政餘閒，嘗與在內廷之王大臣等言之。自春入夏，未及半載，而王大臣之能徹底洞明者，遂得八人。夫古今禪侶，或息影雲林，棲遲泉石；或諸方行腳，到處參堂，乃談空說妙者，似粟如麻。而了悟自心者，鳳毛麟角。今王大臣於半載之間，略經朕之提示，遂得如許人一時大徹，豈非法會盛事。」《禪宗集成》第十三冊，頁8904。

〔註94〕《寒山子詩一卷附豐干拾得詩一卷》，頁40。

〔註95〕宋·延壽，《宗鏡錄》卷二一。《大正藏》冊48，第2016號，頁531上3～9。

田」；「爲報慕道者」，除「大典本」誤作「天語汝慕道」，餘均作「語汝慕道者」，《宗鏡錄》引寒山此詩僅此二處有誤，確爲少見。惠洪《林間錄》引此詩，幾與延壽無異〔註96〕，知延壽釋「九結十纏」，深得惠洪之心；延壽言「九結十纏」〔註97〕，爲起現行種子之因，慕道者唯有不被「九結十纏」所障，方能使「菩提子」（覺悟之心）增長。

十一、高高峰頂上

> 高高峰頂上，四顧極無邊。獨坐無人知，孤月照寒泉。
> 泉中且無月，月自在青天。吟此一曲歌，歌終不是禪。〔註98〕

了堂惟一禪師於中秋上堂，引寒山此詩，《了堂惟一禪師語錄》載：

> 舉寒山子詩云：「高高峰頂上，四顧極無邊。獨坐無人知，明月照寒泉。泉中且無月，月自在青天。吟此一曲歌，歌中不是禪。」師云：
> 「竹山未免下箇註腳，蘇盧蘇盧，嘧唎嘧唎。」〔註99〕

「歌中不是禪」，僅《天祿》宋本作「歌終不是禪」。禪宗祖師門下的臨時問答，落入「禪窠」者，若非「不解扶起」，就是「矮子看戲」〔註100〕，誠如退耕寧禪師曰：「隨機有問隨機答，不是禪兮不是玄。後代無端翻譯出，卻將梵語作唐言。」〔註101〕〈大悲咒〉之「蘇盧蘇盧，嘧唎嘧唎。」即觀音菩薩的

〔註96〕宋·釋惠洪《林間錄》卷下：「然教乘所論，開遮不一，故曰：九結十纏，性雖空寂，初心學者，且須離之。是以諸佛所說深經，先誡不可於新發意菩薩說，慮種子習重發起現行，又爲觀淺根浮，信解不及故也。」《佛光大藏經》，頁108。按：惠洪此記幾全引永明延壽語。

〔註97〕按：「九結」是指：「愛結、恚結、慢結、癡結、疑結、見結、取結、慳結、嫉結。」「十纏」指：「瞋纏、覆罪纏、睡纏、眠纏、戲纏、掉纏、無慚纏、無愧纏、慳纏、嫉纏。」詳見：《大智度論》卷三、卷七。《大正藏》冊25，第1509號，頁82上26～27、110上26～27。

〔註98〕《寒山子詩一卷附豐干拾得詩一卷》，頁45。

〔註99〕《了堂惟一禪師語錄》卷一〈台州路紫籜山廣度禪寺語錄〉，《禪宗集成》第十九冊，頁13024。

〔註100〕清·超永編，《五燈全書》卷六三〈雪關智誾禪師〉：「上堂。說底不是禪，悟底不是道；推倒葡萄棚，春風寒料峭。然雖如是，今日若是端師子來，也合喫山僧拄杖，何故？爲他不解扶起，只解放倒。」忽有個傍不甘底出來道：「和尚，你還會扶起麼？」山僧也與他拄杖，何故？爲他矮子看戲，隨人上下。」《中國燈錄全書》第十二冊，頁657。

〔註101〕宋·法應集、元·普會續，《禪宗頌古聯珠通集》卷二八，《禪宗集成》第七冊，頁4470。

二種示現，了堂惟一禪師以之作爲寒山此詩的註腳，可謂別開生面；寒山之「歌終不是禪」（或「歌中不是禪」），全無倚依，於聲前句後，不特意尋求禪之境界，正是寒山詩被後人認爲是「禪詩」的原因，亦即「寒山禪」的特色之一。

十二、男兒大丈夫

> 男兒大丈夫，作事莫莽鹵。勁挺鐵石心，直取菩提路。
>
> 邪路不用行，行之枉辛苦。不要求佛果，識取心王主。〔註102〕

永明延壽《宗鏡錄》卷六、卷九八均引此詩，「勁挺鐵石心」作「徑直鐵石心」；「邪路不用行」作「邪道不用行」；「行之枉辛苦」作「行之必辛苦」，與寒山原詩有三處異文。〔註103〕永明延壽《宗鏡錄・序》釋書名之由：「舉一心爲宗，照萬法如鏡。」延壽認爲：「如今不直悟一心者，皆爲邪曲；設外求佛果者，皆不爲正。」〔註104〕寒山在詩中普勸不管是做事莽鹵的「男兒大丈夫」，或一刀將人剁成兩段的「男兒大丈夫」〔註105〕，同以識取「心王」爲要。永明延壽之「直入宗鏡」，意與寒山「識取心王主」意同，永明延壽形容識取「心王」乃「萬事休息」的心理狀態，爲：「凡聖情盡，安樂妙常。」〔註106〕寒山則形容爲：「心淨如白蓮。」〔註107〕五祖弘忍曰：「我所心滅自然，與佛平等無二。」

〔註102〕《寒山子詩一卷附豐干拾得詩一卷》，頁26。

〔註103〕宋・延壽，《宗鏡錄》卷九八：「寒山子詩云：『男兒大丈夫，作事莫莽鹵。徑直鐵石心，直取菩提路。邪道不用行，行之必辛苦。不要求佛果，識取心王主。』」卷六：「如寒山子詩云：『男兒大丈夫，作事莫莽鹵。徑挺鐵石心，直取菩提路。邪道不用行，行之轉辛苦。不用求佛果，識取心王主。』」《大正藏》冊48，第2016號，頁941下20～22。

〔註104〕宋・延壽，《宗鏡錄》卷六：「又凡立眞妄，皆是隨他意語，化門中收。若頓見性人，誰論斯事。如今不直悟一心者，皆爲邪曲；設外求佛果者，皆不爲正。」《大正藏》冊48，第2016號，頁448上13～15。

〔註105〕寒山，〈上人心猛利〉：「上人心猛利，上人心猛利，一聞便知妙。中流心清淨，審思云甚要。下士鈍暗癡，頑皮最難裂。直得血淋頭，始知自摧滅。看取開眼賊，鬧市集人決。死屍棄如塵，此時向誰說。男兒大丈夫，一刀兩段截。人面禽獸心，造作何時歇。」《寒山子詩一卷附豐干拾得詩一卷》，頁38。

〔註106〕宋・延壽，《宗鏡錄》卷六：「是知若見有法可求，有道可行，皆失心王自宗之義，若直入宗鏡，萬事休息，凡聖情盡，安樂妙常，離此起心，皆成疲苦。」《大正藏》冊48，第2016號，頁448上18～21。

〔註107〕寒山，〈隱士遁人間〉：「隱士遁人間，多向山中眠。青蘿疏麓麓，碧澗響聯聯。騰騰且安樂，悠悠自清閒。免有染世事，心靜如白蓮。」《寒山子詩一卷附豐干拾得詩一卷》，頁42。按：「心靜如白蓮」，「國清寺本」系統均作「心淨如白蓮」。詳見：葉珠紅，《寒山詩集校考》，頁143。

〔註108〕心能自在，方得名之爲「王」；不假外求，方能自在，寒山〈男兒大丈夫〉一詩之婆子心切，彥琪形容與〈男兒大丈夫〉相近的〈上人心猛利〉一詩，言：「有善根者聞之必有感。」〔註109〕寒山詩中對於「心王爲主」屢屢懇提，此乃寒山被眞淨克文視爲「菩薩」，被永覺元賢以及諸多禪師稱爲「大士」的主因。〔註110〕

十三、世有多事人

世有多事人，廣學諸知見。不識本眞性，與道轉懸遠。

若能明實相，豈用陳虛願。一念了自心，開佛之知見。〔註111〕

首引此詩者爲雲菴眞淨克文禪師，〈住廬山歸宗語錄〉載：

上堂，如來大師云：「不能了自心，如何知正道。」又寒山菩薩云：「一念了自心，開佛之知見。」大眾，是什麼？直下了取。拈拄杖云：「何誰不見？阿誰不知？知見分明。」又擊禪床云：「阿誰不聞？阿誰不了？了心平等；若此觀者，名爲正觀；若他觀者，名爲邪觀。」〔註112〕

雲菴眞淨禪師舉此詩前幅後二句，別峰雲和尚亦然〔註113〕；此外，上述此詩收入《龍牙和尚偈頌》第九二、九三首，且多處被點竄。〔註114〕棄本逐末，多爲取相漢所爲；不識本性，乃好攻禪病之「多事人」，必須面對的生命問題，

〔註108〕唐・釋弘忍，《最上乘論》卷一：「《心王經》云：『眞如佛性沒在知見六識海中，沈淪生死不得解脫。』努力會是，守本眞心妄念不生，我所心滅自然與佛平等無二。」《大正藏》冊48，第2011號，頁377下1～4。

〔註109〕宋・彥琪註，《證道歌注》卷一：「故寒山詩云：『上人心猛利，……男兒大丈夫，一刀兩斷截。人面禽獸心，造作何時歇。』先聖激勵如此，其有善根者聞之必有感焉。」《禪宗集成》第一冊，頁528。

〔註110〕眞淨克文禪師稱寒山爲「菩薩」，見《古尊宿語錄》卷四三；稱寒山爲「大士」之釋書：見《永覺元賢禪師廣錄》卷二十、《五燈會元目錄》卷一、《五燈嚴統目錄》卷一、《五燈全書目錄》卷一、《教外別傳》卷一、《御選語錄》卷一。

〔註111〕《寒山子詩一卷附豐干拾得詩一卷》，頁27。

〔註112〕宋・賾藏主集，《古尊宿語錄》卷四三〈雲庵眞淨禪師〉，《佛光大藏經》，頁1862。

〔註113〕宋・師明集，《續古尊宿語要》卷六，別峰雲和尚語：「舉寒山子道：『一念了自心，開佛之知見。』」《禪宗集成》第十二冊，頁8323。

〔註114〕宋・釋子昇、如祐編，《禪門諸祖師偈頌》卷一《龍牙和尚偈頌》：「西來意未明，徒學諸知見。不識本眞性，契道即懸遠。若能明實相，豈用陳知見。一念了自心，開佛諸知見。」《禪宗集成》第九冊，頁6094。

寒山以「一念了自心」直截本源，拾得將其「一念了自心」的功夫，具現於〈余住無方所〉一詩，拾得道：

> 余住無方所，盤泊無爲理。時陟涅盤山，或翫香林寺。
>
> 尋常只是閑，言不干名利。東海變桑田，我心誰管你。〔註115〕

陟涅盤山、翫香林寺，乃道人之本分事，貪愛名利不修行的世人，得悲賤種業而不自知，別峰雲和尚上堂舉寒山詩，視「更有眾生苦」爲佛之知見〔註116〕；雍正讚嘆寒山詩：「眞乃古佛直心直語也。」〔註117〕均是有感於寒山爲「了自心」，提供個人之實踐經驗，予後來者以明燈。

十四、六極常嬰困

> 六極常嬰困，九維徒自論。有才遺草澤，無藝閉蓬門。
>
> 日上巖猶暗，煙消谷裏昏。其中長者子，箇箇摠無褌。〔註118〕

《祖庭事苑》卷二〈雪竇頌古・無褌〉引此詩：

> 寒山子詩：「六極常嬰困，九維彼自論。有干遺草澤，無藝閑蓬門。
>
> 日上巘猶闇，烟消谷裏昏。其中長者子，箇箇總無褌。」〔註119〕

〈雪竇頌古・無褌〉所引之「九維彼自論」（按：「彼」應作「徒」）、「有干遺草澤」（按：「干」應作「才」）、「無藝閑蓬門」（按：「閑」應作「閉」），均與寒山原詩有異，比《祖庭事苑》卷二所引更早者，爲雲門法嗣洞山初禪師（卒於淳化元年，990）：

> 問：承古有言：「『其中長者子，箇箇盡無褌。』如何是長者子？」
>
> 師云：「只你是。」云：「是箇什麼？」師云：「貓兒打筋斗。」
>
> 〔註120〕

「長者子無褌」典出《太平御覽》卷二二一〈職官部〉十九：「《桓階別傳》曰：『階爲尚書令，文帝行幸，見諸少子無褌，上搏手曰：『長者子無褌』，是

〔註115〕《寒山子詩一卷附豐干拾得詩一卷》，頁58。

〔註116〕宋・師明集，《續古尊宿語要》卷六，別峰雲和尚語：「舉寒山子道：『一念了自心，開佛之知見。』師云：『春無三日晴，夏無十日雨。蛇咬蝦蟆聲，更有眾生苦，豈不是佛知見。』」《禪宗集成》第十二冊，頁8323。

〔註117〕清宣統庚戌（宣統二年，1910）蘇州程氏思賢堂重刊本卷首。

〔註118〕《寒山子詩一卷附豐干拾得詩一卷》，頁7。

〔註119〕宋・善卿編正，《祖庭事苑》卷二〈雪竇頌古・無褌〉，《禪宗集成》第四冊，頁2230～2231。

〔註120〕宋・賾藏主集，《古尊宿語錄》卷三八〈初禪師語錄〉，《佛光大藏經》，頁1653。

日拜三子爲黃門郎。」〔註121〕洞山初禪師以「寒山不語拾得笑」答僧問:「如何是諸佛出身處?」〔註122〕知洞山初禪師言:「貓兒打筋斗」,是以「遮止」的方式來回答何謂「長者子」;佛果圜悟禪師形容「無裩長者子」,是「爾若擬議欲會而不會,止而不止,亂呈懷袋。」〔註123〕兩人對此無裩之「長者子」,均就寒山本意加以發揮。寒山此詩之「長者子」,爲「素信謹」者之意〔註124〕,乃寒山初抵寒巖隱居,以往求仕無門之窘況仍縈繞心懷,寒山不言一己無裩,而言「箇箇摠無裩」。

十五、本志慕道倫

本志慕道倫,道倫常獲親。時逢杜源客,每接話禪賓。

談玄月明夜,探理日臨晨。萬機俱泯跡,方識本來人。〔註125〕

延壽首言此詩爲寒山詩,《宗鏡錄》載:「如寒山子頌云:『萬機俱泯跡,方見本來人。』」《宗範》卷一〈顯喻〉:「如寒山云:『萬境俱泯跡,方見本來人。』」二記均只引此詩末二句,且均不同於《天祿》宋本之「萬機俱泯跡,方識本來人。」

《景德傳燈錄》載香林澄遠禪師:「問:『萬機俱泯迹,方識本來人時如何?』師曰:『清機自顯。』曰:『怎麼即不別人?』師曰:『方見本來人。』」〔註126〕《宗鏡錄》卷九八與《宗範》卷一之「方見本來人」,或出自香林澄遠禪師(卒於宋太宗雍熙四年,987),其他釋書所引均同。〔註127〕香林澄遠以「清機自顯」釋萬機(境)俱泯時的「本來」樣貌,永明延壽認爲:

〔註121〕宋・李昉等編,《太平御覽》卷二二一,頁1181。

〔註122〕宋・賾藏主集,《古尊宿語錄》卷三八〈初禪師語錄〉,《佛光大藏經》,頁1610。

〔註123〕《佛果圜悟禪師碧巖錄》卷五:「爾若擬議欲會而不會,……正是箇箇無裩長者子。寒山詩道:『六極常嬰困,九維徒自論。有才遺草澤,無勢閉蓬門。日上巖猶暗,煙消谷尚昏。其中長者子,箇箇總無裩。』」《大正藏》冊48,第2003號,頁185下6~10。按:「無勢閉蓬門」之「勢」,爲「藝」之誤:「煙消谷尚昏」與《天祿》宋本「煙消谷裏昏」異,同於「國清寺本」系統。

〔註124〕項楚,《寒山詩注》,認爲寒山此詩之「長者子」,出自《史記・項羽本紀》:「陳嬰者,故東陽令史,居縣中,素信謹,稱爲長者。」,頁83。

〔註125〕《寒山子詩一卷附豐干拾得詩一卷》,頁44。

〔註126〕宋・道原,《景德傳燈錄》卷二二〈香林澄遠禪師〉,《大正藏》冊51,第2076號,頁387上28~中1。

〔註127〕詳見:《五燈會元》卷一五、《五燈嚴統》卷一五、《五燈全書》卷三一、《錦江禪燈》卷二。

泯之一字，未必須泯，以心外元無一法，所見唯心，如谷應自聲；
鏡寫我像，祇謂眾生不達，鼓動心機，立差別之前塵；如空華起滅，
織無邊之妄想，似焰水奔騰，不復一心本源，故令泯絕；若入心體，
雖云湛然，不落斷滅，自然從體起用，周遍恒沙。〔註 128〕

延壽認爲萬境俱是一法所印現，心不妄起則隨處皆眞，一法即一切法；《宗範》卷一〈顯喻〉所論，乃出自延壽之論。〔註 129〕眾生若以本體之心（平常心）照看世間、出世間法，則萬機萬緣俱是三昧所現，自然天成，「泯之一字」便「未必須泯」了。

十六、我見轉輪王

我見轉輪王，千子常圍繞。十善化四天，莊嚴多七寶。七寶鎮隨身，
莊嚴甚妙好。一朝福報盡，猶若棲蘆鳥。還作牛領蟲，六趣受業道。
況復諸凡夫，無常豈長保。生死如旋火，輪迴似麻稻。不解早覺悟，
爲人枉虛老。〔註 130〕

永嘉眞覺（法諱玄覺）《證道歌》二千言，乃永嘉眞覺之悟道心得，宋之彥琪、元之永盛爲作述、註，《釋氏通鑑》載：「師之《證道歌》，梵僧傳歸天竺翻譯，彼皆欽仰，目爲東土大乘經。」〔註 131〕可見《永嘉證道歌》的影響，志磐《佛祖統紀》疑其爲僞作〔註 132〕，此處不論，玄覺於「定中觀見字字化作金色滿虛空界，自後天下叢林無不知也。」〔註 133〕彥琪註《證道歌》：「覺則了，不施功，一切有爲法不同。」其後舉寒山〈我見轉輪王〉一詩，彥琪言：

覺了一切諸法，即不施有爲功行也，有爲功行非究竟也。故寒山云：

〔註 128〕宋・延壽，《宗鏡錄》卷九八。《大正藏》冊 48，第 2016 號，頁 945 上 5～10。
〔註 129〕清・錢伊庵編，《宗範》卷上〈六顯喻〉：「如寒山云：『萬境俱泯跡，方見本來人。』未必須泯，只謂眾生不達空花起滅，不復一心本源，故令泯絕；若入心體，唯是湛然，不落斷滅，自然從體起用。用徧恒沙。」《禪宗集成》第六冊，頁 3806～3807。
〔註 130〕《寒山子詩一卷附豐干拾得詩一卷》，頁 41。
〔註 131〕宋・本覺編集，《釋氏通鑑》卷八。CBETA, X76, no.1516, pp.0094c23。
〔註 132〕宋・志磐，《佛祖統紀》卷十〈天宮旁出世家〉：「論曰：左溪本紀，稱爲眞覺爲同門友；眞覺傳中，稱左溪激屬遂謁曹溪，而又言精於天台止觀之道，是知同學於天宮無可疑者。況《永嘉集》中，全用止觀遮照之旨，至此當益信。是宜繫之天宮用見師授之意，但世傳《證道歌》，辭旨乖戾，昔人謂非眞作，豈不然乎？」《大正藏》冊 49，第 2035 號，頁 202 下 4～10。
〔註 133〕《舒州梵天琪和尚註證道歌並序》。《禪宗集成》第一冊，頁 518。

「我見轉輪王，……無常豈長保。」以此而知，有功之功，功皆無常；無功之功，功不虛棄。故云：「一切有為法不同也。」〔註134〕寒山〈我見轉輪王〉一詩，乃出自《佛說無常三啓經》：「上生非想處，下至轉輪王。七寶鎮隨身，千子常圍繞。如其壽命盡，須臾不暫停。還漂死海中，隨緣受眾苦。」〔註135〕彥琪引寒山〈我見轉輪王〉，缺「生死如旋火」以下四句，永盛所引亦然〔註136〕，永盛在「住相布施生天福，猶如仰箭射虛空，勢力盡，箭還墜，招得來生不如意。」之後方引寒山〈我見轉輪王〉一詩。

永嘉玄覺以「箭射虛空，力盡還墜。」形容有為之功行無助於解脫；寒山詩〈昨到雲霞觀〉〔註137〕，以「但看箭射空，須臾還墜地。」形容求仙乃「守屍」之舉，屬著相之魔業，永嘉玄覺卒於先天二年（713）〔註138〕，彥琪言玄覺於定中睹《證道歌》：「字字化作金色滿虛空界，自後天下叢林無不知。」寒山〈昨到雲霞觀〉一詩之：「但看箭射空，須臾還墜地。」或可能襲自玄覺《證道歌》之「仰箭射虛空，勢力盡，箭還墜。」如此，則寒山非貞觀時人又添一力證。

寒山之後，黃檗希運《宛陵錄》亦曾引永嘉玄覺：「箭射虛空，力盡還墜。」〔註139〕袁宏道亦喜讀寒山詩，其《西方合論》將「邪見之網」分為十則，以

〔註134〕宋‧彥琪註，《證道歌注》卷一。《禪宗集成》第一冊，頁533。
〔註135〕《佛說無常三啓經》，《大正藏》冊85，第2912號，頁1458中13～15，台北：新文豐出版，1991年修訂版。
〔註136〕元‧永盛述、德弘編，《證道歌註》卷一：「寒山云：『我見轉輪王，千子常圍繞。十善化四天，莊嚴多七寶。七寶鎮隨身，莊嚴甚砂好。一朝福報盡，猶如棲蘆鳥。還作牛領蟲，六趣受業道。況復諸凡夫，無常豈可保。』《禪宗集成》第六冊，頁4096。按：「猶如棲蘆鳥」，應作：「猶若棲蘆鳥」；「無常豈可保」，應作：「無常豈長保」。
〔註137〕寒山，〈昨到雲霞觀〉：「昨到雲霞觀，忽見仙尊士。星冠月帔橫，盡云居山水。余問神仙術，云道若為比。謂言靈無上，妙藥必神秘。守死待鶴來，皆道乘魚去。余乃返窮之，推尋勿道理。但看箭射空，須臾還墜地。饒你得仙人，恰似守屍鬼。心月自精明，萬像何能比。欲知仙丹術，身內元神是。莫學黃巾公，握愚自守擬。」《寒山子詩一卷附豐干拾得詩一卷》，頁39。
〔註138〕陳垣，《釋氏疑年錄》卷四，考玄覺卒年：「《釋氏通鑑》作先天元年卒；《五燈全書》作開元元年卒；《隆興通論》、《佛祖通載》作開元二年卒；今據《宋僧傳》八。」《陳援菴先生全集》第十冊，頁162。
〔註139〕唐‧裴休集，《黃檗斷際禪師宛陵錄》：「諸行盡歸無常，勢力皆有盡期。猶如箭射於空，力盡還墜。卻歸生死輪迴，如斯修行，不解佛意，虛受辛苦，豈非大錯。」《大正藏》冊48，第2012B號，頁386中29～下3。

「如箭射空，力盡還墜。」喻第四則「狂恣墮」，戒生人天之急〔註140〕，袁宏道此喻意較近寒山諷道人「成仙」之急。

十七、可貴天然物

　　可貴天然物，獨一無伴侶。覓他不可見，出入無門戶。

　　促之在方寸，延之一切處。你若不信受，相逢不相遇。〔註141〕

首位引寒山此詩的是永明延壽禪師，《宗鏡錄》卷九載：

　　如寒山子詩云：「可貴天然物，獨一無伴侶。促之在方寸，延之一切

　　處。汝若不信受，相逢不相遇。」如明達之者，寓目關懷，悉能先

　　覺；若未遇之子，可以事知，舉動施爲，未嘗間斷。〔註142〕

《宗鏡錄》卷九所引缺第三、四句，同爲永明延壽禪師所著之《心賦注》，卷一引寒山此詩亦缺第三、四句。延壽舉蔡順之母齧指動心，以及裴敬彝父死，張志安母疾急，言爲人子者皆能千里感應，用來比喻「明達者」之「悉能先覺」（《心賦注》卷一亦同），不信此等感應者，自然是對面有如千里，「相逢不相遇」了！寒山此詩之「可貴天然物」，不僅喻「明達者」之先覺，對於已明心見性淨之常行菩薩道者，視此「天然物」（心），是：「無物堪比倫，教我如何說。」南石文琇禪師因此直接以「不審！不審！」作爲結語。〔註143〕此「天然物」（心）無可比並，道不及謂，方能心境雙遣。

十八、余家有一窟

　　余家有一窟，窟中無一物。淨潔空堂堂，光華明日日。

　　蔬食養微軀，布裘遮幻質。任你千聖現，我有天眞佛。〔註144〕

最早言此詩爲寒山詩，爲永明延壽《宗鏡錄》：

〔註140〕袁宏道，《西方合論》卷八：「戒謂止一切黑業，祖師于此，分四料簡：一戒
　　　　急乘緩，以戒急故，生人天中，如箭射空，力盡還墜。以乘緩故，雖聞大法，
　　　　如聾若啞。」《大正藏》冊47，第1976號，頁411上11～13。

〔註141〕《寒山子詩一卷附豐干拾得詩一卷》，頁26。

〔註142〕宋・延壽，《宗鏡錄》卷九。《大正藏》冊48，第2016號，頁462下12～16。

〔註143〕《南石文琇禪師語錄》卷一，住蘇州府普門禪寺：「上堂。可貴天然物，獨一
　　　　無伴侶。覓他不可見，出入無門戶。促之在方寸，延之一切處。你若不信受，
　　　　相逢不相遇。寒山子來也。不審！不審！」《禪宗集成》第二十冊，頁13525。

〔註144〕《寒山子詩一卷附豐干拾得詩一卷》，頁26。

寒山子詩云：「寒山居一窟，窟中無一物。淨潔空堂堂，皎皎明如日。糲食資微軀，布裘遮幻質。任汝千聖現，我有天眞佛。」所以《大涅槃經》中，佛說一百句解脫況百斤金，即諸佛無上之珍，涅槃祕密之寶，是以句句皆云眞解脫者，即是如來。〔註145〕

對照延壽所引八句寒山詩，僅三句與今傳《寒山詩集》各版本相同。寒山之「我有天眞佛」，亦如《大涅槃經》所載：「佛說一百句解脫況百斤金。」的其中一句。禪師上堂以「如何是天眞佛？」提問，當以守威宗一禪師最早，守威宗一與延壽同師天台德韶，答僧問：「古人云：『任汝千聖見，我有天眞佛。』如何是天眞佛？師曰：『千聖是弟。』」〔註146〕守威宗一此記，後爲其他釋書所據。〔註147〕守威宗一禪師以「千聖是弟」接此話頭；福州永泰和尙答僧此問，「拊掌曰：『不會！不會！』」〔註148〕用的亦是遮詮法；覺軻心印禪師答曰：「爭敢裝點。」〔註149〕均深契寒山「任你千聖現」的氣度。

永明延壽對寒山之：「任你千聖現，我有天眞佛。」認爲是：「揑目生華，強分行位，……若隨智區分，於無次第中而立次第，雖似昇降，本位不動。」〔註150〕若以延壽對「圓融門」與「行布門」的區分審視寒山此詩，寒山亦爲「行布不礙圓融」〔註151〕，希望後人能起而效尤，進而啓「增進功德」之想，寒山之「天眞佛」，一如〈自古多少聖〉一詩之「法王印」，同爲永明延壽所樂道，《宗鏡錄》載：

〔註145〕宋・延壽，《宗鏡錄》卷三一，《大正藏》冊48，第2016號，頁594下13～19。

〔註146〕宋・道原，《景德傳燈錄》卷二六，福州廣平院守威宗一禪師，《大正藏》冊51，第2076號，頁423上27～28。

〔註147〕詳見：《五燈會元》卷十、《五燈嚴統》卷十、《五燈全書》卷二十。

〔註148〕宋・道原，《景德傳燈錄》卷一九，《大正藏》冊51，第2076號，頁359上24～25。

〔註149〕明・居頂，《續傳燈錄》卷四，《大正藏》冊51，第2077號，頁492上24～25。

〔註150〕宋・延壽述，《萬善同歸集》卷中，《大正藏》冊48，第2017號，頁973下27～974上1。

〔註151〕宋・延壽述，《萬善同歸集》卷中：「夫聖人大寶曰位，若無行位，則是天魔外道；若約圓融門，則順法界性，本自清淨；若約行布門，則隨世諦相，前後淺深。今圓融不礙行布，頓成諸行，一地即一切地故；若行布不礙圓融，遍成諸行，增進諸位功德故。」《大正藏》冊48，第2017號，頁974上1～6。

所以千聖付囑，難遇機緣，若對上根，豁然可驗。如寒山子詩云：「自古多少聖，語路苦叮嚀。人根性不等，高下有利鈍。眞佛不肯信，置功枉受困。不如心淨明，便是心王印。」先德云：「欲知法要，心是十二部經之根本，入道要門。」〔註152〕

延壽言：「先德云：『欲知法要，心是十二部經之根本。』」此處之「先德」，延壽並未明言是何人，以超溟所著之《萬法歸心錄》比照，此「先德」爲五祖弘忍。〔註153〕延壽所引與寒山原詩雖小有出入〔註154〕，意仍不變，均強調「天眞佛」（心王印、法王印）的重要。

十九、我見世間人

我見世間人，堂堂好儀相。不報父母恩，方寸底模樣。欠負他人錢，蹄穿始惆悵。箇箇惜妻兒，爺孃不供養。兄弟似冤家，心中常悵怏。憶昔少年時，求神願成長。今爲不孝子，世間多此樣。買肉自家口童，抹觜道我暢。自逞說嘍羅，聰明無益當。牛頭努目瞋，出去始時霩。擇佛燒好香，揀僧歸供養。羅漢門前乞，趁卻閑和尚。不悟無爲人，從來無相狀。封疏請名僧，只親錢兩三樣。雲光好法師，安角在頭上。汝無平等心，聖賢俱不降。凡聖階混然，勸君休取相。我法妙難思，天龍盡迴向。〔註155〕

儀潤《百丈清規證義記》卷五〈飯僧〉，引此詩：「擇佛燒好香」至「勸君休取相」共十四句，未引「我法妙難思，天龍盡迴向。」項楚認爲寒山此詩，自「擇佛燒好香」以下，是：「批判世人無平等心，以相取人，於佛僧間，橫加揀擇，起分別想。」〔註156〕與儀潤「欲眞僧應供者，當發平等心，不擇微賤。」意思相同。〔註157〕寒山詩：「雲光好法師，安角在頭上。」是引雲光法

〔註152〕宋・延壽，《宗鏡錄》卷二，《大正藏》冊48，第2016號，頁426上4～9。
〔註153〕清・超溟著，《萬法歸心錄》卷三：「五祖云：『欲知法要，心是十二部經之根本。』」《禪宗集成》第六冊，頁4021。
〔註154〕唐・寒山，〈自古多少聖〉：「自古多少聖，叮嚀教自信。人根性不等，高下有利鈍。眞佛不肯認，置功枉受困。不知清淨心，便是法王印。」《寒山子詩一卷附豐干拾得詩一卷》，頁34。
〔註155〕《寒山子詩一卷附豐干拾得詩一卷》，頁25～26。
〔註156〕項楚，《寒山詩注》，頁414。
〔註157〕清・儀潤說義，《百丈清規證義記》卷五〈飯僧〉，《禪宗集成》第二冊，頁841～842。

師因不守戒，死後成爲牛身的故事，此事以《林泉老人評唱丹霞淳禪師頌古虛堂集》所載較詳：

> 舊說雲光法師坦率自怡，不事戒律。誌公謂曰：「出家何爲？」光曰：「吾不齋而齋，食而非食。」後招報作牛，拽車於泥中。誌公召曰：「雲光。」牛舉頭。公曰：「何不言拽而非拽。」牛墮淚號咷而逝。〔註158〕

佛眼清遠禪師首引寒山此詩，《佛眼和尚語錄》載：「師一日到寶公塔前，忽云：『雲光好法師，安角在頭上。』既是雲光法師，爲什麼？代云：『陋巷不騎金色馬，回來卻著破襴衫。』」〔註159〕代云二句，出自石門慧徹禪師對雲光法師墮入異類的看法。〔註160〕儀潤據百丈懷海之《清規》作證義，〈飯僧〉言：「又《地藏經》指營齋度亡，亦須精勤護淨，奉獻佛僧，方能存亡獲利。」儀潤引寒山此詩，意在強調「飯僧」的功德；寒山言雲光法師「安角在頭上」，死後入畜生異類，是強調僧人不奉戒律的後果。

二十、益者益其精

> 益者益其精，可名爲有益。易者易其形，是名之有易。
>
> 能益復能易，當得上仙籍。無益復無易，終不免死厄。〔註161〕

《雲笈七籤》載西王母論「益精易形」：

> 呼吸太和，保守自然，先榮其氣，氣爲生源。所爲易益之道，益者益精也，易者易形也。能益能易，名上仙籍；不益不易，不離死厄。
>
> 〔註162〕

此處所謂的「益易之道」，在道經中的修道次第是：「一年易氣；二年易血；三年易脈；四年易肉；五年易髓；六年易筋；七年易骨；八年易髮；九年易形，

〔註158〕元·姜端禮，《林泉老人評唱丹霞淳禪師頌古虛堂集》卷六，第八十六則〈雲光作牛〉，《禪宗集成》第二十冊，頁13748。

〔註159〕宋·賾藏主集，《古尊宿語錄》卷三四〈佛眼和尚語錄〉，《佛光大藏經》，頁1452。

〔註160〕明·瞿汝稷，《指月錄》卷二一〈石門慧徹禪師〉：「僧問：『雲光作牛，意旨如何？』師曰：『陋巷不騎金色馬，回途卻著破襴衫。』」《中國燈錄全書》第十七冊，頁477。

〔註161〕《寒山子詩一卷附豐干拾得詩一卷》，頁14。

〔註162〕宋·張君房編，《雲笈七籤》卷五六，〈諸家氣法·元氣論〉，頁310。

十年道成。」〔註163〕《雲笈七籤・大還心鏡》引《寒山子至訣》云：「但悟鉛真，藥必自神；但記汞正，藥如自聖。修之合聖，天地同慶；得因師傳，爲道之經。」〔註164〕按：《宋史》卷二百五，載有「寒山子《大還心鑑》（按：即《大還心鏡》）一卷。」〔註165〕實道徒僞託寒山之作，可知杜光庭《仙傳拾遺・寒山子》之神仙寒山，在北宋的影響，《雲笈七籤》載西王母論「益精易形」，「所爲易益之道，益者益精也，易者易形也。能益能易，名上仙籍；不益不易，不離死厄。」此記與寒山詩十分相似，上述寒山詩〈世有多事人〉與〈寄語諸仁者〉二詩，被誤植爲五代《龍牙和尚偈頌》之第九二、九三、九四、九五首，北宋張君房敕編之《雲笈七籤》，將寒山詩點竄爲西王母之論，不足爲奇；雍正是唯一言明所引爲寒山詩，認爲「益精易形」乃仙佛一貫之道，《御選語錄》載：

> 寒山大士言：「易者易其形」，夫外易之道有二：有從內而外身易形
> 之道；有從外而外身易形之道。若執內之外易，則似滯殼迷封；若
> 執外之外易，則似癡狂外走；若不明二種外易之道，但囤圇排撥，
> 復不力行行業，則饒伊經千生百劫，亦不過空言。〔註166〕

雍正只就「易者易其形」闡述，其要不出煉丹、服氣二途，惜雍正未具體將此二種「外身易形之道」加以敘述，值得玩味的是，寒山此詩於道徒而言十分親切，然歷代禪師均未見就此詩發揮。

二一、一住寒山萬事休

> 一住寒山萬事休，更無雜念掛心頭。
>
> 閑書石壁題詩句，任運還同不繫舟。〔註167〕

斷橋妙倫禪師引寒山此詩，時住天台國清寺，《斷橋妙倫禪師語錄》載：

> 「一住寒巖萬事休」，未是放身命處；「更無雜念挂心頭」，喫飯屙屎；
> 嚇！「閒於石壁題詩句」大好無；「任運還同不繫舟」，浣盆浣盆，

〔註163〕按：「益精易形」之說，見於《雲笈七籤》卷五六〈諸家氣法・元氣論〉；卷五八〈諸家氣法・胎息精微論〉；卷五九〈諸家氣法・延陵君修養大略〉，卷六十〈諸家氣法・中山玉櫃服氣經〉，次第均大同小異，頁306～314、323～341。

〔註164〕宋・張君房編，《雲笈七籤》卷七三〈大還心鏡〉，頁416。

〔註165〕楊家駱主編，《新校本宋史》第六冊（台北：鼎文書局，1978年），頁5196。

〔註166〕《御選語錄》卷一二〈一貫銘〉，《禪宗集成》第十三冊，頁8578。

〔註167〕《寒山子詩一卷附豐干拾得詩一卷》，頁29。

寒山子得力句。國清已爲花擘了也，就中些子譎詭，不可說破，何
故？自有主在。〔註168〕

「花擘」亦作「華擘」，意爲「割裂、分裂」，「就中些子譎詭，不可說破。」
斷橋妙倫未詳言「不可說破」爲何，此上堂語，在「一住寒巖萬事休」句前
有「送寒巖長老。」斷橋妙倫當時住天台國清教忠禪寺（按：「國清教忠禪寺」爲
御書匾額），約寶祐四年（1256）左右。斷橋妙倫一日陞座，拈香祝聖畢，云：

天台北畔，石橋南邊；中有招提，號曰方廣。今當半癡半獃，半聾
半啞底老僧爲主。寒山、拾得把定關津，然後豐干管領五百輩無地
頭漢。普請拗折主丈，割斷草鞋，各出隻手，扶持住山鋤斧。直得
三邊雲淨，一國風清，樵牧懽呼，禽魚鼓躍。正與麼時，且功歸何
所，一爐沈水謝閭丘。〔註169〕

上爲斷橋妙倫於國清寺，上堂舉寒山、拾得、豐干的第一則，由「送寒巖長老。」
句後引寒山詩〈一住寒巖萬事休〉，以及祝聖語末句「一爐沈水謝閭丘」，知斷
橋妙倫當詳讀過前有署名閭丘胤〈寒山子詩集序〉之寒山詩集。斷橋妙倫巧妙
舉出南泉示眾語之「文殊、普賢，昨夜三更，起佛見法見。」〔註170〕拈云：

南泉二十棒，打文殊、普賢，可謂棒棒見血，只是罕遇知音。國清
門下，寒山、拾得，昨夜三更，起佛見法見，山僧棒未曾拈，各自
隱身無地。爲什麼如此？蛇皮草鞋。〔註171〕

斷橋妙倫於寒山、拾得、豐干傳說誕生地國清寺，言：「扶持住山鋤斧」需寒
山、拾得、豐干參與；寒山、拾得半夜爲何「起佛見法見」，亦須詳參，觀《住
天台國清教忠禪寺語錄》，斷橋妙倫一日兩度提到「新國清」一詞〔註172〕，言：

〔註168〕《斷橋妙倫禪師語錄》卷上，《禪宗集成》第十七冊，頁 11571。
〔註169〕《斷橋妙倫禪師語錄》卷上，《禪宗集成》第十七冊，頁 11563。
〔註170〕《斷橋妙倫禪師語錄》卷上：「上堂，舉南泉示眾云：『文殊、普賢，昨夜三
更，起佛見法見，各與二十棒，貶向二鐵圍山。』」《禪宗集成》第十七冊，
頁 11567。
〔註171〕《斷橋妙倫禪師語錄》卷上。《禪宗集成》第十七冊，頁 11567。
〔註172〕《斷橋妙倫禪師語錄》卷上：「師拈云：『幸然好一面古鏡，無端被寒、拾、
豐干，強加繪畫，清明者逝矣。新國清，忍俊不禁，未免重爲發揮去也。』
豎拂云：『不待高懸起，蚩尤已失威。』當晚小參：建法幢立宗旨，現成爐鞴，
不用安排；延奇衲接俊流，本分鉗鎚，何妨施設，全機把定，照用並行，一
線放開，主賓互立，這箇是新國清尋常制度，忽若雙澗水流，或緩或激；五
峰雲起，或低或高，又作麼生定當？良久云：『伯牙撫琴。』」《禪宗集成》第
十七冊，頁 11563～11564。

「不會做客，勞煩主人。」然在「新國清」面前的「不可說破」，一如皖山凝禪師言：「最是惱人腸肚處。借婆裙子拜婆年。」可謂另有深意。

二二、父母續經多

父母續經多，田園不羨他。婦搖機軋軋，兒弄口喁喁。

拍手催花舞，揩頤聽鳥歌。誰當來歡賀，樵客屢經過。〔註173〕

最早引此詩的是雲居曉舜禪師，雲居曉舜以前幅後二句：「婦搖機軋軋，兒弄口喁喁。」作爲對夾山示眾之結語〔註174〕，夾山善會認爲：「鬧市門頭，識取天子；百草頭上，薦取老僧。」方爲僂儸漢〔註175〕，「僂儸」又作「嘍囉」，能幹之意，後代禪師論夾山此示眾語，大致可分爲三種：一、與夾山善會相同，視爲具明眼之「僂儸漢」，如：竺田悟心禪師，認爲如同「草鞋跟底認取達磨大師。」〔註176〕承天慧連禪師，認爲於百草頭上能薦取老僧，乃是「品格合風流」者〔註177〕；二、雪巖欽禪師視爲是：「妄認前塵分別影事。」〔註178〕三、兩頭俱不涉，另闢話頭。〔註179〕夾山善會此語爲僧樂道，如：保寧

〔註173〕《寒山子詩一卷附豐干拾得詩一卷》，頁5～6。

〔註174〕明・居頂，《續傳燈錄》卷五：「上堂舉夾山道：『鬧市門頭，識取天子；百草頭上，薦取老僧。』雲居即不然，『婦搖機軋軋，兒弄口喁喁。』」《大正藏》冊51，第2077號，頁494上9～11。

〔註175〕宋・悟明，《聯燈會要》卷二一，夾山善會禪師：「百草頭上，罷卻平生事，根株亦不留，老僧當位坐，坐處不停囚，闍梨！殿上識得天子，屋裏識得主人公，有甚用處？須向鬧市門頭，識取天子，百草頭上，薦取老僧，方是僂儸漢。」《佛光大藏經》，頁1029。

〔註176〕明・文琇集，《增集續傳燈錄》卷五，《中國燈錄全書》第六冊，頁54。

〔註177〕清・超永編，《五燈全書》卷四二，〈長沙南嶽承天慧連禪師〉：「上堂，鬧市裏識取古佛；百草頭上薦取老僧，鬧市裏古佛且置，百草頭上老僧，作麼生薦？良久曰：『不是逢人誇好手，大都品格合風流。』」《中國燈錄全書》第十二冊，頁279～280。

〔註178〕清・行悅集，《列祖提綱錄》卷一一〈雪巖欽禪師〉，《禪宗集成》第三冊，頁1517。

〔註179〕清・超永編，《五燈全書》卷七三〈吳興道峰山別機本清禪師〉：「上堂，鬧市裏識取天子，猶涉分疏；百草頭薦取老僧，可殺成現，敢問諸人，去此二途，又作麼生體會？擲下拂子曰：『雪壓修篁山失綠，春入梅梢花暗香。』」《中國燈錄全書》第十三冊，頁7。《續燈正統》卷三九〈杭州府愚庵三宜明盂禪師〉：「上堂，百草頭，識取祖師，草枯了也；鬧市裏，識取天子，市散了也，諸人向甚處相見？」《中國燈錄全書》第十一冊，頁104。

仁勇禪師要人切莫錯會〔註180〕，雲居曉舜於讚其慈悲後，以「婦搖機軋軋，兒弄口喝喝。」作爲結語。另一位上堂舉：「婦搖機軋軋，兒弄口喝喝。」者，爲希叟紹曇禪師，《希叟紹曇禪師語錄》載：

> 一塢耕樵，門扁綠蘿；富驕時少，貧樂時多。婦搖機軋軋，兒弄口
> 喝喝。澗水松聲交節奏，（拍禪床云）何似東山瓦皷歌。〔註181〕

寒山〈父母續經多〉一詩，乃形容天台郊外的村居耕讀之樂，上述雲居曉舜所引之「婦搖機軋軋，兒弄口喝喝。」非寒山本意，殊耐人尋味；希叟紹曇禪師「何似東山瓦皷歌」，意較契合寒山。

二三、手筆大縱橫

> 手筆大縱橫，身材極瓌瑋。生爲有限身，死作無名鬼。
>
> 自古如此多，君今爭奈何。可來白雲裏，教爾紫芝歌。〔註182〕

「教爾紫芝歌」，「國清寺本」系統作「教你紫芝歌」〔註183〕，引寒山此詩之禪師，多就後幅末二句「可來白雲裏，教爾紫芝歌。」加以發揮。紫芝歌，相傳爲商山四皓所作〔註184〕；商山四皓於秦、漢之際，爲避秦亂入藍田山，漢高祖徵召亦不出，後世因將「紫芝歌」喻指求仙。法華舉和尚認爲「紫芝歌」，「不是吳音，切須漢語。」〔註185〕天童山新禪師上堂，答僧問：「如何是紫芝歌？」遽以「撫掌對之。」〔註186〕曾和寒山詩的楚石梵琦禪師，除夜小參曰：

> 是日已過，命亦隨減。如少水魚，斯有何樂。陸居者，以陸居爲樂；

〔註180〕清・集雲堂編，《宗鑑法林》卷六一：「保寧勇云：『百艸頭上分明顯露，爲甚不薦？鬧市裏終日相逢，爲甚不識？未開眼者且莫錯怪夾山。』」《禪宗集成》第九冊，頁5931。

〔註181〕《希叟紹曇禪師語錄》卷一，《禪宗集成》第十六冊，頁11310。

〔註182〕《寒山子詩一卷附豐干拾得詩一卷》，頁6。

〔註183〕詳見：葉珠紅，《寒山詩集校考》，頁34～35。

〔註184〕宋・李昉等編，《太平御覽》卷五七三〈樂部十一・歌四〉引崔琦〈四皓頌〉，言商山四皓：「退而作歌曰：『莫莫高山，深谷逶迤。曄曄紫芝，可以療飢。唐虞世遠，吾將何歸。駟馬高蓋，其憂甚大。富貴畏人兮，不如貧賤之肆志。』」頁2717。

〔註185〕宋・賾藏主集，《古尊宿語錄》卷二六，〈舒州法華山舉和尚語要〉：「問：『可來白雲裏，教你紫芝歌。』如何是紫芝歌？師云：『不是吳音，切須漢語。』」《佛光大藏經》，頁1183。

〔註186〕宋・李遵勗編，《天聖廣燈錄》卷二六，《佛光大藏經》，頁933。

水居者，以水居爲樂；塵居者，以塵居爲樂；郊居者，以郊居爲樂。

乃至蜎飛蠕動，一切含靈，運用去來，莫不有樂。釋尊與麼道，意

在於何？「可來白雲裡，教你紫芝歌。」〔註187〕

〈手筆大縱橫〉一詩爲寒山未避隱寒巖之前，嚮慕求仙所作，楚石梵琦未明言所引爲寒山詩，借釋尊之名，以「可來白雲裏，教爾紫芝歌。」言一切含靈，莫不有樂，可謂深解寒山。

二四、下愚讀我詩

下愚讀我詩，不解卻嗤誚。中庸讀我詩，思量云甚要。

上賢讀我詩，把著滿面笑。楊修見幼婦，一覽便知妙。〔註188〕

「楊修見幼婦，一覽便知妙。」二語典出《世說新語・捷悟》，即「絕妙好辭」一語之出處。永明延壽引寒山此詩，《宗鏡錄》載：

藥爲非藥者，即不識病原，反增其疾。如說法者，不逗其機，淺根

起於謗心，下士聞而大笑，醍醐上味，爲世珍奇，遇斯等人，翻成

毒藥。如上上根人，纔悟其宗，不俟言說，所以古聖云：「上士見我

詩，把著滿面笑。楊脩見幼婦，一覽便知妙。」〔註189〕

延壽所謂之「古聖」，指的是寒山，雖只引後幅，其應病說藥（法）之意甚明。在寒山詩中，寒山對於所強調之事，慣以「三分法」作遞衍，〈下愚讀我詩〉與〈上人心猛利〉二詩均是相同手法〔註190〕，「三分法」的強烈對比，寒山此詩所強調的是「先知」的寂寞；寒山詩〈有個王秀才〉，提到有個王秀才，笑寒山不識蜂腰、不會鶴膝、不解平側〔註191〕，寒山深信不講求蜂腰、鶴膝、

〔註187〕《楚石梵琦禪師語錄》卷六，《禪宗集成》第十九冊，頁 13271。

〔註188〕《寒山子詩一卷附豐干拾得詩一卷》，頁 23。

〔註189〕宋・延壽，《宗鏡錄》卷二三，《大正藏》冊 48，第 2016 號，頁 546 中 11～16。

〔註190〕唐・寒山，〈上人心猛利〉：「上人心猛利，一聞便知妙。中流心清淨，審思云甚要。下士鈍暗癡，頑皮最難裂。直得血淋頭，始知自摧滅。看取開眼賊，鬧市集人決。死屍棄如塵，此時向誰說。男兒大丈夫，一刀兩段截。人面禽獸心，造作何時歇。」《寒山子詩一卷附豐干拾得詩一卷》，頁 38。

〔註191〕唐・寒山，〈有個王秀才〉：「有個王秀才，笑我詩多失。云不識蜂腰，仍不會鶴膝。平側不解壓，凡言取次出。我笑你作詩，如盲徒詠日。」《寒山子詩一卷附豐干拾得詩一卷》，頁 45。按：王運熙以寒山詩不講求平仄粘對的情形，認爲其詩非初唐貞觀時，認定其詩爲盛唐作品。詳見：王運熙〈寒山子詩歌的創作年代〉，《漢魏六朝唐代文學論叢》（上海：復旦大學出版，2002 年），頁 193～205。

平側的時代不久必將來臨，在〈有人笑我詩〉一詩，寒山預言其詩：「忽遇明眼人，即自流天下。」〔註192〕由後代禪師，特別是宋代禪師，喜引寒山詩作爲上堂法語，以及文人喜言自己乃寒山「後身」〔註193〕，手把寒山詩，滿面堆笑的明眼人，自宋至清，可謂代不乏人。

二五、之子何惶惶

之子何惶惶，卜居須自審。南方瘴癘多，北地風霜甚。

荒陬不可居，毒川難可飲。魂兮歸去來，食我家園葚。〔註194〕

首引寒山此詩者，爲道原《景德傳燈錄》卷二七〈諸方雜舉徵拈代別語〉：「僧問老宿：『魂兮歸去來，食我家園葚。』如何是家園葚？」後之釋書所引均據此〔註195〕，惜均未交代僧與老宿各是何人。此詩爲寒山初到天台時所作，寒山的老家在咸陽〔註196〕，不慣南方氣候，相信閭丘胤〈寒山子詩集序〉，言寒山爲「文殊轉世」者，大都不相信寒山到天台後再娶妻（詳見第一章），寒山在隱居寒巖之前，於天台附近的確度過一段家庭生活，上述〈父母續經多〉與寒山老來思妻之作——〈昨夜夢還家〉均可爲證。〔註197〕寒山〈之子何惶惶〉一詩感嘆：「荒陬不可居，毒川難可飲。」北人努力適應南方生活，另見〈卜擇幽居地〉：

〔註192〕唐·寒山，〈有人笑我詩〉：「有人笑我詩，我詩合典雅。不煩鄭氏箋，豈用毛公解。不恨會人稀，只爲知音寡。若遣趁宮商，余病莫能罷。忽遇明眼人，即自流天下。」《寒山子詩一卷附豐干拾得詩一卷》，頁47。

〔註193〕按：自言爲寒山「後身」的，如：上述黃庭堅言：「前身寒山子，後身黃魯直。頗遭俗人惱，思欲入石壁。」馮甦《天台三聖詩集和韻·序》：「先進陳木叔自謂寒山後身，因以寒山爲號。」康熙刻本《天台三聖詩集和韻》卷首。

〔註194〕《寒山子詩一卷附豐干拾得詩一卷》，頁22。

〔註195〕宋·道原，《景德傳燈錄》卷二七：「僧問老宿：『魂兮歸去來，食我家園葚。』如何是家園葚？」下注：「玄覺代云：『是亦食不得。』法燈別云：『污卻爾口。』」《大正藏》冊51，第2076號，頁437上8～9。《五燈會元》卷六、《五燈嚴統》卷一六、《五燈全書》卷一一九、《教外別傳》卷一六，所引均同。

〔註196〕唐·寒山，〈去年春鳥鳴〉：「去年春鳥鳴，此時思弟兄。今年秋菊爛，此時思發生。淥水千場咽，黃雲四面平。哀哉百年內，腸斷憶咸京。」《寒山子詩一卷附豐干拾得詩一卷》，頁29。按：此詩爲寒山思鄉之作，由「哀哉百年內，腸斷憶咸京。」知寒山乃咸陽人氏。

〔註197〕寒山，〈昨夜夢還家〉：「昨夜夢還家，見婦機中織。駐梭如有思，擎梭似無力。呼之迴面視，況復不相識。應是別多年，鬢毛非舊色。」《寒山子詩一卷附豐干拾得詩一卷》，頁22。

卜擇幽居地，天台更莫言。猿啼谿霧冷，嶽色草門連。

折葉覆松室，開池引澗泉。已甘休萬事，采蕨度殘年。〔註198〕

寒山準備終老於「幽居地」天台，其內心的轉折，來自於外在環境的影響，夙有「神仙窟宅」之稱的天台山，寒山在〈余家本住在天台〉形容：

余家本住在天台，雲路煙深絕客來。

千仞巖巒深可遯，萬重谿澗石樓臺。

樺巾木屐沿流步，布裘藜杖繞山迴。

自覺浮生幻化事，逍遙快樂實善哉。〔註199〕

寒山以「樺巾木屐，布裘藜杖。」行履天台，長時逗留處為國清寺與寒巖，世人將寒山詩宗教化之後，浙江天台國清寺因寒山而增彩，甚至與寒山一點關係也沒有的蘇州寒山寺，也傳說因寒山曾住過而得名〔註200〕，浙江天台之山中客，汾陽無德禪師形容：「舉目望天台，全體是寒山。」〔註201〕寒山在天台，披襟當道，千載之下，含靈莫不蠢動。

二六、昨日何悠悠

昨日何悠悠，場中可憐許。上為桃李徑，下作蘭蓀渚。

復有綺羅人，舍中翠毛羽。相逢欲相喚，脈脈不能語。〔註202〕

最早引寒山此詩的是雲居和尚（卒於天復二年，902），《祖堂集》載：「『相逢欲相識，脈脈不能言時如何？』師云：『適來洎道得』。」〔註203〕禾山和尚云：

古人有言：「相逢欲相喚，脈脈不能語。」未審還相喚也無？師云：

「似卻古人機，還同舌頭備。」僧曰：「與則學人無端去也。」師曰：

「但莫踏泥，何煩洗腳。」〔註204〕

禾山和尚所說的「古人有言」，指的是寒山；值得注意的是，雲居、禾山與《宋高僧傳》載作《對寒山子詩》的曹山本寂，三人均為同門師兄弟，乃洞山良价之徒，雲居與禾山只引寒山此詩後幅兩句，卻是兩句互異，上述

〔註198〕《寒山子詩一卷附豐干拾得詩一卷》，頁14。
〔註199〕《寒山子詩一卷附豐干拾得詩一卷》，頁32。
〔註200〕詳見：葉珠紅，《寒山資料考辨》第三章，頁31～80。
〔註201〕宋・楚圓集，《汾陽無德禪師語錄》卷下〈擬寒山詩〉。《大正藏》冊47，第1992號，頁625上3～4。
〔註202〕《寒山子詩一卷附豐干拾得詩一卷》，頁21。
〔註203〕《祖堂集》卷八。《佛光大藏經》，頁399。
〔註204〕《祖堂集》卷一二。《佛光大藏經》，頁629。

寒山詩二首曾被誤植爲《龍牙和尚偈頌》，龍牙居遁亦爲洞山良价法嗣，可知在唐末，廣傳寒山詩者爲曹洞宗人；除雲居與禾山外，歸宗義柔亦引寒山此詩：

> 向來成佛亦無心，蓋緣是知軍請命，寺眾誠心，既到遮裏，且說箇什麼即得，還相悉麼？此若不及古人便道：「相逢欲相喚，脈脈不能語。」作麼生會？若會堪報不報之恩，足助無爲之化，若也不會，莫道長老開堂只舉古人語。〔註205〕

《景德傳燈錄》此記，同爲後來其他釋書所引。〔註206〕義柔禪師未明言所引爲寒山詩，與雲居、禾山一樣，均只引後幅二句。〈昨日何悠悠〉一詩，是寒山詩中少見的，情生歡愛之詩，卻在均只引末二句「相逢欲相喚，脈脈不能語。」的禪師手中，被大大改了樣；雲居與禾山兩人之「相逢欲相喚，脈脈不能語。」似指：「覺寤語默，攝心不亂。」〔註207〕的功夫，此乃比丘應具威儀之一；歸宗義柔以「開堂只舉古人語」（指寒山詩「相逢欲相喚，脈脈不能語。」）是：「報不報之恩，足助無爲之化。」橫川行珙禪師以：「總是粥飯氣，貼貼底無縫罅。」喻此二句〔註208〕，以橫川行珙所言，性似「粥飯氣」之人，與寒山此詩所述，難以表述情思之人，其意較爲相近。

二七、聞道愁難遣

> 聞道愁難遣，斯言謂不眞。昨朝曾趁卻，今日又纏身。
>
> 月盡愁難盡，年新愁更新。誰知席帽下，元是昔愁人。〔註209〕

寒山此詩，亦以末二句最受禪師青睞，「元是昔愁人」有作「元是舊時人」、「元是昔時人」。〔註210〕最早引寒山此詩的是長生山皎然禪師，《景德傳燈錄》載：

〔註205〕宋・道原，《景德傳燈錄》卷二六，廬山歸宗寺義柔禪師。《大正藏》冊51，第 2076 號，頁 420 中 27～下 3。

〔註206〕據：《景德傳燈錄》卷二六之釋書有：《五燈會元》卷十、《五燈嚴統》卷十、《五燈全書》卷一八。

〔註207〕《長阿含經》卷二，《大正藏》冊1，第 0001 號，頁 14 上 5～6。

〔註208〕《橫川行珙禪師語錄》卷上：「上堂，相見不揚眉，君東我亦西。『相逢欲相喚，脈脈不能語。』總是粥飯氣，貼貼底無縫罅，能有幾箇，溫州城裡何限數。」《禪宗集成》第十八冊，頁 12486。

〔註209〕《寒山子詩一卷附豐干拾得詩一卷》，頁 8。

〔註210〕作「元是舊時人」，《續燈正統》卷一八，忠州天寧耳菴燈嵩禪師。《中國燈錄全書》第十冊，頁 662。作「都是舊時人」，《虛舟普度禪師語錄》卷一。《禪

雪峯普請般柴,問師(按:皎然禪師)曰:「古人道:『誰知席帽下,
元是昔愁人。』古人意作麼生?」師側戴笠子曰:「遮箇是什麼人語?」
〔註211〕

長生皎然與雪峰義存,似均不知「古人」就是寒山,《宋高僧傳》載雪峰開山
事在庚寅至乙未,即懿宗咸通十一年至熹宗乾符二年(870~875),義存居雪峰
山長達約四十年,法席冠天下,閩王王氏以師禮事之長達十二年,卒於後梁
開平二年(908)。〔註212〕項楚認為寒山此詩,「為屢次下第舉子之愧恧愁腸也。」
〔註213〕寒山在京城長安,度過至少六年「行到食店前,不敢暫迴面。」〔註214〕
的日子,雪峰義存將斗笠側戴,答:「遮箇是什麼人語」,並非真想知道「誰
知席帽下,元是昔愁人。」是哪位「古人」說的,斗笠側戴現出半邊臉,此
不同俗的舉動,是「以利劍截斷其舌」的作法。大慧普覺禪師亦曾引寒山此
詩後幅末二句,上堂舉道吾示眾云:

「高不在絕頂,富不在福嚴,樂不在天堂,苦不在地獄。相識滿天
下,知心能幾人?」師云:「徑山即不然。高在絕頂,富在福嚴,樂
在天堂,苦在地獄。誰知席帽下,元是昔愁人。」〔註215〕

佛告舍利子,言墮無間地獄之人,乃「以邪見故身壞命終」〔註216〕,大慧普

宗集成》第十八冊,頁12305。作「元是昔時人」,有《投子義青禪師語錄》
卷一。《禪宗集成》第二十冊,頁13591。

〔註211〕宋·道原,《景德傳燈錄》卷一八〈福州長生山皎然禪師〉,《大正藏》冊51,
第2076號,頁350上3~5。盧堂和尚答僧問亦同,見《盧堂和尚語錄》卷
二。《大正藏》冊47,第2000號,頁1001中9~12。

〔註212〕宋·贊寧,《宋高僧傳》卷十二〈唐福州雪峯廣福院義存傳〉:「及閩王王氏,
誓眾養民之外雅隆其道。凡齋僧構刹,必請問焉。為之增宇設像,鑄鐘以嚴
其山,優施以充其眾。時則迎而館之于府之東西甲第,每將儼油幢聆法論,
未嘗不移時。僅乎一紀,勤勤懇懇。熊羆之士,因之投跡檀那;漁獵之逸,
其或弭心鱗羽。」《大正藏》冊50,第2061號,頁782中15~21。

〔註213〕項楚,《寒山詩注》:「唐時席帽,乃舉子所戴,……『誰知席帽下,元是昔
愁人』二句,所發攄者,亦為屢次下第舉子之愧恧愁腸也。」,頁93。

〔註214〕寒山,〈箇是何措大〉:「箇是何措大,時來省南院。年可三十餘,曾經四五選。
囊裡無青蚨,篋中有黃卷。行到食店前,不敢暫迴面。」《寒山子詩一卷附豐
干拾得詩一卷》,頁20。寒山科舉不第,為生活奔走的情形,詳見第一章。

〔註215〕《大慧普覺禪師語錄》卷四,《大正藏》冊47,第1998A號,頁829上19~
23。

〔註216〕《佛說大乘菩薩藏正法經》卷二六:「舍利子,時彼有情,於虛妄法,男子女
人,童男童女,所有語言而生信受,當有六萬八千人,以邪見故身壞命終,
皆墮無間大地獄中。」《大正藏》冊11,第0316號,頁848上16~18。

覺禪師認為「昔愁人」，是能將「樂在天堂，苦在地獄。」引以為念者，是不具「邪見」之人，此境界非道吾禪師所謂「相識滿天下，知心能幾人。」之一己小乘可比，懷海原肇曾將發大乘菩薩心者，以「歸鄉」為喻，《淮海原肇禪師語錄》載：

> 古者道：「行腳莫歸鄉，歸鄉道不成。溪邊老婆子，喚我舊時名。」
>
> 古人傍家行腳，大膽小心。光孝，於眾眼難瞞處，與古人相見。行
>
> 腳要歸鄉，歸鄉莫獸頻。「誰知席帽下，元是昔愁人。」〔註217〕

懷海原肇以「誰知席帽下，元是昔愁人。」作結語，與大慧普覺禪師相同，兩人均將寒山言下第舉子的心情完全加以改造；投子義青禪師將「元是昔愁人」作「元是昔時人」〔註218〕，意思變為個人「證本地風光，見本來面目。」

二八、井底生紅塵

> 井底紅塵生，高山起波浪。
>
> 石女生石兒，龜毛數寸長。
>
> 欲覓菩提路，但看此牓樣。〔註219〕

此詩未見於中國版本，出現在寬文十一年的《首書寒山詩》，被列為拾得詩，是詩集的最後一首。瑞州洞山曉聰禪師（卒於天聖八年，1030），最早明言此詩為「寒山」所作，《天聖廣燈錄》載：

> 舉寒山云：「井底生紅塵，高峰起波浪。石女生石兒，龜毛寸寸長。
>
> 若欲學菩提，但看此牓樣。」良久。云：「還知落處也無？若也不知
>
> 落處，看看菩提入僧堂裏去也。」〔註220〕

與原詩比較，異文甚多，《續傳燈錄》卷二之〈瑞州洞山曉聰禪師〉，所引亦與《天聖廣燈錄》卷二三有出入〔註221〕；廬山棲賢智遷禪師（卒於元祐元年，

〔註217〕《淮海原肇禪師語錄》卷一〈通州報恩光孝禪寺淮海和尚語錄〉，《禪宗集成》
　　　　第十五冊，頁10494。

〔註218〕《投子義青禪師語錄》卷一：「師乃云：『大眾，白雲嵒下古佛家風，碧嶂峯
　　　　前道人活計，風生古嶺，月照前谿，松聲與翠竹交音，流水共山雲合彩，羚
　　　　羊掛角覓東西，樓閣門開且喜相見。大眾，相見即不無，還相識麼？』良久
　　　　云：『誰知席帽下，元是昔時人。』」《禪宗集成》第二十冊，頁13591。

〔註219〕《首書寒山詩》（下），頁23。

〔註220〕宋・李遵勗編，《天聖廣燈錄》卷二三，〈瑞州洞山曉聰禪師〉，《佛光大藏經》，
　　　　頁761～762。

〔註221〕明・居頂，《續傳燈錄》卷二〈瑞州洞山曉聰禪師〉：「上堂舉。寒山云：『井

1086），上堂引此詩，「但看此牓樣」作「看取此牓樣。」〔註222〕除洞山曉聰外，其餘均未明言此詩爲寒山所作，亦無認爲此詩爲拾得之作，可判爲寒山佚詩；然較洞山曉聰更早引此詩者，爲光慶寺遇安禪師（卒於淳化三年，992），《景德傳燈錄》載：

> 問：承古德有言：「井底紅塵生，山頭波浪起。未審此意如何？」師曰：「若到諸方但恁麼問？」曰：「和尚意旨如何？」師曰：「適來向汝道什麼？」師又曰：「古今相承皆云：『塵生井底，浪起山頭；結子空華，生兒石女。』……。」上座自會即得古人意旨。〔註223〕

僧所舉「古德」之言，未指寒山；按：「井底生紅塵，高峯起白浪。石女生石兒，龜毛寸寸長。」此四者皆指虛幻不實之物，寒山此詩意謂：明白萬法皆幻，了悟空理，即是菩提。佛鑑惠懃禪師（卒於政和七年，1117。）引寒山此詩，意義更翻一層，《嘉泰普燈錄》載：「上堂。日日日西沉，日日日東上。若欲學菩提，擲下拄杖曰：『但看此榜樣。』」〔註224〕日頭東上西沈，不離現前；欲覺菩提，不離當念，佛鑑惠懃禪師此說，可與寒山觀空悟道之意相發。

二九、梵志死去來

《天聖廣燈錄》卷十五，風穴延沼禪師（卒於開寶六年，973。）「舉梵志詩」：

> 師上堂，舉梵志詩云：「梵志死去來，魂魄見閻老。讀盡百王書，不免被捶拷。一稱南無佛，皆以成佛道。」僧便問：「如何是一稱南無佛？」師云：「燈連鳳翅當堂照，月映鵝眉頓面看。」〔註225〕

風穴延沼所引「梵志詩」，其他釋書多作：「梵志死去來，魂識見閻老。讀盡

底生紅塵，高峰起白浪。石女生石兒，龜毛寸寸長。若要學菩提，但看此模樣。』《大正藏》冊51，第2077號，頁477上13～15。

〔註222〕宋·惟白，《建中靖國續燈錄》卷九〈廬山棲賢智遷禪師〉：「上堂云：『井底紅塵生，高峯起波浪。石女生石兒，龜毛寸寸長。若欲學菩提，看取此牓樣。』」《佛光大藏經》，頁432。

〔註223〕宋·道原，《景德傳燈錄》卷二六，〈杭州光慶寺遇安禪師〉，《大正藏》冊51，第2076號，頁424中27～下5。

〔註224〕宋·正受編，《嘉泰普燈錄》卷一一〈舒州太平佛鑑惠懃禪師〉，《佛光大藏經》，頁445。

〔註225〕宋·李遵勗編，《天聖廣燈錄》卷一五。《佛光大藏經》，頁376。

百王書，未免受捶拷。一稱南無佛，皆已成佛道。」此外，多將風穴延沼舉「梵志詩」，作「寒山詩」。〔註226〕橫川行珙承「風穴延沼舉梵志詩」，將前四句判爲梵志詩，後兩句判爲風穴語〔註227〕；《景德傳燈錄》卷十三與《大光明藏》卷三，均獨引風穴延沼「一稱南無佛」。〔註228〕

　　按：查今之王梵志詩，均未見此詩，《橫川行珙禪師語錄》卷二與《宗鑑法林》卷五，以後二句爲風穴延沼之詩，是受了《景德傳燈錄》卷十三，於風穴延沼下獨引「一稱南無佛」的影響，宋代禪師引：「一稱南無佛，皆以成佛道。」句前均未言此二句是風穴延沼之詩〔註229〕，此二句乃源自法華經偈〔註230〕，爲宗門所通用，也正因此，此詩被禪師引用，多在勉人與自勉，如：無明慧經禪師〈勉袁太學〉：

　　　大丈夫，宜自曉，有身終不了，讀盡百王書，未免受捶拷。一稱南
　　　無佛，皆已成佛道。天堂地獄不相干，本自無身須趁蚤。〔註231〕

無異元來禪師〈示何惺谷居士〉：

　　　偈曰：「大丈夫，須自了。學道不學文，做癡莫做巧。讀盡百王書，
　　　未免受拷栳。」無義味話頭，宗門第一要。豎起白汗流，藏身孤月
　　　皎。鐵壁與銀山，只教都靠倒。會者則逐浪隨流，不會則白頻芳草。
　　　清高不上古人墳，昂藏何似而□好。〔註232〕

無明慧經禪師「本自無身須趁蚤」與無異元來禪師「清高不上古人墳」，都是自我期許，皆願盡三生下綿密功夫，巨靈自融禪師則持相反看法，晚參上堂曰：

〔註226〕詳見：《列祖提綱錄》卷七、《古尊宿語錄》卷七、《五燈會元》卷一一、《五燈嚴統》卷一一、《五燈全書》卷二二、《指月錄》卷二一、《佛祖綱目》卷三四，皆作風穴延沼舉寒山詩。

〔註227〕《橫川行珙禪師語錄》卷下：「舉梵志詩云：『梵志死去來，魂魄見閻老。讀盡百王書，不免被捶拷。』風穴云：『一稱南無佛，皆已成佛道。』」《禪宗集成》第十八冊，頁12520～12521。《宗鑑法林》卷五〈梵志〉，亦判前四句爲梵志詩，後二句爲延沼詩。《禪宗集成》第八冊，頁5247。

〔註228〕宋・道原，《景德傳燈錄》卷一三，汝州風穴延沼禪師：「問：『如何是一稱南無佛？』師曰：『燈連鳳翅當堂照，月影蛾眉卑頁面看。』」《大正藏》冊51，第2076號，頁302下11～13。

〔註229〕詳見：《虛堂和尚語錄》卷三、《萬善同歸集》卷一、《翻譯名義集》卷五、《智證傳》卷一等。

〔註230〕姚秦・鳩摩羅什譯，《妙法蓮華經》卷一：「若人散亂心，入於塔廟中。一稱南無佛，皆以成佛道。」《大正藏》冊9，第0262號，頁9上24～25。

〔註231〕《無明慧經禪師語錄》卷四，《禪宗集成》第二十一冊，頁14223。

〔註232〕《無異元來禪師廣錄》卷二七，《禪宗集成》第二十一冊，頁14492。

　　縷見季春回，不覺仲夏了。禾黍穗爭新，野地迷芳草。殿角間薰風，
　　說箇甚麼好。沈吟曰：「諾！梵志身死去，魂魄見閻老。讀盡百王書，
　　未免受捶拷。」擿拄杖曰：「見彈求鴞炙，何其計太早。」〔註233〕

巨靈自融自稱：「廣度者裏，法式迥別于諸方。」〔註234〕其「見彈求鴞炙，何
其計太早。」亦爲另一種機境。此詩未見於今之寒山詩版本，由上述《古尊
宿語錄》、《五燈會元》等釋書皆作風穴延沼舉寒山詩，此詩可判爲寒山佚詩。

三十、人是黑頭蟲

　　惠洪《林間錄》載：

　　寒山子詩云：「人是黑頭蟲，剛作千年調。鑄鐵作門限，鬼見拍手笑。」
　　道人自觀行處，又觀世間，當如是游戲耳。〔註235〕

惠洪以此詩爲寒山詩，范攄《雲谿友議》卷下〈蜀僧喻〉載：

　　嘗遇玄朗上人者，乃南泉禪宗普願大師之嗣孫也。……。朗公或遇
　　高才亡智者，則論六度迷津，三明啓道，此滅彼往，無榮絕辱也。
　　或有愚士昧學之流，欲其開悟，別吟以王梵志詩：「……。世無百年
　　人，擬作千年調。打鐵作門閂，鬼見拍手笑。家有梵志詩，生死免
　　入獄。……。」〔註236〕

由范攄之記，晚唐人吟王梵志詩似已成爲風氣，任淵《後山詩註》卷第四〈臥
疾絕句〉：「一生也作千年調」下註：「寒山子詩云：『人是黑頭蟲，剛作千年調。
鑄鐵作門限，鬼見拍手笑。』」〔註237〕寒山此詩或脫胎自王梵志詩，此詩未見
今之寒山詩版本，惠洪、任淵之外，亦未見其他釋書引之，當爲寒山佚詩。

三一、我聞釋迦佛

　　《寶覺祖心禪師語錄》載：「舉寒山道：『我聞釋迦佛，不知在何方。
思量得去處，不離我道場。』師曰：『是什麼思量？』釋迦老子在甚處？試

〔註233〕清‧超永編，《五燈全書》卷七三，〈廣潤巨靈自融禪師〉，《中國燈錄全書》
　　　　　第十三冊，頁4。
〔註234〕清‧超永編，《五燈全書》卷七三，《中國燈錄全書》第十三冊，頁6。
〔註235〕宋‧惠洪，《林間錄》卷下，《佛光大藏經》，頁107。
〔註236〕唐‧范攄，《雲谿友議》卷下，楊家駱主編《唐國史補等八種》，頁73～75。
〔註237〕宋‧任淵，《後山詩註》卷四，《四部叢刊》，初編，集部。上海商務印書館縮
　　　　　印江安傅氏雙鑑樓藏高麗活字本，1965年，頁52。

定當看。」〔註238〕除寶覺外，寶覺法嗣靈源清禪師，四月八上堂：

> 舉寒山子道：「常聞釋迦佛，未知在何方。思量得去處，不離我道場。」
> 寒山恁麼道，作麼生說箇思量底道理。若以有心思，有心屬妄想，
> 即墮增益謗；若以無心思，無心屬斷滅，即墮減損謗；若以不有不
> 無思，即墮相違謗；若以亦有亦無思，即墮戲論謗。離此四謗，合
> 作麼生體會？會得則釋迦老子，時時降誕，不待雲門打殺，自然天
> 下太平；其或未然，殿上燒香齊合掌，更將惡水驀頭澆。〔註239〕

靈源惟清此處所提之言說「四謗」，係取自眞諦譯《攝大乘論釋》卷十二〔註240〕，
靈源惟清與寶覺祖心所舉之詩僅有小異，師徒二人年代亦相近〔註241〕，此後未
見禪門引此詩者，今之寒山詩版本未見此詩，是否爲寒山佚詩，暫存疑。

第二節　歷代禪師對拾得詩之評議

一、嗟見世間人

> 嗟見世間人，永劫在迷津。不省這箇意，修行徒苦辛。〔註242〕

歷代禪師對拾得此詩，有將「永劫在迷津」作「永劫墮迷津」〔註243〕；「不省這
箇意」作「不識這箇意」〔註244〕，更有將此詩誤認作是寒山詩。〔註245〕歷代禪
師引拾得此詩，多在探討「不省這箇意」，究竟是何意，洞山梵言禪師上堂曰：

〔註238〕《寶覺祖心禪師語錄》卷一，《禪宗集成》第十四冊，頁9390。

〔註239〕宋・師明集，《續古尊宿語要》卷一，〈靈源清禪師語〉，《禪宗集成》第十二冊，頁8021。

〔註240〕陳・眞諦譯，《攝大乘論釋》卷一二：「言說有四種，即是四謗：若說有，即增益謗；若說無，即損減謗；若說亦有亦無，即相違謗；若說非有非無，即戲論謗。」《大正藏》冊31，第1595號，頁244上4～6。

〔註241〕按：寶覺祖心卒於元符三年（1100），靈源惟清卒於政和七年（1117）。

〔註242〕《寒山子詩一卷附豐干拾得詩一卷》，頁54。

〔註243〕詳見：元・永盛述、德弘編，《證道歌註》卷一：「寒山子云。嗟見世間人。永劫墮迷津。不省這箇意。修行徒苦辛。是以禪門了卻心。頓入無生知見力。所謂還丹九轉點鐵成金。至理一言，轉凡成聖。」《禪宗集成》第六冊，頁4099。《續古尊宿語要》卷六〈別峯雲和尚語〉，《禪宗集成》第十二冊，頁8325。

〔註244〕明・居頂，《續傳燈錄》卷二二〈洞山梵言禪師〉：「更有箇拾得道：『不識這箇意，修行徒苦辛。』」《大正藏》冊51，第2077號，頁618下24～25。

〔註245〕元・永盛述、德弘編，《證道歌註》卷一：「寒山子云：『嗟見世間人，永劫墮迷津。不省這箇意，修行徒苦辛。』」《禪宗集成》第六冊，頁4099。

「吾心似秋月，……。」寒山子勞而無功，更有箇拾得道：「不識這箇意，修行徒苦辛。」恁麼說話自救不了，尋常拈糞，箕把掃帚，掣風掣顛，猶較些子。直饒是文殊普賢再出，若到洞山門下，一時分付與直歲，燒火底燒火，掃地底掃地，前廊後架，切忌攪匙亂筋，豐干老人更不饒舌。〔註246〕

寒山「教我如何說」與拾得「不省這箇意」，其老婆心切，臨濟門下洞山梵言（眞淨克文法嗣），解釋爲必須燒火掃地下鈍功，洞山梵言之「鈍功」，是不欲在言語上求玄妙，此於實相教相，確實有見月亡指之效；永聖《證道歌頌》誤以此詩爲寒山所作，肯定寒山：「至理一言，能轉凡成聖。」〔註247〕神鼎諲禪師形容此等婆子語，同於馬祖對師弟子「翫月」之論，神鼎諲言：「大似金沙混雜，玉石難分。」〔註248〕

　　拾得詩「不省這箇意」，此「意」乃指「解脫道」；慈受懷深認爲「這箇意」，透得者是「輪迴息」，不透則是「生死因」。〔註249〕拾得此「意」，不得於雪峰慧空禪師所謂的「語妙機鋒」上求〔註250〕，亦不得於圓悟克勤禪師所謂的耳聲、眼色中求〔註251〕，別峯雲和尙以此詩作爲祈雨後的「口號」〔註252〕，不僅別開生面，還令「永劫在迷津」的世間人，饎憶禪師之婆子心，寧和尙上堂曰：

〔註246〕明・居頂，《續傳燈錄》卷二二〈洞山梵言禪師〉，《大正藏》冊51，第2077號，頁618下23～619上1。
〔註247〕元・永盛述、德弘編，《證道歌註》卷一。《禪宗集成》第六冊，頁4099。
〔註248〕清・淨符，《宗門拈古彙集》卷八，泐潭清云：「是則全是，非則全非。神鼎道：『只爲老婆心切，與麼說話大似金沙混雜，玉石難分。』祇如馬師道經入藏、禪歸海，惟有普願獨超物外。甚麼處是老婆心切處？還辨得麼？不省這箇意。脩行徒苦辛。」《禪宗集成》第七冊，頁4729。
〔註249〕《慈受懷深禪師廣錄》卷三。《禪宗集成》第二三冊，頁15765。
〔註250〕《雪峰慧空禪師語錄》卷一「上堂。禪家流，見也見得是，道也道得著；語妙山僧不如，機鋒山僧不及，既不如又不及，爲甚卻道。他未在不省這个意。修行徒苦辛。」《禪宗集成》第十四冊，頁9444。
〔註251〕宋・紹隆等編，《圓悟佛果禪師語錄》卷一八：「舉修山主頌云：『欲識解脫道，諸法不相到。眼耳絕見聞，聲色鬧浩浩。』師拈云：『聲不到耳色不到眼，聲色交參萬法成現。』且道：『還踏著解脫道也無？』不省這箇意，修行徒苦辛。」《大正藏》冊47，第1997號，頁797下23～26。
〔註252〕宋・師明集，《續古尊宿語要》卷六〈別峯雲和尙語〉：「因祈雨云：雙童峯，見諸人連日祈求，上來下去，諷誦不易。即今在門前祥光橋上相撲，三交兩合，七起八倒，供養大衆。末後陳箇口號云：『嗟見世間人，永劫墮迷津。不省這箇意，修行徒苦辛。』」《禪宗集成》第十二冊，頁8325。

春風習習，春日熙熙。鳥啼東嶺上，花發樹南枝。園林幷紫陌，賞翫頗相宜。行人半醉半醒，游客似憨似癡。或歌或舞，或笑或悲。頭頭盡是吾家事，處處全彰玅總持。因甚把住，特地生疑。羍他古德，努力披陳：「不省這個意。脩行徒苦辛。」〔註253〕

圓悟克勤題《寧和尚語錄》，言寧和尚「趂日時坐化」，其事詳見祖琇《僧寶正續傳》〔註254〕，克勤言寧和尚之遺言妙句，「覽之者當高著眼。」〔註255〕寧和尚雖未言「羍他古德」的「古德」是拾得，然亦可見語中所透露的吾家事，即一切有情無情，均爲婆子心事。

二、若解捉老鼠

若解捉老鼠，不在五白貓。若能悟理性，那由錦繡包。

眞珠入席袋，佛性止蓬茅。一群取相漢，用意摠無交。〔註256〕

「那由錦繡包」，《宗鑑法林·天台寒山子》作「那由錦繡袍」，以此詩爲寒山詩。〔註257〕「若解捉老鼠，不在五白貓。」似爲俗語：「不管黑貓白貓，會抓老鼠就是好貓。」之所由。「若能悟理性，那由錦繡包。眞珠入席袋，佛性止蓬茅。」「錦繡包」，以錦繡裹身，指衣著華麗；「席袋」與「蓬茅」，均比喻貧寒之人，此四句詩意指：一切眾生悉有佛性，下賤之人也不例外。後幅末二句：「一群取相漢，用意摠無交。」「無交」，即：「無交涉」、「勿交涉」，指不相關；以外在條件決定視覺角度的「取相漢」，被無始劫來所累積

〔註253〕《開福道寧禪師語錄》卷下。《禪宗集成》第十四冊，頁9624。

〔註254〕祖琇，《僧寶正續傳》卷二〈開福寧禪師〉：「政和三年十一月四日。沐浴淨髮，五日小參別眾，敍平生參學始末，期以七日示寂。……至七日，長沙之人，無幼艾相與賷持香花，側塞于寺，師應接教誡遣之，而來者無已。及日暮，跏趺湛然而逝。閱歲六十一，坐二十一夏。火餘舍利，弟子不忍棄。塔于開福。」《佛光大藏經》禪藏，史傳部。（高雄縣：佛光出版社，1994年），頁561～562。

〔註255〕《開福道寧禪師語錄》卷下，克勤言寧和尚：「參到羅籠不住處，行到祖佛莫知之地。發跡開福，領五百眾。諸方景慕，趂日時坐化。預作小參。丁寧同學佛鑑佛眼及老僧，人天聳然，其遺言妙句足見啓大爐鞴，運大鉗鎚。覽之者當高著眼。」《禪宗集成》第十四冊，頁9638～9639。

〔註256〕《寒山子詩一卷附豐干拾得詩一卷》，頁55。

〔註257〕清·集雲堂編，《宗鑑法林》卷五〈應化聖賢·天台寒山子〉：「寒山詩曰：『若解捉老鼠，不在五白貓。若能悟理性，那由錦繡袍。珍珠入席袋，佛性止蓬茅。一羣取相漢，用意總無交。』」《禪宗集成》第八冊，頁5248。

之無量煩惱所障，視眾生有所差別，心生顛倒，自然是「用意無交」，「不見佛性」了。

三、無瞋即是戒

《寒山子詩一卷附豐干拾得詩一卷・拾得錄》載：

> （拾得）又於莊頭牧牛，歌詠叫天；又因半月布薩，眾僧說戒法事，合時，拾得驅牛至堂前，倚門而立，撫掌微笑曰：「悠悠哉！聚頭作相，這箇如何？」老宿律德怒而呵云：「下人風狂，破於說戒。」拾得笑而言曰：「無瞋即是戒，心淨即出家。我性與汝合，一切法無差。」〔註258〕

拾得「無瞋即是戒，心淨即出家。我性與汝合，一切法無差。」此偈首見於〈拾得錄〉，爲國清寺僧志南〈三隱集記〉所本〔註259〕，後代釋書引拾得此偈多據志南〈三隱集記〉。〔註260〕永明延壽於拾得此偈，認爲：「出塵之人，心不依物故。」〔註261〕林泉老人認爲：「一切法無差」其實是「兩般」〔註262〕，《爲霖道霈禪師餐香錄》載：

> 傳璧傳禪二上人，求戒請上堂。寒山道：「無瞋即是戒，心淨即出家。
> 我性與你合，一切法無差。」〔註263〕

爲霖道霈禪師以此偈爲寒山偈，與此看法相同者，尚有明代趙宦光、黃習遠

〔註258〕《寒山子詩一卷附豐干拾得詩一卷》，頁50～51。

〔註259〕宋・志南，〈三隱集記〉：「又於庄舍牧牛，歌詠叫天，曰：『我有一珠，埋在陰中，無人別者。』眾僧說戒，拾驅牛至，倚門撫掌微笑，曰：『悠悠哉，聚頭作相，這箇如何？』僧怒呵云：『下人風狂，破我說戒。』拾笑曰：『無瞋即是戒，心淨即出家。我性與汝合，一切法無差。』」明嘉靖四年國清寺道會刊本，頁51。

〔註260〕《五燈會元》卷二、《五燈嚴統》卷二、《五燈全書》卷三、《指月錄》卷二、《教外別傳》卷一六、《禪宗正脈》卷三、《佛祖綱目》卷三二、《御選語錄》卷一六。

〔註261〕宋・延壽，《宗鏡錄》卷二四：「天台拾得頌云：『無瞋是持戒，心淨是出家。我性與汝合，一切法無差。』夫出塵之人，心不依物故。」《大正藏》冊48，第2016號，頁550下6～8。

〔註262〕《林泉老人評唱丹霞淳禪師頌古虛堂集》卷二，第二三則：「國清寺半月誦戒眾集，拾得拍手曰：『聚頭作相，那事如何？』維那叱之。得曰：『大德且住，無瞋即是戒，心淨即出家。我性與你合，一切法無差。』林泉道：『兩般了也。』」《禪宗集成》第二十冊，頁13687。

〔註263〕《爲霖道霈禪師餐香錄》卷一〈上堂〉，《禪宗集成》第二二冊，頁15011。

所編《萬首唐人絕句》卷十，載寒山〈雜詩〉十首，列此首爲寒山佚詩。〔註264〕由〈拾得錄〉、志南〈三隱集記〉，以及永明延壽言：「天台拾得頌」，應判爲拾得之作。

四、東陽海水清

《寒山子詩一卷附豐干拾得詩一卷·拾得錄》載：

> 東洋海水清，水清復見底。靈源涌法泉，斫水無刀痕。我見頑嚚士，燈心柱須彌。寸樵煮大海，甲抹大地石。蒸砂豈成飯，磨磚將作鏡。說食終不飽，直須著力行。恢恢大丈夫，堂堂六尺士。枉死埋冢間，可惜孤標物。〔註265〕

上爲〈拾得錄〉載拾得書於土地堂壁上，後人所抄之「集語」，此「集語」由寒山、拾得詩中，略可見其原貌，如：「我見頑嚚士，燈心柱須彌。」見於拾得詩〈我見頑鈍人〉；「蒸砂豈成飯，磨磚將作鏡。」見寒山詩〈烝砂擬作飯〉；「說食終不飽，直須著力行。」見寒山詩〈說食終不飽〉〔註266〕，永明延壽首引此拾得「集語」，《宗鏡錄》載：

> 如天台拾得頌云：「東陽海水清，水清復見底。靈源流法泉，斫水刀無痕。我見頑愚士，燈心拄須彌。寸樵煮大海，足抹大地石。蒸沙成飯無，磨甎將爲鏡。說食終不飽，直須著力行。恢恢大丈夫，堂堂六尺士。枉死埋塚下，可惜孤標物。」〔註267〕

以《宗鏡錄》卷三三校之《天祿》宋本〈拾得錄〉，《宗鏡錄》有七處的誤引。〔註268〕永明延壽言此十六句出自「拾得頌」，是將「偈」與「頌」等同看待，

〔註264〕詳見：項楚，《寒山詩注》，頁812。
〔註265〕《寒山子詩一卷附豐干拾得詩一卷》，〈拾得錄·集語〉，頁51～52。
〔註266〕拾得，〈我見頑鈍人〉：「我見頑鈍人，燈心柱須彌。蟻子齧大樹，焉知氣力微。學齒交兩莖菜，言與祖師齊。火急求懺悔，從今輒莫迷。」寒山〈烝砂擬作飯〉：「烝砂擬作飯，臨渴始掘井。用力磨碌磚，那堪將作鏡。佛說元平等，摠有眞如性。但自審思量，不用閒爭競。」寒山〈說食終不飽〉：「說食終不飽，說衣不免寒。飽喫須是飯，著衣方免寒。不解審思量，只道求佛難。迴心即是佛，莫向外頭看。」《寒山子詩一卷附豐干拾得詩一卷》，頁58、17、33。
〔註267〕宋·延壽，《宗鏡錄》卷三三。《大正藏》冊48，第2016號，頁605下21～26。
〔註268〕分別是：「東洋海水清」，《宗鏡錄》作「東陽海水清」；「靈源涌法泉」作「靈源流法泉」；「斫水無刀痕」作「斫水刀無痕」；「我見頑嚚士」作「我見頑愚

至於其誤引的高比例，與上述引寒山詩相同，均是其「信手拈來」所致。拾得「集語」，意爲「集拾得之語」，〈拾得錄〉的作者言「集語」抄自拾得慣常題詩的土地堂壁上，則「集語」之人，應是〈拾得錄〉的作者，《天祿》宋本的刊刻年代，至遲應在延壽（卒於開寶八年，975。）之前。

五、昨夜得個夢

昨夜得一夢，夢見一團空。朝來擬説夢，舉頭又見空。

爲當空是夢，爲復夢是空。想計浮生裏，還同一夢中。〔註269〕

吳山淨端禪師唯一引此詩，《吳山淨端禪師語錄》載：

古人道：「昨夜得個夢，夢見一團空。今朝擬説夢，舉頭又見空。爲

當空是夢，爲復夢是空。料想浮生裏，還同此夢中。」〔註270〕

吳山淨端禪師未言「古人」是拾得，所引亦有三處異文，此詩收於「寬文本」，當視爲拾得佚詩。按：吳山淨端禪師，姓丘，字明表，湖州歸安人，因「觀弄獅子，頓契心法。」叢林號爲「端獅子」〔註271〕，劉誼爲《吳山淨端禪師語錄》作序，言淨端禪師：「於里中石壁間，詩頌頗多，皆如寒山拾得之流，諦寔至理，或有可觀。」〔註272〕曾作〈擬寒山拾得〉二十首的王安石，十分稱賞淨端禪師之偈，《羅湖野錄》載：

（淨端禪師）又嘗往金陵，謁王荊公。以其在朝更新庶務，故作偈曰：

「南無觀世音，説出種種法。眾生業海深，所以難救拔。往往沈沒

者，聲聲怨菩薩。」……荊公平時見端偈語稱賞之。曰：「有本者，

故如是然。」〔註273〕

王安石作〈擬寒山拾得〉，淨端禪師效寒山題詩石壁，同喜寒山、拾得詩，爲

士」；「蒸沙豈成飯」作「蒸沙成飯無」；「磨甎將作鏡」作「磨甎將爲鏡」；「枉死埋塚間」作「枉死埋塚下」。《大正藏》冊48，第2016號，頁605下21～25。

〔註269〕《天祿》宋本之拾得詩未收，成於寬文十一年之《首書寒山詩》（下），載此詩於拾得詩之末，頁22。

〔註270〕《吳山淨端禪師語錄》卷一〈長興壽聖禪寺語錄〉，《禪宗集成》第二三冊，頁15651。《嘉泰普燈錄》卷三〈湖州西余師子淨端禪師〉：「古人道：「昨夜得個夢，夢見一團空。今朝擬説夢，舉頭又見空。」《佛光大藏經》，頁124。

〔註271〕宋·曉瑩集，《羅湖野錄》卷上〈湖州西余淨端禪師〉。《佛光大藏經》，頁349。

〔註272〕宋·劉誼，《吳山端禪師語錄·序》，《禪宗集成》第二三冊，頁15650。

〔註273〕宋·曉瑩集，《羅湖野錄》卷上。《佛光大藏經》，頁350。

二人之相契處。吳山淨端禪師上堂引〈昨夜得個夢〉，前四句亦見於《羅湖野錄》，曉瑩《羅湖野錄・序》，作於「紹興乙亥」，即紹興二十五年（1155），與劉誼作《吳山淨端禪師語錄・序》的「熙寧中」（約 1072），均較志南成於淳熙十六年（1189）的國清寺本還要早，而較國清寺本更早的《天祿》宋本，與國清寺本一樣，均未載〈昨夜得個夢〉，此詩卻見於日本注解寒山詩之版本，可見日本載拾得此詩之註解本，其母本大有探究之必要。

第八章 「天台三聖圖」與〈四睡圖〉

　　自宋至清，禪師之上堂法語爭引寒山、拾得、豐干其人及其詩，是受到《寒山子詩集》（或《寒山詩集》）的流傳，以及〈閭丘僞序〉言三人爲菩薩轉世的影響；此外，自南宋大行的禪宗水墨畫，出現了爲數不少的〈寒山圖〉、〈拾得圖〉、〈豐干圖〉、〈寒山拾得圖〉，以及集三人傳說之大成的〈四睡圖〉（寒山、拾得、豐干、豐干所騎之虎），「天台三聖圖」與〈四睡圖〉的產生，可說是「國清三隱」成爲「天台三聖」的要因之一。元代來華的日本畫僧可翁宗然，師從中峰明本，受中峰明本作〈擬寒山詩〉百首的影響，可翁所繪之〈寒山圖〉，使寒山一躍而成日本國寶，在中、日兩國交流史上，留下不可忽視的一頁，間接使得日本第一個武士政權——鎌倉幕府，以寒山禪作爲精神依止之所。本章首論「天台三聖」一名之由來，以及宋、元禪師爲「天台三聖圖」與〈四睡圖〉作贊的情形；其次，論日本畫僧——默庵靈淵與可翁宗然，二人之「天台三聖」畫作，是受到寒山詩與水墨禪宗人物畫的影響；最後探討「天台三聖圖」與〈四睡圖〉所產生的影響，爲自元代開始，流行至清末仍未衰歇，僧、俗齊和「天台三聖」詩的風潮。

第一節　天台三聖、四睡及其相關作品

　　〈閭丘僞序〉是後代有關「天台三聖」傳說的源頭活水，志南〈三隱集記〉據〈閭丘僞序〉，大力增衍寒山、拾得、豐干事蹟，「國清三隱」一名，於南宋淳熙十六年（1189）底定；繼「國清三隱」之後，寒山、拾得、豐干被稱爲「天台三聖」，「天台三聖」一名的出現，與南宋流行的禪宗水墨畫有關；

寒山、拾得、豐干，與豐干所騎之虎，成了畫家筆下的「天台四睡」，「天台三聖圖」與〈四睡圖〉，加上禪師爲圖作贊，確定了「天台三聖」千古不易之名，「天台三聖」詩與圖的最大影響，是元末明初楚石梵琦禪師的《和天台三聖詩》，全和寒山、拾得、豐干詩三百餘首，繼楚石梵琦和三聖詩者，爲明末石樹濟岳。

一、「天台三聖」之定名與畫作

南宋淳熙五年（1178），大德寺〈五百羅漢圖〉，出現了水墨觀音，當時的畫工，以水墨畫禪宗人物（或佛像），有其市場需求的因素，證此一現象者，爲宋代文人與禪師所作之佛讚、像讚〔註1〕，以及祖師忌日的「掛眞」〔註2〕，住持遷化時，於「法座上掛眞」。〔註3〕上述寒山、拾得被宋代禪師目爲「散聖」，寒山、拾得、豐干的水墨像，即屬於「聖僧」位階，無著道忠〈靈像門〉載：

> 僧堂中央所設像，總稱聖僧，然其像不定，若大乘寺則安文殊，小
> 乘寺則安憍陳如，或賓頭盧；有處用大迦葉，復用空生，如禪刹，
> 則通用不拘。〔註4〕

宋代禪師語錄多提及寒山、拾得、豐干事蹟，南宋禪師於上堂法語亦多引用寒山、拾得詩，寒山、拾得、豐干被視爲「聖僧」予以繪製，與三人「散聖」位階的確定大有關係，爲「天台三聖」一名之所因。志南〈三隱集記〉首標「國清三隱」一名，繼志南之後，將「國清三隱」定名爲「天台三隱」者，

〔註1〕 宋・宗曉編，《樂邦文類》卷二〈讚〉，載有：大智律師元照〈無量壽佛讚〉、蘇軾〈畫阿彌陀像讚〉、惠洪〈李伯時畫彌陀讚〉等。《大正藏》冊47，第1969號，頁180中10～181下2。

〔註2〕 據日本學者研究，《達摩圖》張掛於10月初5日的初祖忌；《出山相》則是在12月初8日，釋迦成道會的佛事上張掛；《涅槃圖》則是在2月15日的涅槃會上使用。參見：嚴雅美〈試論宋元禪宗繪畫〉，《中華佛學研究》第四期，2003年3月。下引版本同。

〔註3〕 宋・宗壽集，《入眾須知》卷一〈當代住持遷化〉：「尊宿遷化，當預先請知事頭首，抄箚分曉書偈，分付庫司一行人主事遺囑，寫諸山書。安排法堂西畔，先淨髮沐浴，著衣趺座。入龕，請一尊宿移龕。移龕定，鳴鐘，集眾，諷經。龕安西邊中央，法座上掛眞。中安排供養。東邊安排床帳、臥具、衣架、手巾、法衣、香卓等。遂發遺書去，諸山請當寺首座作喪主；或外請人，大眾接；或山門祭文，別請喪司書記，及掌財一項人，主其後事，其念誦等儀，具載堂司。須知。」《禪宗集成》第二冊，頁1123。

〔註4〕 〔日〕無著道忠，《禪林象器箋》第五類〈靈像門・聖僧〉（台北縣：彌勒出版社，1982年），頁115。

是希叟紹曇（《希叟和尚廣錄》始於淳祐九年，1249。）之〈天台三隱〉〔註5〕，與無文道燦（盧舟普渡於咸淳九年（1273）跋《無文和尚語錄》）之〈題天台三隱圖〉〔註6〕，而首標「天台三聖」一名者，為希叟紹曇禪師，《希叟和尚廣錄》卷七〈散聖・天台三聖圖〉：

　　原注：「寒山兩手執卷，拾得一手握幕，一手指點，相顧作商量勢。豐干倚杖，立其傍。」滿地埃塵弗掃除，無端商校潑文書。灼然主丈能行令，不到豐干放過渠。〔註7〕

希叟紹曇為徑山無準法嗣，除了首揭寒山、拾得、豐干為「散聖」、「天台三聖」，將「天台三隱」推至「天台三聖」，其對「天台三聖」之景仰，可謂歷代禪師之最，在《語錄》與《廣錄》中，希叟紹曇除了〈贊〉有〈天台三隱〉、〈豐干〉〔註8〕；圖有〈散聖・天台三聖圖〉，〈佛祖贊〉有〈寒山題詩〉、〈拾得磨墨〉〔註9〕；〈散聖〉有〈豐干〉、〈寒拾〉、〈寒拾磨墨題巖〉、〈四睡〉〔註

〔註 5〕　宋・法澄等編，《希叟紹曇禪師廣錄》卷七〈贊・天台三隱〉：「原注：『寒山執卷笑，拾得腰挂門鈎。一手筆一手豎指，作講說勢。豐干立後，作扣齒勢』門鈎弗解開扃，筆筆不能掃地。解說杜撰文書，背後有人切齒。將謂寒山聽信他，不知笑裏暗藏刀。」《禪宗集成》第十七冊，頁 11465。

〔註 6〕　《無文道燦禪師語錄》卷一〈題天台三隱圖〉：「小點大癡，出沒五峯雙碉間，無足怪者。蒼顏白髮彼何人，斯亦甘心入其保社。無端以實事誣人，人又從而誣之，幾不免虎口，吾不知孰爲點孰爲癡也。寒巖漠漠，瑤草離離。安得孰鞭其後，擇其善者而從之。」《禪宗集成》第二五冊，頁 17262。

〔註 7〕　宋・法澄等編，《希叟紹曇禪師廣錄》卷七〈散聖・天台三聖圖〉，《禪宗集成》第十七冊，頁 11471。

〔註 8〕　宋・法澄等編，《希叟紹曇禪師廣錄》卷七〈贊・豐干〉：「加紗挂頭何規矩，眼要看經不識字。差般差樣掣風顛，硬作斑貓騎作虎。道是彌陀，有何本據。閭丘太守，似蘇州子。」《禪宗集成》第十七冊，頁 11465。

〔註 9〕　宋・自悟等編，《希叟紹曇禪師語錄》卷一〈佛祖贊・寒山題詩〉：「國清竊得殘羹飯，也學人前弄竹篦。欲寫斷崖無活句，心如秋月待如何。」〈拾得磨墨〉：「面皮頑惡髮鬅鬆，磨墨元來也不中。冷看佗人書淡字，不知污得布裙濃。」《禪宗集成》第十六冊，頁 11326。

〔註 10〕　宋・《希叟紹曇禪師廣錄》卷七〈贊・豐干〉：「原注：『坐樹下，舉指作說話勢。閭丘相對而笑，虎在邊睡。』冷坐松陰指顧誰，說無義語放憨癡。多方引得閭丘笑，彩好斑斑睡不知。」〈贊・寒拾〉：「原注：『握苕箒，指月笑語。』笑裏藏刀語詐淳，握生苕箒鼓烟塵。謾將心污秋潭月，未必渠儂肯比倫。」〈贊・寒拾磨墨題巖〉：「國清竊了殘羹飯，也學人前弄竹篦。欲寫險崖無活句，心如秋月待如何。可怜拾得，側望徒勞，墨有消時恨不消。」〈贊・四睡〉：「人無害虎心，虎無傷人意。彼此不關防，何妨打覺睡。」《禪宗集成》第十七冊，頁 11469～11471。

10），觀希叟紹曇住山語錄所引寒山、拾得、豐干〔註11〕，南宋時「天台三聖」
一名之流行，希叟紹曇應居首功。自北宋釋子與文人爭引寒山、拾得、豐干
其詩及其事，「天台三聖」之畫像與畫贊隨之應運而生，最早畫寒山、拾得像
者，爲北宋擇隆，史容爲山谷詩集作注，言僧隆畫寒山、拾得最稱妙絕〔註12〕，
後代之寒山、拾得畫，具豐碑作用者，當屬梁楷的〈寒山拾得圖〉。

　　梁楷，生卒年不詳，代表作有〈太白行吟圖〉、〈六祖圖〉，梁楷以減筆畫
加上潑墨寫意人物畫聞名於世，畫風粗獷豪放，人稱「梁風子」〔註13〕；梁
楷任畫院待詔時，曾把宋寧宗御賜，被視爲無上殊榮的金帶掛在畫院，不辭
而別飄然遠去，北磵居簡禪師（1164～1246）〈詠梁楷寒山拾得〉寫道：「梁楷惜
墨如惜金，醒來亦復成淋漓。……。按圖絕叫喜欲飛，掉筆授我使我題。」〔註
14〕北磵居簡似曾親眼目睹梁楷作畫，將梁楷作畫時的狂態，形容得入木三分，
言：「掉筆授我使我題」，北磵居簡之〈贊・寒山〉：「寒山指出，拾得執指。
不曾見月，矮子看戲。」〔註15〕是否爲梁楷〈寒山拾得〉畫所作之題詞，有
待詳考。

　　梁楷的弟子李碓畫有〈豐干圖〉，偃溪廣聞禪師（1189～1263）爲作〈豐干
贊〉，從梁楷與李碓師徒二人畫寒山、拾得、豐干，即有當代禪師爲之寫詩作
贊，可知圖先贊後；此外，遲至南宋，以水墨所畫的「天台三聖圖」與「四
睡圖」已大爲風行（詳見下表），較梁楷擔任待詔的寧宗嘉泰年間（1201～1204）
更早的，是呂本中（1084～1145）〈觀賓子儀所蓄維摩寒山拾得唐畫歌〉：「君不
見，寒山子垢面蓬頭何所似，戲拈柱杖喚拾公，似是同游國清寺。」〔註16〕

〔註11〕詳見：葉珠紅《寒山資料類編》，頁95～98。
〔註12〕宋・史容撰注，《山谷外集詩註》卷九〈題落星寺〉：「畫圖妙絕（一作絕筆）
　　　　無人知。」史容注云：「元注云：『僧隆畫甚富，而寒山、拾得畫最妙。』」《四
　　　　部叢刊》，續編，集部，頁3。
〔註13〕元・夏文彥，《圖繪寶鑑》卷第四：「梁楷，東平相義之後，善畫人物、山水、
　　　　道釋鬼神，師賈師古，描寫飄逸，青過於藍。嘉泰年畫院待詔，賜金帶，楷
　　　　不受，挂於院內，嗜酒，自號樂曰梁風子。院人見其精妙之筆，無不敬伏。」
　　　　《叢書集成初編》（北京：中華書局，1985年），頁69～70。
〔註14〕宋・居簡，《北磵詩集》卷四〈贈御前梁宮幹〉，《禪門逸書》初編第五冊，頁
　　　　42。
〔註15〕宋・大觀編，《北磵居簡禪師語錄》卷一〈贊・寒山〉，《禪宗集成》第十五冊，
　　　　頁10305。
〔註16〕宋・呂本中，《東萊先生詩集》卷三〈觀賓子儀所蓄維摩寒山拾得唐畫歌〉：「君
　　　　不見寒山子，垢面蓬頭何所似，戲拈柱杖喚拾公，似是同游國清寺；又不見

惜呂本中所提甯子儀所藏之「唐畫」，未明言畫者爲誰，亦未能確定是否較史容言擇隆畫〈寒山拾得〉爲早。

「三聖」形像的完成，由〈閭丘僞序〉記豐干毛遂自薦替閭丘胤治頭疾，到豐干禪師道出：「寒山文殊」、「拾得普賢」，再到寒山向閭丘胤言豐干是「彌陀再來」〔註17〕〈閭丘僞序〉的作者安排三人爲菩薩應現的情節，可說是迴還呼應，別具用心；豐干在國清寺，平日並無特出行徑，〈閭丘僞序〉言豐干：「騎虎松徑來入國清」、「京輦與胤救疾」，加上寒山對閭丘胤暗示豐干是「彌陀再來」，最重要的，是志南〈三隱集記〉之型塑豐干的禪師形象（詳見第三章第一節），豐干所騎之虎，也因一人得道之故，與「天台三聖」並列，成了南宋時期，「天台三聖」傳說中不可少的一員，「天台四睡」，指的是寒山、拾得、豐干，以及豐干所騎之虎，如上所述，禪師因見「天台三聖圖」而作贊，〈四睡圖〉亦然，試表列如下：

作者及年代	相關語錄	畫　作	畫　贊	附　註
梁楷		〈寒山拾得圖〉		宋寧宗嘉泰年間爲畫院待詔。（1201～1204）
李確		〈豐干圖〉		咸淳年間爲畫院祗候。（1265～1274）
北磵居簡禪師（1164～1246）			〈詠梁楷寒山拾得〉	
石橋可宣			〈豐干圖贊〉、〈寒山拾得圖贊〉，上有「徑山」二字。	石橋可宣於嘉定庚午（1210），詔住徑山。見《佛祖綱目》卷39。
如淨和尚	〈四睡圖〉			《如淨和尚語錄》成於紹定二年，1229。

維摩老，結習已空無可道，牀頭誰是散花人，墮地紛紛不須掃。嗚呼！妙處雖在不得言，尚有丹青傳百年。請公着眼落筆前，令我琢句逃幽禪。異時淨社看白蓮，莫忘只今香火緣。」《四部叢刊》，續編，集部。上海涵芬樓景印中華學藝社借照日本內閣文庫藏宋刊本（台北：台灣商務印書館，1966年），頁8。

〔註17〕《寒山子詩一卷附豐干拾得詩一卷》，頁1～2。

作者及年代	相關語錄	畫　作	畫　贊	附　註
笑翁妙堪 （1177～1248）	〈四睡〉			
大川普濟 （1179～1253）	〈四睡〉			
無準師範 （1178～1249）	〈豐干寒拾虎四睡〉			
希叟紹曇	〈四睡〉			
西巖了慧 （1198～1262）	〈四睡〉	〈寒山圖〉		
無門慧開 （1183～1260）	〈天台四睡〉			
虛堂智愚 （1185～1269）	〈四睡〉		〈傳牧谿寒山拾得贊〉	
石田法薰 （1171～1245）	〈豐干寒山拾得圖〉、〈寒山拾得望月〉、〈四睡圖〉		〈贊豐干〉	
偃溪廣聞 （1189～1263）			〈豐干贊〉（李確〈豐干圖〉）	
牧谿法常（卒年約1270～1293）		〈寒山拾得豐干圖〉		
虎岩淨伏（卒於元大德7年，1303）			〈寒山圖贊〉、〈拾得圖贊〉	
一山一寧 （1247～）			〈寒山圖贊〉	《釋氏疑年錄》言一山一寧卒於延祐四年，1317。頁430。
樵隱悟逸（元統二年卒，1334）	〈四睡〉			
平石如砥 （1268～？）			〈四睡圖贊〉	《釋氏疑年錄》言平石如砥卒於至正十年，1350。頁443。

作者及年代	相關語錄	畫 作	畫 贊	附 註
月江正印			〈傳因陀羅寒山拾得圖贊〉	元至正間（至正共 27 年，1341～1367）奉旨金山建水陸大會。
華國子文（1269～1351）			〈四睡圖贊〉	
了菴清欲（1288～1363）	〈四睡〉			
大千慧照（1289～1373）			〈寒山圖贊〉	
楚石梵琦（1296～1370）			〈寒山拾得圖（禪機圖斷卷）贊〉	
因陀羅（年代約與楚石梵琦同）		〈寒山拾得圖〉		
夢堂曇噩（1285～1373）			〈四睡圖贊〉	按：《佛祖綱目》卷 41，作無夢曇噩。
清遠文林（元末明初）			〈傳因陀羅寒山拾得圖贊〉	
祥符紹密			〈四睡圖贊〉（日僧默庵靈淵〈四睡圖〉）	

二、有關「天台四睡」之禪師語錄

自南宋起，禪師語錄中，伴隨著「天台三聖」傳說，產生爲數不少有關〈四睡〉（或〈天台四睡〉）的作品，笑翁妙堪禪師〈四睡〉載：

拾得寒山笑未休，豐干騎虎趁閭丘。

而今依舊成羣伍，不是冤家不聚頭。〔註18〕

〈閭丘僞序〉載：「（閭丘胤）遂至廚中灶前，見兩人（寒山、拾得）向火大笑。胤

〔註18〕 清‧性音編，《禪宗雜毒海》卷一。《禪宗集成》第五冊，頁 3296。有關笑翁妙堪禪師之卒年，陳垣《釋氏疑年錄》據《釋氏稽古略》卷四、《佛祖綱目》卷三九，定淳祐八年（1248）卒。參見：《陳援菴先生全集》第十冊，頁 405。

便禮拜，二人連聲喝胤，自相把手，呵呵大笑。」笑翁妙堪禪師的〈四睡〉，首句便是根據〈閭丘僞序〉載閭丘胤見寒山、拾得之情節；〈閭丘僞序〉以及志南〈三隱集記〉，均記豐干騎虎入國清寺，並未言豐干騎虎見閭丘胤，第二句「豐干騎虎趁閭丘」，爲笑翁妙堪禪師個人之創發，同樣的情形亦見於大川普濟禪師〈四睡〉：

> 離了峨嵋別五台，倒騎白額下天台。
>
> 松間石上夢中夢，喚得閭丘太守回。〔註 19〕

志南〈三隱集記〉載豐干邀寒山同遊五台〔註 20〕，未言豐干曾上峨嵋山，大川普濟言豐干禪師「離了峨嵋別五台」，與笑翁妙堪之「豐干騎虎趁閭丘」，同樣是對豐干傳說之增衍附會。除了「天台三聖」傳說之增衍外，另有探討人虎相親的禪師語錄，如：無準師範禪師〈豐干寒拾虎四睡〉：

> 善者未必善，惡者未必惡。彼此不忘懷，如何睡得著。
>
> 惡者難爲善，善者難爲惡。老虎既忘機，如何睡不著。〔註 21〕

無準師範禪師言人與虎之「忘機」，其法嗣希叟紹曇與西巖了慧均受其影響〔註22〕；無門慧開禪師〈天台四睡〉：「既是伏爪藏牙，不用三頭六臂。只圖夢裡惺惺，任疑大虫瞌睡。」〔註 23〕與樵隱悟逸禪師〈四睡〉：「人虎爲群，是何火伴。心面不同，夢想變亂。風撼松門春色晚。」〔註 24〕意均同於無準師範，強調人虎之「忘機」。

〔註 19〕《大川普濟禪師語錄》卷一〈四睡〉。按：其頌寒山亦與他人小異，〈寒山〉：「採樵沿嶺去，提水傍谿歸。个般無出豁，七佛不曾師。」《禪宗集成》第十五冊，頁 10483。

〔註 20〕宋‧志南，〈天台山國清禪寺三隱集記〉：「師謂寒曰：『汝與我遊五台，即我同流，若不與我去，非我同流。』曰：『我不去。』師曰：『汝不是我同流。』寒問汝去五台作什麼？曰：『我去禮文殊。』曰：『汝不是我同流。』尋獨入五台，逢一老翁，問：『莫是文殊否？』曰：『豈有二文殊。』及作禮，忽不見，回天台而化。」明嘉靖四年天台國清寺道會刊本，頁 50～51。按：志南記豐干邀寒山遊五台，此情節未見於〈閭丘僞序〉，大川普濟言豐干離峨嵋、別五台，是就〈閭丘僞序〉加以附會。

〔註 21〕《無準師範禪師語錄》卷五，《禪宗集成》第十六冊，頁 11097。

〔註 22〕《希叟紹曇禪師廣錄》卷七〈四睡〉：「人無害虎心，虎無傷人意。彼此不關防，何妨打覺睡。」《禪宗集成》第十七冊，頁 11471。《西巖了慧禪師語錄》卷下〈四睡〉：「人兮不羈，虎兮不縛。是四憨癡，成一火落。雖然合眼只一般，也有睡著睡不著。無固無必，挨肩（左木右尤）膝。人夢不祥，虎夢大吉。世上有誰知，天台雲冪冪。」《禪宗集成》第十七冊，頁 11512。

〔註 23〕《無門慧開禪師語錄》卷二，《禪宗集成》第十四冊，頁 9680。

〔註 24〕《樵隱悟逸禪師語錄》卷下，《禪宗集成》第二五冊，頁 17348。

　　針對〈天台四睡〉，除了「忘機」說，還有凸顯四睡之「疊睡」情景者，如：虛堂智愚〈四睡〉：「豐干拾得寒山子，靠倒無毛老大蟲。合火門頭同做夢，不知明月上高峰。」〔註25〕在「疊睡」圖中，藉圖寓意者，如：月磵禪師〈讚豐干寒拾虎四睡圖〉：「虎依人，人靠虎，一物我，忘亦汝。肚裏各自惺惺，且作團打覺睦，誰管人間今與古。」〔註26〕月磵禪師齊一物我，不管人間今古，頗似莊子；偃溪廣聞禪師〈四睡圖〉：「睡時遞相枕藉，醒後互相熱謾。笑中有刃，用處多姦。看來人斑，寧可虎斑。」〔註27〕偃溪廣聞認為人不如虎的原因，在於人之機關算盡，石田法薰則是套用「莊周夢蝶」語，其〈四睡圖〉寫道：

　　　　一等騎虎來，兩箇挨肩去。松門外聚頭，輥作一處睡。夢蝶栩栩不

　　　　知，孰為人孰為虎。待渠眼若開時，南山有一轉語。〔註28〕

石田法薰有關「天台三聖圖」之語錄〔註29〕，數量堪與希叟紹曇比並，在《石田法薰禪師語錄》中，〈四睡圖〉是置於〈讚佛祖〉下，石田法薰禪師在「轉語」處戛然而止〔註30〕，可見〈四睡〉在他心中，妙在難以與人言說。有關〈四睡圖〉之禪師語錄，以如淨和尚所形容的最堪咀嚼，《如淨和尚語錄》載：

　　　　拾得寒山老虎豐干，睡到驢年，也太無端。咦！驀地起來開活眼，

　　　　許多妖怪自相瞞。〔註31〕

─────────

〔註25〕清・性音編，《禪宗雜毒海》卷一，《禪宗集成》第五冊，頁3296。

〔註26〕《月磵禪師語錄》卷下，《禪宗集成》第二五冊，頁17324。

〔註27〕《偃溪廣聞禪師語錄》卷下，《禪宗集成》第十五冊，頁10446～10447。

〔註28〕《石田法薰禪師語錄》卷四，《禪宗集成》第十六冊，頁11214。

〔註29〕按：石田法薰禪師（卒於淳祐五年，1245。）贊「天台三聖」之作，集中在《語錄》卷四：〈豐干寒山拾得圖〉：「三人必有我師，臭肉元同一味。把手聚頭，蘇盧悉里。只因一等饒舌，兩箇隱身無地。可惜當初國清寺裏，一隊懵憧師僧，更沒些子意智。」此是根據〈閭丘偽序〉中，寒山點出豐干為彌陀再來，謂豐干「饒舌」。〈寒山拾得望月〉：「木葉題詩，寺廚執爨。遇夜乘閒，林間舒散。一片冰壺無影像，分明照破渠肝膽。堪笑當時天台山，中也無一箇具眼。」此則同樣是據〈閭丘偽序〉，「木葉題詩」為寒山；「寺廚執爨」是拾得；「冰壺無影像」是志南〈三隱集記〉，寒山問豐干之語。〈贊豐干〉：「走松門，尋寒拾。虎斑易見，人斑難識。識不識，惡聲惡跡成狼藉。」其中之「人斑」、「虎斑」，後為偃溪廣聞（卒於理宗景定四年，1263。）〈四睡圖〉所襲用。參見：《石田法薰禪師語錄》卷四。《禪宗集成》第十六冊，頁11214～11215。

〔註30〕禪宗將能轉動對方心意，使之大悟的隻字片語，稱為「轉語」。

〔註31〕《如淨和尚語錄》卷下〈讚佛祖・四睡圖〉，《大正藏》冊48，第2002A號，頁131上14～16。

永明延壽寫作《宗鏡錄》，時任永明禪寺（後改爲淨慈寺）第一任住持；如淨行腳四十餘年，六坐道場，二住淨慈寺，其辭世頌云：「六十六年罪犯，彌天打箇〔跳－兆＋字〕跳，活陷黃泉。咦！從來生死不相干。」〔註32〕言「四睡」睡到驢年馬月，醒來的結果是：「妖怪自相瞞」，觀如淨〈辭世頌〉，再看其〈讚佛祖・四睡圖〉，乃如淨對「天台三聖」之最高禮敬；到了元代，了菴清欲禪師，將宋代有關「四睡」的形象集其大成，《了菴清欲禪師語錄》載：

> 閉眉合眼人如虎，伏爪藏牙虎似人。夢裡乾坤無彼我，綠鋪平野草成茵。咄哉豐干，抱虎而睡；拾得寒山，正在夢裡。可憐惺惺人，未能笑得你。〔註33〕

了菴清欲之「可憐惺惺人，未能笑得你。」是化用了拾得詩〈出家要清閑〉一詩之末二句：「可憐無事人，未能笑得尒。」〔註34〕綜合以上禪師針對「天台三聖」傳說，以及〈四睡圖〉的意境，對〈四睡〉（或〈天台四睡〉）予以闡發的，以南宋禪師居多，可見〈四睡圖〉的出現，與禪師有關〈四睡〉的語錄，是互爲影響的。除了「四睡」，寒山、拾得亦名列「四仙」，李日華《六研齋筆記》載：

> 雪中展黃越石攜來四仙古像，一爲鐵拐李，坐石上對懸瀑，仰視天際，隱隱一鐵拐飛行空中；一爲海蟾子，哆口蓬髮，一蟾玉色者，戲踞其頂，手執一桃，連花葉鮮活如生，背綠竹六莖，不見枝梢；一爲寒山子，倚絕壁雙手展卷，若題詩竟而自爲吟諷者；一爲拾得，趺大松根，植苔帶於傍松，當拾得之背旁，又各濶四、五寸人不盡松，深山絕壑中眞景物也。〔註35〕

黃越石，汪砢玉《珊瑚網》作「王越石」（按：江浙口音王、黃不分），本名王廷珸，越石爲其字，徽州居安人，係骨董世家，爲往來江南各地的書畫商人，汪砢玉、李日華、董其昌等明末清初文人多與之進行藝術品交易〔註36〕，由上述黃越石給李日華看的「四仙古像」，可知寒山、拾得在明、清二代，已名列「四

〔註32〕《如淨和尚語錄》卷下〈師六坐道場未稟承眾或是請師云待我涅槃堂裡拈出果臨終拈香云〉，《大正藏》冊48，第2002A號，頁133上10～11。

〔註33〕《了菴清欲禪師語錄》卷五〈四睡〉，《禪宗集成》第十九冊，頁12826。

〔註34〕《寒山子詩一卷附豐干拾得詩一卷》：「出家要清閑，清閑即爲貴。如何塵外人，卻入塵埃裏。一向迷本心，終朝役名利。名利得到身，形容已顦顇。況復不遂者，應用平生志。可憐無事人，未能笑得尒。」頁53。

〔註35〕明・李日華，《六研齋筆記》卷一，《四庫全書》珍本七集，頁27。

〔註36〕張長虹，〈明末清初江南藝術市場與藝術交易人〉，《故宮博物院院刊》，2006年2月。

仙」之二，明、清時期，寒山、拾得已被奉爲「和合二仙」（詳見第八章），以此知寒、拾的「四仙」身分與「和合二仙」，是同時並存的。

第二節　默庵靈淵、可翁宗然與「天台三聖圖」

　　十四世紀的日本，在鎌倉後期南北朝前期，出現了兩位最早畫「天台三聖」傳說的畫家——默庵靈淵與可翁宗然，默庵靈淵作有〈寒山圖〉、〈四睡圖〉；可翁宗然作有〈寒山圖〉、〈拾得圖〉，1952 年，日本政府將可翁宗然所繪〈寒山圖〉定爲國寶，1977 年印成郵票，從北宋時，日僧成尋託人帶回寒山詩，到可翁宗然繪〈寒山圖〉，寒山征服日本士庶近三百年，在可翁宗然筆下的寒山，其模樣爲：立於山崖旁，頭髮亂如蓬草，腹部大腆於前，雙手交於身後，翹首遠眺的眼神中，藏著若有似無的笑意，一派紅塵是非不到，睟面盎背的隱隱法喜。

　　自 1958 年起，寒山詩在美國大學校園開始流行，其因緣與可翁宗然〈寒山圖〉有關。美國詩人史耐德（Gary Snyder），於〈寒山詩序〉提到在 1953 年美國舉辦的日本畫展中，初見〈寒山圖〉，史耐德因見〈寒山圖〉開始親近寒山，翻譯了二十四首寒山詩，美國披頭一代（The B eat Generation）重要的小說家克洛厄（Jack Kerouac），於《法丐》（The Dharma Bums，又譯爲《達摩浪人》。）一書中，把寒山和史奈德同奉爲 The Beat Generation 的精神領袖，中國唐朝詩人寒山，成了美國嬉皮的祖師爺〔註37〕，挑動史耐德內心深處的寒山，史耐德在〈寒山詩序〉言：「衣衫破爛，長髮飛揚，在風裏大笑的人，手握著一個捲軸，立在山中的一個高巖上。」史耐德心中的寒山，與可翁宗然所畫的寒山有幾分相似，相似的原因，得從元代來華的日本畫僧默庵靈淵與可翁宗然，學習寒山詩與中國禪宗水墨人物畫說起。

　　南宋淳熙五年（1178），大德寺的〈五百羅漢圖〉，羅漢手中所展之觀音圖，爲禪宗式的水墨觀音〔註 38〕，南宋禪宗水墨人物畫，對日本畫僧默庵靈淵與可翁宗然的影響肇始於此，比較可翁宗然的〈寒山圖〉，與元代佚名所作，明代大千慧照禪師（卒於洪武 6 年，1373。）親筆作贊之〈寒山圖〉，有九分神似，

〔註37〕參見：鍾玲，〈寒山在東方和西方文學界的地位〉。詳見：葉珠紅《寒山資料類編·序》。
〔註38〕嚴雅美，〈試論宋元禪宗繪畫〉，《中華佛學研究》第四期，2003 年 3 月，頁 214。

似爲同出一人之手。〔註39〕可翁宗然與同行日僧，於元英宗延祐七年（1320）
正月，參見天目中峰明本禪師〔註40〕，《天目明本禪師雜錄》載：

> 少林直指無枝葉，接響承虛自言説。潦倒中峰力掃除，據古明今成
> 漏泄。行藏我已知其端，扁舟出沒烟濤寒。太湖嚇殺李八伯，不許
> 餘子探頭看。擬得寒山詩幾首，空裏猛風翻石臼。飄落人間幾箇知，
> 露柱燈籠開笑口。〔註41〕

清茂禪師證實中峰明本曾擬寒山詩，實際上，中峰明本所作〈擬寒山詩〉高
達百首〔註42〕，在此一因緣下，師從中峰明本的可翁宗然，其畫〈寒山圖〉
可謂因緣俱足，徑山希陵禪師形容中峰明本：「非具大眼目破的大鉗鎚手，未
易入其閫域與之共議也。」〔註43〕中峰明本禪師對日本僧團的開示，見〈示
海東諸禪人〉：

> 今朝明朝新歲舊歲，生死無常隨群逐隊。世法與佛法都不要理會，
> 單單一箇所參話。頓在蒲團禪板邊，誰管你三十年二十年。滅卻身
> 心死卻意氣，精進上加精進，勇銳中添勇銳。捱到情忘見盡時，箇
> 箇心空眞及第。〔註44〕

中峰明本對日本僧團的開示明白如話，除了歲末之際，另見〈重陽示海東諸
禪人〉〔註45〕，「所參那一句」以及「單單一箇所參話」，對僧團成員之一的

〔註39〕 詳見：葉珠紅《寒山詩集論叢·附錄》，頁 336、338。

〔註40〕 按：當時日僧登天目山參叩中峰明本禪師的人數很多，有遠溪祖雄、可翁宗
然、嵩山居中、大樸玄素、復庵宗已、孤峰覺明、別源圓旨、明叟齊哲、平
田慈均、無礙妙謙、古先印元、業海本淨、祖繼大智等人。

〔註41〕 《天目明本禪師雜錄》卷下。《禪宗集成》第十七冊，頁 11949。

〔註42〕 《天目中峰和尚廣錄》卷第十七。上海：景印宋平江府陳湖磧砂延聖院刊本，
1936 年。

〔註43〕 《天目明本禪師雜錄》卷下：「獅子巖中峰禪師，徹法源底，廓同太虛，百千
無量妙義皆從性海中滔滔流出，自然超宗越格，破胎息妄，傳正合圓，悟祖
師意，鬪義解流，謂從信心銘起，亦古人未論至此也。擬寒山百篇，辯七徵
八還，及說如幻法五者，總名曰：一華五葉。無非發揚佛祖向上一著，如珠
在盤不撥自轉，非具大眼目破的大鉗鎚手，未易入其閫域與之共議也。」《禪
宗集成》第十七冊，頁 11950。

〔註44〕 《天目明本禪師雜錄》卷中〈示海東諸禪人〉，《禪宗集成》第十七冊，頁
11905。

〔註45〕 《天目明本禪師雜錄》卷中〈重陽示海東諸禪人〉：「今朝九月九，黃花處處
有。所參那一句，但拚長遠守。守到心孔開，決定無前後。東海鯉魚飛上天，
驚起法身藏北斗。」《禪宗集成》第十七冊，頁 11905。

可翁宗然，其留山三年的決定，以及讀寒山詩畫寒山圖，起到一定程度的影響，明本〈示海東可翁然禪人〉寫道：

> 可翁首座負聰明之姿，有決了死生之大志。無端〔宋一木＋取〕初沾惹了一種相似知解，三餘年留山中，近方信得及，不爲知解所惑。
>
> 兹忽起鄉念，立大志。盡其晚年力究深窮，以期正悟。〔註46〕

中峰明本對可翁宗然的最大影響，是藉寒山詩助其破除「相似知解」；與可翁宗然一樣，返國後喜畫寒山的，還有默庵靈淵，其作品被足利義滿（1358～1408）與足利義政（1435～1490）所珍藏，默庵靈淵約於元代元統元年（1333）到中國〔註47〕，他的〈寒山圖〉與〈四睡圖〉是仿照牧谿法常的畫風；牧谿法常，生卒年不詳，作有〈寒山拾得豐干圖〉，牧谿法常的畫風是「山水樹石人物，皆隨筆點墨而成，意思簡當，不假裝飾。」〔註48〕牧谿法常之所以被稱爲「日本畫道的大恩人」，就在於他的畫風啓發了默庵靈淵與可翁宗然。

牧谿法常之「隨筆點墨而成」，著重線條之靈活，「簡約疏闊，恣意酣暢。」〔註49〕上述梁楷之「減筆畫」，寥寥數筆便能勾勒出人物神情，牧谿法常之師意梁楷，見吳太素《松齋梅譜》，吳太素言牧谿法常「造語傷貫似道，廣捕，而避罪於越丘氏家。」牧谿法常被追捕時，曾躲在武林長相寺，長相寺就在靈隱寺附近，梁楷曾經爲靈隱寺僧作畫，牧谿法常於靈隱寺受到梁楷畫作的啓發〔註50〕，承自梁楷的減筆、潑墨畫風，加上隨筆點畫、不假裝飾，牧谿法常影響了默庵靈淵與可翁宗然，替日本第一個武士政權——鎌倉幕府，以禪宗作爲新政權的新信仰，找到了依託點，自默庵靈淵與可翁宗然之後，日本開始有了東洋味十足的「寒山、拾得」畫作〔註51〕，日本之「天台三聖圖」，如：寒山手臂掛竹筒、展卷、手拿竹箒等，不論其細節爲何，其線條之恣適與筆墨之淋漓，南宋禪宗水墨畫無疑爲其母源。

〔註46〕《天目明本禪師雜錄》卷中。《禪宗集成》第十七冊，頁 11907。

〔註47〕羅時進，〈日本寒山題材畫作及其淵源〉：「默庵靈淵等日本畫師都曾入宋」《文藝研究》2005 年第 3 期。下引版本同。按：默庵靈淵來華時間與可翁宗然接近，上引可翁宗然在元代中峰明本禪師身旁三年，「入宋」應爲「入元」。

〔註48〕清‧孫岳頒等撰，《御定佩文齋書畫譜》第四冊，卷八十四〈宋釋瀁常畫花果翎毛〉，（上海古籍出版社，1991 年），頁 606。

〔註49〕參見：李芃，〈畫壇獨步說梁楷〉，《荷澤師專學報》2000 年 2 月。

〔註50〕參見：高金玉，〈佛緣禪思——從梁楷的減筆體到牧溪的道釋人物畫〉，《南京藝術學院學報》2004 年 2 月。

〔註51〕參見：羅時進，〈日本寒山題材畫作及其淵源〉。

由〈閭丘僞序〉以及〈三隱集記〉所載之寒山、拾得、豐干事蹟，可以肯定「天台三聖」傳說，至南宋已完全成型，而自北宋開始，歷代文人與禪師語錄，對三聖傳說的踵事增華，產生了「天台三聖圖」、「四睡圖」的流傳，南宋傑出水墨禪宗人物畫家——梁楷與牧谿法常，梁楷的減筆、潑墨寫意，以及牧谿法常的「隨筆點墨而成」，啓發了日本禪宗畫僧——默庵靈淵與可翁宗然，可翁宗然之〈寒山圖〉，引發日本畫家爭畫「天台三聖圖」，近人鈴木大拙將禪學引渡歐美時，不忘介紹寒山詩，寒山詩與寒山畫廣傳異域，日人之功不應忽視。

第三節　和天台三聖詩

「天台三聖」一名，與南宋流行的禪宗水墨畫，有密不可分的關係，「天台三聖圖」與〈四睡圖〉的出現，使喜愛寒山詩的禪師爲圖畫作贊，奠定寒山、拾得、豐干的「散聖」地位的「天台三聖」一名，在禪宗水墨人物畫，以及禪師論畫的語錄中廣傳開來；此外，南宋希叟紹曇禪師，將志南〈三隱集記〉之「國清三隱」，進一步推爲「天台三聖」，而使「天台三聖」一名廣布人間的，是楚石梵琦與石樹濟岳的和天台三聖詩，《天台三聖二和詩集》的刊印，正式確定了「天台三聖」千古不易之名。

一、楚石梵琦《和天台三聖詩》

楚石梵琦，明州象山人，俗姓朱，生於元貞二年（1296），卒於洪武三年（1370），高麗、日本學者慕其學，宋濂〈佛日普照慧辯禪師塔銘有序〉、至仁〈楚石和尚行狀〉，均言楚石梵琦和寒山、拾得、豐干詩，乃遊戲翰墨之作〔註52〕，楚石梵琦《和天台三聖詩·序》云：

> 天台三聖詩，流布人間尚矣。古今擬詠非一，而未有次其韻者。余不揆凡陋，輒撰次和之，殆類摸象耳。雖然象之耳，亦豈外於似箕之言哉。〔註53〕

除了《和天台三聖詩集》，楚石尚著有《六會語錄》、《淨土詩》、《上生偈》、《北

〔註52〕　明·宋濂，〈佛日普照慧辯禪師塔銘有序〉、至仁〈楚石和尚行狀〉，《佛日普照慧辯楚石禪師語錄》卷第二十。《禪宗集成》第二十冊，頁 13444～13445、13442。

〔註53〕　《合訂天台三聖二和詩集》，《寒山詩集》附豐干、拾得、楚石、石樹原詩，據上海法藏寺募刻揚州藏經院藏版，頁 70。

游》、《鳳山》、《西齋》三集等，幻輪譽楚石爲「國初第一等宗師」〔註54〕，足證其和天台三聖詩，絕非捫象之作；《和天台三聖詩集》刊刻於至正十八年（1358），晟藏主編次，楚石六十歲時（至正十六年，1356）爲詩集作序，求了菴清欲禪師題詞，清欲之題詞，可代表釋門對楚石和天台三聖詩之評價，題曰：

富哉三聖詩，妙處絕言跡。擬之唯法燈，和之獨楚石。

十虛可銷殞，一字難改易。灌頂甘露漿，何人不蒙益。〔註55〕

了菴清欲，別號南堂遺老，卒於至正二十三年（1363），在《了菴清欲禪師語錄》中，多見清欲受寒山詩之影響，如：結夏時上堂，清欲曾以圓悟和尚「寒山子作麼生？」爲話頭，以「狸奴白牯無消息，拾得寒山笑滿腮。」作結語〔註56〕；住開福禪寺上堂開示，以「寒山拾得」爲截流句。〔註57〕住本覺禪寺中秋上堂，言：「寒山撫掌笑呵呵，夜來月向西邊落。」〔註58〕此外，更直接贊寒山、拾得爲「大士」，《了菴清欲禪師語錄·贊語》載：

混俗威儀，出塵標格。見个甚麼，自笑自拍。明月清風三百篇，流落人間無處著。展開經卷，橫看豎看。腳瘦鞋寬，頭鬅眼眩。萬行門中一法無，手面神機日千變。兩眼覷地，隻手指天。應得好拍，走不上前。國清寺裡齋鐘響，孤負巖西瀑布泉。一笑相看兩弟兄，面皮塵土髮鬅鬙。驚人有句無題目，説與森羅萬象聽。〔註59〕

除了贊寒山、拾得，了菴清欲亦有贊〈四睡〉之作〔註60〕，「展開經卷，橫看

〔註54〕 明·幻輪編，《釋鑑稽古略續集》卷二〈楚石禪師〉，《大正藏》第 49 冊，第 2038 號，頁 923 下 29～924 上 2。

〔註55〕 《合訂天台三聖二和詩集》，頁 66。

〔註56〕 《了菴清欲禪師語錄》卷一〈初住集慶路中山開福禪寺語錄〉：「開福結夏已十五日了也，堂中兄弟，盡是諸方煆了底金，總不須問著，行但行，住但住，坐但坐，臥但臥。忽若露柱著衫南岳去，燈籠沿壁上天台。狸奴白牯無消息，拾得寒山笑滿腮。山僧卻有箇細大法門，爲汝説破。」《禪宗集成》第十九冊，頁 12728。

〔註57〕 《了菴清欲禪師語錄》卷一〈初住集慶路中山開福禪寺語錄〉：「上堂，眞不掩僞，曲不藏直。一句截流，萬機寢息。拈拄杖卓一下云：『寒山拾得。』」《禪宗集成》第十九冊，頁 12729。

〔註58〕 《了菴清欲禪師語錄》卷二〈住嘉興路本覺禪寺語錄〉：「中秋上堂。久矣不上堂，口邊生白醭。侍者來燒請法香，拈出秦時舊車度轆。金剛腦後下一錐，空裡磨盤生八角。寒山撫掌笑呵呵，夜來月向西邊落。」《禪宗集成》第十九冊，頁 12745。

〔註59〕 《了菴清欲禪師語錄》卷五〈贊語·寒拾二大士〉，《禪宗集成》第十九冊，頁 12825。

〔註60〕 《了菴清欲禪師語錄》卷五〈贊語·四睡〉：「閉眉合眼人如虎，伏爪藏牙虎似人。夢裡乾坤無彼我，綠鋪平野草成茵。咄哉豐干，抱虎而睡。拾得寒山，正在夢裡。可憐惺惺人，未能笑得你。」《禪宗集成》第十九冊，頁 12826。

豎看。」與豐干抱虎而睡，是根據由宋至元廣傳的〈寒山圖〉與〈四睡圖〉〔註61〕，除了上述與「佛事」等有關之「贊語」，了菴清欲之「文事」，亦多與寒山、拾得有關〔註62〕，〈次松月法兄韻送杲上人〉寫道：

> ……。朗誦寒山三百篇，何待拈花發微笑。我觀古佛松月翁，老氣往往吞長虹。不知禪源倒溟渤，俱覺筆陣驅雷風。普應群機了無怠，天瑞流芳轉光采。撲碎驪龍頷下珠，一粟眞堪眇滄海。〔註63〕

了菴清欲於佛事、文事，均不忘提及寒山，堪稱元代之寒山知己，其應晟藏主之請，爲楚石梵琦和三聖詩題詞，可謂不二人選；楚石和三聖詩，了菴清欲喻之爲「灌頂甘露漿」，洪武三十一年，有華藏原明禪師刊刻楚石和三聖詩，僧錄司左善世吳門大佑爲作序，大佑認爲朱熹與志南書，勸志南刻寒山詩，刊成當見惠之語，是因寒山詩「辭理淳正」合於儒、道，大佑言：

> 《首楞嚴》云：我滅度後，勅諸菩薩，應身生彼末法之中，作種種形，度諸輪轉。終不自言我眞菩薩，洩佛密因，唯除命終，陰有遺付，天台三聖，其斯之謂與。……。西齋老人屬和，灼見三聖之心，其言無今昔之異。華藏原明禪師，刻梓以傳，使三聖人撫掌於大寂定中，西齋爲不滅矣。其法利無窮，可得而思議哉。〔註64〕

「西齋老人」乃楚石別號，大佑舉《首楞嚴》陰附之說，進一步肯定楚石的大功勞，楚石《和天台三聖詩集》經過至正十八年（1358）初刻，至洪武三十一年（1398）原明禪師再刻，永樂十四年（1416）天靈義三刻〔註65〕，引起的最大迴響，爲石樹濟岳繼楚石梵琦之後和三聖詩。

〔註61〕 詳見：葉珠紅《寒山詩集論叢・附錄》，頁337、345。
〔註62〕 《了菴清欲禪師語錄》卷六〈聽松堂〉：「風來松韻清，風去松韻停。松堂得松韻，六月生清氷。重陰覆瑤席，時作韶鈞鳴。世無寒山子，好在誰解聽。我欲呼朱絃，和此大古音。忽聞深澗泉，悠然契吾心。」《禪宗集成》第十九冊，頁12862。卷七〈和竺元和尚閑居雜言韻〉：「寒山拾得是勍敵，百靈龐老非同參。雲自高飛水自下，馬頭向北牛頭南。」〈和訥無言十二時歌韻〉：「禺中巳，知音賴有寒山子。撈倒毗耶不二門，上大人兮丘乙己。」《禪宗集成》第十九冊，頁12879、12881。
〔註63〕 《了菴清欲禪師語錄》卷六，《禪宗集成》第十九冊，頁12849～12850。
〔註64〕 《合訂天台三聖二和詩集》，頁67～68。
〔註65〕 明・淨戒，〈刊三聖諸賢詩辭總集序〉：「觀夫豐干、寒、拾三聖所唱，楚石琦公之和，韻皆痛快激烈，斥妄警迷。山中天靈義首座，服膺有素，願繡梓以傳焉。……。披此集者，驀然逗著一言半句，撲落眼屑，粲發心華，方信聖賢憫物之心，誠有在也。是則助揚激誘，微天靈之勳，吾誰與歸。」《合訂天台三聖二和詩集》，頁68～70。

二、天台三聖二和詩之影響

　　元末楚石梵琦禪師作《和天台三聖詩》，其後有明末石樹濟岳繼和，石樹濟岳〈和三聖詩自序〉云：

> 嘗讀三聖詩，聲韻似出尋常，意義都超格外，故愚者讀之易曉，智者讀之益深，三聖之詩至矣。……。蓋三聖以憫世之熱腸，爲惺世之冷語，其意以諸經之旨玄微，未能旦晚解悟，故以觸景即物之句，爲引迷入悟之門，使智者得魚忘筌，愚者因象覓意。智者去浮辭而證實際，愚者由粗言而悟直指，此三聖憫世惺世之深意也。〔註66〕

石樹或有感於憫世、惺世之發心不易，以不滿一個月的時間，完成三百餘首和詩，足見其爲大手筆，石樹描述見楚石之和詩：「余初讀之，不知三聖之爲楚石，楚石之爲三聖，再讀之，恍若三聖之參前，楚石之卓立也。」〔註67〕石樹和詩之舉，同時代之釋子曾給予高度評價，戒顯〈和天台三聖詩敘〉：

> 我石樹法兄，以烟霞道骨，丘壑心胸，高掛鉢囊，放浪黃海，雖胸中空洞無物，而咀嚼寒山諸人言句，忍俊不禁，復爲步和。一字一句，如入萬山深處，荒寒幽悄，使人毛髮俱慄。又若高山望海，靜夜聞鐘。曠若發蒙猛地痛醒。較之楚石，可謂後來居上，壓倒元白，而實石兄實際分中，亦不留點墨，歸於圖畫虛空而已。〔註68〕

戒顯言石樹和三聖詩，相較於楚石，爲後來居上，「壓倒元白」之說，可視爲個人之偏好；石樹之弟子許宸翰，將楚石、石樹和三聖詩合刻爲《天台三聖二和詩集》並爲之作序，言楚石、石樹：「抑天台水牯牛之化蹟耶，抑三大士願力未諧而再來應身耶？」許宸翰於序言末另作有四言共三十句的偈贊，言石樹：「繼寒拾風，承豐干智。」〔註69〕木叉道人鄭龍采認爲楚石、石樹全和三聖詩，「以舊時機杼，重翻花樣，雖文彩頓新，而絲篾相接，綿密無間。」

〔註66〕《合訂天台三聖二和詩集》，頁50〜52。
〔註67〕《合訂天台三聖二和詩集》，頁51。
〔註68〕《合訂天台三聖二和詩集》，頁49。
〔註69〕明·許宸翰，〈合刻楚石石樹二大師和三聖詩集序〉：「稽首三聖，楚石石樹。三聖夫遙，楚石已逝。五百年來，聲韻幾墜。唯我石翁，唱導末世。繼寒拾風，承豐干智。追挽古音，筆花生瑞。黃海天台，去來何處。文殊古院，國清破寺。短句長詞，不落文字。宸生何緣，得聞開示。廣陵道上，負笈隨侍。每見揮毫，因錄編次。合刻流通，永傳聖世。日三日五，是一是二。請著眼看，快追雲駛。」《合訂天台三聖二和詩集》，頁47〜48。

〔註70〕繼石樹之後，有野竹和尚居嵩山四十年，康熙八年（1669），湖南巨微大師惠楚石和尚和三聖詩，野竹「愛其蒼奧高朗，絕不襲時人故事，遂和之。」
〔註71〕中憲大夫馮甦從野竹和尚遊，康熙九年（1670），馮甦承劉文季之命爲野竹《天台三聖詩集和韻》作序，馮甦言：

> 夫寒、拾既以佛菩薩轉身，楚石、野竹又皆禪林老宿，其道一矣。斯其言前後若合符節，尤非儒名墨行者所可幾。……。經云：有以某身得度者，即現某身而爲説法。故知聖賢不得已而説法，致落語言文字，皆度人之心迫而爲之，非樂以是自見也。……。世或至執是編以求野竹、楚、石與寒、拾焉，吾見其靦面而失之矣。〔註72〕

馮甦乃天台人，言五、六歲時即聽聞鄉人談及閭丘尋豐干，禮拜寒山、拾得事，馮甦成人後入天台國清寺見三聖像，言先進陳木叔自謂是寒山後身，馮甦乃受其事蹟感召〔註73〕，爲此序頗堪玩味處，靦面失之的感慨，使馮甦深信寒山、拾得至今常在人間，此應爲馮甦替野竹《天台三聖詩集和韻》作序的主要動機；不同於馮甦的轉世觀，文林郎張方起就野竹和尚之「和」詩提出他的看法，〈和三聖詩序〉云：

> 予以嵩山之和三聖詩，倡也，非和也。古之倡教者，佛法必有過人處，手眼必有精明處。……。三聖者皆奇怪示人，而嵩山惟以平常合道。三聖者祇以散聖鳴世，而嵩山則以適統相傳。然則和之者亦猶非郭註莊，而莊註郭云爾。爲我語國清寺，不必於竈上尋得三聖，不必於石縫尋得三聖，不必於三聖集中尋得三聖，惟於嵩山集中尋得三聖。〔註74〕

「嵩山」代指野竹和尚，「於嵩山集中尋得三聖」，是張方起對野竹《天台三

〔註70〕明・鄭龍采，〈寒山唱合序〉。《合訂天台三聖二和詩集》，頁 46。
〔註71〕清・宗昌，〈《天台三聖詩集和韻》後跋〉，嘉興藏本《天台三聖詩集和韻》卷末。
〔註72〕清・馮甦，〈《天台三聖詩集和韻》序〉，康熙刻本《天台三聖詩集和韻》卷首。
〔註73〕清・馮甦，〈《天台三聖詩集和韻》序〉：「先進陳木叔自謂寒山後身，因以寒山爲號。予謂寒山托跡貧士，不求人知，迫爲閭丘胤物色，及隱身不見。今木叔方欲以文章名天下，甚者至不免聲色，烏在其寒山哉。既而經鼎革，即屏居雲峰寺，姬妾滿前，能不爲生死所惑，賦詩數百，遍作書以別同人，自擇死之日，時延諸僧繞室誦經，就湛明法師禪牀化去焉。由此觀之，非有夙根者能如是耶？常聞王摩詰、白樂天、蘇玉局皆爲高僧轉世，又安知寒山、拾得不至今常在人間哉。」康熙刻本《天台三聖詩集和韻》卷首。
〔註74〕清・張方起，〈和三聖詩序〉，嘉興藏本《天台三聖詩集和韻》卷首。

聖詩集和韻》的高度讚詞；野竹弟子宗昌，於康熙十一年（1672），將《天台三聖詩集和韻》付梓，楚石、石樹之《天台三聖二和詩集》流傳至清末，另有以《禪林唱和集》爲名的版本，光緒十年（1884），張寂與藥、藕二師據《禪林唱和集》合刻，分爲三集〔註75〕；民國二十年，觀月比丘興慈、覺觀等十位僧人，於上海法藏寺募刻揚州藏經院版，由印光法師校定，興慈易其題爲《合訂天台三聖二和詩集》〔註76〕，即今流傳最廣之和三聖詩版本。「天台三聖」之名，由元至清，隨著楚石梵琦、石樹濟岳之和作，廣爲傳頌，寒山、拾得於明代被奉「和合二仙」，至清初被雍正敕封爲「和合二聖」，楚石、石樹之《天台三聖二和詩集》，有一定程度的影響。

〔註75〕清·張寂，〈附重刻和天台三聖詩序〉：「楚石琦禪師，自雙徑發悟後，作爲詩文，皆第一義。如雪山肥膩，純淨無雜。……。而西齋集與和三聖詩，五百年來，尤膾炙於老儒尊宿之口。西齋集既刻於吳中，和三聖詩獨無傳本，輒以爲恨。今歲清凉寺傳戒，隨藥、藕二公登藏經閣，見有以禪林唱和集名者，乃楚石、石樹二老人，和天台三聖詩也。爰分爲三集，藕公刻原唱，藥公刻石樹，寂與季子栽甫刻是編，一夕之聚，頓令三聖密語，二老心傳，幷垂不朽，詢樂事也。」《合訂天台三聖二和詩集》，頁309～310。

〔註76〕興慈，〈合訂天台三聖二和詩集新刻緣起〉：「蔡善士慧清，於藏書家訪之，唯得龐北海居士家所藏張刻楚石版，而藕刻、藥刻二版，未知所藏。庚午秋又講圓覺於法華寺，本城蕭沖友居士，以唱和合刻舊本見送，余時猶欲三集分刊，待辛未春赴蘇隆慶講彌陀要解，特詣報國寺印光法師，言及於斯，即呈舊本，請以校閱。師云：『盍依舊刻之醒目易讀乎？』師縱慧眼，所有誤者及俗體破體字，悉改正焉。余易其題，曰：《合訂天台三聖二和詩集》，遂登梨棗。即祈來者隨讀，直得寒山眞面目，而於清風明月，流水高山，恍然莫知我誰，可謂觀面而見三聖矣夫。」《合訂天台三聖二和詩集》，頁313～314。

第九章　和合二仙與和合二聖

　　署名台州刺史閭丘胤所作之〈寒山子詩集序〉，將活動於盛、中唐的豐干、寒山、拾得，以及天寶年間（742～755）的國清寺主寶德道翹，均上提到與貞觀十六年（642）的閭丘胤同時，其用意是爲了圓成豐干、寒山、拾得的神話傳說，序之作者安排最年長的豐干，介紹閭丘胤至台州訪「國清二賢」——寒山、拾得；國清寺僧釋志南〈三隱集記〉，將「國清二賢」加上豐干傳說，「國清三隱」一名底定，志南是繼贊寧之後，第二位懷疑寒、拾三人年代的釋徒，志南雖不甚信〈寒山子詩集序〉之「國清三隱」事蹟，其〈三隱集記〉卻用心塑造三隱之散聖形像，今浙江天台山國清寺、明岩寺，以及與寒山了不相涉，卻以「寒山」名寺的蘇州寒山寺，均有供奉寒山、拾得、豐干之「三賢堂」、「三聖像」；元、明二朝，伴隨著《天台三聖二和詩集》廣爲刊刻的同時，江、浙地區之民俗信仰，出現寒山、拾得取代了「和合神」——盛唐神僧萬回，寒山、拾得被奉爲「和合二仙」；清雍正十一年（1733），爲因應統治需要，雍正將「和合二仙」敕封爲「和合二聖」，活動於盛、中唐天台山的兩位詩人，千餘年後，由人而仙而聖，成了江、浙地區普遍常見的，宗教民俗工藝的「喜神」兼「愛神」。本章首論寒山、拾得成爲「和合神」的經過，其次探討「和合二仙」成爲「和合二聖」的背景因素。

第一節　寒山、拾得與和合神

　　隨著元末楚石梵琦、明末石樹濟岳之《天台三聖二和詩集》的流傳，相伴而生的是江、浙地區的百姓，將寒山、拾得奉爲「和合二仙」；寒山、拾得之由人而仙，與二傳說有關：一、蘇州「寒山寺」的更名；二、「和合神」——盛唐神僧萬回，被寒山、拾得取代。

一、寒山寺與寒山

　　劉謐《三教平心論》載：「寒山隱入石壁，生死來去惟意所適，神通變化不可測量。」〔註1〕此說乃據〈寒山子詩集序〉載寒山、拾得「隱入石壁」，以及《仙傳拾遺・寒山子》記寒山：「十餘年忽不復見。」與寒山生平活動有密切關係的國清寺，以及寒山之隱居地寒、明二巖，明人造訪的記實文章，仍深受〈寒山子詩集序〉的影響〔註2〕；高濂《遵生八牋》引寒山子論「修生之道」，係抄自杜光庭《仙傳拾遺・寒山子》〔註3〕，道教之「神仙」寒山，至明末的影響更甚前朝；陶元藻輯《全浙詩話》載：「貞觀中，豐干和尚謂閭邱太守曰：『寒山、拾得即文殊、普賢後身也。』」〔註4〕可見〈寒山子詩集序〉有關寒山、拾得、豐干之轉世神話，至明、清二代仍流傳於江、浙地區，寒山寺傳說以「寒山」名寺，最能看出傳說之「文殊」寒山，勝過道教之「神仙」寒山。

　　蘇州寒山寺以「寒山」名寺，最直接的影響，是明、清二代的江、浙百姓，將寒山、拾得奉爲主管婚姻與家庭的「和合二仙」。在民間傳說中，寒山與拾得是親如手足的異姓兄弟，寒山在娶妻前夕，方知與拾得同愛一女，於

〔註1〕元・劉謐，《三教平心論》卷下，《大正藏》冊52，第2117號，頁793上24～25。

〔註2〕明・章潢，《圖書編》卷六十四〈天台山〉：「又明日，遂問道訪寒、明兩巖。明巖大略如鴈蕩，寒巖但差小耳。巖西面有唐帽乘馬痕相見爲閭丘大寺像，旁有大石筍，如天柱峰。正北洞寬平，可列席旅會。南有小塘，外有八寸關。寒巖後洞北明巖，尤邃且廣，可容百駟，而梵宇亦宏敞，正寒山子所居。兩巖凡兩宿還憩國清。」《四庫全書》珍本五集，頁26。彭大翼《山堂肆考》卷十八〈寒坡〉：「又天台縣西北，有寒石山，唐寒山子所居。貞觀中，豐干禪師謂閭丘太守曰：『寒山、拾得即文殊、普賢後身也。』閭丘往見之，二人笑曰：『豐干饒舌！』既而隱身入巖，巖即隨合。」《四庫全書》文淵閣本，第974冊，子部，類書類，頁283。

〔註3〕宋・李昉等編，《太平廣記》卷五十五〈寒山子〉：「修生之道，除嗜去欲，嗇神抱和，所以無累也。内抑其心，外檢其身，所以無過也。先人後己，知柔守謙，所以安身也。善推於人，不善歸諸身，所以積德也。功不在大，立之無怠；過不在大，去而不貳。所以積功也。然後内行充而外丹至，可以冀道於髣髴耳。」頁338。高濂，《遵生八牋》卷一〈清修妙論牋上〉：「寒山子曰：『修生之道，除嗜去慾。嗇神保和，所以無累也；内抑其心，外檢其身，所以無過也；先人後己，知柔守謙，所以安身也；善推於人，不善歸己，所以積德也；功不在大，過不在小，去而不二，所以積功也。然後内行充而外丹至，可以冀道於彷彿耳。』」《四庫全書》珍本九集，頁51。

〔註4〕清・陶元藻輯，《全浙詩話》（台北：廣文書局影印怡雲閣藏版，1976年），頁306。

是跑到蘇州的楓橋出家，拾得隨後棄家趕到，兩人開山立廟，建寒山寺。蘇
州寒山寺，寺名被視爲與寒山有關，即源自上述之民間傳說，張繼〈楓橋夜
泊〉：「姑蘇城外寒山寺」，寒山寺是否因寒山曾結茅隱居於此，寺以人名故建
寺記之，要確定寒山寺與寒山是否有關，首先由唐詩裡的「寒山寺」說起。

「寒山寺」一名，出現在唐詩中，除了張繼〈楓橋夜泊〉之外，韋應物、
劉言史、方干，三人筆下亦出現過「寒山寺」，韋應物（約 737～786）曾任蘇州
刺史，〈寄恆燦〉一詩寫道：「心絕去來緣，迹順人間事。獨尋秋草徑，夜宿
寒山寺。今日郡齋閑，思問楞伽字。」〔註5〕在《康熙蘇州府志》與《寒山寺
志》二書，〈寄恆燦〉一詩，詩題被改爲〈宿寒山寺〉與〈游寒山寺〉〔註6〕，
顯係二書之編者爲突出寒山寺之名；劉言史（約 742～813）〈送僧歸山〉：「楚俗
蕃花自送迎，密人來往豈知情。夜行獨自寒山寺，雪徑泠泠金錫聲。」〔註7〕
方干〈途中言事寄居遠上人〉：「……。白雲曉溼寒山寺，紅葉夜飛明月村。」
〔註8〕味韋、劉、方三人詩中的「寒山寺」，與張繼〈楓橋夜泊〉的「寒山寺」，
均是指寒多裡的「諸山寺院」〔註9〕，葉昌熾《寒山寺志》載：

> 又按：吳城之西有寒山，實天平山之陰，上爲法螺禪院，明趙凡夫
> 別業也。其地去金閶不遠，或疑寒山寺得名以此。余家藏有《寒山
> 志》寫本，據凡夫自述云：「山本無名，《郡志》涅槃嶺在其左，又
> 見寒山詩有『時陟涅槃山』句，而寒泉則支朗品題，因命之曰『寒
> 山』。」……。是此山之以寒名，自凡夫始。寺之得名在先，山之得
> 名在後，不可以後加先也明矣。〔註10〕

趙凡夫所言吳地之「寒山」，在天平山北，從趙凡夫開始才「山以寒名」；時
代較王世貞稍早的張元凱，其〈寒山〉詩寫道：「中宵禮罷寒山子，卻聽鐘聲

〔註 5〕　清・季振宜等編，《全唐詩》卷 188，頁 1920。
〔註 6〕　連曉鳴、周琦，〈試論寒山子的生活年代〉：「《康熙蘇州府志》和《寒山寺志》
　　　　均作〈宿寒山寺〉和〈游寒山寺〉……，顯然《康熙蘇州府志》和《寒山寺
　　　　志》的編者，因韋應物曾任蘇州刺史，詩中有「夜宿寒山寺」之句，遂逕改
　　　　詩題爲〈宿寒山寺〉和〈游寒山寺〉。」《東南文化》第 2 期，1994 年。下引
　　　　版本同。
〔註 7〕　清・季振宜等編，《全唐詩》卷 468，頁 5328。
〔註 8〕　唐・方干，〈途中言事寄居遠上人〉：「舉目時時（一作看）似故園，鄉心自動
　　　　向誰言。白雲曉溼寒山寺，紅葉夜飛明月村。震澤風帆歸橘岸，錢塘水府抵
　　　　城根。羨師了達無牽束，竹徑生苔掩竹門。」《全唐詩》卷 652，頁 7487。
〔註 9〕　參見：連曉鳴、周琦，〈試論寒山子的生活年代〉。
〔註 10〕　清・葉昌熾，《寒山寺志》，頁 18。

醒夢魂。」〔註11〕詩中的「寒山」，已是指「寒山子」，葉昌熾《寒山寺志》
言寺名先於山名，仍未交代「寒山寺」一名究竟起於何時，以下先論「寒山
寺」的「夜半鐘聲」。

　　張繼膾炙人口的〈楓橋夜泊〉，在高仲武《中興間氣集》卷下，載詩題爲：
〈夜泊松江〉，下注：「原題〈楓橋夜泊〉」，其詩「夜半鐘聲到客船」的「夜
半鐘聲」，亦同「寒山寺」一樣，引起後人諸多聯想與討論，歐陽脩曾對寒山
寺的夜半鐘聲存疑，葉夢得《石林詩話》載：

　　「姑蘇城外寒山寺，夜半鐘聲到客船。」此唐張繼題城西楓橋寺也。
　　歐陽文忠嘗病其夜半打鐘，蓋公未嘗至吳中，今吳中山寺實以夜半
　　打鐘。〔註12〕

葉夢得言「寒山寺」在宋代稱爲「楓橋寺」，此可證上述四位唐代人詩中的「寒
山寺」，均是指「寒冬裡的諸山寺院」；葉夢得譏歐陽脩不知吳地之「夜半鐘
聲」，張邦基對吳郡之「夜半鐘聲」言之甚詳，《墨莊漫錄》載：

　　「夜半鐘聲到客船。」此張繼〈楓橋夜泊〉之作也，說者謂美則美
　　矣，但三更非撞鐘時。……。此蓋吳郡之實耳。今平江城中從舊承
　　天寺鳴鐘，乃半夜後也，餘寺聞承天鐘罷，乃相繼而鳴，迨今如是，
　　以此知自唐而然。楓橋去城數里，距諸山皆不遠，書其實也。承天
　　今更名能仁云。〔註13〕

張邦基言吳郡寺院在半夜之後，由承天寺開始鳴鐘，其他寺院繼之，「夜半鐘
聲」雖非準時在「三更」響，但寺院確有夜晚鳴鐘之事，張邦基未證實張繼
詩中的「寒山寺」就是「楓橋寺」，北宋朱長文則確定了「楓橋寺」之寺名，
《吳郡圖經續記》載：

　　普明禪院，在吳縣西十里楓橋。楓橋之名遠矣，杜牧詩嘗及之。張
　　繼有晚泊一絕，孫承祐嘗於此建塔。……。舊或誤爲封橋，今丞相
　　王郇公頃居吳門，親筆張繼一絕於石，而楓字遂正。〔註14〕

〔註11〕 明·張元凱，《伐檀齋集》卷八〈寒山〉：「楓葉蘋花江上村，前朝古寺至今存。
　　　　西山爽氣來精舍，萬里關河到寺門。檀越隨僧開寶藏，醍醐容客借匏尊。中
　　　　宵禮罷寒山子，卻聽鐘聲醒夢魂。」《四庫全書》珍本二集，頁15。
〔註12〕 宋·葉夢得，《石林詩話》。嚴一萍選輯《百川學海》第九函，原刻景印《百
　　　　部叢書集成》（台北：藝文印書館，1966年），頁11。
〔註13〕 宋·張邦基，《墨莊漫錄》卷九（北京：中華書局，1985年），頁105。
〔註14〕 宋·朱長文，《吳郡圖經續記》卷中《叢書集成初編》（北京：中華書局，1985
　　　　年），頁24。

朱長文所言杜牧詩，即：〈懷吳中馮秀才〉：「長洲苑外草蕭蕭，卻算遊程歲月遙。唯有別時今不忘，暮煙秋雨過楓橋。」〔註15〕此詩又作張祐詩，詩題爲〈楓橋〉〔註16〕按：與「寒山寺」最最相關的「楓橋」，乃吳縣西十里楓橋之寺，名爲「普明禪院」，葉夢得與張邦基均未提及「寒山寺」一名，可知在宋人口中，先是以「普明禪院」，後以「楓橋寺」稱吳縣西十里的楓橋之寺。江蘇省吳縣閶門西十里楓橋下的「楓橋寺」，始建於梁代天監年間，初名「妙利普明塔院」，宋太平興國初年，節度使孫承佑重造一七級浮屠（寶塔），嘉佑中，改名爲「普明禪院」〔註17〕，寒山有無親臨此寺，關係到寒山出天台的時間，最早點出寒山與「寒山寺」有關者，是明成祖的私人軍師姚廣孝，姚廣孝〈寒山寺重興記〉載：

> 唐元和中，有寒山子者，冠樺布冠，著木履，被藍縷衣，掣風掣顛，笑歌自若，來此縛茆以居；尋游天台寒崖，與拾得、半干二禪師爲友，終隱而去。希遷禪師於此建伽藍，遂額曰「寒山寺」。〔註18〕

檢驗姚廣孝此記，當從寒山的年紀來看，元和（806～820）爲唐憲宗年號，此時的寒山已是個百歲翁，姚廣孝是贊成寒山「百歲出天台」之說者，但與今所公認寒山隱居的正確時間有異，《仙傳拾遺‧寒山子》載寒山：「大曆中（766～779），隱居天台翠屏山。」〔註19〕釋書亦記寒山近百歲仍閒逛天台（詳見第一章）〔註20〕，姚廣孝認爲寒山於元和年間，先到寒山寺隱居，後再遊天台，此與《仙傳拾遺‧寒山子》以及釋書所記均不同。按：寒山年近百歲仍隱於天台，不可能在元和年間（806～820），由天台至妙利普明塔院「縛茆以居」，姚廣孝認爲寒山是先到江蘇吳縣再到浙江天台，目的是爲了符合石頭希遷禪師題「寒山寺」匾額之說，石頭希遷（700～790），俗姓陳，端州高要人，《宋高僧傳》載：

> （希遷）夢與大鑒（慧能）同乘一龜，泳於深池。覺而占曰：「龜是靈

〔註15〕清‧季振宜等編，《全唐詩》卷524，頁6002。

〔註16〕清‧季振宜等編，《全唐詩》卷511，頁5851。

〔註17〕清‧葉昌熾，《寒山寺志》，頁17。

〔註18〕轉引自：錢學烈，《寒山拾得詩校評‧前言》，頁26。

〔註19〕宋‧李昉等編，《太平廣記》卷五十五〈寒山子〉，頁338。

〔註20〕按：潙山靈祐遇寒山，載於《宋高僧傳》卷十一、《祖堂集》卷十六、《景德傳燈錄》卷九；趙州從諗遇寒山，見《五燈會元》卷二、《古尊宿語錄》卷十四。趙州生於代宗大曆十一年，小潙山七歲：潙山靈祐生於代宗大曆六年（771），卒於宣宗大中七年（853），余嘉錫考證潙山靈祐於貞元九年（794），二十三歲時遇寒山，則寒山已年近九十高齡。

智也，池是性海也。吾與師乘靈智遊性海久矣，又何夢邪？」⋯⋯
天寶初，始造衡山南寺。寺之東有石狀如臺，乃結庵其上，⋯⋯號
曰石頭和尚焉。〔註21〕

希遷禪師，卒於貞元六年（790），對於馬祖道一洪州禪與神會之荷澤禪，旨在會通其同，求同存異；寒山於大曆中（766～779），年約四十左右，始隱居天台翠屏山，貞元九年（794）現身於天台附近遇溈山靈佑，對於當時詩名仍未顯的寒山，若在入天台前，果眞在「妙利普明塔院」落腳過，就人以詩名，寺以詩顯的普遍觀點來看，石頭希遷不可能以高齡之身，遠從湖南到江蘇遊歷，對詩名尚未出國清寺的寒山，有感於寒山之詩而題「寒山寺」一匾，姚廣孝所記不足爲信。贊寧記希遷禪師「天寶初，始造衡山南寺。」則其壯年漫游當在天寶初年（天寶元年，742），約四十二歲以前，當時的寒山尚未隱於寒巖，希遷若眞有「建伽藍」並題「寒山寺」之事，也應在天寶初年以前，此亦足證張繼〈楓橋夜泊〉：「姑蘇城外寒山寺」的「寒山寺」，與寒山無關。

二、和合神與和合二仙

從宋朝開始，千餘年來，佛、道二教神化寒、拾二人，除了寒山是文殊化身、拾得爲普賢轉世，將寒、拾仙化最具代表的傳說，即「和合二仙」，自元、明二代迄今，江、浙百姓對「和合二仙」的傳說，無不能略道一、二，寒山、拾得由〈寒山子詩集序〉裡的國清寺二賢，成爲廣受江南百姓供奉的「和合二仙」，除了上述「寒山寺」乃寒山開山立寺的傳說之外，南宋時臨安居民祀「和合神」的風俗，亦起到絕大的作用。

儒道佛三教，中國歷朝歷代多並行，「和合」一名，很早便用以形容婚姻大事，《焦氏易林》載：「執斧破薪，使媒求婦，和合二姓。親御斯酒，召彼隣里，公姑悅喜。」〔註22〕任平先生認爲「和」的思想創自先秦儒家，「合」的思想主要來自道家，寒山文化亦即「和合文化」。〔註23〕傳說寒山立寺的「寒山寺」，

〔註21〕宋・贊寧，《宋高僧傳》卷九〈唐南嶽石頭山希遷傳〉，《大正藏》冊 50，第 2061 號，頁 764 上 3～10。

〔註22〕漢・焦贛，《焦氏易林》卷十〈漸〉，《四部叢刊》，初編，子部。上海商務印書館縮印北京圖書館藏元本烏程蔣氏藏影元鈔本，1965 年，頁 153。

〔註23〕任平，〈寒山精神：走向全球的「和合」文化〉一文，認爲「和合文化」：「是以『和合』爲内在靈魂將儒道佛三者貫通的文化。」《寒山寺文化論壇論文集》（北京：中國文史出版社，2008 年），頁 40。下引版本同。

位於江蘇蘇州；寒山、拾得修行的道場，在浙江天台，由江、浙二省廣傳至其他地區的「和合二仙圖」，寒山的造型爲手持荷花（「荷」諧音「和」），拾得捧一圓盒（「盒」諧音「合」），專司婚姻美滿、家庭和睦的兩名童子，明、清時期的江、浙地區，「和合二仙」的藝術形象已遍及繪畫、刺繡、雕刻、陶瓷、剪紙等藝術門類，近代更有以「和合二仙圖」，作爲兒童醫療用品之商標圖案，江南百姓在婚事喜慶時，特別偏愛討喜的「和合二仙」，象徵家庭圓滿和樂的形象，民間藝術家背後的創作泉源，跟中國家庭固有的，以「和」爲貴的思想有關。

　　上述宋、元禪師偏愛「天台三聖詩」，自明代開始，楚石、石樹之「天台三聖二和詩」盛行於士大夫階級，加上傳說寒山因友愛拾得，逃婚至蘇州創立「寒山寺」，寒、拾二人終於取代了「和合神」萬回，成爲民間道教的「和合二仙」，此過程頗爲複雜，其中不可或缺的關鍵因素，即自南宋開始，臨安居民祀「和合之神」的風俗，元代劉一清《錢塘遺事》「萬回哥哥」條，載：

> ……。惟萬回哥哥者，不問省部吏曹、市肆買賣及娼妓之家，無不奉祀。每一飯必祭其像，蓬頭笑面，身著綵衣，左手擎鼓，右手執棒，云是和合之神，祀之可使人在萬里外，亦能回家，故名萬回。
>
> 〔註24〕

萬回，或作「萬迴」，俗姓張，是初、盛唐時期，名動京師的神僧，唐中宗神龍二年（706），勅別度僅萬迴一人；高宗末則天朝，萬迴常被天子詔入內道場；中宗賜萬迴爲法雲公，玄宗未登基時，萬迴曾撫其背，曰：「五十年天子自愛。」萬迴被四位帝王奉爲神僧，爲皇室成員所欽敬，主要在他的預言多中〔註25〕，唐代最早記載萬回神蹟者，爲鄭棨《開天傳信記》：

> 萬回師，閿鄉人也。……。兄被戍役安西，音問隔絕。父母謂其誠死，日夕涕泣而憂思也。萬回顧父母感念甚，……曰：「詳思我兄所要者，衣裝糇糧巾屨之屬，悉備之，某將覲焉。」忽一日朝齎所備而往，夕返其家，告父母曰：「兄平善矣。」發書視之，乃兄跡也，一家異之。弘農抵安西萬餘里，以其萬里而回，故謂之萬回也。〔註26〕

〔註24〕元・劉一清，《錢塘遺事》卷一（江蘇：廣陵古籍刻印社，1990 年），頁 8～9。下引版本同。

〔註25〕有關萬迴之預言多中，成爲「帝師」的經過，詳見：葉珠紅，〈愛僧最愛預言僧〉，《暨大電子雜誌》第 50 期，2007 年 10 月。

〔註26〕轉引自：王汝濤編校，《全唐小説・雜錄之部》（濟南：山東文藝出版社，1993 年），頁 2303。

贊寧《宋高僧傳》載萬迴一日往返萬里，即根據《開天傳信記》，《宋高僧傳》另記萬迴乃天竺石藏寺之神僧，轉世生於中國，事經玄奘堪驗〔註 27〕；萬迴現「神足通」，報兄長音訊於父母，自此聲聞朝廷；劉一清《錢塘遺事》專記南宋之事，其詳要多爲正史所不及，萬回成爲「和合神」，除了「祀之可使人在萬里外，亦能回家。」亦根據《開天傳信記》中，萬迴「蓬頭笑面，身著綠衣。」的造型，萬迴此等造型，頗符合能解父母之憂的老萊子形象，劉一清爲錢塘人，言南宋臨安百姓祀萬回，「不問省部吏曹、市肆買賣及娼妓之家，無不奉祀。」知元代時，民間所祀之「和合神」，僅萬回一人；明正德、嘉靖年間，田汝成《西湖遊覽志餘》言祀「萬回哥哥」的風俗已絕〔註 28〕，田汝成之說或恐不實（詳見後），田汝成認爲祀「萬回哥哥」之俗已絕，應是跟劉、田二人書中提到的「淫祀」有關〔註 29〕，元代俞琰記「淫祀」之風在江南民間盛行，《席上腐談》載：

> 溫州有土地杜拾姨無夫，五撮鬚相公無婦，州人迎杜拾姨以配五撮鬚，合爲一廟。杜拾姨爲誰？乃杜拾遺也；五撮鬚爲誰？乃伍子胥也，少陵有靈，必對子胥笑曰：「爾尚有相公之稱，我乃爲拾姨，豈不雌我耶？」〔註 30〕

元代溫州的杜拾姨，其夫爲伍子胥；到了明代的杭州，杜拾姨之夫爲竹林七賢之一的劉伶〔註 31〕，筆者認爲，淫祀之風的盛行，使得元代尚附祀於道觀

〔註 27〕 宋・贊寧，《宋高僧傳》卷十八〈唐虢州閿鄉萬迴傳〉：「貞觀中，三藏奘師西歸云：『天竺有石藏寺，奘入時見一空房，有胡床錫杖而已，因問此房大德，咸曰：『此僧緣闕法事，罰在東方國名震旦，地號閿鄉，于茲萬迴矣。』』奘歸求見迴，便設禮問西域，宛如目矚。奘將訪其家，迴謂母曰：『有客至，請備蔬食。』俄而奘至。神異之跡多此類也。」《大正藏》冊 50，第 2061 號，頁 824 中 9～16。

〔註 28〕 明・田汝成，《西湖遊覽志》（六）卷二三：「宋時杭城以臘月祀萬回哥哥，其像蓬頭笑面，身著綠衣，左手擎鼓，右手執棒，云是『和合之神』，祀之可使人在萬里外亦能回來，故曰『萬回』，今其祀絕矣。」《四庫全書》珍本五集，頁 8。下引版本同。

〔註 29〕 元・劉一清，《錢塘遺事》卷一，言隆興鉄柱觀側與武當福地觀内殿右，均有祠「萬回哥哥」，劉一清言：「未知果爲淫祠否乎？」頁 9。田汝成《西湖遊覽志》（六）卷二三：「獨有所謂草野三郎，宋九六相公、張六五相公，不知何等神，杭人無不祀之，惑世甚矣！」《四庫全書》珍本五集，頁 8。

〔註 30〕 元・俞琰，《席上腐談》卷上《叢書集成初編》（北京：中華書局，1985 年），頁 10。按：證俞琰此說者，有明代楊愼《升菴集》卷七四〈嫦娥〉，詳見下注。

〔註 31〕 明・楊愼，《升菴集》卷七四〈嫦娥〉：「小說載：杭州有杜拾遺廟，有村學究題爲杜十姨，遂作女像以配劉伶，人皆知，笑之。不知常儀之爲常娥，即

內的「和合神」萬回，到明代已加入草野三郎等人，名稱雖變，能保佑家庭和睦，家人平安的「和合」本質不變，元代時普受香火供養的萬回，不可能如田汝成《西湖遊覽志餘》所言，已全然斷絕，「和合之神」在明代，只不過多了草野三郎等人陪祀，正牌的「和合神」仍是萬回，然從清初至今，江、浙百姓所祀「和合二仙」為寒山、拾得，已正式取代了「和合神」萬回，「和合二仙」之所以成為中國江南傳統藝術家手中，流傳廣泛且經久不衰的題材，得歸功於清初兩位帝王──康熙與雍正，以下論清初時，寒山、拾得由「和合二仙」成為欽定的「和合二聖」，「和合二聖」在民間道教，反過來強化「和合二仙」。

第二節　雍正敕封「和合二聖」原因析探

　　康熙之漢學造詣，為清帝王之翹楚，其御定《全唐詩》，以寒山為釋氏詩人之首，雖然寒山並非「詩僧」，且從未真正出家〔註32〕；雍正之喜愛寒山詩，或受《全唐詩》以寒山為釋氏詩人之首的啟發，雍正就「天台三聖」傳說，以及江南地區祀「和合二仙」的習俗，於雍正十一年（1733），敕封寒山為「妙覺普渡和聖寒山大士」、拾得為「圓覺普渡合聖拾得大士」，雍正將「和合二仙」敕封為「和合二聖」，除了上述文學因素外，筆者認為另有動機，一、為解決清初「奴變」之後，主、奴關係急速惡化的問題，特別是滿州貴要府中，大批旗奴背主逃亡；二、為遏止江南地區，長期「錮婢」不婚的惡俗。雍正敕封本具喜慶、和諧象徵的「和合二仙」為「和合二聖」，乃因應統治需要，「因勢利導」的作為。

一、清初「奴變」的影響

　　封建社會的奴婢，本身沒有姓名自主權，沒有獨立戶籍，喪失「自為其名」的權利，無法「自為其名」，使得奴婢在賤民行列中，更為卑賤；在清軍南下的動亂中，釀發了席捲大半個中國的「奴變」，其訴求十分單一，主要目的是向地主「索券」，以圖恢復人身自由，「奴變」的產生，究其原因，與長期以來深植

　　　　拾遺之為十姨也。」《四庫全書》文淵閣本，第1270冊，集部，別集類，頁733。
〔註32〕詳見：葉珠紅，〈近人對《寒山詩集》之誤讀與錯會〉，《寒山詩集論叢》，頁119～128。

士大夫內心的良、賤觀念有關，在法令的包庇下，家主視奴婢爲私有財產，對奴婢長期的欺凌與壓榨，俗以爲乃合理之必然，而伴隨「索券」產生的訛詐與掠奪，家主反爲惡奴所制的現象，則成了雍正登基之初，亟需處理的問題。

（一）家奴「索券」要求人身自由

奴婢是中國封建社會中，罪人之家屬沒入官府者，男爲奴，女爲婢，與奴隸不同，奴婢不似奴隸，多被奴主任意殺害或成爲殉葬品，奴婢雖與娼妓、乞丐、優伶同屬「賤民」，但法律上的奴婢條款，卻使奴婢與其他賤民不同，娼妓有娼戶、乞丐有丐戶、優伶有樂戶，奴婢的戶籍只能依附於官府或奴主，一經定契，買斷人身，從此成爲封建地主的財產，李自成攻北京與清軍南下，使得封建地主的家奴大批逃亡，吳偉業《綏寇紀略》載：

> 楚士大夫僕隸之盛甲天下，麻城尤甲於全楚，梅、劉、田、李強宗右姓，家僮不下三四千人，雄張里閭，其泰已甚。寇既作，思齊以尺伍爲捍蔽，聽其下糾率同黨，坎牲爲盟，曰：「里仁會」。諸家競飾衣甲以誇耀之，其人遂炮烙衣冠，推刃其故主而投賊，獻忠名曰：「新營」，倚爲導，蘄、黃凶點少年多歸之。故中寇禍，此十數城尤烈。〔註33〕

明末清初之際的「奴變」，藉「里仁」之名，以爲盟會，可見其人數眾多，楚地士大夫家的奴僕數目之所以甲天下，遠因是晉室南渡後，楚地漢民爲生存計，不得不依附於中原世族大姓，世世代代作爲奴僕的「世僕」，其產生即肇因於此；近因爲類似張獻忠手下，由家奴所組成的部隊，由「里仁」一名來看，「仁」是主要訴求，即希望獲得「人」的對待，群體的反抗是最具高度傳染力的行爲，「里仁會」之「炮烙衣冠，推刃其故主。」的激烈手段，在「時近跡眞，地近易核。」的地方誌中記載甚詳，而在墓誌文獻中，亦記載「奴變」伴隨著清兵入關，一發不可收拾的情形，清初大儒陸隴〈施孟達墓誌銘〉載：

> 當鼎革之際，邑有奴變，羣僕隸結黨橫行，以索券爲名，焚掠無虛日。君（施孟達）從容呼其眾僕，檢契還之，僕皆流涕不肯去。亦其生平寬厚，有以感人也。〔註34〕

〔註33〕清‧吳偉業撰、李學穎點校，《綏寇紀略》卷十〈鹽亭誅〉（上海古籍出版社，1992年），頁280～281。

〔註34〕清‧陸隴，〈施孟達墓誌銘〉，《三魚堂文集》卷十一。《四庫全書》文淵閣本，第1325冊，集部，別集類，頁176。

施孟達生於明萬曆二十一年，卒於清康熙九年（1593～1670），陸隴所謂鼎革之
際發生的「奴變」，在明、清地方縣志多有記載，此不贅言，要說明的是，富
戶大室壓佃爲奴，以及長期存在的，世僕、伴當群起反抗的情形，至雍正朝，
仍是亟待解決的棘手問題，清初「羣僕隸結黨橫行」，目的是爲了清算惡家主，
爲了獲得人身自由，其目標與訴求均十分清楚，家奴結黨的行爲，經過康熙
朝的統治（共六十一年），超過半世紀的努力，到了雍正朝是否稍有衰歇，答案
是否定的，雍正三年上諭，言大臣之家人互相黨比，結爲兄弟，四處鑽營請
託，大臣之間亦彼此「洽其請託」，雍正上諭：

> 大臣等之家人，互相黨比，⋯⋯。如彼此不睦，家人從中或爲調停，
> 或爲激怒，千態萬狀，各欺其主，以圖己利，伊主爲其所惑，不能
> 辨別是非，反爲家人所用而忘己之利害，獲罪敗名，不可勝數，此
> 朕數年來所深知，亦眾人所共知也。〔註35〕

「家人」即高級奴僕，雍正下令嚴行禁止「家人」代主調停，以防在便宜行
事之下，家主反遭奴噬，雍正深知治大國無法如烹小鮮，其具體做法是：通
令大臣與八旗之家人，凡嫁娶婚宴必須事先稟明家主，嚴防家人趁機「結黨」
〔註36〕，這是積極防堵；其柔性預防，則表現在雍正三年，處理查思哈旗下
家人贖身一事，雍正諭旨：

> 滿洲家奴並無開出爲民之例，但奉行年久，狡惡家人恃有錢財，背
> 主贖身，冒於旗民之間者，⋯⋯。既謂無開出爲民之例，又有奉行
> 年久之語，致使家主與家人彼此皆得藉口，控訴不休，且將家主情
> 願令其家人贖身爲民之處，未曾議及，不詳不備，⋯⋯嗣後凡旗人
> 家奴，指稱別旗人買出或自行贖身，冒於旗民之間，兩處俱無其名
> 者，與跟隨伊主仕宦外省，私立產業鑽謀贖身者，查明緣由，俱令
> 歸於本旗。〔註37〕

滿州家奴膽敢冒充旗民，自然是「奴變」之後，逐漸抬頭的自主意識，值得

〔註35〕　《大清十朝聖訓‧世宗憲皇帝》，〈聖治二‧雍正三年乙巳三月丙寅〉（台北：
　　　　大達書局，1965 年），頁 73。下引版本同。

〔註36〕　《大清十朝聖訓‧世宗憲皇帝》，〈聖治二‧雍正三年乙巳三月丙寅〉：「家人
　　　　如有嫁娶筵席，延請親友等事，令各稟明家主，然後舉行，倘有私結黨與約
　　　　爲兄弟，彼此會飲，藉以請託事件者，即行嚴拿治罪。」，頁 73。

〔註37〕　《世宗憲皇帝上諭八旗‧諭行旗務奏議》卷三，《四庫全書》文淵閣本，第 413
　　　　冊，史部，詔令奏議類，詔令之屬，頁 501。

注意的是，隨家主仕宦外省，私立產業有能力爲自己贖身的家奴，家主的處理方法，是取決於清政府的態度，雍正諭令滿州家奴可以贖身爲民，目的是爲了平息主、奴兩造的爭訟不息〔註38〕，滿州家奴對「自由」的覺醒，雍正四年的諭旨透露出其來有自，雍正上諭內閣：

> 滿洲風俗，尊卑上下，秩然整肅，最嚴主僕之分。……及至見漢人陵替之俗，彼此相形，……雖約束之道無加於疇昔，而向之相安者，遂覺爲難堪矣！乃至一二滿洲大臣，漸染漢人之俗，亦有寬縱其下漸就陵替者，此於風俗人心大有關係，不可不加整飭。〔註39〕

雍正認爲主尊僕卑的觀念，是終生不能更替且世世不變，滿州大臣的寬容家奴，是受到漢臣「相形之下」的比較結果；滿州家奴之生變，是受到漢人家奴不服家主約束，欲挺身恢復人身自由的影響，換句話說，漢人家奴爲爭自由所做的努力，影響了滿州家奴，滿州大臣對家奴生變的處理，不得不參考漢臣的做法，由雍正責令九卿詳議如何處理漢臣家奴之背主訕上，以及滿人如何對待奴僕的方法〔註40〕，足見清初「奴變」所產生的影響，已成了剛即位不久的雍正，治國的嚴重難題。漢、滿家奴何以要生變，此與「賤籍」脫不了了身最有關係，家奴爲除「賤籍」而後快的根本原因，在於奴主杜絕了伴儅、世僕的自新之路，雍正五年諭令：

> 近聞江南徽州府則有伴儅，寧國府則有世僕，……如二姓丁戶村莊相等，而此姓乃係彼姓伴儅世僕，凡彼姓有婚喪之事，此姓即往服役，稍有不合，加以箠楚，及訊其僕役起自何時，則皆茫然無考，非實有上下之分，不過相沿惡習耳！此朕得諸傳聞者，若果有之，應予開豁爲良，俾得奮興向上，免至污賤終身，累及後裔。〔註41〕

〔註38〕《世宗憲皇帝上諭八旗・諭行旗務奏議》卷三：「如果伊主念其累世効力，情願令其贖身爲民，該旗該部俱有檔案可查，州縣地方又有民冊第號可憑者，令歸民籍，不許伊主之子孫借端控告，如此則互告之端可息，而聽斷之下，亦得定例遵行矣。」《四庫全書》文淵閣本，第413冊，史部，詔令奏議類，詔令之屬，頁501。

〔註39〕《大清十朝聖訓・世宗憲皇帝》，〈厚風俗・雍正四年十一月癸丑〉，頁308。

〔註40〕《大清十朝聖訓・世宗憲皇帝》，〈厚風俗・雍正四年十一月癸丑〉：「今漢人之奴僕，乃有傲慢頑梗不遵約束，加以訶責則輕去其主，種種敝俗，朕所洞悉，嗣後漢人奴僕如有頑傲不遵約束，或背主逃匿，或私行訕謗，被伊主覺察者，應作何懲治，與滿洲待奴僕之法作何畫一之處，著滿洲大學士九卿詳悉定議。」頁308。

〔註41〕《大清十朝聖訓・世宗憲皇帝》，〈聖治二・雍正五年四月癸丑〉，頁80。

伴儅又稱伴當，最早是元末的賤民；世僕乃五胡亂華之後，替有權勢的漢人
擔任低層家務的弱勢漢人，伴當與世僕的子孫世代爲奴僕，雍正言：「寧國府
則有世僕」，指的是賈府的世僕賴家，賈、賴二家之強弱互換，可說是清代最
典型的例子。〔註42〕由雍正五年的詔令，知富室與伴儅、世僕間的衝突，並
未獲得緩解，雍正在開豁家奴爲良的同時，還以帝王之尊，一併處理家主被
惡奴誣告勒索，顯示家奴勢力已擴展到人主反爲其制的情形，家奴的主要訴
求，已非僅只「索券」要求人身自由，而是進一步勒索爲惡了；雍正六年，
盛京兵部郎中通濟，其家人王六上告通濟隱匿稅務餘銀，雍正認爲通濟藏匿
銀兩是「辜負國恩」，王六當告則告並沒有錯，然通濟並未虧空錢糧，將稅務
所得銀兩隱匿，是旗人相沿的愚昧陋習，積惡家奴如王六，在得知家主「辜
負國恩」之後，勒逼家主的作法，《世宗憲皇帝上諭內閣》載：

> 往往謀求賣身，與監收稅務之人，隨往任所，挾其家主之私，詐索
> 銀兩，勒令放出，伊家主畏其控告，只得將伊放出。〔註43〕

通濟被王六訛詐了銀兩，連賣身文契也一並給他，家主反被惡奴要挾，反應
了清初「奴變」之後，奴婢索契成功，成爲良民之後，還不肯實心從良。「奴
變」之後所產生的亂象，看在認爲主尊僕卑，世世不變的雍正眼中，在顧全
從良奴婢的人權外，如何引導惡民向善，成爲治國的大課題。

（二）主、奴關係惡化

《唐律疏議》曰：「奴婢賤人，律比畜產。」〔註44〕至元代，稱奴婢跟
牛、馬一樣，即所謂的「驅口」〔註45〕，一切歸主人所有，包括各種自由，
主奴之間的矛盾也就無法避免，最典型的例子，是《紅樓夢》載老奴焦大
藉酒醉壯膽，數落府中主子爬灰的爬灰，養小叔子的養小叔子，只有門口
兩隻石獅子還算乾淨，事後焦大被塞了滿嘴的馬糞，然不似賈府般講究「禮

〔註42〕參見：王志堯，〈賈府的衰敗與賴家的興盛讜論〉，《閩江學院學報》2004年第6期。
〔註43〕中國第一歷史檔案館編，《雍正朝漢文諭旨匯編》第九冊〈上諭八旗・雍正六年三月〉（廣西師範大學出版社，1999年），頁133。下引版本同。
〔註44〕劉俊文，《唐律疏議箋解》卷六〈官戶部曲官私奴婢有犯〉（北京：中華書局，1996年），頁473。下引版本同。
〔註45〕元・陶宗儀，《輟耕錄》卷十七〈奴婢〉：「今蒙古、色目人之臧獲，男曰奴，女曰婢，總曰「驅口」。……刑律私宰牛馬，杖一百；毆死驅口，比常人減死一等，杖一百七，所以視奴婢與馬牛無異。」《叢書集成初編》（北京：中華書局，1985年），頁250～251。下引版本同。

出大家」的地主，對奴婢進行欺壓，認爲人性「尊嚴」純屬多餘，雙方較常出現的矛盾，發生在與生存有關的「利益」問題上，陶宗儀《輟耕錄·奴婢》載：

> 奴或致富，主利其財，則俟少有過犯，杖而錮之，席卷而去，名曰：「抄估」。亦有自願納其財以求脫免奴籍，則主署執憑付之名，曰：「放良」。〔註46〕

在必須「隨順主意」的情形下，「家生孩兒」〔註47〕要想翻身，勢必難如登天，「抄估」與「放良」，以「抄估」所引起的衝突最大，陶宗儀爲元末明初人，已有主人任意強奪家奴財產的情形，強奪的結果定是兩敗俱傷，經過清初「奴變」的自覺，沒有把柄落在奴婢口中的家主，對待奴婢仍是從嚴管教。《大清會典則例》載雍正二年，議準旗員將奴僕責打身死，審判結果屬於非故而殺者，罰俸二年；故意殺奴者，降二級調用；持刃殺死者，革職治罪；家主若是占奪奴僕之妻，亦或圖姦不遂，將奴僕毒毆致死者，革職治罪；打死奴僕隱瞞不報者，革職；私用夾棍、桬子拷逼奴僕者，罰俸六個月；致死者，革職；用刀背責打奴僕者，罰俸九個月〔註48〕，以上規定可總結爲兩點：一、八旗責打奴僕者，罰俸；二、故意置奴僕於死地者，革職，可見雍正登基不久，已經體認到清初「奴變」的影響，在如燎原野火的態勢下，統治者必須訂出合乎人性的律條以服人。

雍正六年，薩爾兔賄賂官吏、忤作，害死家人李玉受共七條人命，雍正將刑部原判薩爾兔流放，改判爲斬刑，此惡主逼死家奴之例〔註49〕，在雍正六年的諭旨中，雍正親自過問通濟與薩爾兔的案子，顯示主、奴間的衝突已呈白熱化，雍正言八旗：

> 旗人之家僕逃亡者甚眾，……又任情折挫，稍有不遂，即加以捶楚，

〔註46〕元·陶宗儀，《輟耕錄》卷十七〈奴婢〉，頁251。

〔註47〕男奴女婢匹配爲夫婦，其子孫永爲奴婢，奴婢所生子女，稱爲「家生孩兒」。

〔註48〕《大清會典則例》卷一百十七〈兵部·職方清吏司〉，《四庫全書》文淵閣本，第623冊，史部，政書類，通制之屬，頁484～485。

〔註49〕中國第一歷史檔案館編，《雍正朝漢文諭旨匯編》第七冊〈上諭內閣·雍正六年五月〉，載薩爾兔因姦逼死家人李玉受一家六口，又賄賂差役把李二勒死滅口，前言家主蓄意殺奴最多獲革職之罪，薩爾兔本該被發遣，雍正卻令刑部另行定擬，最後改判薩爾兔斬刑，原因是薩爾兔在初審時便行賄，巧脫「因姦致死六命」的實情，被差役勒死的李二，薩爾兔又行賄囑忤作，雍正認爲薩爾兔：「其奸猾強橫，目無國法，實光棍中之渠魁。」，頁242。

略無愛養之意。僕人之心所以不服，兼之不勝捶楚，即行逃避矣！

為家主者，……若有怙惡不悛者，亦何必數行打罵，將彼售之，不

亦善乎？……惟事折挫，以此僕人之心不服，……或有以枉法作弊

之事使令僕人，及被要挾，又恐其首告，竟有鎖禁欲致之於死者，

懷此暴虐之心，又何能使僕人感戴顧戀乎？〔註50〕

雍正認為僕人對枉法作弊的家主，不行首告而選擇逃跑，是尚存人心，滿人如果能善待僕人，雍正認為，連一般平民也會願意投靠旗下為僕，此乃雍正一廂情願的想法，在現實層面，是旗下家奴一年之內，逃避者多達四、五千人的事實，上述雍正四年，尚認為滿人家奴的背主逃亡，是受到漢人的影響，到了雍正六年，雍正諭八旗：「不知爾等愧與不愧，朕實為爾等羞之。」〔註51〕雍正之沉痛，正是見到滿人家主的暴虐，比起漢人實為殘酷，滿人家奴的逃亡，乃家主的咎由自取。

　　清政權建立後，表面上的「奴變」雖已平息，但「奴變」的星火，卻無時不在受惡主逼迫的奴婢內心蠢動，雍正在諭旨中，對滿州旗人府中，大量家奴逃亡的事實表示深感慚愧；喜愛寒山詩的黃庭堅，其對待家奴的方式，在當時曾引起爭議，《山谷集》載：

或議涪翁御奴婢不用鞭撻，能慈而不能威。涪翁笑曰：「奴婢賤人，

不過為惡而詐善，慢令而詐恭，當其見效在前，雖我亦不能不怒退

自省不肖之狀。在予躬者甚多，方且自鞭其後，又何暇捨己之沐猴

而治人之沐猴哉？」〔註52〕

黃庭堅認為家主鞭撻惡奴，本身已犯了「虐」、「暴」、「賊」之過〔註53〕，理應多自省，黃庭堅之慈，正如己所言：「臨人而有父母之心」〔註54〕；雍正之

〔註50〕中國第一歷史檔案館編，《雍正朝漢文諭旨匯編》第九冊〈上諭八旗·雍正六年六月〉，頁137～138。

〔註51〕中國第一歷史檔案館編，《雍正朝漢文諭旨匯編》第九冊〈上諭八旗·雍正六年六月〉，頁138。

〔註52〕宋·黃庭堅，〈解疑〉，《黃庭堅全集》正集卷第二九，頁783。

〔註53〕宋·黃庭堅，〈解疑〉：「或曰：孔子曰：『小懲而大戒，小人之福。』然則非歟？」涪翁曰：「然。有是言也。不曰：『不教而誅謂之虐，不戒視成謂之暴，慢令致期謂之賊乎？』今之用鞭撻者，有能離此三過者乎？」《黃庭堅全集》正集卷第二九，頁783。

〔註54〕宋·黃庭堅，〈解疑〉：「昔陶淵明為彭澤令，遣一力助其子之耕耘，告之曰：『此亦人子也，善遇之。』此所謂臨人而有父母之心者也。夫臨人而無父母之心，是豈人也哉！是豈人也哉！」《黃庭堅全集》正集卷第二九，頁783。

慚愧，愧在滿人家主，臨人而無父母之心，因而導致家奴背逃，觀雍正十一年敕封寒山、拾得爲「和合二聖」，應是希望「和合二仙」的友愛形象，能使百姓歡然從風，主奴之間的矛盾能因此獲得改善。

二、江南錮婢之風

唐代對於賤民，有「官賤」與「私賤」之分〔註55〕，《唐六典》規定：「凡官戶奴婢，男女成人，先以本色媲偶。」〔註56〕「本色」意即「門當戶對」，規定奴婢與奴婢自爲婚娶對象，除了顯示良、賤之別，更與血統要求有關；唐人對血統純正的要求其來有自，以唐初京兆大姓韋家爲例，韋袞的家奴桃符有膽力，隋開皇時期跟著韋袞征戰屢屢建功，韋袞官至左衛中郎，欲放桃符從良，《朝野僉載》記：

> （桃符）因問袞乞姓，袞曰：「止從我姓爲韋氏。」符叩頭曰：「不敢與郎君同姓。」袞曰：「汝但從之，此有深意。」……。不許異姓者，蓋慮年代深遠，子孫或與韋氏通婚，此其意也。〔註57〕

張鷟認爲韋袞所謂的「深意」，是基於「同姓不婚」，韋袞讓桃符跟著姓韋，韋家的後代自然就不會跟家奴桃符的後代通婚，保證了韋家血統的純正，此良、賤有別的觀念，到元末明初依舊，陶宗儀《輟耕錄·奴婢》載：「奴婢男女只可互相婚嫁，例不許聘娶良家，若良家願娶其女者，聽然。」〔註58〕社會上如此分明的良、賤之別，歸根結柢，封建帝王畜養大批「官奴」（按：指太監、宮女之外的官伎、工匠。）是始作俑者，帝王將奴婢作爲有功勳臣的獎賞，更是助長此一風氣的主因，《譚賓錄》記郭子儀：「其宅在親仁里，居其地四分之一，通永巷家人三千，相出入者不知其居。」〔註59〕三千之數或恐誇大，然家人彼此不識是眞〔註60〕，郭子儀乃安史之亂的大功臣，三千家人自爲皇

〔註55〕「官賤」指太常音聲人、樂戶、工戶、雜戶、官戶與官奴婢，「私賤」指部曲（部曲妻、客女）、奴婢。參見：劉俊文，《唐律疏議箋解》卷六〈官戶部曲官私奴婢有犯〉，頁476。

〔註56〕唐·張九齡等撰，《唐六典》（二）卷十九。《四庫全書》珍本六集，頁10。

〔註57〕唐·張鷟，《朝野僉載》卷三。（北京：中華書局，2005年），頁59。

〔註58〕元·陶宗儀，《輟耕錄》卷十七〈奴婢〉，頁250～251。

〔註59〕宋·李昉等編，《太平廣記》卷一百七十六〈郭子儀〉，頁1313。

〔註60〕宋·王讜撰、周勛初校證，《唐語林校證》卷五：「中書令郭子儀，勳伐蓋代，所居宅內諸院，往來乘車馬，僮客于大門出入，各不相識。」（北京：中華書局，1997年），頁499。

帝所默許。雍正二年，雍正將曹雪芹舅祖父李煦抄家，李家奴婢二百十七名，雍正全數賜給了年羹堯〔註61〕，皇恩浩蕩的目的是爲了攏絡功臣，豪紳、官僚多以家中奴婢人數多寡，作爲權勢大小的象徵，使得買賣「生口」的「人市」，歷代各朝從未斷絕。

　元代有「買良爲驅」的情形，清初有「養瘦馬」的現象，張岱卒於康熙十八年（1679），〈揚州瘦馬〉篇首寫道：「揚州人日飲食於瘦馬之身者數十百人。」〔註62〕康熙朝，湯斌與陸隴俱號「醇儒」，湯斌〈禁略販子女以全人倫挽頹俗告諭〉載：

> 更有爲富不仁之輩，收買人家子女，教習吹彈技藝，通同媒嫗，誘紈袴子弟婪取重價，賣爲姬妾，此種澆風，惟蘇郡、維揚、江寧爲甚，愚民誤墮其術，生離遠別，而若輩坐享其利，天理王法皆所難容，該管有司身在地方，視爲細事，漠不相關，全無禁戢，溺職殊甚。〔註63〕

湯斌提到蘇郡、維揚、江寧之「養瘦馬」，被有司視爲是「細事」，此與有司本身同樣喜愛「瘦馬」有關；此外，汪森《粵西叢載·桂枝女子》亦提到揚州有「養瘦馬」的習俗〔註64〕，將良家女喻爲「瘦馬」，在俟其來日「價肥」的誘因下，貪婪之輩拐騙良家幼女，教以書算琴棋，淫辭艷曲，待其長大之後顏色變好，再高價賣出，有時還經多人轉手，汪森言：「鬻者兩城內外，日日媒嫗絡繹於道。」朝爲養女，暮爲人妾，使得貪利父母亦賣親生女〔註65〕，此種罔顧人倫的弊俗，與元代「買良爲驅」並無差別。

　上述張岱、湯斌、汪森均言及康熙朝養瘦馬，「瘦馬」是色藝俱全的妾，與女婢不同的是受「調教」的過程，紀昀《閱微草堂筆記》曾提到「某侍郎」

〔註61〕參見：中國故宮博物院明清檔案部編，《關於江寧織造曹家檔案史料》（北京：中華書局，1975年），頁208～209。
〔註62〕明·張岱，《陶庵夢憶》卷五〈揚州瘦馬〉（台北縣：頂淵文化事業公司，2005年），頁50～51。
〔註63〕清·湯斌，《湯子遺書》卷九〈禁略販子女以全人倫挽頹俗告諭〉，《四庫全書》珍本十一集，頁20。
〔註64〕清·汪森，《粵西叢載》（下）卷十七〈桂枝女子〉：「揚俗喜養女嫁富貴人爲妾，雖遠而蠻狄得金多，無復顧忌也。」（台北：廣文出版社，1969年），頁25。下引版本同。
〔註65〕清·汪森，《粵西叢載》（下）卷十七〈桂枝女子〉：「其嫁養女，皆詭言親生女，故女子百無一二，識其本生父母者，迺來人皆以爲利，乃至親生之女，亦不甚惜焉。」，頁25～26。

家中，對於新買入門的女婢，有一套「教導」、「試刑」、「知畏」三步驟的管束方法，先使長跪，以數百語告誡，稱為「教導」；教導之後，接著褪衣反接，笞百鞭，謂之「試刑」；呼號過甚者，笞之愈甚，直至撻之如擊木石般，不言不動，謂之「知畏」，「某侍郎」的訓婢方式，使得「童僕婢媼，行列進退，雖大將練兵，無如是之整齊也。」為時人所羨，紀昀活動於乾隆年間，尚有如此的訓婢「家法」，也就可見其他士大夫家，視女婢為「恆產」，不許其嫁，亦即所謂的「錮婢」，此風依然存在。

「白頭宮女」不獨在盛唐玄宗一朝，白頭民婢不婚的情形，多見於明、清時期的江南地區，江南「錮婢」之風由來已久，以明、清三大商團之一的徽商為例，林西仲提到安徽男子因經商長年在外，家中婦女一般不用男僕，多蓄女婢，限制女婢婚嫁的情形，以休寧一地最為普遍〔註66〕；明代的安徽休寧，老婢不字有其背景，廣東地區則已是普遍現象，廣東人林釴岩言廣東人家：

> 畜丫鬟，及笄而嫁者，十無一、二。往往逗留淹固，蹉跎年月，至
> 三、四十歲，猶不知正夫妻之倫，完室家之好者。縱幡然擇配，而
> 屈指歸桃之日，亦就木之年矣。〔註67〕

三、四十歲仍無法完室家之好，如此的悲慘人生，僅文人會為其發聲；文人在導正風俗上，透過作品的訴求，常扮演最關鍵的角色，唐代上陽宮的宮女多為楚人〔註68〕，「上陽白髮人」有大詩人白居易、元稹為其鳴不平〔註69〕，前述〈桂枝女子〉，同樣也多虧文人將「桂枝」出嫁前寫下的心聲傳開，才透露揚州「養瘦馬」之慘無人道，而未受過教育的民間老婢，其怨曠絕不下於桂枝或上陽宮女，其悲歌來自民間長期盛行的錮婢風氣，而助長此風者，正是士大夫家。

《仙居縣志》（成於明萬曆年間）載浙江仙居縣：「士民之家，私畜民婢，

〔註66〕 清・林雲銘，《挹奎樓選稿》卷十二〈老女行〉：「徽俗多賈於外，婦持家政，以男僕入室為嫌，畜婢無配，甚至終生不字，此風休寧為最。」《四庫全書存目叢書》冊230，集部，別集類。據福建省圖書館藏清康熙三十五年陳一夔刻本（濟南：齊魯書社，1997年），頁171。

〔註67〕 清・李漁，《資治新書》卷五〈查保甲〉。轉引自：褚贛生《奴婢史》（台北：華成圖書出版公司，2004年），頁151。下引版本同。

〔註68〕 唐・鮑溶，〈玉清壇〉：「上陽宮裏女，玉色楚人多。西信無因得，東遊奈樂何。」《全唐詩》卷486，頁5520。

〔註69〕 元稹與白居易均有〈上陽白髮人〉之作，詳見：《全唐詩》卷419、426，頁4615、4692。

垂白無夫。……奪人父母之願，錮人男女之欲。」〔註70〕顧震宇曾下過「禁錮婢」〔註71〕；至清朝，《龍游縣志》載康熙年間，龍游縣許多婢女，「自髫齡以至白首，概不字人。老死無夫，終身抱怨。」〔註72〕士紳之家的「錮婢」之風，引起君子憤慨，御史衛蒲特曾上疏言：「白髮盈頭，猶是雙鬟婢子；青衣半世，依然隻影空房。」〔註73〕安徽休寧縣徽商之「錮婢」惡俗，在康熙二十八年，廖騰煃知休寧縣時，「俗錮婢不嫁，悉禁絕之。」〔註74〕至於浙江的「錮婢」之風，到康熙朝何玉如任浙江錢塘令時，「嚴禁溺女、錮婢。」〔註75〕然鄰近浙江的江西，至乾隆五十七年上諭還提到：「畜有婢女之家，多至老不得配偶。」福建的情形則更為嚴重，《閩政領要》載：

> 閩俗頹敝，而其敝之尤甚者，一曰「錮婢」。紳士之家，操作之事，
> 皆婢任之，一經契買，即同永錮。其自三十、四十以上遣嫁者，尚
> 稱及時擇配，竟有終身不令適人者。婢有私孕，不問所由來，育男
> 則棄之，育女則留之，待其長成，亦如乃母之服勞以畢世焉。〔註76〕

福建士紳之家「錮婢」，「終身不令適人」被視為福建風俗之尤弊者，與福建一海之隔的台灣，盧焯在《福建通志‧臺灣府》提到：「土番窮戶無衣褐，亦可卒歲，……無久停親柩，無永錮婢女。」〔註77〕《福建通志》由雍正六年敕修，至乾隆二年完成，盧焯提到台灣「無永錮婢女」，雖跟墾臺初期女性人口本就不多，然亦可見雍正朝廣泛存在的「錮婢」情形，直至乾隆二年並未

〔註70〕《仙居縣志》卷十二〈詩文〉，顧震宇〈五禁〉。轉引自：諸贛生《奴婢史》，頁151。

〔註71〕《仙居縣志》卷十二〈詩文‧五禁〉：「除已往不究外，今後民間女婢二十以上，悉令配夫，仍聽主役。如過時不嫁，許父母指名呈縣，竟發還家。」轉引自：諸贛生《奴婢史》，頁198。

〔註72〕余紹宋纂修，《龍游縣志》卷二〈地理考‧風俗〉，《中國方志叢書》（台北：成文出版社，1970年），頁48。

〔註73〕清‧龔煒，《巢林筆談》卷二《續修四庫全書》冊1177，子部，雜家類。據天津圖書館藏清康熙臨野堂刻本影印（上海古籍出版社，2000年），頁302。

〔註74〕黃之雋等撰，《江南通志》（三）卷一百十六〈職官志‧名宦〉，《中國省志彙編》之一，據乾隆二年重修本，（台北：華文出版社，1967年），頁1932。

〔註75〕《河南通志續通志》卷五十九〈人物‧三〉，《中國省志彙編》之十三（台北：華文出版社，1969年），頁1406。

〔註76〕清‧德福，《閩政領要》卷中〈民風好尚〉。陳支平主編，《台灣文獻匯刊》第四輯第十五冊（廈門大學出版社，2004年），頁90。

〔註77〕清‧盧焯，《福建通志》卷九〈台灣府〉（南京：江蘇廣陵古籍刻印社據乾隆二年原刻本影印，1989年），頁16。

有明顯改善。上述明、清之際，皖、贛、浙、閩地區有如此多老死無夫的民婢，無怪乎有「喜神」兼「愛神」形象的「和合二仙」會廣受歡迎，其中隱含多少終身不得字人的民婢，對婚姻的期待。

　　元代視奴婢爲「驅口」，奴婢爲私有財產；明末李自成、張獻忠爲亂，使大量的奴婢自覺到向奴主索契的正當性，滿族旗奴較漢奴更爲積極，滿人家奴背主逃亡的情形，使得喜愛寒山詩的雍正，對旗人家主的「無父母之心」感到羞愧；在江南地區，自明至清，不令女子在正常情況下擇人而嫁的「養瘦馬」與「錮婢」之風，此惡俗遍布安徽、浙江、江西、福建、廣西、廣東的士紳之家，女婢一經買斷，天倫之夢幾已斷絕，深受江南民間喜愛的「和合二仙圖」，給了江南婦女，特別是終身不得適人的女婢，內心對於室家之好的想望。宣統二年（1910），蘇州程氏思賢堂重刊本《寒山子詩集》，卷首有雍正御筆序：

> 讀者或以爲俗語；或以爲韻語；或以爲教語；或以爲禪語，如摩尼珠，體非一色，處處皆圓，隨人目之所見。朕以爲非俗非韻非教非禪，眞乃古佛直心直語也。〔註78〕

雍正視寒山爲古佛，欽定寒山、拾得爲「和合二聖」，翟灝《通俗編》卷十九「和合二聖」條：「今和合以二神並祀，而萬回僅一人，不可以當之。」〔註79〕翟灝爲乾隆進士，對於雍正欽賜「和合二聖」不以爲然，但也側面顯示直到雍正的敕封，「和合神」正式由萬回一人，被寒山、拾得取代，汪汲《事物原會》亦載：「和合神乃天台山僧寒山與拾得也。」知遲至清初，「和合神」萬回已被寒山、拾得取代；李汝珍《鏡花緣》第一回載：「說話間，四靈大仙過去。只見福、祿、壽、財、喜五位星君，同著木公、老君、彭祖、張仙、月老、劉海蟾、和合二仙，也遠遠而來。」〔註80〕《鏡花緣》於清嘉慶二十三年（1818）成書，已提到「和合二仙」與眾仙同行，帝王敕封的光環，加速「和合二仙」在民間的流行，「和合二仙」之友愛形象，最早出現在〈寒山子詩集序〉載寒、拾二人兩度「把手」〔註81〕，民間「和合二仙」的造型不脫此基調。

〔註78〕詳見：葉珠紅，《寒山資料類編》，頁 22。
〔註79〕清・翟灝，《通俗編》（台北：大化出版，1979 年），頁 424。
〔註80〕清・李汝珍著、秦瘦鷗校點，《鏡花緣》（上海古籍出版社，1990 年），頁 3。
〔註81〕《寒山子詩一卷附豐干拾得詩一卷・寒山子詩集序》，記閭丘胤到國清寺廚中竈前與寒山、拾得第一次見面：「見二人向火大笑，胤便禮拜，二人連聲喝胤，自相把手，呵呵大笑。……僧徒奔集，遞相驚訝，何故尊官，禮二貧士？時二人乃把手走出寺。」，頁 3。

雍正十年，鄭板橋在杭州韜光庵寫下〈雍正十年杭州韜光庵中寄舍弟墨〉，信中跟鄭墨提到早已將家奴的契券燒光；第一位坦言喜愛寒山詩的帝王——圓明居士雍正，封寒山為「妙覺普度和聖寒山大士」，是受到寒山詩中，處處自在又每每婆心的感召，雍正基於統治上的需要，以及宣揚人倫和合的理念，十一年敕封寒山、拾得為「和合二聖」，則是因勢利導的作為；雍正在面對越演越烈的主、奴紛爭，以及皖、贛、浙、閩相沿成俗，由前朝遺留至清，「奪人父母之願，錮人男女之欲。」的「錮婢」問題，其敕封「和合二聖」之舉，或許正體會到鄭板橋所謂的：「為人處，即是為己處。」羅聘〈繪寒山、拾得像題詞〉曰：

> 呵呵呵！我若歡顏少煩惱，世間煩惱變歡顏。為人煩惱終無濟，大道還生歡喜閒。國能歡喜君臣和，歡喜庭中父子聯。手足多歡荊樹茂，夫妻能喜琴瑟賢。主賓何再看無喜，上下歡情分愈嚴。呵呵呵！
>
> 〔註82〕

羅聘之題詞，又作〈寒山、拾得二聖降乩詩〉，寒山、拾得在清初，已不僅是文殊、普賢的化身，〈二聖降乩詩〉中的君臣、父子、兄弟、夫婦，透露寒、拾至清代之深入三教，除了「和合二聖」之欽定身分，與「和合二仙圖」之遍及宗教與生活工藝，代表寒、拾深入民間之作，當推〈寒拾問答〉：

> 昔日，寒山問拾得曰：「世間謗我、欺我、辱我、笑我、輕我、賤我、惡我、騙我，如何處治乎？」拾得云：「只要忍他、讓他、由他、避他、耐他、敬他，不要理他，再待幾年，你且看他。」〔註83〕

葉昌熾所記之〈寒拾問答〉，作者佚名，可能為儒士。盛唐神僧萬回之「和合神」形象，有孝親意涵；〈寒山子詩集序〉之寒山、拾得把手，有友愛形象；民間「和合二仙」之「持荷」、「捧盒」，多出現於請束、喜帖，為愛情的象徵，強調親情、友情、愛情的寒山、拾得，樹立「人倫和合」的榜樣，對於清初政權的穩固無疑十分重要〔註84〕，拋開執政者為長治久安，為穩定民心的提

〔註82〕清・羅聘，〈繪寒山、拾得象題詞〉。轉引自：葉昌熾，《寒山寺志》卷一，頁47。

〔註83〕清・葉昌熾，《寒山寺志》卷三：「此篇陸文節公錄示，不知所從出。雖釋子語難，以我法論，亦不似唐以前緇流筆墨，重在文節遺言，姑錄之。」，頁173～175。

〔註84〕參見：高漢，〈「和合」的民間傳說及其深刻意義〉，《天台山文化叢談》（香港：國際炎黃文化出版社，2008年），頁157。

倡,「人倫和合」對於建立和諧美滿的社會,確實不可或缺,清雍正將寒山、拾得敕封爲「和合二聖」,使明代以來,江浙地區主管婚姻美滿、家庭幸福的「和合二仙」廣爲流行,影響至今,除了「和合二仙」在宗教藝術方面的百變造型,就是「和合二聖」所彰顯的「和合文化」,「和合神」萬回所表現的孝悌精神,「和合二仙」所代表的家庭和睦、婚姻幸福,不論是清雍正或近代中國,「和合精神」在全世界,均爲值得關注的課題。

第十章 結 論

　　中國佛教文學，是由釋徒與文士共同締造的輝煌成果，自宋朝開始，釋徒咸認寒山以文字般若，現菩薩完人相；文人視寒山詩，乃「淵明流亞，詩敵太白。」近人論佛教文學，多將寒山與拾得並列為繼初唐王梵志之後，唐代白話詩派的先驅，且著眼於二人之禪悅詩、勸世詩，本論文旨在探討寒山、拾得詩，在文學、宗教之外，所產生的諸多影響。

　　第一章緒論，說明寒山研究之概況與文獻回顧，本章主要以杜光庭《仙傳拾遺·寒山子》，與其他文獻所記，否定文學史上，以寒山為貞觀「詩僧」的看法，並試推寒山之生、卒年。五代時，靜、筠二師所著《祖堂集》，載潙山靈祐至天台見寒山、拾得，稱寒山為「逸士」，宋僧贊寧《宋高僧傳》卷十九〈唐天台封干師傳〉：「以其（寒山）本無氏族，越民唯呼為寒山子。」以上二記顯示在北宋以前，寒山並未被視為是僧人，然論佛教文學者，多視寒山為「詩僧」，其詩為「僧詩」，寒山之被誤會為「詩僧」，有三大原因：一、寒山在詩中提到與國清寺僧豐干、拾得時相往來，傳世之《寒山子詩集》，收有寒山詩作三百餘首，另附有豐干詩二首，拾得詩四十餘首；二、集結於宋初的《寒山子詩集》，頁首有一篇署名為閭丘胤所作的〈寒山子詩集序〉，序中言寒山乃文殊化身、拾得為普賢轉世，豐干是彌陀再來，為後代「天台三聖」傳說之雛型，歷代《寒山子詩集》（或《寒山詩集》）的刊刻多成於僧人之手，且多保留了〈寒山子詩集序〉，「天台三聖」的轉世傳說因而流衍了一千多年；三、以寒山、豐干、拾得事蹟為主的「天台三聖」傳說，故事的生發地是天台祖庭國清寺，後人或多或少，根據以上三點，逕以寒山為詩僧。天台山自東晉以來，夙有「佛國仙窟」之稱（孫綽〈天台山賦〉），寒山在敘述其漫遊天台

的詩作裡，卻對僧人、道士多所批評，寒山若爲國清寺僧人，當知破和合僧的後果；此外，寒山詩中提及在國清寺出入長達二十年，交往之僧人，僅豐干、拾得二人，寒山稱豐干爲「豐干老」，稱拾得爲「拾公」，拾得於詩中提到：「寒山是我兄」，雙方在稱呼上全爲俗家口吻；最重要的一點是，寒山有多首詩暢言以百年之身，活動於寒巖的隱居之樂，以上三點，均可由寒山詩中獲得證明，以此知寒山非僧人，距離寒山時代最早的僧傳《祖堂集》，記潙山靈祐禪師至天台，於道上逢「逸士」寒山，「逸士」當是最接近寒山眞實身分的稱呼。除了「詩僧」，另一個長期被學界誤解的，是寒山的年代，今之《寒山子詩集》，頁首多附有一篇閭丘胤所作的〈寒山子詩集序〉，其官銜爲「朝議大夫使持節台州諸軍事守刺史上柱國賜緋魚袋」，成於北宋的《宋高僧傳》卷十九〈唐天台封干師傳〉，與《新唐書・藝文志・道家類》卷三，均採信〈寒山子詩集序〉的內容，在疑古風氣不興的年代，千餘年來，視寒山與閭丘胤同爲貞觀時人。近人余嘉錫據閭丘胤〈寒山子詩集序〉所提到的「唐興縣」，考證「唐興縣」爲肅宗朝才有（之前爲「始豐縣」）；陳慧劍亦據閭丘胤「緋魚袋」的官銜，考證「緋魚袋」乃中宗朝的產物，二位先生之研究，確定了〈寒山子詩集序〉係托名閭丘胤之僞作，研究寒山的第一手資料，僅剩唐末天台道士杜光庭《仙傳拾遺・寒山子》，杜光庭記寒山以一變化神仙，渡化敬衣不敬人的道士李褐，被仙化了的寒山，一如〈寒山子詩集序〉之「文殊」寒山，於學術研究，均可存而不論，重要的是，杜光庭言寒山於大曆年間隱於天台，此乃寒山非貞觀時人最有力的證明。

第二章論寒山本事與交遊，寒山一生之行履：咸陽儒生於長安不第，南下至天台農耕，最後選擇於寒巖歸隱，由儒而道而佛的經歷；與其交遊者，有天台國清寺僧豐干與拾得，禪師趙州從諗、潙山靈祐，以及晚唐詩人徐凝。活動於盛、中唐的寒山，其生平與眞實姓名爲何，是現今寒山研究者同感棘手的問題，難以下手的原因，不在〈寒山子詩集序〉中的「文殊」寒山，亦非《仙傳拾遺》的「神仙」寒山，因神話與傳說均難考，寒山研究所面臨的瓶頸是：第一手的內證資料——寒山詩，除了豐干、拾得二人外，在豐干、拾得詩中，亦均無提及其他來往之人；而在僧傳的部份，曾與寒山謀面者，僅趙州從諗與潙山靈祐，再無其他親見過寒、拾的僧人；近代學者對於「文學」寒山，所得之研究成果，有陳慧劍先生《寒山子研究》，而論及與寒山有關的詩，僅徐凝的〈天台獨夜〉與〈送寒巖歸士〉二詩，胡適《白話文學史》，

言最早引寒山詩之禪師語錄，是五代的風穴延沼禪師，如上所述，欲由寒山詩、《全唐詩》、僧傳，進而一窺寒山生平，均受限於相關資料太少，千餘年來，寒山的眞實身分依然成謎，然而，對於喜愛寒山詩者，在浸淫於禪悅法喜之餘，有覿面相識的熟悉，不自覺會增一分「有爲者，亦若是。」的當下承擔。由寒山三百多首詩作中，可勾勒出寒山大致的生平與活動軌跡：祖籍咸陽的落第舉子，因不見容於兄弟、妻子、親友，三十歲左右漫遊到浙江天台縣，中年時期嘗試過煉藥求仙，晚年肯定了自證本心之修行法要，流連於天台美景與山中的佛寺、道觀，最常去的，就是往來長達二十年的國清寺，與國清寺僧豐干、拾得交好，寒山由天台郊外之農隱生活，再到寒巖隱居，最後終老於明巖附近，大量禪悅、勸世詩作，即完成於隱居寒巖之後。

　　第三章寒山詩之集結與版本，宋以前寒山詩之集結得力於二人，一爲天台桐柏觀道士徐靈府，二是曹山本寂禪師；寒山詩之版本部分，除了列舉「《天祿》宋本」系統與「國清寺本」系統的不同，「寬文本」之拾得佚詩，亦足資後人研究，此外，「《永樂大典》本」《寒山詩集》大異於其他版本，與《天祿》宋本之異文相比較，更可見晚唐時寒山詩已廣爲流傳。寒山廣受後人香火供養，緣起於晚唐至北宋時，《寒山子詩集》在釋子手中廣爲刊刻，多保留了記寒山文殊、拾得普賢、豐干彌陀的〈寒山子詩集序〉；隨著寒山詩的流傳，寒山之由人而神，在道教史上佔有一席之地，須歸功於在道教史上，有「承唐啓宋」地位的杜光庭，杜光庭乃前蜀王建的顧問，二十五歲開始「皇家道士」的生涯，《太平廣記》收錄杜光庭《仙傳拾遺・寒山子》，杜光庭一手打造了「神仙」寒山，其《仙傳拾遺・寒山子》，首記唐末天台山桐柏觀道士徐靈府，收集寒山詩三卷，這是有關寒山詩集結的第一手資料，至今，天台山國清寺、明岩寺，以及蘇州寒山寺，均設有三賢堂、三賢殿；除了上述宗教因素，寒山於廟堂佔有一席之地，標誌著寒山詩已獲得文人青睞；北宋時，蒙帝王敕編之書，如：《新唐書・藝文志》，載有：「寒山詩七卷」；此外，張君房承宋眞宗之命敕編的《雲笈七籤》卷七三《大還心鏡》載：「《寒山子至訣》云：但悟鉛眞，藥必自神；但記汞正，藥如自聖。修之合聖，天地同慶。得因師傳，爲道之經。」(此乃僞託寒山之作)《宋史》卷二百五，載有：「寒山子《大還心鑑》(又作《大還心鏡》)一卷」，《大還心鏡》並非寒山之作(鄭樵《通志》載爲張元德所作。)由嫁名寒山之作與帝王敕編之書，顯見寒山詩在宋代已普受歡迎。寒山詩在禪林間的流傳，贊寧《宋高僧傳》卷十三〈梁撫州曹山本寂傳〉，載

曹洞宗祖師本寂：「復注《對寒山子詩》，流行寰內。」本寂禪師以外，晚唐詩僧貫休、齊己，均曾在詩中論及寒山之詩，可以說，寒山於唐末，已受到釋、道關注；自北宋開始，因帝王敕編之書的加持，三教中人，不知寒山者幾希。寒山自述曾將所寫之詩：「一例書巖石」，託名閭丘胤所作的〈寒山子詩集序〉，記寒山將詩刻於村墅人家廳壁與竹木石壁上，唐末天台道士杜光庭《仙傳拾遺‧寒山子》，記武宗朝去世的桐柏觀道士徐靈府，收集寒山詩三卷，《全唐詩》中，年代晚於徐靈府的李山甫、貫休、齊己，以寒山詩為「偈」，晚唐文士與僧人論寒山詩，顯示寒山詩最遲在晚唐，已走出天台山並向外流傳；在宋代，寒山詩多為禪林所喜，除了被臨濟、法眼、雲門等各派禪師引為上堂法語，傳世的禪宗祖師語錄，亦多記載有關「天台三聖」的公案。

　　第四章「國清三隱」傳說——論志南〈天台山國清禪寺三隱集記〉，〈三隱集記〉與《景德傳燈錄》所載寒山、拾得、豐干傳說，主要有三：一、古鏡未磨如何照燭；二、豐干邀寒山游五台；三、東家人死西家助哀，〈三隱集記〉與《聯燈會要》所載之寒山、拾得、豐干傳說亦有三：一、國清寺炙茄；二、趙州遊天台；三、溈山靈祐三無對。國清寺僧釋志南，是朱熹的方外至交，朱熹於文集中曾引志南詩：「沾衣欲濕杏花雨，吹面不寒楊柳風。」淳熙十六年（1189），志南應朱熹讎校寒山詩「好本」的要求，刻成《寒山詩集》，並撰〈天台山國清寺三隱集記〉（本書簡稱〈三隱集記〉）附於《寒山詩集》卷尾，〈三隱集記〉除了以〈寒山子詩集序〉、〈拾得錄〉、〈豐干禪師錄〉之寒山、拾得、豐干事蹟為底本，還根據《景德傳燈錄》所載之「天台三聖」資料，特別是豐干禪師的部份；〈寒山子詩集序〉打造了「天台三聖」傳說，〈三隱集記〉乃宋代「天台三聖」傳說之集大成，此二文對南宋之後，有關「天台三聖」傳說的禪師語錄與僧傳，起到一定程度的影響，志南對於傳播寒山詩的貢獻，是將〈寒山子詩集序〉的「國清二賢」（寒山、拾得），塑造成「國清三隱」（寒山、拾得、豐干），其〈三隱集記〉將淳熙十六年以前有關「國清三隱」的傳說完整呈現；三人之事蹟被宋以後的僧傳與禪師語錄所採，作為參話頭之用者共有六：一、寒山、拾得問豐干：「古鏡未磨時，如何照燭？」二、豐干邀寒山遊五台，二人之間有關「文殊」身分的對話；三、國清寺炙茄會上，寒山與國清寺僧的問答；四、趙州和尚遊天台遇寒山；五、溈山靈祐與寒山、拾得之「三無對」；六、拾得掃地，寺主問拾得姓名，寒山對拾得言：「東家人死，西家助哀。」在南宋以後的禪師語錄中，多可見有關以上六樁「話頭」

的發揮，除了「話頭」之外，寒山詩還被廣泛引爲上堂法語，如：「吾心似秋月，碧潭清皎潔。無物堪比倫，教我如何說。」引用次數之多，堪爲禪林之冠。

　　第五章宋代寒山詩之流傳概況，首論晚唐、五代時，寒山詩之流傳，指出晚唐詩人論寒山的同時，寒山詩被誤植與徵引的情形；宋代文苑、禪林對傳播寒山詩的貢獻，在文人部份，首推江西詩派黃庭堅，黃庭堅發揮其「奪胎換骨」之功，與親友之間的往來信札，以寒山詩贈、和、答的同時，不乏對寒山詩的點竄；半山老人王安石，作有〈擬寒山詩〉二十首，半山擬寒山，首開文人擬作寒山詩之先例；東坡好友蘇州定慧長老守欽，讀寒山詩後，作〈擬寒山〉十頌寄東坡，東坡答以〈次韻定慧欽長老八首〉。除文人之外，宋代禪師喜愛寒山詩，可謂歷朝之最，惠洪指出黃庭堅論寒山詩，「以寒山爲淵明之流亞。」言黃庭堅所書寒山詩，「多爲林下人所得。」慈受懷深和尚作〈擬寒山詩〉一百四十八首，劉克莊認爲：「亦逼眞可喜也。」朱熹向國清寺僧志南索取寒山詩「好本」，陸游改正寒山詩楚辭體，建議可明放入新刻寒山詩集中，寒山詩在宋代文苑與禪林的流傳與影響，正是宋以後寒山詩被視爲是「僧詩」的濫觴。

　　第六、七章，分別以歷代詩話、文集，與禪師語錄所論之寒山、拾得詩，以見《寒山詩集》風行於文壇、禪門的情形。歷代詩話、文集對寒山及其詩之評議，除了塑造出「淵明流亞，詩敵太白。」的文學寒山；禪師語錄所論所評之寒山，是以文字般若，現菩薩完人像的宗教寒山，文人與禪師經由寒山詩之潛移默化，引起了擬、和寒山詩的風潮，歷代禪師「憶寒山」的詩作，參「寒山子作麼生」的話頭，奠定了禪門中，寒山的「散聖」形象。由宋代開始，文人與釋子因讀寒山詩、評寒山詩，出現了擬、和寒山詩的作品，至元、明二代，有元叟行端禪師《擬寒山子詩》四十一首，天目中峰明本禪師作《擬寒山詩》百餘首，元末明初，四明楚石梵琦首和三百七首寒山詩，並及豐干詩二首、拾得詩四十九首，明末西吳石樹濟岳載和，寒山詩以及楚石、石樹二人之和詩，總數共九百二十一首的《天台三聖二和詩集》，更加引發擬、和寒山詩的風潮，有一至三首者，有百餘首至三百餘首不等，其質量俱佳者，如隱元和尚之《擬寒山百詠》，梅村居士張守約《擬寒山詩》三百餘首，由北宋王安石〈擬寒山詩〉二十首開始，至明代張守約《擬寒山詩》三百餘首，宋、元、明之釋子與文人，之所以大作和寒山、擬寒山，效寒山偈、擬寒山

體，清雍正道出其原因，宣統二年蘇州程氏思賢堂重刊《寒山子詩集》，卷首有雍正御製之寒山詩序，雍正言寒山詩：「讀者或以爲俗語，或以爲韻語，或以爲教語，或以爲禪語，如摩尼珠，體非一色，處處皆圓，隨人目之所見。朕以爲非俗非韻非教非禪，眞乃古佛直心直語也。」如古佛之直心直語，概括了寒山詩的眞精神。

第八章「天台三聖圖」與〈四睡圖〉，首論天台三聖、〈四睡〉(寒山、拾得、豐干、虎) 及其相關作品，分別爲：一、「天台三聖」之定名與畫作；二、有關「天台四睡」之禪師語錄。其次，日本留學僧默庵靈淵、可翁宗然，二人以寒山、拾得、豐干傳說爲藍本的「天台三聖圖」，引起其後日人對寒山詩的情有獨鍾。最後，論明初四明楚石梵琦首和，明末西吳石樹濟岳載和，即天台三聖二和詩之影響。寒山詩從北宋開始大流行，還遠及異域，北宋時，《寒山詩集》已被國清寺僧作爲餽贈日本學僧之禮，宋神宗熙寧五年 (1072)，日僧成尋造訪天台國清寺，國清寺僧禹珪贈成尋「寒山子詩一帖」，寒山受日本學僧之青睞尚不僅此，南宋水墨禪宗畫家，如梁楷、李確、牧谿法常等人，根據「天台三聖」傳說，繪〈天台三聖圖〉的同時，亦將〈寒山子詩集序〉述「豐干騎虎入國清」入畫，增衍爲〈天台四睡圖〉，梁楷的減筆、潑墨寫意，牧谿法常的「隨筆點墨而成」，對於元代來華的日本禪宗畫僧——默庵靈淵與可翁宗然多所啓發，可翁宗然曾問道於天目中峰明本，可翁留華三年，受中峰明本喜愛寒山詩的影響(中峰明本曾作《擬寒山詩》百餘首)，返國後所繪之〈寒山圖〉，引起日本畫家爭畫〈天台三聖圖〉，間接替日本第一個武士政權——鎌倉幕府，以禪宗作爲新政權的新信仰，提供了依託點。

第九章和合二仙與和合二聖，首論寒山、拾得取代盛唐神僧萬回成爲和合神，即家喻戶曉之和合二仙的由來；次論雍正將寒山、拾得敕封「和合二聖」，是受到清初「奴變」的影響，家奴「索券」要求人身自由，導致主、奴關係惡化，而江南長期存在的「錮婢」之風，從而加強和合二仙的信仰；雍正平日喜讀寒山詩，因勢利導，將寒山、拾得由民間的和合二仙，推升至廟堂供奉的和合二聖，是爲統治的需要。上述文學、繪畫之外，在元、明兩代，寒山、拾得的影響尚及於民間宗教與民俗工藝，元、明二代的江南地區有祀「和合二仙」的習俗，寒山、拾得被塑造爲一持荷花、一捧圓盒 (「荷盒」諧音「和合」)的童子造型，主婚姻美滿、家庭和樂，喜神兼愛神象徵的「和合二仙」；雍正十一年 (1733)，寒山被敕封爲「妙覺普渡和聖寒山大士」、拾得爲「圓覺

普渡合聖拾得大士」，帝王欽定的身份，使寒山、拾得在民間的地位更加無遠
弗屆，江南以「和合二仙圖」爲主題的民間工藝品，遍布於木雕、玉雕、版
畫、繡像畫、陶瓷等，近年更被作爲兒童醫療用品之商標圖案，「和合二仙」
的深入民間，呈現出人與人，人與自然的和諧精神。

　　第十章結論，總結寒山、拾得詩從晚唐開始流行，至宋代禪師的刊刻流
傳，影響諸多文人，產生擬、和之作，進而及於繪畫與民間信仰。寒山、拾
得由「國清二賢」，轉變爲「和合二仙」、「和合二聖」，由宋至清，由人而仙
而聖，在佛教與道教史上，堪稱特例。

參考書目

一、寒山研究專著

1. 《四部叢刊》景《天祿琳琅》宋刻本《寒山子詩一卷附豐干拾得詩一卷》，上海：商務印書館，1926 年。

2. 《寒山子詩集附豐干拾得詩慈受擬寒山詩》，上海涵芬樓借常熟瞿氏鐵琴銅劍樓藏高麗刊本影印，《四部叢刊集部縮本》。

3. 明・姚廣孝等編，《永樂大典》前編《寒山詩集》台北：世界書局，1962 年。

4. 明刊白口八行本《寒山子詩集一卷附拾得詩及豐干詩一卷》。

5. 明嘉靖四年天台國清寺道會刊本《寒山詩集一卷附豐干拾得詩》。

6. 日本宮內廳書陵部《寒山詩集豐干拾得詩附》。

7. 日本後西天皇寬文十一年，台北帝國大學昭和九年版《首書寒山詩》。

8. 《四庫全書》影印文淵閣本《寒山詩集》台北：台灣商務印書館，1986 年。

9. 《全唐詩》本《寒山詩集》台北：文史哲出版社，1978 年。

10. 咸豐六年廣州奉恩寺版《寒山子詩集》，台灣大學楊雲萍文庫收藏。

11. 宋版《寒山詩集》，上海望平街有正書局發行。

12. 《合訂天台三聖二和詩集》，《寒山詩集》附豐干、拾得、楚石、石樹原詩，據上海法藏寺募刻揚州藏經院藏版。台北：漢聲出版社，1971 年。

13. 項楚，《寒山詩注》北京：中華書局，2000 年。

14. 錢學烈，《寒山拾得詩校評》天津古籍出版社，1998 年。

15. 程兆熊，《寒山子與寒山詩》台北：大林出版社，1960 年。

16. 陳慧劍，《寒山子研究》台北：東大圖書公司，1991 年。

17. 黃博仁，《寒山及其詩》台北：新文豐出版公司，1980 年。

18. 朱傳譽主編，《寒山子傳記資料》台北：天一出版社，1982 年。

19. 葉珠紅，《寒山詩集校考》台北：文史哲出版社，2005 年。

20. 葉珠紅，《寒山資料考辨》台北：秀威科技出版，2005 年。

21. 葉珠紅，《寒山資料類編》台北：秀威科技出版，2005 年。

22. 葉珠紅，《寒山詩集論叢》台北：秀威科技出版，2006 年。

二、釋書參考書目

1. 失譯人名在後漢錄，《大方便佛報恩經》，《大正新修大藏經》台北：新文豐出版，1985 年，冊 3，第 156 號。

2. 北涼・藏曇無讖譯，《悲華經》，《大正藏》冊 3，第 157 號。

3. 後秦・鳩摩羅什譯，《摩訶般若波羅蜜經》，《大正藏》冊 8，第 223 號。

4. 東晉・法顯譯，《大般涅槃經》，《大正藏》冊 12，第 0374 號。

5. 後秦・鳩摩羅什譯，《妙法蓮華經》，《大正藏》冊 9，第 0262 號。

6. 梁・慧皎，《高僧傳》，《大正藏》冊 50，第 2059 號。

7. 陳・真諦譯，《攝大乘論釋》，《大正藏》冊 31，第 1595 號。

8. 唐・法海集，《南宗頓教最上大乘摩訶般若波羅蜜經六祖惠能大師於韶州大梵寺施法壇經》，《大正藏》冊 48，第 2007 號。

9. 唐・裴休集，《黃檗斷際禪師宛陵錄》，《大正藏》冊 48，第 2012B 號。

10. 唐・道宣，《續高僧傳》，《大正藏》冊 50，第 2060 號。

11. 唐・道宣，《廣弘明集》，《大正藏》冊 52，第 2103 號。

12. 唐・徐靈府，《天台山記》，《大正藏》冊 51，第 2096 號。

13. 唐・惠英撰、胡幽貞纂，《大方廣佛華嚴經感應傳》，《大正藏》冊 51，第 2074 號。

14. 唐・弘忍，《最上乘論》，《大正藏》冊 48，第 2011 號。

15. 宋・本覺編集，《釋氏通鑑》。CBETA, X76, no.1516, pp.0094c23。

16. 宋・劉誼，《吳山端禪師語錄》，《禪宗集成》第二三冊。

17. 宋・宗曉編，《樂邦文類》，《大正藏》冊 47，第 1969 號。

18. 宋・宗曉編，《樂邦遺稿》，《大正藏》冊 47，第 1969 號。

19. 宋・宗壽集，《入眾須知》，《禪宗集成》第二冊。

20. 宋・法澄等編，《希叟紹曇禪師廣錄》，《禪宗集成》第十七冊。

21. 宋・自悟等編，《希叟紹曇禪師語錄》，《禪宗集成》第十六冊。

22. 宋・居簡，《北磵詩集》，《禪門逸書》初編第五冊。

23. 宋・大觀編，《北礀居簡禪師語錄》，《禪宗集成》第十五冊。

24. 宋・祖琇，《僧寶正續傳》，《佛光大藏經》禪藏，史傳部。高雄縣：佛光出版社，1994 年。

25. 宋・祖琇，《隆興佛教編年通論》。CBETA, X75, no.1512, pp.0209b12。

26. 宋・志磐，《佛祖統紀》，《大正藏》冊 49，第 2035 號。

27. 宋・道原，《景德傳燈錄》，《大正藏》冊 51，第 2076 號。

28. 宋・贊寧，《宋高僧傳》，《大正藏》冊 50，第 2061 號。

29. 宋・贊寧，《大宋僧史略》《大正藏》冊 54，第 2126 號。

30. 宋・賾藏主集，《古尊宿語錄》，《佛光大藏經》禪藏，語錄部。高雄縣：佛光出版社，1994 年。

31. 宋・惟白，《建中靖國續燈錄》，《佛光大藏經》禪藏，史傳部。高雄縣：佛光出版社，1994 年。

32. 宋・延壽，《宗鏡錄》，《大正藏》冊 48，第 2016 號。

33. 宋・延壽述，《萬善同歸集》，《大正藏》冊 48，第 2017 號。

34. 宋・張商英，《護法論》，《大正藏》冊 52，第 2114 號。

35. 宋・普濟，《五燈會元》淨慧主編《中國燈錄全書》第四冊，北京：中國藏學出版社，1993 年。

36. 宋・陳田夫撰，《南嶽總勝集》，《大正藏》冊 51，第 2097 號。

37. 宋・子昇、如祐編，《禪門諸祖師偈頌》，《禪宗集成》第九冊。

38. 宋・師皎編，《吳山淨端禪師語錄》《禪宗集成》第二三冊，台北：藝文印書館，1968 年。

39. 宋・正受編，《嘉泰普燈錄》，《佛光大藏經》禪藏，史傳部。高雄縣：佛光出版社，1994 年。

40. 宋・曉瑩集，《羅湖野錄》，《佛光大藏經》禪藏，史傳部。高雄縣：佛光出版社，1994 年。

41. 宋・李遵勗編，《天聖廣燈錄》，《佛光大藏經》禪藏，史傳部。高雄縣：佛光出版社，1994 年。

42. 宋・智昭集，《人天眼目》，《大正藏》冊 48，第 2006 號。

43. 宋・悟明，《聯燈會要》，《佛光大藏經》禪藏，史傳部。高雄縣：佛光出版社，1994 年。

44. 宋・晁公遡，《嵩山集》王雲五主編《四庫全書》珍本二集。

45. 宋・善卿編正，《祖庭事苑》，《禪宗集成》第四冊。

46. 宋・法應集、元・普會續，《禪宗頌古聯珠通集》，《禪宗集成》第七冊。

47. 宋・德洪，《雲菴真淨禪師語錄》，《禪宗集成》第十四冊。

48. 宋・楚圓集，《汾陽無德禪師語錄》，《大正藏》冊 47，第 1992 號。

49. 宋・文珦，《潛山集》，《禪門逸書》初編第五冊。

50. 宋・惠洪，《林間錄》，《佛光大藏經》禪藏，史傳部。高雄縣：佛光出版社，1994 年。

51. 宋・彥琪註，《證道歌注》，《禪宗集成》第一冊。

52. 宋・文政編，《明覺禪師語錄》，《大正藏》冊 47，第 1996 號。

53. 宋・蘊聞編，《大慧普覺禪師語錄》，《大正藏》冊 47，第 1998A 號。

54. 宋・紹隆等編，《圓悟佛果禪師語錄》，《大正藏》冊 47，第 1997 號。

55. 宋・圓照等編，《破菴和尚語錄》，《佛光大藏經》禪藏，語錄部。高雄縣：佛光出版社，1994 年。

56. 宋・善開等錄，《松源和尚語錄》，《佛光大藏經》禪藏，語錄部。高雄縣：佛光出版社，1994 年。

57. 宋・師明集，《續古尊宿語要》，《禪宗集成》第十二冊。

58. 宋・圓澄編，《無明慧性禪師語錄》，《禪宗集成》第十六冊。

59. 宋・法泉繼頌，《證道歌頌》，《禪宗集成》第六冊。

60. 宋・慧霞編、慶輝釋，《曹洞五位顯訣》，《禪宗集成》第一冊。

61. 宋・本嵩述、琮湛註，《華嚴七字經題法界觀三十門頌》，《大正藏》冊 45，第 1885 號。

62. 宋・大慧宗杲，《正法眼藏》，《禪宗集成》第十一冊。

63. 元・淨伏編，《虛舟普度禪師語錄》，《禪宗集成》第十八冊。

64. 元・圓至，《牧潛集》，《禪門逸書》初編第六冊。

65. 元・永盛述、德弘編，《證道歌註》，《禪宗集成》第六冊。

66. 元・劉謐，《三教平心論》，《大正藏》冊 52，第 2117 號。

67. 元・姜端禮，《林泉老人評唱丹霞淳禪師頌古虛堂集》，《禪宗集成》第二十冊。

68. 元・元浩等編，《古林清茂禪師語錄》，《禪宗集成》第十八冊。

69. 元・念常集，《佛祖歷代通載》，《大正藏》冊 49，第 2036 號。

70. 元・覺岸，《釋氏稽古略》，《大正藏》冊 49，第 2037 號。

71. 元・元浩等編，《古林清茂禪師語錄》，《禪宗集成》第十八冊。

72. 明・居頂，《續傳燈錄》，《大正藏》冊 51，第 2077 號。

73. 明・郭凝之編（卷上）、〔日〕玄契編次（卷下），《撫州曹山本寂禪師語錄》上海古籍出版社，1992 年。

74. 明・郭凝之編，《潭州溈山靈祐禪師語錄》，《大正藏》冊 47，第 1989 號。

75. 明‧無溫,《山菴雜錄》,《佛光大藏經》禪藏,史傳部。高雄縣:佛光出版社,1994 年。

76. 明‧明河,《補續高僧傳》。CBETA, X 77, no.1524, pp. 0522b19。

77. 明‧朱時恩,《佛祖綱目》,《中國燈錄全書》第十六冊。

78. 明‧瞿汝稷,《指月錄》,《中國燈錄全書》第十七冊。

79. 明‧宗泐,《全室外集》,《禪門逸書》初編第七冊,台北:明文書局,1980 年。

80. 明‧朱時恩,《居士分燈錄》,《中國燈錄全書》第六冊。

81. 明‧弘贊註、開詗記,《潙山警策句釋記》,《禪宗集成》第一冊。

82. 明‧德清,《紫栢尊者全集》,《禪宗集成》第二四冊。

83. 明‧普文輯,《古今禪藻集》,《禪門逸書》初編,第一冊。

84. 明‧文琇集,《增集續傳燈錄》,《中國燈錄全書》第五、六冊。

85. 明‧道霈重編,《永覺元賢禪師廣錄》,《禪宗集成》第二十二冊。

86. 明‧明凡錄,《湛然圓澄禪師語錄》,《禪宗集成》第二二、二三冊。

87. 明‧袁宏道,《西方合論》,《大正藏》冊 47,第 1976 號。

88. 明‧幻輪編,《釋鑑稽古略續集》,《大正藏》第 49 冊,第 2038 號。

89. 明‧通問編,《續燈存稿》,《中國燈錄全書》第八冊。

90. 明‧黎眉等編,《教外別傳》,《中國燈錄全書》第十六冊。

91. 清‧自融撰,性磊補輯,《南宋元明禪林僧寶傳》,《佛光大藏經》禪藏,史傳部。高雄縣:佛光出版社,1994 年。

92. 清‧集雲堂編,《宗鑑法林》,《禪宗集成》第八、九冊。

93. 清‧淨符,《宗門拈古彙集》,《禪宗集成》第七冊。

94. 清‧儀潤說義,《百丈清規證義記》,《禪宗集成》第二冊。

95. 清‧超永編,《五燈全書》,《中國燈錄全書》第十二冊。

96. 清‧超溟著,《萬法歸心錄》,《禪宗集成》第六冊。

97. 清‧行悅集,《列祖提綱錄》,《禪宗集成》第三冊。

98. 清‧錢伊庵編,《宗範》,《禪宗集成》第六冊。

99. 清‧性音編,《禪宗雜毒海》,《禪宗集成》第五冊。

100. 〔日〕慧印校,《筠州洞山悟本禪師語錄》,《大正藏》冊 47,第 1986 號。

101. 〔日〕無著道忠,《禪林象器箋》台北縣:彌勒出版社,1982 年。

102. 《長阿含經》,《大正藏》冊 1,第 0001 號。

103. 《妙法蓮華經》,《大正藏》冊 9,第 0262 號。

104. 《般泥洹經》,《大正藏》冊 1,第 0006 號。

105.《大智度論》，《大正藏》冊 25，第 1509 號。

106.《大方便佛報恩經》，《大正藏》冊 3，第 156 號。

107.《佛說無常三啓經》，《大正藏》冊 85，第 2912 號。台北：新文豐出版，
　　1991 年修訂版。

108.《佛說大乘菩薩藏正法經》，《大正藏》冊 11，第 0316 號。

109.《歷代法寶記》，《大正藏》冊 51，第 2075 號。

110.《佛頂尊勝陀羅尼經》，《大正藏》冊 19，第 0967 號。

111.《撫州曹山本寂禪師語錄》，《大正藏》冊 47，第 1987 號。

112.《祖堂集》，《佛光大藏經》禪藏，史傳部。高雄縣：佛光出版社，1994
　　年。

113.《古尊宿語要目錄》，《禪宗集成》第十二冊。

114.《馬祖道一禪師廣錄》，《禪宗集成》第十三冊。

115.《瑞州洞山良价禪師語錄》，《大正藏》冊 47，第 1986B 號。

116.《宏智禪師廣錄》，《大正藏》冊 48，第 2001 號。

117.《雲外雲岫禪師語錄》，《禪宗集成》第二十一冊。

118.《瞎堂慧遠禪師廣錄》，《禪宗集成》第十五冊。

119.《斷橋妙倫禪師語錄》，《禪宗集成》第十七冊。

120.《虛堂和尚語錄》，《大正藏》冊 47，第 2000 號。

121.《雲芳守忠禪師語錄》，《禪宗集成》第十八冊。

122.《佛果擊節錄》，《禪宗集成》第十冊。

123.《佛果圜悟禪師碧巖錄》，《大正藏》冊 48，第 2003 號。

124.《慈受懷深禪師廣錄》，《禪宗集成》第二三冊。

125.《保寧仁勇禪師語錄》，《禪宗集成》第十四冊。

126.《法演禪師語錄》，《大正藏》冊 47，第 1995 號。

127.《林泉老人評唱丹霞淳禪師頌古虛堂集》，《禪宗集成》第二十冊。

128.《林泉老人評唱投子青和尚頌古空谷集》，《禪宗集成》第十冊。

129.《萬松老人評唱天童覺和尚頌古從容庵錄》，《大正藏》冊 48，第 2004 號。

130.《天如惟則禪師語錄》，《禪宗集成》第十八冊。

131.《無準師範禪師語錄》，《禪宗集成》第十六冊。

132.《應菴曇華禪師語錄》，《禪宗集成》第十五冊。

133.《宗寶道獨禪師語錄》，《禪宗集成》第二二冊。

134.《橫川行珙禪師語錄》，《禪宗集成》第十八冊。

135.《笑隱大訢禪師語錄》，《禪宗集成》第十五冊。

136.《石田法薰禪師語錄》,《禪宗集成》第十六冊。

137.《虎丘隆和尚語錄》,《佛光大藏經》禪藏,語錄部。高雄縣:佛光出版社,1994年。

138.《希叟紹曇禪師語錄》,《禪宗集成》第十六冊。

139.《希叟紹曇禪師廣錄》,《禪宗集成》第十七冊。

140.《無見先覩禪師語錄》,《禪宗集成》第十七冊。

141.《偃溪廣聞禪師語錄》,《禪宗集成》第十五冊。

142.《黃龍慧南禪師語錄》,《大正藏》冊47,第1993號。

143.《海印昭如禪師語錄》,《禪宗集成》第十七冊。

144.《福源石屋珙禪師語錄》,《禪宗集成》第十七冊。

145.《南石文琇禪師語錄》,《禪宗集成》第二十冊。

146.《了菴清欲禪師語錄》,《禪宗集成》第十九冊。

147.《薦福承古禪師語錄》,《禪宗集成》第二三冊。

148.《雲谷和尚語錄》,《禪宗集成》第二四冊。

149.《穆菴文康禪師語錄》,《禪宗集成》第十九冊。

150.《楚石梵琦禪師語錄》,《禪宗集成》第二十冊。

151.《無明慧經禪師語錄》,《禪宗集成》第二一冊。

152.《淨慈慧暉禪師語錄》,《禪宗集成》第二一冊。

153.《寶覺祖心禪師語錄》,《禪宗集成》第十四冊。

154.《平石如砥禪師語錄》,《禪宗集成》第十七冊。

155.《了堂惟一禪師語錄》,《禪宗集成》第十九冊。

156.《舒州梵天琪和尚註證道歌並序》,《禪宗集成》第一冊。

157.《續燈正統》,《中國燈錄全書》第十冊。

158.《虛舟普度禪師語錄》,《禪宗集成》第十八冊。

159.《投子義青禪師語錄》,《禪宗集成》第二十冊。

160.《大慧普覺禪師語錄》,《大正藏》冊47,第1998A號。

161.《淮海原肇禪師語錄》,《禪宗集成》第十五冊。

162.《無明慧經禪師語錄》,《禪宗集成》第二十一冊。

163.《無異元來禪師廣錄》,《禪宗集成》第二十一冊。

164.《雪峰慧空禪師語錄》,《禪宗集成》第十四冊。

165.《無文道燦禪師語錄》,《禪宗集成》第二五冊。

166.《大川普濟禪師語錄》,《禪宗集成》第十五冊。

167.《無門慧開禪師語錄》,《禪宗集成》第十四冊。

168.《樵隱悟逸禪師語錄》,《禪宗集成》第二五冊。

169.《開福道寧禪師語錄》,《禪宗集成》第十四冊。

170.《月礀禪師語錄》,《禪宗集成》第二五冊。

171.《如淨和尚語錄》,《大正藏》冊 48,第 2002A 號。

172.《天目明本禪師雜錄》,《禪宗集成》第十七冊。

173.《天目中峰和尚廣錄》上海:景印宋平江府陳湖磧砂延聖院刊本,1936 年。

174.《佛日普照慧辯楚石禪師語錄》,《禪宗集成》第二十冊。

175.《御選語錄》,《雲棲蓮池宏大師語錄》,《佛光大藏經》禪藏,語錄部。高雄縣:佛光出版社,1994 年。

176.《御選語錄》,《禪宗集成》第十三冊。

三、古籍參考書目

1. 漢·焦贛,《焦氏易林》,《四部叢刊》,初編,子部。上海商務印書館縮印北京圖書館藏元本烏程蔣氏藏影元鈔本,1965 年。

2. 晉·葛洪,《抱朴子》北京:中華書局,1988 年。

3. 唐·張九齡等撰,《唐六典》,《四庫全書》珍本六集。

4. 唐·張鷟,《朝野僉載》北京:中華書局,2005 年。

5. 唐·范攄,《雲谿友議》楊家駱主編,《唐國史補等八種》台北:世界書局,1991 年。

6. 唐·韓愈撰、蔣抱玄註釋、評點,《韓昌黎文全集》台北:廣文書局,1973 年。

7. 唐·李肇,《唐國史補》台北:世界書局,1991 年。

8. 唐·元稹,《元次山文集》,《四部叢刊》,初編,集部。上海商務印書館縮印江安傅氏雙鑑樓藏明刊本,1965 年。

9. 唐·趙璘,《因話錄》楊家駱主編,《唐國史補等八種》台北:世界書局,1991 年。

10. 唐·歐陽詢撰、汪紹楹校,《藝文類聚》上海古籍出版社,1995 年。

11. 後晉·劉昫,《舊唐書》北京:中華書局影印《四部備要》,1989 年。

12. 宋·惠洪,《石門文字禪》,《四部叢刊》,初編,集部。上海商務印書館縮印江南圖書館藏明徑山寺本,1967 年。

13. 宋·惠洪,《冷齋夜話》嚴一萍選輯《學津討原》第二十函,原刻影印《百部叢書集成》台北:藝文印書館,1965 年。

14. 宋·黃庭堅,《松風閣詩卷、寒山子龐居士詩卷》台北:故宮博物院藏《故宮書法選》(五)東京:株式會社二玄社,2006 年。

15. 宋‧黃庭堅撰、劉琳等校點，《黃庭堅全集》成都：四川大學出版社，2001年。

16. 宋‧黃庭堅，《豫章黃先生文集》，《四部叢刊》，初編，集部。上海商務印書館縮印嘉興沈氏藏宋本，1967年。

17. 宋‧司馬光編，《資治通鑑》中華書局據鄱陽胡氏仿元本校刊，台灣：中華書局，1969年。

18. 宋‧鄭樵，《通志》台北：新興書局，1963年。

19. 宋‧張君房編，《雲笈七籤》北京：齊魯書社，1988年。

20. 宋‧陳顯微，《周易參同契解》，台北：台灣商務印書館景印文淵閣《四庫全書》，第1058冊，1986年。

21. 宋‧歐陽脩、宋祈，《新唐書》台北：鼎文書局，1976年。

22. 宋‧王堯臣等編次，《崇文總目》嚴一萍選輯《粵雅堂叢書》第十八函，原刻影印《百部叢書集成》台北：藝文印書館，1965年。

23. 宋‧計有功，《唐詩紀事》台北：木鐸出版社，1982年。

24. 宋‧李昉等編，《太平廣記》北京：中華書局，2003年。

25. 宋‧李昉等編，《太平御覽》台北：台灣商務印書館，1968年。

26. 宋‧沈括，《夢溪筆談》，《四部叢刊》，續編，子部。台北：台灣商務印書館，1966年。

27. 《宣和畫譜》嚴一萍選輯《學津討原》第十六函，原刻景印《百部叢書集成》台北：藝文印書館，1965年。

28. 宋‧朱翌，《猗覺寮雜記》嚴一萍選輯《知不足齋叢書》第三函，原刻影印《百部叢書集成》台北：藝文印書館，1966年。

29. 宋‧史容撰注，《山谷外集詩註》，《四部叢刊》，續編，集部。上海涵芬樓景印中華學藝社借照日本帝室圖書寮藏元本。台北：台灣商務印書館，1966年。

30. 宋‧陸游撰、錢仲聯校注，《劍南詩稿校注》上海古籍出版社，2005年。

31. 宋‧鄭思肖，《所南翁一百二十圖詩集》，《四部叢刊》，續編，集部。嚴一萍選輯《知不足齋叢書》第二十一函，原刻影印《百部叢書集成》台北：藝文印書館，1966年。

32. 宋‧張鎡，《南湖集》嚴一萍選輯《知不足齋叢書》第八函，原刻影印《百部叢書集成》台北：藝文印書館，1966年。

33. 宋‧王安石，《願學集》，《四庫全書》珍本五集。

34. 宋‧王安石，《臨川先生文集》，《四部叢刊》，初編，集部，上海商務印書館縮印明刊本，1967年。

35. 宋‧劉克莊撰、王秀梅點校，《後村詩話》北京：中華書局，1983年。

36. 宋・劉克莊，《後村先生大全集》，《宋集珍本叢刊》第八十二冊，北京：線裝書局，2004 年。

37. 宋・劉克莊，《後村居士集》四川大學古籍整理研究所編《宋集珍本叢刊》第七九冊，北京：線裝書局，2004 年。

38. 宋・王十朋，《集註分類東坡先生詩》，《四部叢刊》，初編，集部。上海商務印書館縮印南海潘氏藏宋務本堂刊本，1967 年。

39. 宋・黎靖德編，《朱子語類》四部善本新刊百衲本《朱子語類》台北縣：漢京文化事業公司，1980 年。

40. 宋・林希逸，《竹溪鬳齋十一藁續集》，《四庫全書》珍本二集。

41. 宋・陳起編，《江湖後集》，《四庫全書》珍本十一集。

42. 宋・王應麟，《困學紀聞》，《四部叢刊》三編，子部。上海涵芬樓景印江安傅氏雙鑑樓藏元刊本，台北：台灣商務印書館，1966 年。

43. 宋・周文璞，《方泉詩集》，《四庫全書》珍本四集。

44. 宋・胡榘、羅濬纂修，《寶慶四明志》，《續修四庫全書》冊 705。據北京圖書館藏宋刻本影印，上海古籍出版社，2000 年。

45. 宋・吳則禮，《北湖集》，《四庫全書》珍本別輯。

46. 宋・李彌遜，《筠谿集》，《四庫全書》珍本初集。

47. 宋・曹勛，《松隱集》，《四庫全書》珍本七集。

48. 宋・戴復古，《石屏詩集》《四庫全書》珍本九集。

49. 宋・周紫芝，《太倉稊米集》，《四庫全書》珍本二集。

50. 宋・楊時，《龜山集》，《四庫全書》珍本四集。

51. 宋・陳著，《本堂集》，《四庫全書》珍本二集。

52. 宋・周孚，《蠹齋鉛刀編》，《四庫全書》珍本二集。

53. 宋・洪邁，《容齋四筆》，《四部叢刊》，續編，子部，台北：台灣商務印書館，1966 年。

54. 宋・任淵，《後山詩註》，《四部叢刊》，初編，集部，上海商務印書館縮印江安傅氏雙鑑樓藏高麗活字本，1965 年。

55. 宋・王讜撰、周勛初校證，《唐語林校證》北京：中華書局，1997 年。

56. 宋・呂本中，《東萊先生詩集》，《四部叢刊》，續編，集部。上海涵芬樓景印中華學藝社借照日本內閣文庫藏宋刊本，台北：台灣商務印書館，1966 年。

57. 宋・葉夢得，《石林詩話》嚴一萍選輯《百川學海》第九函，原刻景印《百部叢書集成》台北：藝文印書館，1966 年。

58. 宋・張邦基，《墨莊漫錄》北京：中華書局，1985 年。

59. 宋・朱長文，《吳郡圖經續記》，《叢書集成初編》北京：中華書局，1985年。

60. 宋・王之道，《相山集》，《四庫全書》珍本初集。

61. 元・張羽，《靜居集》，《四部叢刊》，三編，集部，上海涵芬樓景印江安傅氏雙鑑樓藏明成化本，據商務印書館 1934 年版重刊，江蘇：上海書店，1985年。

62. 元・程文海，《雪樓集》台北：台灣商務印書館景印文淵閣《四庫全書》，第 1202 冊，1986年。

63. 元・方回《桐江續集》，《四庫全書》珍本初集。

64. 元・白珽，《湛淵靜語》嚴一萍選輯《知不足齋叢書》第九函，原刻景印《百部叢書集成》台北：藝文印書館，1966年。

65. 元・張雨，《句曲外史詩集》，《四部叢刊》，初編，集部，上海商務印書館縮印影寫元刊本，1965年。

66. 元・張蜕，《張蜕庵詩集》，《四部叢刊》，續編，集部，上海涵芬樓景印常熟瞿氏藏明刊本，據商務印書館 1934 年版重刊，江蘇：上海書店，1985年。

67. 元・虞集，《道園學古錄》，《四部叢刊》，初編，集部，上海商務印書館縮印明刊本，1965年。

68. 元・虞集，《道園遺稿》，《四庫全書》珍本五集。

69. 元・黃溍，《金華黃先生文集》，《四部叢刊》，初編，集部，上海商務印書館縮印常熟瞿氏上元宗氏日本岩崎氏藏元刊本，1965年。

70. 元・丁鶴年，《鶴年詩集》台北：台灣商務印書館景印文淵閣《四庫全書》，第 1217 冊，1986年。

71. 元・張光弼，《張光弼詩集》，《四部叢刊》，續編，集部，上海涵芬樓景印常熟瞿氏鐵琴銅劍樓藏明鈔本，台北：台灣商務印書館，1966年。

72. 元・劉一清，《錢塘遺事》江蘇：廣陵古籍刻印社，1990年。

73. 元・俞琰，《席上腐談》，《叢書集成初編》北京：中華書局，1985年。

74. 元・夏文彥，《圖繪寶鑑》，《叢書集成初編》北京：中華書局，1985年。

75. 元・陶宗儀，《輟耕錄》，《叢書集成初編》北京：中華書局，1985年。

76. 元・趙道一，《歷世真仙體道通鑑》南京：廣陵古籍刻印社，1993年。

77. 元・辛文房，《唐才子傳》，《叢書集成初編》北京：中華書局，1991年。

78. 《御選元詩》台北：台灣商務印書館景印文淵閣《四庫全書》，第 1441 冊，1986年。

79. 明・陳耀文，《天中記》王雲五主編《四庫全書》珍本十一集，台北：台灣商務印書館，1968年。

80. 明・謝肇淛，《文海披沙》台北：新文豐出版，1978 年。

81. 明・張嘉秀，《增修詩話總龜》，《四部叢刊》，初編，集部，上海商務印書館縮印明嘉靖刊本，1967 年。

82. 明・胡應麟，《少室山房集》，《四庫全書》珍本十二集。

83. 明・胡應麟，《少室山房筆叢》上海書店出版社，2009 年。

84. 明・趙貞吉，《御選明詩》台北：台灣商務印書館景印文淵閣《四庫全書》，第 1444 冊，1986 年。

85. 明・徐枋，《居易堂集》，《四部叢刊》，三編，集部，上海涵芬樓景印固安劉氏藏，據商務印書館 1936 年版重印，江蘇：上海書店，1986 年。

86. 明・曹學佺編，《石倉歷代詩選》，《四庫全書》珍本八集。

87. 明・彭孫貽，《茗齋集》，《四部叢刊續編集部縮本》。

88. 明・宋濂，《宋景濂未刻集》，《四庫全書》珍本四集。

89. 明・宋濂，《宋學士文集》，《四部叢刊》，初編，集部，台北：台灣商務印書館，1965 年。

90. 明・彭孫貽，《茗齋集・七言律補遺》，《四部叢刊續編集部縮本》。

91. 明・陳獻章，《白沙子》，《四部叢刊》，三編，集部，上海涵芬樓景印東莞莫氏五十萬卷樓藏明嘉靖刊本，台北：台灣商務印書館，1966 年。

92. 明・黃宗羲編，《明文海》，《四庫全書》珍本七集。

93. 明・王世貞，《弇州山人續稿》沈雲龍主編《明人文集叢刊》第一期，台北：文海出版社，1970 年。

94. 明・王陽明，《王文成公全書》，《四部叢刊》，初編，集部，上海商務印書館縮印明隆慶刊本，1965 年。

95. 明・吳寬，《匏翁家藏集》，《四部叢刊》，初編，集部，上海商務印書館縮印明正德刊本，1967 年。

96. 明・李日華，《六研齋筆記》，《四庫全書》珍本七集。

97. 明・黃宗羲編，《明文海》，《四庫全書》珍本七集。

98. 明・張元凱，《伐檀齋集》，《四庫全書》珍本二集。

99. 明・張岱，《陶庵夢憶》台北縣：頂淵文化事業公司，2005 年。

100. 明・田汝成，《西湖遊覽志》，《四庫全書》珍本五集。

101. 明・楊慎，《升菴集》台北：台灣商務印書館景印文淵閣《四庫全書》，第 1270 冊，1986 年。

102. 明・章潢，《圖書編》，《四庫全書》珍本五集。

103. 明・彭大翼，《山堂肆考》台北：台灣商務印書館景印文淵閣《四庫全書》，第 974 冊，1986 年。

104. 明‧高濂，《遵生八牋》，《四庫全書》珍本九集。

105. 清‧王士禎，《池北偶談》上海古籍出版社影印《四庫筆記小說叢書》，870 冊，1993 年。

106. 清‧王士禎，《居易錄》，《四庫筆記小說叢書》上海古籍出版社，1993 年。

107. 清‧王士禎，《漁洋山人精華錄》，《四部叢刊》，初編，集部，上海商務印書館縮印林佶寫刻本，1965 年。

108.《精華錄‧提要》台北：台灣商務印書館景印文淵閣《四庫全書》，第 1315 冊，1986 年。

109.《擊壤集‧提要》，台北：台灣商務印書館景印文淵閣《四庫全書》，第 1101 冊，1986 年。

110. 清‧錢大昕，《潛研堂詩續集》，《續修四庫全書》第 1439 冊。上海古籍出版社據清嘉慶十一年刻本影印，2002 年。

111. 清‧郭慶藩輯，《莊子集釋》台北：華正書局，1997 年。

112. 清‧董誥等編，《全唐文》台北：大通書局，1975 年。

113. 清‧李振宜等編，《全唐詩》台北：文史哲出版社，1978 年。

114. 清‧厲鶚，《宋詩紀事》楊家駱主編《歷代詩史長編》第九種第六冊，台北：鼎文書局，1971 年。

115. 清‧錢謙益，《牧齋有學集》，《四部叢刊》，初編，集部，上海商務印書館縮印康熙甲辰初刻本，1965 年。

116. 清‧朱彝尊編，《明詩綜》楊家駱主編《中國學術名著》第三輯《歷代詩文總集》第十三冊，台北：世界書局，1970 年。

117. 清‧查慎行等編，《佩文齋詠物詩選》台北：廣文書局，1970 年。

118. 清‧王夫之撰、丁福保等編，《清詩話》台北：木鐸出版社，1988 年。

119. 清‧陶元藻輯，《全浙詩話》台北：廣文書局影印怡雲閣藏版，1976 年。

120. 清‧吳偉業撰、李學穎點校，《綏寇紀略》上海古籍出版社，1992 年。

121. 清‧陸隴，《三魚堂文集》台北：台灣商務印書館景印文淵閣《四庫全書》，第 1325 冊，1986 年。

122. 清‧吳景旭，《歷代詩話》楊家駱主編《詩話叢編》第一集第三冊，台北：世界書局 1961 年。

123. 清‧孫岳頒等撰，《御定佩文齋書畫譜》第四冊，上海古籍出版社，1991 年。

124. 清‧沈季友編，《檇李詩繫》，《四庫全書》珍本七集。

125. 清‧湯斌，《湯子遺書》，《四庫全書》珍本十一集。

126. 清‧汪森，《粵西叢載》台北：廣文出版社，1969 年。

127. 清‧林雲銘，《挹奎樓選稿》，《四庫全書存目叢書》冊 230，據福建省圖書館藏清康熙三十五年陳一虁刻本，濟南：齊魯書社，1997 年。

128. 清‧翟灝，《通俗編》台北：大化出版，1979 年。

129. 清‧李汝珍著、秦瘦鷗校點，《鏡花緣》上海古籍出版社，1990 年。

130. 清‧龔煒，《巢林筆談》，《續修四庫全書》冊 1177，據天津圖書館藏清康熙臨野堂刻本影印，上海古籍出版社，2000 年。

131. 《大清會典則例》台北：台灣商務印書館景印文淵閣《四庫全書》，第 623 冊，1986 年。

四、方志參考書目

1. 宋‧陳耆卿，《嘉定赤城志》台北：台灣商務印書館景印文淵閣《四庫全書》，第 486 冊，1986 年。

2. 宋‧陳耆卿，《嘉定赤城志》，《宋元地方志叢書》台北：大化出版，1980 年。

3. 宋‧林表民編，《赤城集》台北：台灣商務印書館景印文淵閣《四庫全書》，第 1356 冊，1986 年。

4. 明‧無盡，《天台山方外志》，《四庫全書存目叢書》據首都圖書館藏明萬曆幽溪講堂刻本，齊魯書社，1996 年。

5. 清‧蔣溥等撰，《欽定盤山志》，《四庫全書》珍本八集。

6. 清‧葉昌熾，《寒山寺志》，沈雲龍主編《中國名山勝蹟志叢刊》第二五冊，台北縣：文海出版社景印吳縣潘氏刻本，1975 年。

7. 清‧德福，《閩政領要》陳支平主編，《台灣文獻匯刊》第四輯第十五冊，廈門大學出版社，2004 年。

8. 清‧盧焯，《福建通志》南京：江蘇廣陵古籍刻印社據乾隆二年原刻本影印，1989 年。

9. 沈翼機等撰，《敕修浙江通志》，《中國省志彙編》第二冊，台北：華文出版社，1967 年。

10. 喻長霖等纂修，《台州府志》，《中國方志叢書》華中地方第七四號，台北：成文出版社據民國二五年鉛印本影印，1970 年。

11. 朱鼎玲等編，《嘉靖浙江通志》，《天一閣藏明代方志選刊續編》上海：上海書店，1990 年。

12. 余紹宋纂修，《龍游縣志》，《中國方志叢書》台北：成文出版社，1970 年。

13. 黃之雋等撰，《江南通志》，《中國省志彙編》之一，據乾隆二年重修本，台北：華文出版社，1967 年。

14. 《河南通志續通志》,《中國省志彙編》之十三,台北:華文出版社,1969年。

五、一般參考書目

1. 羅時進,《唐詩演進論》江蘇古籍出版社,2001年。

2. 王勛成,《唐代銓選與文學》北京:中華書局,2001年。

3. 余嘉錫,《四庫提要辨證》香港:中華書局,1974年。

4. 傅璇琮,《唐才子傳校箋》北京:中華書局,2000年。

5. 南懷瑾,〈法融一系的禪心與文佛索引表〉,《禪話》台北:老古文化事業股份有限公司,1998年。

6. 郁賢皓,《唐刺史考全編》安徽大學出版,2001年。

7. 胡適,《白話文學史》台北:胡適紀念館出版,1974年。

8. 孫昌武,《詩與禪》台北:東大圖書公司,1994年。

9. 安平秋,《宋元版漢籍影印叢書·編纂緣起》,日本宮內廳書陵部藏《宋元版漢籍影印叢書》北京:線裝書局,2001年。

10. 陳垣,《釋氏疑年錄》,《陳援菴先生全集》台北:新文豐出版公司,1993年。

11. 錢鍾書,《談藝錄》北京:生活·讀書·新知三聯書店,2007年。

12. 楊家駱主編,《新校本宋史》第六冊,台北:鼎文書局,1978年。

13. 王汝濤編校,《全唐小說》濟南:山東文藝出版社,1993年。

14. 中國故宮博物院明清檔案部編,《關於江寧織造曹家檔案史料》北京:中華書局,1975年。

15. 中國第一歷史檔案館編,《雍正朝漢文諭旨匯編》廣西師範大學出版社,1999年。

16. 劉俊文,《唐律疏議箋解》北京:中華書局,1996年。

17. 褚贛生,《奴婢史》台北:華成圖書出版公司,2004年。

18. 高漢,〈「和合」的民間傳說及其深刻意義〉,《天台山文化叢談》香港:國際炎黃文化出版社,2008年。

19. 《大清十朝聖訓·世宗憲皇帝》,台北:大達書局,1965年。

20. 《世宗憲皇帝上諭八旗·諭行旗務奏議》台北:台灣商務印書館景印文淵閣《四庫全書》,第413冊,1986年。

六、期刊論文

1. 羅耀松,〈文化與歷史的對話——論北宋文人與武當山的關係〉,《鄖陽師範高等專科學校學報》20卷4期,2000年。

2. 陳星橋，〈廣參苦行存典範，古柏千年播禪風——趙州和尚生平化跡與趙州禪得歷史影響〉，《法音》第 8 期，2002 年。

3. 羅爭鳴，〈杜光庭兩度入蜀考〉，《宗教學研究》第 1 期，2002 年。

4. 王瑛，〈杜光庭入蜀時間小考〉，《宗教學研究》第 1 期，1995 年。

5. ﹝法﹞梅尼爾（Evelyne Mesnil）著，呂鵬志、常虹譯，〈傅飛嵐著《杜光庭——中古末葉的皇家道士》評介〉，《宗教學研究》第 2 期，2002 年。

6. 張亞平，〈杜光庭著述序錄〉，《四川文物》第 6 期，1999 年。

7. 魏明安，〈從藝術史料上窺探《太平廣記》〉，《唐代文學研究》第一輯，山西人民出版社，1988 年。

8. 鍾玲，〈寒山在東方和西方文學界的地位〉，《中國詩季刊》3 卷 4 期，1972 年。

9. 連曉鳴、周琦，〈試論寒山子的生活年代〉，《東南文化》第 2 期，1994 年。

10. 錢穆，〈讀書散記兩篇·讀寒山詩〉，《新亞書院學術年刊》第 1 期，1959 年 10 月。

11. 周琦、王佐才，〈成尋與天台山文化〉，《佛學研究》2002 年。

12. 皮朝綱，〈惠洪以禪論藝的美學意蘊〉，《四川師範大學學報》23 卷 2 期，1996 年 4 月。

13. 鍾仕倫，〈永樂大典本《寒山詩集》論考〉，《四川大學學報》第 5 期，2000 年。

14. 金寶忱，〈淺析中國桃文化〉，《黑龍江民族叢刊》第 1 期，1995 年。

15. 徐頌列，〈唐詩中的「綬」〉，《語文研究》第 3 期，2001 年。

16. 王振國，〈略析《宋高僧傳》、《景德傳燈錄》關于部分禪宗人物傳記之誤失——兼論高僧法如在禪史上的地位〉，《敦煌學輯刊》第 1 期，2002 年。

17. 周本淳，〈言盡相中，義隱語外——論遮與表〉，《淮陰師範學院學報》第 21 卷，1999 年第 1 期。

18. 王志堯，〈賈府的衰敗與賴家的興盛謅論〉，《閩江學院學報》2004 年第 6 期。

19. 嚴雅美，〈試論宋元禪宗繪畫〉，《中華佛學研究》第四期，2003 年 3 月。

20. 羅時進，〈日本寒山題材畫作及其淵源〉，《文藝研究》2005 年第 3 期。

21. 張長虹，〈明末清初江南藝術市場與藝術交易人〉，《故宮博物院院刊》，2006 年 2 月。

22. 李苋，〈畫壇獨步說梁楷〉，《荷澤師專學報》2000 年 2 月。

23. 高金玉，〈佛緣禪思——從梁楷的減筆體到牧溪的道釋人物畫〉，《南京藝術學院學報》2004 年 2 月。

24. 任平,〈寒山精神：走向全球的「和合」文化〉,《寒山寺文化論壇論文集》北京：中國文史出版社,2008 年。

25. 葉珠紅,〈愛僧最愛預言僧〉,《暨大電子雜誌》第 50 期,2007 年 10 月。

26. 葉珠紅,〈《寒山詩集》版本問題探究〉,國立中興大學文學院《人文學報》第 36 期,2006 年 3 月。

27. 葉珠紅,〈《天祿琳琅》續編本寒山、拾得詩辨偽〉,中興大學文學院《興大人文學報》第 37 期,2006 年 9 月。

28. 葉珠紅,〈寒山子異名考〉,《暨大電子雜誌》第 37 期,2006 年 2 月。

29. 葉珠紅,〈三階教滅亡芻議〉,中興大學文學院《興大人文學報》第 39 期,2007 年 9 月。

30. 葉珠紅,〈清涼山下且安禪——論唐代五台山文殊信仰〉浙江師範大學主辦,第四屆「中國文學古今演變」學術研討會。2008 年 11 月。